U0665154

爸爸的话

—语成梁

中国爸爸的100句家训范例解析(下)
修身齐家篇

路秀儒 孙 娘/著

山东城市出版传媒集团·济南出版社

图书在版编目(CIP)数据

一语成梁:中国爸爸的100句家训范例解析:全两册/路秀儒,孙娘著.—济南:济南出版社,2020.4

ISBN 978 - 7 - 5488 - 4115 - 9

Ⅰ.①一⋯ Ⅱ.①路⋯②孙⋯ Ⅲ.①家庭教育 Ⅳ.①G78

中国版本图书馆 CIP 数据核字(2020)第 034595 号

出 版 人	崔　刚	
图书策划	徐先领　李建议　焦　锐	
责任编辑	陈文婕	
封面设计	董　刚	
地　　址	济南市二环南路1号	
编辑热线	0531 - 81769063	
印　　刷	山东临沂新华印刷物流集团有限责任公司	
版　　次	2020 年 4 月第 1 版	
印　　次	2020 年 4 月第 1 次印刷	
开　　本	170mm×240mm　16 开	
印　　张	30.5	
字　　数	468 千	
定　　价	100.00 元(全两册)	

济南版图书,如有印装质量问题,请与出版社出版部联系调换。
电话:0531 - 86131736

目　录

下部　修身齐家篇

---

① 王普润/王良,前者是父亲,后者是子女(下同)。

1

No.49

爸爸的话

帮助别人就是帮助自己。

——王普润

王普润（1929—1992），山东省乳山市人。只有高小文化的他，12岁随兄远去大连学徒，饱受亡国奴的屈辱，但也渐渐磨砺了抗日救亡的初心。14岁参加党的外围组织，担任乳山县夏村镇儿童团团长，并利用在胡八庄小学担任"小先生"的身份，秘密参加党的地下抗日活动。从那时起，爱憎分明、刚正不阿、打鬼子、救中国成了他少年时期对真理的最早追求。入伍后选送抗大（胶东分校）深造，亦学亦战，品学兼优；带兵打仗，不怕牺牲，身先士卒；担任随军记者，出生入死，不辱使命；进入军政机关几十年，无论是给军区领导当秘书，还是任军区直属政治部副主任、管理局政委，始终把做一流工作当成自己的事业准则，勤恳敬业，精益高效。他心地善良无私，为人厚道真诚，不分尊卑老幼，以礼谦和相待。他善于治家育人，身为良师表率，以"德、仁、信、诚、勤、爱"教育子女后代积极向上，立志做对国家、对社会有用的人。

家训故事

王良①同志一直在忙，一时抽不出专门的采访时间。于是，根据本书的撰写要求，他利用点滴时间回忆了父亲的往事、父亲的教诲，连同自己的感悟与见解，亲手形成了一份饱蘸真情的书面采访材料。

① 王良，王普润次子，在职研究生，法学博士，现任山东省人大常委会副主任、党组副书记。曾任共青团济南市历下区委副书记、书记，济南市历下区街道办事处主任、书记，共青团济南市委副书记、长清县委副书记，济南市教委主任、党委书记，济南市委常委、宣传部部长、副市长，烟台市委副书记、市长，原莱芜市委书记、市人大常委会主任。中共十九大代表，十二届全国人大代表。

小的时候，我住在部队大院，虽然不是军人，但每天也是听着"起床号"起床，听着"熄灯号"睡觉，幼年上"托儿所"，有病去"门诊部"打针，买东西跑"服务社"，每天放学后去"伙房"打饭打水，对军营生活也不陌生。

父亲是一名政工干部，曾长期在部队机关工作，从事思想政治、宣传文化工作和机关工作。他为人和蔼善良、人缘很好，人脉很广，言而有信，受人尊重。他又很有原则很严厉，在教育我们遵规守纪的同时，也要求我们兄弟"要好要强，做事要认真、努力"。儿时常见到他的战友同事或机关家属甚至一些不太熟悉的人登门来访，问询求助，父亲总是热情相迎，尽己所能给予帮助，看着他们面带疑惑愁容而来，满怀欣慰满意而归。有时，父亲还把家里为数不多的"稀罕东西"分给一些来人。我心里不解，为什么要帮助他们，有这个必要吗？父亲看出我的心思，笑着说："帮助别人就是帮助自己，别人困难的时候，在你这里可能是百分之几，但在他那里是百分之百；你的一分帮助，可能让人得到十分的收获。"当时，我对这句话、这个道理的理解还不深，随着人生和工作阅历的丰富，理解感悟也越来越真切，越来越深刻。

《孟子·尽心上》有云"穷则独善其身，达则兼济天下"，《论语·颜渊》有云"君子成人之美"。人生不是一座孤岛，每个人都在工作、学习、生活中与他人形成同志、同事、同学等社会关系，乃至结下深厚的友谊和可贵的感情。在他人遇到困难的时候，能够发自内心、不求回报地给予热情、温暖的帮助，急人所难，解人所忧，既是传统文化的一种传承，又是自我价值的一种升华。

帮助他人是高尚的道德境界。孟子曰："仁者爱人，有礼者敬人。爱人者，人恒爱之；敬人者，人恒敬之。"胸怀众人，心怀善良，尊重、体谅、关爱、帮助他人，就脱离了小我之境，突破了一己之私，提高了人生格局和道德境界。

帮助他人不是等价交换。市场经济带给一些人"等价交换"的偏颇价值观念，甚至"没有回报的利他是吃亏"的错误认识。其实，社会不只是利益交换，公平、正义、友善、互爱是社会价值的基石和首先准则，心底无私、不求回报的乐善好施，才是真正的善良。

送人玫瑰，手留余香。帮助他人就是帮助自己。孔子曰："己欲立而立人，己欲达而达人。"白居易说："乐人之乐，人亦乐其乐；忧人之忧，人亦忧其忧。"为别人点一盏灯，照亮别人，也照亮了自己。为别人搭桥就是为自己铺路，在别人需要的时候不吝施与，在自己身处困境的时候就会有更多的援助之手。

任何一种行为都是价值观的表达。身为一名党员干部，既要明辨是非，坚持原则、敢于斗争，又要在岗位上为党尽职、为民服务、为他人解难。身为社会一员，要充分理解、支持、帮助、团结他人，尽可能助人为乐，尽可能与人为善。我想，能够为身陷荒漠的人送上一泓清泉应该是一种快乐。

父亲是一位老党员，也是一名军人，终因积劳成疾，63 岁就病故了。

我很心痛，也很怀念他！

家训夹议

莫问收获，但问耕耘

　　我（路秀儒）认识王良同志是在 2009 年的上半年，那时他在济南市任市委常委、常务副市长。与他相见，缘于部队经济适用住房办证。

　　2008 年底，我从原济南军区机关下到军区综合训练基地任司令员。综合训练基地的前身是济南陆军学院，也是当初我上军校的地方。因院校体制改革，副军级的学院撤销后，与军区另外两个正团级训练机构合编组建副师级的综合训练基地。组建之初，摊子大、编制小、任务重、遗留问题多，"小马拉大车"的问题十分突出。我是基地的第二任司令员，尽管老班子做了大量卓有成效的工作，但我去的时候棘手问题仍然一大堆。这其中有一个老干部十分关注、强烈期待的问题，就是经济适用住房办房产证的问题。当时，部队退休师职干部刚刚推行移交地方安置管理政策，大家的抵触情绪非常大，而上面强行要求移交的压力也非常大。最后老干部们提出，移交可以，得先把房产证给办下来。然而，建经济适用住房时，各种配套费都没交齐，要办证谈何容易！后经协商并承诺：先移交，后办证。但直到我上任，办证的事也没着落。我和新任政委先后到基地任职，办公室的椅子还没坐热，老干部们就找上了门。

　　没有退路，我就和政委硬着头皮，抱着试试看的心理，来到了济南市政府，找到了分管城建的常务副市长王良同志。王市长听完我们的情况介绍和想法，非常客气地对我们说："部队的事也是政府的事，你们放心，把报告放下，我协调有关部门妥善处理。"结果没几天时间，就接到通知，让我们补齐有关手续，准备办证。后来我们才知道，王良同志为此事逐个部门"批条子"、打电话，要求把部队的事当成自己的事来办，把部队的难处当成自己的难处来帮，多次与各个口协商减免部队无法承担的那些配套费的办法，从而让困扰基地多年的这一难题得到解决。

说起"父亲的话"，回想起这件事，再听听王良同志对父亲教诲的感悟，让人从中看到了一种渊源，一种必然。

帮人是一种善举，但帮人也能分出层次，看出高下。在法纪和道德的框架内，那些对有利可图的事主动去办的人，难以让人肃然起敬，他们虽对人有所帮助但他们看重的是利益，因而算不上真正的"善者"；那些该办的事认真去办，无利可图的事努力去办的人，无疑应该受到人们的敬重，他们尽管看似行的是分内之责、举手之劳，但仍配得上"善者"的称谓；而更应当让人敬重的是那些可办可不办的事主动去办，可以推脱不办的事创造条件去办，分外的事当分内事去办的人，他们才是"上善者"。

"莫问收获，但问耕耘。"这是曾国藩家训里的一句名言。曾国藩极力倡导的就是一种施德不望报、居功不争功的理念。这也是中华民族的传统美德，应成为我们为人处事的重要遵循。

不过，话又说回来，世间不问收获的人往往收获更多。当然，他们收获的不是功名、钱财，而是别人的掌声与敬重，还有内心的慰藉与幸福！

No.50

爸爸的话

要革命就会有牺牲，有大爱才会有"乳娘"。

——宋廷春

　　宋廷春（1910—1990），山东省乳山市人。他是一个老实忠厚、为人善良的庄稼人，也是一位1942年入党的老党员，一位有情怀的长者、革命的父亲。他与妻子王聪润两次放弃生养亲生骨肉的机会，先是收养失去母亲的幼儿，后冒着风险抚养南下干部的后代，含辛茹苦把他们养大成人，用毕生的忠诚与真爱，来报答共产党和毛主席！他们一生任劳任怨，默默奉献，不求任何回报，从没有因为有光荣的身份而居功自傲，对于过去为革命做出的贡献，自己从未提起，即使年迈体弱和疾病缠身时仍坚持自食其力，从不向组织伸手，不给别人和集体添麻烦。他们关心村里下一代，经常去学校给学生做革命传统报告，用战争年代的革命故事，教育鞭策学生，激励后人成长。

家训故事

王伟力、王良①每当说起宋廷春、王聪润夫妇，总是那么深情，言语之间展露出对这对革命夫妇的由衷佩服与崇高敬仰。

①王伟力，原河南省军区政委、少将。弟弟王良，现任山东省人大常委会副主任、党组副书记，宋廷春是他们的二姑夫。

20世纪30年代的胶东农村，生活条件艰苦，一年到头只能是"靠天吃饭"，打下的那点微薄的粮食，仅仅勉强维持生计。宋廷春与王聪润结婚不久，妹妹因病去世，留下了一个年仅几岁的幼子，而婆家又无力抚养。面对这个幼小脆弱的生命和难以推辞的亲情，他们夫妇二人思量了很久。从当时的家庭状况和生活条件来看，要么先生养自己的孩子，等稍大以后再接过来抚养；要么收养了这个孩子，那自己就没有能力再养育亲生骨肉了。

最终，他们以一种仁慈的胸怀和伟大的父母爱，超越了自我，舍弃了抚养自己孩子的机会，收养了这个苦命的外甥，把这个贫困而温暖的农舍所有的爱，全部给予了这个刚刚失去母爱的孩子。这个孩子就是他们的养子，后来为祖国解放事业献出宝贵生命的孙树基烈士。

孙树基来到这个家庭后，虽说刚刚经历了丧母之痛，但舅舅、舅妈（后改口称爹、妈）对他无微不至的关爱，让他很快从痛苦中走了出来，不长时间就融入了这个新家。当时一家人的生活虽说也很拮据，但靠着养父母风里来雨里去，日复一日、年复一年不辞艰辛的劳作，至少也能过得下去。即使是在抗日战争最艰苦的岁月里，他们也一起"跑反"，与鬼子周旋，一家人始终没有分开，还踊跃参加根据地拥军支前活动。

1947年春，已丧失全面进攻能力的国民党军队，对山东解放区进行了重点进攻。这年二三月，牟海县在上级党组织的"挡大坝、堵大门、不遭二茬罪"的号召下，全县上下掀起了新的参军热潮，到处出现"父送子、妻送郎、父子同参军、烈属再送子参军"的感人场面。就在这个时候，宋廷春、王聪润夫妇也响应党的号召，把自己唯一的儿子孙树基送到了队伍上。面对已经长大成人的儿子，两位老人鼓励他：到部队后，要听党的话，英勇杀敌，誓死保卫咱老百姓的胜利果实。就这样，刚满21周岁的孙树基来到了华野十三纵三十七师一〇九团三营任通信员，开始了他的革命生涯。当年12月，他随部队参加了莱阳战役。据史料记载，莱阳战役的攻城战斗十分激烈。由于国民党军队的顽固抵抗，我军两度攻城失利，部队伤亡较大，但最终于12月13日全歼守敌。在此次战斗中，作为三营通信员的孙树基，英勇顽强作战，在攻城战斗中不幸壮烈牺牲。

这突如其来的噩耗，犹如晴天霹雳，对于宋廷春、王聪润夫妇精神上、心理上的打击是可想而知的。但他们坚强地擦干眼泪，忍着失去儿子的悲痛，珍藏起对儿子的无尽思念，顽强地生活下去。作为解放区翻身农民和革命烈属，他们深明大义，知道作为烈士亲属，此时应该为烈士做点什么、为社会担负起什么样的责任、应该如何表现出在民族危难时刻天下父母的大爱情怀！

1948年，山东乃至全国的革命形势发展迅猛，根据中共中央指示，要从老解放区抽调大批干部随军南下；同时随着形势的发展，育儿所也从山区迁至离县城较近的腾甲庄。就在这个时期，一位南下干部，在妻子牺牲的情况下，无奈地将未满周岁的孩子留在了育儿所。此时的宋廷春和王聪润夫妇，既是军属又是烈属，在北江村是党组织信得过的"堡垒户"。当时，地方党组织感到他们可以作为分散不脱产的育养家庭，领养南下干部的孩子。就这样，宋廷春、王聪润夫妇凭着对党的忠诚、对人民子弟兵的深情热爱，强忍着刚刚失去儿子的巨大悲痛，冒着被国民党反动派和土匪还乡团打击暗害的生命危险，再次放弃了生养自己亲生骨肉的机会，毅然决然地又收养了一个嗷嗷待哺的南下干部后代，并给他起了融入这个革命家庭的名字：宋勤先。从此以后，他们便把全部的心力和关爱，无私地倾注到这个幼小的生命身上，使这个孩子在党的怀抱中，在老区人民的哺育下，幸福地成长着。

据王聪润五妹、现年88岁的王展云老人回忆，那时候，她二姐（王聪润）两口子对这个孩子十分上心、视为掌上明珠。当时家里的生活并不宽裕，但为了养活这个孩子，宋廷春、王聪润夫妇将家里所有值钱的东西，能卖的卖、能当的当，用换回为数不多的铜板，给孩子添置衣物和购买食品。宋勤先从小营养不良、骨瘦如柴，养父母到处托人买炼乳和奶粉之类的营养品，给孩子补充营养。而他们自己则是粗茶淡饭，有时以野菜瓜蔓充饥，把省下来的细粮和铜钱，留起来以备孩子急需。青黄不接时，王聪润就抱着宋勤先到娘家接济度日。当时的娘家也是革命军属，弟弟和侄子都早已参加了革命。娘家的母亲、弟弟、妹妹和家里的其他亲戚，都知道这孩子是革命后代，全家都格外疼爱他。与他同辈的哥哥、姐姐至今还清楚地记得，他们小时候回奶奶或走姥姥家时，都把最好的食物留给宋勤先这个弟弟，并小心翼翼地呵护着他，而且事事让着他，让宋勤先在这个大家庭中，时时刻刻感受到家的温暖。宋勤先小时候经常爱哭闹，遇到国民党、还乡团围攻扫荡时，王聪润和乡亲们一起，抱着啼哭不断的孩子到山上去躲避。有时因哭闹得厉害，一同去的街坊乡亲怕招来敌人，都把他娘俩推出洞外。为了不暴露大家，王聪润冒死另寻藏身之地，用自己的生命保护着这个革命后代。当时就有人劝他们说：你们何苦呢？为了这么个孩子，自己找罪受，不要命了！有的还劝他们把这个孩子送回去。但他们夫妇坚决不肯，说他们的父母为了老百姓去打仗、牺牲，咱们既为了孩子，也是为了革命。所以一直把孩子视如己出，当作自己的命根子，几十年来寸步不离，含辛茹苦地用心血和汗水抚育着这个革命幼苗。孩子到了上学的年龄，养父母千方百计地为孩子创造条件，起早贪黑的劳作，一点一滴地积攒，自己不舍得吃、不舍得穿，从嘴上、身上抠出一分一厘来供孩子上学读书。宋勤先是当时村里和家族孩子中上学最多、学历最高的一个。

对王伟力和王良来说，宋廷春的这种精神对他们的影响是巨大的，他不仅是众多革命子女的父亲，也是兄弟俩一生的"革命父亲"。

家训夹议

从"红嫂"到"乳娘"

用自己的乳汁救活八路军伤员，"最后一把米当军粮，最后一块布做军装，最后一个儿子送战场"，"蒙山高，沂水长，我为亲人熬鸡汤""谁第一个报名参军就嫁给谁"……这就是沂蒙"红嫂"。慈祥仁厚，圣洁无私，知恩报恩，用乳汁谱写人间大爱，这就是乳山"圣母群体"——"乳娘"。她们是当之无愧的巾帼英雄，她们是中国革命最坚实、最稳固的后盾，她们是中国的脊梁！

战争年代，中共胶东区委在牟海县（今乳山市）组建的胶东育儿所，先后培育干部子女和烈士遗孤1223名。300多名像王聪润这样的伟大"乳娘"，用她们甘甜的乳汁哺育着孩子，用生命和鲜血保护着革命后代健康成长。她们用朴实无私的行动，谱写了一曲感天动地的大爱之歌。红色乳娘们跨越亲情血脉的母爱，体现了老百姓对党和人民军队的衷心热爱，印证了党与人民群众同呼吸、共命运的血肉联系，她们的伟大行为永载史册，她们的伟大精神永耀人间！

从"红嫂精神"到"乳娘精神"，都是不朽的红色文化、可贵的民族精神的历史写照。今天，我们怀着崇敬的心情缅怀她们，因为这种人间大爱不仅是推动革命洪流滚滚向前的源头和涓涓细流，也是不忘初心、牢记使命、奋进新时代的不竭动力。

"红嫂"和"乳娘"，她们都是普通的百姓，都有自己的家，但她们最为关心的是队伍上那个公"家"，国家那个大"家"，其次才是自己的这个小家。为了公"家"、大"家"，需要时她们会义无反顾地牺牲自己那个小家。因为她们知道，没有公"家"、大"家"，就不会有一个安定、幸福的小家。也许她们都有自己的孩子，但是她们最上心、最疼爱的是流血牺牲的年轻战士和革命后代，她们宁可饿着自己的孩子，放弃养育自己孩子的机会，也要把伤员救活、养好，也要把革命后代养大。因为她们知道，战士的生命最宝贵，革命后代对国家、对人民更珍贵。她们心中有爱，但她们的爱已经超越了普通的爱，升华为一种世间大爱。她们把爱给了党、给了军队、给了最可爱的人，她们是最可敬、最可爱的人。

应该有一种境界，能够超越自我；应该有一种力量，能够支撑信仰。"红嫂"和"乳娘"，她们是社会的普通人，是默默无闻的老百姓，并没有什么文化，也没见过什么世面，但她们有深厚的优秀文化根基，有善良基因的持续传承，有如一的执着忠诚，有无私的博大情怀，有信仰的超强力量。从她们身上，我们读懂了什么是觉悟，什么是胸怀，什么是大爱；也懂得了共产党为什么能，毛泽东同志为什么总是那么深情地喊"人民万岁"；更懂得了今天我们党为什么如此强调"不忘初心、牢记使命"。

No.51

爸爸的话

树高千尺也离不开根，要善待勤劳善良的父老乡亲。

——史世屏

　　史世屏（1918—2009），安徽省萧县人，1938年12月参加八路军，历任八路军肖铜游击队战士、班长，苏皖游击队书记，新四军副指导员、指导员、教导员。解放战争时期，任华中军区学习大队大队长、荣校教育长、参谋长，华中总荣校分校副校长、政委，华东特种团政委。新中国成立后，任战车团政委、师政治部副主任，装甲兵编练基地政治部主任，坦克预校训练部部长、政委，坦克学校政委，坦克师政委，青岛警备区政委，兼任中共青岛市战备领导小组组长，青岛市革委会核心领导小组成员、副组长，青岛市委常委，原济南军区装甲兵政委。先后参加数十次战役战斗。荣获三级独立自由勋章、二级解放勋章、独立功勋荣誉章。第四、五届全国人大代表。

家训故事

史伟①的父亲史世屏出生在安徽农村，自幼家境贫寒，1938 年投身革命即四海为家，南征北战，经历了抗日战争、解放战争，先后参加了山子头战役、八里庄战役、保安山守备战、小朱庄战斗、大百围子战斗等数十次战役战斗。1965 年，史世屏在坦克某师任政委期间，及时总结宣传了王杰的英雄事迹。毛泽东主席题词："我赞成这样的口号，叫作'一不怕苦，二不怕死'。"党和国家其他领导人朱德、周恩来、叶剑英、董必武等也亲笔为王杰题词，对王杰及"两不怕"精神给予高度赞扬，全国各地迅速掀起了学习、宣传王杰事迹的热潮。

① 史伟，史世屏之女，毕业于山东中医药大学，先后任济南铁路中心医院（现为山东中医药大学第二附属医院）主任医师、院二门诊主任、一门诊书记等职。

在史伟眼里，父亲虽然相貌平平，但身上没有军人的简单粗鲁，他戴着一副金丝眼镜，十分有风度。年轻时军徽肩章挂在身，是多么气宇轩昂，他一直是子女们的骄傲和自豪。父亲讲政治、有原则、识大体、顾大局，待人风度儒雅有礼貌，是各级公认的好主官，这可能就是他长期任正职的主要原因。

史世屏在徐州工作时，距老家也就五六十公里，每逢徐州大集，老家的远房亲戚隔三岔五就会来家里。那时史伟上小学，哥哥姐姐上中学住校，去食堂买饭、帮厨就落在她的身上。电视剧《激情燃烧的岁月》中，石光荣老家的亲戚进城，与她们家的情况有很多相似之处，可以说是一个版本。

史世屏经常对子女们说："我参加革命后的十几年里，从未回过老家，你们爷爷、奶奶、大伯、大姑，都是靠这些乡亲们照顾。做人要懂得'滴水之恩，当涌泉相报'。知恩感恩者得人心，得人心者受人尊；树高千尺也离不开根，要善待勤劳善良的父老乡亲。"他离休后先后多次拿出了近

10万元，为村里修桥、修路，给村里的小学买桌椅和教学器材。

在他老人家看来，故乡不仅仅是一个地名，那里承载更多的是童年的记忆，无论走出多远，乡音都不会改，因为他生在那里长在那里，他的根在那里，他的灵魂在那里，他的父老乡亲还在那里。这种浓浓的感情真的是叫人难以割舍。

家训家风是寄托传统、盛放亲情的陈年家私，亦是文化源流的朴素沉淀、社会价值的坚定担当，更是我们在这个时代互相激励、抱团取暖的精神薪火。史世屏对父老乡亲的那份挚爱，他为人处世的一言一行，让女儿史伟受益匪浅，十分敬佩，难以忘怀；他的善良、淳朴、热情、诚实、正直的本质，在史伟身上得到传承。史伟在医院若干个科室任过职，不论是当医生还是当科室领导，工作任劳任怨，认真负责，热心对待每位病员；不论是干部、战士、职工、老乡，无论通过什么渠道找她求医、办事，她都是有求必帮。每当史伟的同事或丈夫的战友来家看望，她都要亲自掌勺请他们吃饭，过年还要给孩子们发红包。在她身上，人们看到了她老革命父亲的影子。

家训夹议

他的眼里为什么总含着泪花

我们遗憾没拜见过史世屏老人，但有幸听到他的故事；我们虽然没看到过他的面庞，但仿佛看到了他眼里含着的泪花。这泪花里，有他的感念，有他的牵挂，有他的欠愧，有他一份不了的乡愁。那泪花是如此的晶莹剔透，就像镶嵌在这位赤子心上的颗颗珍珠。

人自从来到这个荆棘丛生的世上，无时无刻不在得到他人的提携与帮助。对此，许许多多的人总是怀有一颗感恩的心，就像陈毅元帅当年感恩人民，说"淮海战役的胜利是人民群众用小车推出来的"。但也有不少的人，只知享用得到的，不思怎么得来的；只知"索债"，不知感恩。有的人压根不领别人帮助那份情，认为"他帮我，也是为自己"，"领导提携那是他分内的事，是工作需要"，"我是靠自己的努力得来的"，等等。有的人不念别人帮助那份恩，因一件事别人没帮上他的忙，或一句话没说好，他就心生怨气，甚至恩将仇报，将过去所有的恩一笔勾销。有的人忘了别人帮助那些事，职位高了，身份变了，渐渐把那些曾经陪他经风雨、帮他解郁闷、同他排孤独的人忘却了，甚至从内心看不起那些没地位、没"品位"的人了，有意无意地保持着距离。如此薄情寡义的人，他们活得未必不"潇洒"，但必定是会被人看不起的。

知道感恩的人，是不会忘本的人，他们知道自己从哪里来到哪里去，人生的列车大抵不会"跑偏""脱轨"的。

知道感恩的人，是心地善良的人，他们的心总是像水那样柔软，他们的情总是像河那样绵长，他们的爱总是像山那样深沉。

知道感恩的人，是谦逊的人，他们知道自己的本事有多大、功劳有几何，深谙别人的分量与价值，无论职位多高、功绩多大，总是把自己看成一个普通人，当成一个学生。

知道感恩的人，是大气的人，他们总是把别人给予的一滴水放大到一桶水，总是记着别人的好而忽略别人的过。

知道感恩的人，是有作为的人，他们知道自己怎么回馈社会、回馈家人、回馈亲朋，会以此为动力，更勤奋地工作，更踏实地生活，更积极地成长。

知道感恩的人，是幸福的人，他们没有抱怨只有感激，没有不平感只有知足感，珍惜别人的爱，享受别人的恩，总是快乐着，幸福着。

知道感恩的人，是能够得到别人更多恩爱的人，他们报恩待人，人们必以更多的爱作回报，他们是世上最令人尊重的人，也是最智慧的人。

人常怀一颗感恩的心，真好！

No.52

爸爸的话

自己答应了的事，一定得办。

——李继德

李继德（1935— ），山东省高青县人，是特级战斗英雄黄继光的同班战友，67年前亲眼见证了黄继光舍身堵枪眼的英雄壮举。1951年1月，不满16岁的他参军入伍，直接奔赴抗美援朝前线，分在志愿军15军45师135团二营六连一排一班，后来他和黄继光分别给营长、副营长当通讯员。1952年10月23日，也就是黄继光牺牲的第三天，他在上甘岭战役597.9高地的争夺战中英勇杀敌，在与敌人拼刺刀的过程中身受重伤，紧急撤回国内救治；伤口基本痊愈后分到华东训练二团继续进行康复治疗，1954年6月退伍回乡。他先是跟父亲在黄河水道上当船工，后因身体受过伤，承受不了扛石头之类的重活，就回村参加农业生产，被村民们推选为生产大队长，先后干了20多年。

家训故事

2019 年 7 月 1 日，我们在山东省作家协会创作室原副主任、作家、《我和战友黄继光》的作者有令峻和军旅作家、诗人焦锐的陪同下，在济南采访了李继德老人及其大儿子李京林①、孙女李娜。

① 李京林，李继德之子，一位热爱看书学习、肯于钻研技术，讲诚信、重道义的知识农民，是闻名十里八乡的种菜能手。

我们原本准备去李继德老人高青县木李镇三圣村的家中作采访，恰巧老人在孙女、孙女女婿的陪同下，刚刚参加完江西卫视《跨越时空的回信》节目录制，在孙女济南家中停留几日，正好大儿子也在，从而省去了诸多车马劳顿。

以下是李继德老人的回忆。

我们是 1952 年 2 月分到 15 军 45 师 135 团二营六连一排一班的。这个时候黄继光还没有来，3 月份他们 4 个四川兵才分到我们班。我和黄继光很投缘，过了没几天就很熟悉了。战友嘛，本来就很亲的。

我们学文化，学汉语拼音。黄继光没上过学，不识字。我上过三年小学，所以我就教他。我和他合买了一瓶墨水，由他保管，平时就装在他的黄布挎包里。有一天可能是墨水瓶的盖子没拧紧，洒了出来，染了挎包。他去冲锋堵枪眼时，就背着那个挎包。

黄继光虽然没上过学，不识字，平时说话不多，但他学习和训练都非常认真，在训练中吃苦耐劳。

黄继光 1931 年出生，比我大 4 岁。在平时，他像大哥哥一样，对我非常照顾。那时候战友们叫阶级兄弟。吃饭时，他经常把自己碗里的菜夹给我，还经常把他碗里的饭拨给我一半。我不好意思要。他说你还不到 16 岁，身体还没发育成大人呢，需要补充营养。他拍拍自己的胸脯，说我早已经是个大人了。

我们在朝鲜铺的盖的只有一床被子，从没发过褥子。冬天，晚上在坑道里睡觉时，我和黄继光把一床被子铺在地上，上面盖上一床被子两件大衣，再盖上棉袄棉裤，两个人在一个被窝里，互相取暖。有时候去站岗回来，浑身冻得像个冰棍儿，钻进让黄继光暖热的被窝，过一阵子身体就热乎起来了。就这样，我俩在一个被窝里睡了一个多月。

1952年四五月份，连里见黄继光和我表现好，人也机灵，便把黄继光调去给副营长兼参谋长张广生当通讯员，把我调去给营长秦长贵当警卫员，也叫通讯员。我们虽不在一个班了，但都在营部，还是经常在一起的。有时候他跟张广生下连队了，过几天回来，我们都觉得挺亲的。

7月里的一天，电影队来到我们597.9高地的坑道，放映了苏联电影《普通一兵》。电影中，那个在苏联卫国战争中，用身体堵枪眼的苏联红军战士马特洛索夫，让我们看得热血沸腾。电影放完之后，黄继光把我叫到一边，问："小李子，看了电影，你有啥子想法？"我说："那个苏联红军战士真勇敢！"黄继光神色严肃地说："在战场上，如果我遇到敌人封锁前进道路的情况，我也会像马特洛索夫一样堵枪眼，冲上去的！"我听了他的话也很激动，说："我也会的！"接着，我的双手和黄继光的双手就紧紧地握在了一起。

黄继光又对我说："小李子，我跟你约好了：如果我牺牲了，你给我家写信；如果你牺牲了，我给你家写信。好不好？"我说："好！"

我又说："你对我这么好，我一辈子不会忘了你的。希望咱们两个都不牺牲。咱们回国后，一起参加祖国的建设。我已经结婚了，你还没有对象。你回国后，找个好姑娘，成个家，给大娘大爷（指黄继光的父母）生几个孙子孙女。"

这就是我们的生死约定。

黄继光牺牲后的第三天，我也身负重伤离开了前线。1954年6月，我退伍回到了家。

在故乡安顿了一段时间，我就想起了跟黄继光那个生死约定来。

我想黄继光已经牺牲两年了，我还没给他家里写信呢，自己答应了的事，一定得办。于是，我就写了一封信，先在信封上写上："四川省中江县"，可黄继光的家在哪个乡哪个村，我并不知道。黄继光的父亲、母亲叫什么我也不知道，更没处打听。我想，现在全国人民都学黄继光，黄继光名气这么大，我寄了信去，中江县的人看了，很可能把信转到黄继光家里去了。于是，我写上"黄继光家人收"，把信寄出去了。

等了好长时间，没有收到回信。后来，我给中江县又写过两次信，都没有回音。

过了一段时间，我来到高青县民政局，提出我想去四川省中江县看看黄继光的父母家人。县民政局的干部听了说，从山东到四川这么远，你有这么多路费吗？再说，你又不知道黄继光的家在哪里，你去了怎么找得到呢？

从那时起，我没有再跟别人说起过我是黄继光的战友。因为，我作为一个退役军人，还有保密的责任。但在我心里，却是永远忘不了黄继光的。

直到2015年3月，一天我的孙女小霞回家来，对我说，爷爷，这些天有的人在网上说黄继光堵枪眼是假的，是不可能的。我一听就气坏了。这些人真是胡说八道！他们根本不了解抗美援朝、上甘岭战役是怎么回事，更不理解黄继光的英雄行为，就在那里胡扯。这种贬低诬蔑英雄的言论，是绝对不行的！我气得好多天都睡不着觉。有时好不容易睡着了，做梦又梦见飞机响、炸弹响、机枪响，又看见了黄继光左手握着手雷，从地上一下子站起来，冲向前去，把手雷塞进敌堡的机枪孔里……

我先把我是黄继光战友的情况反映给了木李镇的通讯员，通讯员汇报到县里。县里安排电视台采访了我。又告诉了《农村大众》《鲁中晨报》的记者。记者们听说了我是黄继光的战友，来了七八位记者采访，并在报纸上做了报道。

报社领导听说了我想去四川省中江县看看黄继光的家人，看看黄继光生活过的地方的愿望，就于2015年4月23日安排两辆车从高青出发，拉上我和记者们直奔2000多公里外的四川省中江县。先来到黄继光纪念馆，在这里见到了担任讲解员的黄继光四弟黄继农的大儿子黄拥军。

我进了纪念馆，一进门就看见黄继光的铜像。我立正，向他行了一个军礼，再献上鲜花。征得领导同意，我来到黄继光铜像前，一下子抱住了他。我摸着他的脸，流着泪说："黄继光啊，黄继光，老战友啊，大哥啊，我终于又看见你了，又抱着你了！你还记得咱们在一个被窝睡觉吗？你还记得咱们的生死约定吗？"

然后，我在中江县有关人员陪同下，行车七八十公里，来到了黄继光的家乡。家里只有黄继光的弟媳还健在。我来到黄继光父母的墓前，敬献了鲜花献了酒。我向黄继光父母的墓碑深深地鞠了三个躬，流着泪说："黄妈妈黄爸爸，我来得太晚了，我没能看到你们啊！对不起了，对不起了！"

60 多年的愿望总算实现了……

家训夹议

人生自是有情痴

李继德老人在江西卫视《跨越时空的回信》节目中，给他的战友黄继光"写"了这样一封信：

黄大哥！

俺是"小李子"。对不起啊，当年俺没有细问你家地址，回来后写了好几封信也不知道往哪里寄，这一找就找了 60 多年。

没能把你的话带给咱娘，我心里有愧啊！那时候你给我说得最多的是咱娘。你说等仗打完了，你要回家让咱娘过上好日子，要每顿饭都做娘爱吃的回锅肉；要常带着咱娘去北京，去见毛主席。你成了英雄，咱娘也跟着光荣。毛主席也接见了咱娘。家里人说，咱娘心里最惦记的，还是没能见到你最后一面，我应该早点来的，早点来替你尽孝，咱娘就不会带着遗憾走了。

李京林说，父亲在那个特殊的年代，该立功而没立上功，该入党而没入上党，该评残而没评上残，但他没有任何抱怨。老人家总是说，人家黄继光和那么多志愿军战士都牺牲了，毛主席的大儿子毛岸英也在朝鲜战场上牺牲了，咱活着的人还有什么可计较的？现在，老人家有两个愿望，一是希望去朝鲜给黄继光扫扫墓，二是希望在有生之年加入中国共产党。

李京林还说，父亲心里总是装着父老乡亲。李京林承包土地种菜，不是凭经验而是靠知识，并为此购买、订阅了几十种书籍、报刊，菜种得非常好，县里、镇上还组织参观学习。父亲要求把种菜技术毫无保留地传送给周围的人，让人们都过上好日子。李京林说，他们家的菜质量最好，卖钱最少；秤总是高高的，价总是低低的！

李娜说，爷爷两年前在县城看到一辆草绿色的军车。军车从身旁开过时，爷爷毕恭毕敬地向军车行了一个军礼。而旁边的许多行人向他投来了疑惑的目光。李娜的心灵受到从来没有过的震撼，每当回想起那一幕，她的心绪就久久不能平静。

我们采访结束后与老人道别，当走出几步回头向他招手时，望见老人在十分郑重地向我们行着一个标准的军礼！大家不禁为之动容。

从这些片段中，我们读懂了两个老兵的生死约定，读懂了这份生死约定蕴含的纯朴、真诚、信任和责任，明白了什么叫"一诺千金"；更读懂了这份生死约定承载的最珍贵的东西，那就是真情：对战友之情，对军队之情，对党和祖国之情。这种情，是那样真挚，那样浓烈，那样矢志不移，不因世事变迁而中断，不因岁月淘洗而冲淡。

天不老，情难绝。此情千万重。

No.53

爸爸的话

好好做人，做个好人。

——朱仲华

朱仲华（1934—2017），山东省烟台市人，1950年参加革命，1983年退休。三次荣立三等功，多次受嘉奖。他一生淡泊名利，胸怀坦荡，公道正派，谦虚谨慎，艰苦朴素，任劳任怨。他对党无比忠诚，从来不说有损党的声誉的话，不做有损党的利益的事。他对组织无比信赖，违反组织纪律和组织原则的事从来不做。他办事严谨，严于律己，清正廉洁，对组织的安排一贯无条件服从，从不计较个人得失，从没向组织提过任何个人要求。他对事业无比热爱，无论在哪个岗位，无论干什么工作都认真负责，扎实肯干，每一项工作都干得非常出色，深受领导和群众的好评。他对同志无比关心，善于团结人、体贴人、理解人、帮助人，是出了名的好心人、热心人。

家训故事

朱爱农[①]的爷爷在新中国成立前是胶东一带的中共地下党员。新中国成立后担任烟台市芝罘区南上坊村党支部书记，一直到 1976 年去世。爷爷一生为党，一切为公，一心为民，留下了非常好的口碑。现在村里 50 岁以上的人提起爷爷都非常敬重，非常敬佩，夸他是一个甘于吃苦、勇于奉献、清正廉洁的好书记。为了改变村里的落后面貌，他以身作则，身先士卒带领村民开荒劈岭，种田栽树，一直工作到生命的最后一刻。父亲继承了爷爷的优秀品质，几十年如一日，遵循和践行着"好好做人，做个好人"的诺言。

[①] 朱爱农，朱仲华之子。曾任团政治处主任、副政委，烟台警备区政治部副主任，德州军分区副政委，预备役七十六师副政委。曾 7 次荣立三等功。在各种报纸、杂志、广播电台发表报告文学、散文、新闻稿件近 2000 篇，有的在全国、全军获奖。先后总结宣扬了 27 个集体和个人典型，被原济南军区政治部誉为"抓典型的典型"，《前卫报》曾在头版头条并配发编者按报道他的事迹。

在朱爱农的记忆里，有件往事历历在目。上小学的时候，一天父亲带他上街，正遇上一个盲人过马路，他好奇地学起了盲人走路，父亲见了狠狠地打了他一巴掌，又上前把盲人扶过了马路。回到家里，父亲严厉地批评了他，对他说：好好做人，做个好人。做人要有爱心，要同情残疾人，要想法帮助他们，不能瞧不起更不能嘲弄模仿他们。父亲还给朱爱农讲了许多做人的道理。

父亲就是这样一个人，军旅生涯几十年，使他养成了刚毅的性格，但他的心底却非常的善良，嘴上常挂着"老百姓不容易"这句朴实的话语。平日里他常会被电视里感人的故事情节感动得老泪纵横。他特别同情和善待弱势群体，走在大街上遇到行乞的伤残病人和行动不便的老年人，就会把身上的钱全部掏出来给他们。遇到困难的群众他会想方设法给予帮助。有年夏天的一个傍晚，天空突然乌云密布，电闪雷鸣，马上就要下雨了，他无意中看到楼下有一个瓜农守着一堆西瓜犯愁，就立刻叫上老伴把瓜农的近 200 斤西瓜全部买了下来。瓜农非常感动，执意要收一半的钱，父亲说：你们辛辛苦苦大半年才收获这些西瓜很不容易，不仅一分不能少给你，而且零钱也不用找了。瓜农感动得流下了眼泪，嘴里连连说："您真是个好人啊！"

父亲在 20 世纪 80 年代退休后住进了干休所。他在所里的威信一直很高，积极支持所领导的工作，自觉遵守所里的一切规章制度，踊跃参加所里组织的各项学习和集体活动。他与人为善，乐于助人，经常讲：帮助别人才能快乐自己。他和母亲常会把四个儿子往家里买的东西与周围邻居分享。孩子们每当从老家烟台捎回苹果、海产品、农副产品，他和母亲总是把好的挑选出来送给邻居和那些年迈多病及子女不在身边的老同志。父亲的太极拳打得非常好，可以说远近闻名。他深深体会到，太极拳运动能增强心脏功能，改善循环系统，扩大肺活量，提高人的平衡能力，防止骨质疏松，而且动作舒缓，非常有益于老年人健康长寿。父亲便对母亲说："我们不能光想自己的健康，要把所里能出门的老干部都组织起来学练太极拳，义务当他们的教练，让多数人都能受益，都能健康快乐地生活。"母亲很支持他，和他一起挨家挨户宣讲太极拳的好处，很快就把大家动员了起来。父亲把多年摸索积累的太极拳的技法编印成小册子发给大家，每天起早贪黑手把手地教，一个动作一个动作地讲，经常累得满头大汗。正在练得起劲的时候，父亲因积劳成疾，加之过度劳累，膝盖半月板损伤严重，住院做了手术。为了出院后不影响教大家，手术后第三天就在病床上看教材，下肢不能动，就练上肢。家人劝他少活动，他说时间长了不练会生疏的，会影响教学的。出院后他坐在椅子上教大家，使老同志们深受感动。母亲的门球打得好，父亲又说服她担任所里的义务门球教练。两项活动的开展，极大地焕发了所里的生机，活跃了气氛，密切了邻里关系，提高了老同志的健康水平。父亲年年被评为优秀党员。他就是这样一个不怕麻烦，以帮助别人为快乐的人。

父亲这一辈子很少想自己，总是替别人着想。2017 年 6 月他从济南到烟台休养，因肺部严重感染住进了医院。为了更好地照顾父亲，家里人为他雇了一个护工。只要父亲能自己做的事，他从不让护工干，每次都让护工先去吃饭，等护工吃完后他再吃。有一天半夜，父亲因肺部大量积水呼吸困难，不能躺下睡觉只能坐着，儿子和护工坚持叫大夫来看看，父亲说半夜过后是人最困乏的时候，大夫很辛苦，让他休息吧，我能忍受，等天亮再说吧。看着父亲非常难受的样子，还在想着别人，儿子和护工的眼泪止不住淌了下来。因年龄较大，父亲的病在一天天加重，家里的人要给干休所的领导打电话，他坚决不让，说干休所领导刚换，工作会很忙，路途也太远，别给领导添麻烦了。父亲临终前，一家人围在床前，他用微弱的声音交代了两件事：一件是听说护工家庭困难就让家人在付清工资后再多给他 2000 元钱；另一件就是他走后丧事从简，不给亲朋好友和组织添麻烦，等处理完后事再给干休所领导汇报。这就是一个老共产党员的临终嘱托，他在生命的最后一刻还在想着别人。

2017 年 7 月 12 日，父亲与世长辞了。老人家虽然已经故去，但他崇高的思想境界，高尚的人格品德，无私的奉献精神，将永世流芳！"好好做人，做个好人"将成为他的家训，代代相传。

家训夹议

此爱堪与佛齐肩

毛泽东主席曾在写给吴玉章的寿辰祝词中说："一个人做点好事并不难，难的是一辈子做好事，不做坏事，一贯地有益于广大群众，一贯地有益于青年，一贯地有益于革命，艰苦奋斗几十年如一日，这才是最难最难的啊！"朱仲华老人也是这样一位老革命，几十年来，他无论在哪个岗位，无论职务高低，无论在职时还是退休后，甚至在生命弥留之际，心里总是装着别人，总是想着那些困难群众，总是惦记着那些弱势群体，对他们极尽尊重、体恤、帮扶，并且不求任何回报。他固然没有革命家、教育家吴玉章那样的职位、影响和贡献，但他的精神同样难能可贵，值得人们敬仰和学习。

　　爱不贵浓而贵长。爱他人、爱集体、爱社会，重要的不在于你有多大的付出和贡献，不在于多么轰轰烈烈、"死去活来"，而在于心中溢爱，尽己所能，持之以恒，终生不辍。一个人贡献社会、帮助他人的能力有大小，而点滴之中更显真爱，长久之中更彰真情。活到老，善心保持到老，善举持续到老，这便是大善至爱。

　　爱不择人而择法。人固然要爱憎分明，但对人不能有高低贵贱之分，不因位高权重而趋之，不因势弱人微而避之，有选择地"献爱心"。而对那些困难人员、弱势群体，以及那些急需帮助的人，应该把"特别的爱给特别的你"，不仅要给予同情，伸出援手，力所能及地帮一帮、拉一拉，还要发自内心地尊重、体贴他们，摒弃那种"施舍"的心态与做派。

　　爱不利己而利人。许多人爱国家、爱社会、爱他人，有觉悟、有激情、有行动，但一旦自己的利益受到影响，或者为了达到自身利益的最大化，马上就换了面孔，甚至不惜牺牲国家的利益，不惜损害别人的利益。还有些所谓的"善人""好人"，往往很热心地为别人帮忙办实事，事是办成了，委托人倒是受益了，但一个萝卜一个坑，通过不正当手段挤占的是别人的利益。这种损人利人的"热心人"，不能说心中没爱，但这种爱充其量是一种私爱，而不是大爱。每个人对自身的利益当然都有权维护，但时时处处把自己的利益摆在第一位的人，不可能成为真正的善人、好人。当个人利益与集体利益、他人利益相冲突时，最能检验一个人的格局与品德。

　　爱不求报而求纯。"帮别人就是帮自己"，这话千真万确，但人决不能打着"小算盘"，瞄着自己的私利去帮助别人。有些人在职时拼命地重用这个提携那个，不为别的，就是为了日后有人报答他。有些领导表面上看很是"亲民"，但处处为的是"选票"和"口碑"，往往背后牺牲的是群众的长远利益。这种功利化的"爱"，纯度上打了折扣，甚至变馊、变质，颇具危害。但丁说："爱是美德的种子。"像吴玉章、朱仲华等这些播撒真爱的人，才配得上美德加身。

No.54

爸爸的话

宁肯身受苦，不让脸受热。

——齐　明

齐明（1924—1990），吉林省扶余县人，退休前在松源下岱吉粮库任保管员。曾被抓壮丁到国民党军队，后加入八路军，母亲病重期间回乡，途中把携带的两支枪私自交给他人，并如实报告给组织，事后主动记入档案，"文革"期间因此受到批斗，"文革"后才得以平反。他诚实忠厚，兢兢业业，舍小家为大家，是一位有口皆碑的好职工；热心待人，乐善好施，左邻右舍、亲戚朋友谁家有难，他都会伸出援助之手，有求必应、能帮则帮，是一位令人敬仰的热心肠；热爱家庭，关心子女，为了养活十一口之家，帮着妻子纳鞋底、织毛活、洗衣做饭，对孩子严中有爱，是一位细心、耐心、严谨、严肃的好父亲。

家训故事

齐亚珍①经常参加社会公益活动和到全国各地的军营、边关哨所慰问官兵，对她的采访我们约了多次，直到 2019 年 9 月 18 日才如愿相见。一大早，我们在诗人、军旅作家焦锐的陪同下，来到济南市泉城广场志愿服务中心，采访了正在做义工的齐亚珍。

①齐亚珍，齐明之女，扶余师范学校毕业后在本县担任小学教师，后随丈夫调到山东济南，担任中国冶金地质总局山东局幼儿园老师。她热心公益事业，23 年来以母亲般的情怀，将爱心献给军营，协调有关部门和社会各界出资 400 多万元，救助重病战士，与全国各地数百名解放军和武警战士建立了母女、母子关系，热心地关心帮助他们，被誉为"兵妈妈"。2001 年，被全国妇联授予第三届"五好文明家庭标兵户"称号，是中宣部集中推向全国的四大"双拥"典型中唯一的个人典型；2002 年，被山东省妇联授予"三八红旗手"称号，被山东省妇联、民政厅、省军区授予"十佳妈妈"称号；2003 年，被国家人事部、民政部、解放军原总政治部授予"爱国拥军模范"荣誉称号；2006 年，被山东省妇联、山东省文明办、齐鲁晚报授予"十大优秀母亲"称号；2007 年，被山东省文明办授予"全省助人为乐模范"荣誉称号，获第二届全国道德模范提名奖，等等。

齐亚珍说，她的父亲在下岱吉粮库当保管员时，正是国家最困难、粮食最紧缺的时期，也是老百姓对粮食最渴望的年月。在一般人看来，父亲的权力很大，但父亲对自己的要求、对家人的要求严厉得有些难以想象。有时仓库的粮食受潮，经常要拉到家里"炕一炕"去湿，防止霉烂变质。"炕干"送回粮库时，他不会让家人留下一粒粮食。东北有吃瓜子的习惯，每到过年过节家家户户的大人孩子都会高高兴兴地嗑起瓜子，但唯独他不让自己的家人嗑瓜子，因为他就保管着粮库里的瓜子，自家人嗑瓜子说不清！所以家里大人和孩子只有到亲戚家才能吃到瓜子。齐亚珍小时候在别人家玩耍时看到，人家当粮库保管员的爸爸回到家，解开裤腿，粮食洒了一地，但从来没见到父亲私自带回一粒粮食。家里孩子多，父亲就和母亲省吃俭用，精打细算。那时只有过年时才能吃上顿饺子，父亲亲自动手包给大家吃，并且非常讲究，每个饺子一模一样，不大不小，60 个一斤。或许，他是在用这种严谨的态度和方式表达对家人的爱和歉意。父亲总是在齐亚珍她们面前说："孩子，宁肯身受苦，不让脸受热。你们做人做事要给父辈脸上争光，不能让人笑话咱缺乏家教。"她记得，母亲也说过类似的话。

齐亚珍的父亲对人胜过自己，胜过家人，别人家孩子有病，丈夫不在家，他就帮着送到医院，风雪无阻。别人有急事，他放下自己家的事，也要帮忙办别人家的事。他要求孩子们对人要有爱心，要诚实、善良，做对社会有益的人。

对父亲的做法和教诲，齐亚珍小时候不太理解，长大后才慢慢明白。她说，父亲虽然是一个普普通通的职工，也没有做出什么惊天动地的事，但人们对他很佩服，评价很高，在她的心目中父亲的形象非常高大。父亲走后虽然没有留下任何物质财富，但留下了乐善好施、严于律己的美德，这是一笔更加宝贵的财富，她为有这样的父亲倍感自豪。多年来，齐亚珍积极参加社会公益事业，热心拥军、倾心关爱官兵，是与小时候父母的教育引导分不开的。她在用实际行动实践着父亲的话，用实际行动为父辈们脸上争光。她神色凝重地说，父母养育了她却没沾什么光，但他们的在天之灵一定会为今天的她感到高兴和欣慰的。

家训夹议

传承、传种与传燃

1996 年 7 月 30 日，齐亚珍来到济南市白马山脚下的某训练基地做"义务辅导员"。其间，一名新战士拉着她的手久久不愿放开。他那异样的眼神，让她意识到这个孩子的与众不同。私下她向部队领导询问才知，这名来自吉林省梅河口的士兵叫温中军，才 16 岁，是个孤儿。也许是他见到充满妈妈情怀的齐亚珍，听到熟悉的东北口音，想起了自己去世的妈妈，进而产生了一种恋母之情。这让齐亚珍的内心很受震动。8月3日，齐亚珍把小温叫到家里，给他做了一桌子菜，让他感受一下家庭的温暖，抚慰一下他那伤感的心。没想到，小温拉着齐亚珍的手直叫"妈妈"，执意要认她做妈妈。从此，她便有了第一个"兵儿子"，也成了"兵妈妈"。20多年下来，像温中军这样的"兵儿子"，有数百个。他们当中，有孤儿，有单亲的，有患重病的，也有各方面条件都很好的。

齐亚珍对"兵儿子""兵女儿"们投入的爱，远远超过了亲生孩子。济南籍战士范广亮，入伍3天后爸爸遇车祸去世，妈妈一直瞒着他，一年后妈妈又因病去世，他心里很苦。齐亚珍听说后，两次远赴安丘营区看望他，并给他当妈妈。小范1998年12月退伍，那天下着大雪，齐亚珍在自家门口等到晚上10点多，把小范迎到家里住，这一住就是3年。其间，齐亚珍带他一块做小工，又介绍他到办事处当司机，张罗他结婚成家。2001年，小范在七贤庄办起了外来务工人员子女幼儿园，目前又开了分园，招收孩子达到200多个。这些年，小范拿出十几万元用于社会救助，把爱心撒向祖国的四面八方。

云南大理籍战士杨文虎也是个孤儿，原在驻济空军部队当兵，后来学技术分到了驻东北的部队，退伍后回到了原籍沙工村。2002年12月，小杨的哥哥结婚，小杨提出：妈妈能不能前来参加哥哥的婚礼？因为家中没有妈妈。这让齐亚珍很犯难，这么远的路程，怎么去呀！最后，她还是想：不能让儿子失望！于是，她一咬牙，去！这一路，80多个小时，她倒了7次车，费尽周折，腿都累肿了，最后好不容易找到了小杨的家。小杨没想到妈妈真的能来，觉得是从天而降，就像做梦似的。一家人高兴得不知如何是好，村里人都说"小老三妈妈来了！"小杨在家里排行老三。看到这种场景，齐亚珍什么疲劳感都没有了。参加完婚礼准备返回时，小杨奶奶拉着齐亚珍的手说："小老三妈妈，我年纪大了，照顾不了他，又担心他学坏，你还是把小老三带走吧！"齐亚珍说，只要你们都同意，我就把他带走。家里高兴得又宰猪为她们送行。小杨来到济南，在妈妈家住了两年，妈妈出钱让他学理发。现在，小杨在一家理发店当理发师，买了房，结了婚，也有了孩子，自己还经常参加公益活动。

新疆边防部队军官周纯建，是四川广安人，在部队工作期间不幸得了肝病，妻子又因此抛弃了他，整个人快垮了。齐亚珍听说后，一边去新疆接小周来北京做手术，一边通过《新京报》记者的报道为他手术筹钱，一下子筹了55万。与此同时，多次动员小周的妹妹及家人为哥哥捐肝。在北京解放军301医院，等待19个小时后，终于迎来了手术的成功。后来，兄妹俩恢复都很好，先后成家，并且都有了自己可爱的孩子。小周的父亲每次给齐亚珍打电话，都是说不完的感谢，感谢她救了他一家。

23年来，齐亚珍走进了30多个边关哨所，其中6次进新疆、1次进西藏，费用都是自己从工资和积蓄里出。还先后到军营、学校、社区、监狱、少教所、妇教所等做报告数百场，用真情感染大家，尤其用母爱唤醒那些迷失方向的人。

过去，她不停地给全国各地的儿女们写信，最多时一个晚上写了8封，有时累得竟装错了信封。后来，大儿子动员她学电脑，在网上与大家聊天。于是，她用一个月的时间学会了字母，用一个月的时间学会了指法，三个月后就能在网上与孩子们聊天了。再后来，在用电脑、用手机上，凡是年轻人会的，她都学会了，与大家交流起来更快捷了。

齐亚珍并不奢望孩子们当多大官、挣多少钱，只要他们能够自食其力、养家糊口，不给社会增加负担，就心满意足了。令她欣慰的是，孩子们都很争气，有一人荣立一等功、两人荣立二等功，多人荣立三等功，人人都有作为，浑身充满正能量，没有自暴自弃、怨恨社会的；并且，老伴和女儿都挺理解和支持她的事业与追求。

如今，齐亚珍虽然年龄已大，但依然忙碌在公益事业上，除了外出讲课、下部队，几乎每天都要到泉城广场志愿服务中心做义工，不间断地把爱心撒向人间。

　　社会需要爱心，爱心需要传承。齐亚珍把父亲的爱心传承下来，献给了社会，献给了那些需要帮助的人。她把爱心传种给兵儿子、兵女儿们，在他们心里发芽、开花、结果、溢香，让社会上更多的人受益。她把爱心传燃开来，从一个人的爱变成一群人的爱，组织兵妈妈志愿服务队、兵妈妈艺术团等，让更多的人投入到公益活动之中，形成燎原之势，让爱心照亮更多的人。她的爱是一种大爱，令人敬仰，让人追慕。

No.55

爸爸的话

做一个爱憎分明有血性的中国人。

——车宗法

车宗法（1910—1986），山东省沂南县人，具有勤劳、朴实、正直、勇敢的品质和刚强的性格。新中国成立后，他积极参加互助组、合作社和人民公社的组织与经营活动。他是个重农主义者，酷爱农业，喜欢在田地上种庄稼，认为种田最稳，耕种好土地才有饭吃。他是个有担当精神的人，尽管很少说话，但各种事情都存放在心里，大事小事都是自己顶着扛着，默默承受着生活的艰辛与重负。孟良崮战役中，他作为村里100名担架队员之一，参加了战场救护担架队，运送了大量伤病员和军需弹药。淮海战役中，他推着独轮车跟随民工支前大队，参与了战役的全过程。

家训故事

车贵①回忆说，父亲人生经历了多个社会时期，老人家对民族压迫和阶级剥削充满着仇恨，对共产党、对人民军队充满着无限的热爱。车贵小时候，父亲给他讲了好多与敌人斗争和配合解放军英勇战斗的故事。

①车贵，车宗法之子，1963 年 7 月入伍，曾任班长、代理排长；1969 年 3 月退役回村，任村革委会副主任、党支部副书记；1971 年 2 月入山东大学读书，毕业后留校工作；1984 年 3 月调武警指挥学院任教员、学员队长；1988 年 12 月转业回山东大学工作，先后任经济系党总支书记，经济学院副院长、党委副书记、书记、校党委委员、教授。合作出版专著 4 部，教材 2 部，论文集 3 部，科普教育专集 2 部，完成各级课题 9 项，获一系列奖项。

1942 年日军进入华东后向沂蒙山区入侵，沂蒙老区的八路军独立团作战英勇顽强，同时还有地方武工队和民兵配合，日军闻风丧胆，不敢侵入解放区。车贵家住在沂蒙山区的东侧，是解放区和敌占区的边沿地带，距离日寇炮楼 12 公里。日军经常窥测进入解放区的通道，白天派小分队进入边区探测，晚上再缩回炮楼里。秋后的一天，日兵 7 人小分队深入山区，往回返时天色已黑，闯入村里抓人带路返回炮楼。父亲被鬼子抓后，他蓄意将鬼子带到乱石遍地、荆棘丛生的山岗上，让鬼子兵无路可走，自己也好寻机脱身。带上山岗时他提出拉屎，鬼子兵不同意，父亲即刻褪裤子大便，大便臭气冲天，鬼子兵慢慢远离他。黑夜里伸手不见五指，父亲慢慢地挪动着，越挪动离鬼子越远，鬼子兵大喊大叫，父亲已经远去了。这时鬼子兵乱枪扫射，父亲趴在地上不动声息。等鬼子枪声停了，父亲沿山坡迂回进村，躲过了劫难。

说起孟良崮战役支前，父亲说："在战斗打响的那些日子里，我和工友们白天夜晚冒着枪林弹雨，在崎岖狭窄和陡峭的山间小路上奔跑，不是运伤员就是送弹药，随时听从指挥，一分钟也不耽误。"战斗结束后解放军迅速转移，父亲他们这些担架队员负责打扫战场。父亲说："战争非常残酷，但那些狗日的匪军必须消灭，只有把他们彻底消灭了，老百姓才有好日子过。"

淮海战役中，父亲是百万支前民工中的一员。父亲说过，他入秋后推着独轮车跟随支前民工大队到了淮海一带，他和工友们吱吱扭扭地推着粮食弹药在风雨中蜿蜒前行，解放军打到哪里，就把粮食、弹药送到哪里。有时候蹚水过河小车用不上了，他们就冒着严寒及敌人的枪林弹雨，跳进齐腰的冰冷河水中，扛着弹药箱前进。父亲有时候也抬担架运送伤病员，他感到解放军的伤病员官职越大，脾气越好。有一次父亲和工友抬了一个张姓团长，这个团长腰部受伤，全程躺在担架上不能动，但他对人特别热情，特别友好，并把自己带的东西分给大家吃，还给他们讲革命道理，使人感到很亲切。数百万民工的助战，真正体现了战争的伟力之最深厚的根基存于民众之中。所以陈毅元帅感慨地说："淮海战役的胜利是人民群众用小车推出来的。"

父亲经常对车贵说："咱们家有今天的幸福生活，不能忘记共产党，不能忘记解放军，你要坚决跟党走，做一个爱憎分明有血性的中国人，保卫国家、建设国家！"

父亲英勇顽强的革命精神，让车贵受到深刻教育和鼓舞，打小就在内心深处奠定了一定听毛主席的话，坚决跟共产党走的思想。车贵无论走到哪里，都是党叫干啥就干啥，为革命事业兢兢业业地工作，在军事训练、人才培养、学科建设、教学、科研、管理教育等工作中均取得了显著成绩，多次被表彰为山大、山东省优秀党务工作者，所在学院被山东省评为教书育人先进集体，所在党委被山东省委评为先进党委。

家训夹议

家有烈子不败家

"谈，可以！打，奉陪！欺，妄想！"

面对美国发起的贸易战和咄咄逼人的极限施压，中国给出的这一答案，让世界看到了中国人的傲骨，看到了一种久违的血性。这让人想起了"横眉冷对千夫指，俯首甘为孺子牛"的鲁迅，想起了"宁肯前进一步死，决不退后半步生"的狼牙山五壮士，想起了上甘岭战役，也想起了抗美援朝战争中的另一幕：当美军首席谈判代表哈里逊狂傲地在板门店宣布："无限期休会！让枪炮去辩论吧！"我15军军长秦基伟的回答是："抬着棺材上上甘岭！"45师师长崔建功的回答是："打剩下一个营，我去当营长，打剩下一个连，我去当连长！"这种虎气血性，着实让对手胆寒心怯。不可一世的"魔头"，最终不得不在停战书上签字认输。

中华民族是有血性的民族，自古就崇尚"粉骨碎身全不怕，要留清白在人间"的价值追求。"慷慨过燕市，从容做楚囚。引刀成一快，不负少年头！""大盗亦有道，诗书所不屑；黄金若粪土，肝胆硬如铁；策马渡悬崖，弯弓射胡月；人头作酒杯，饮尽仇雠血。""出身仕汉羽林郎，初随骠骑战渔阳。孰知不向边庭苦，纵死犹闻侠骨香。"这些充满激情的诗句，淋漓尽致地刻画和展现了古人的血性与气概。

血性，是人的品质中最可贵的东西。人有血性，就是要有志气、有信心、有骨气，坚持真理，爱憎分明，仗义执言，敢作敢为，具有"生当作人杰，死亦为鬼雄"的气概。人有了血性，才会坦坦荡荡，不卑不亢，直立行走，让人敬重。

血性，是一种战斗力，也是一种威慑力。有血性，不是好战好斗，惹是生非，因强而横，而是不惹事、不怕事，是"人不犯我，我不犯人；人若犯我，我必犯人"，是"朋友来了有好酒，敌人来了有猎枪"，始终秉持一种侠胆正气。

一个没有脊梁的民族注定要被世界潮流打败，一个没有血性的民族注定难在世界民族之林屹立。然而，长期的和平环境、养尊处优的生活，让一些人的血性弱化了，甚至到了"什么都不缺，就缺血性"的程度，只知血液流，不见血性张。懦弱平庸，见事躲事，自保太平，事不关己高高挂起；惧强怕横，唯唯诺诺，甚至助纣为虐；趋炎附势，为富不仁，贪婪成性，等等，成了一些人的通病。这种"病"不治，长此以往，蔓延成势，或许真的"国将不国"！

家有烈子不败家，国有烈臣不亡国。培养虎气、抑制羊气，应是家庭教育、学校教育、大众教育的当务之急。

No.56

爸爸的话

讲诚信不吃亏！

——赵继斌

赵继斌（1963— ），山东省昌乐县五图街道庵上湖村人，先后担任村主任、村文书，2001年至今担任村党支部书记、村主任，现兼任街道办副主任（挂职）。他和"一班人"带领广大村民把一个远近闻名的落后村建成了"全国文明村"，庵上湖村还先后获得"全国科普惠农先进村""全国妇联基层组织示范村""国家级农民专业合作社示范村""国家级三A旅游景区""全省干事创业好班子""全省脱贫攻坚先进党支部""山东省旅游特色村""山东省美丽休闲乡村"等荣誉。他本人被表彰为"全国乡村旅游致富带头人""齐鲁乡村之星""潍坊市致富带头人"等，近年来每年到山东大学、青岛农业大学等省内外院校讲学30余次。

家训故事

　　昌乐县庵上湖村在20世纪80年代前是一个红旗村，改革开放包产到户后，随着党建工作的放松，1985年村里开始乱了起来，村两委班子处于瘫痪状态，部分群众去北京上访反映村干部的问题。1990年县里帮着强行搭建起新的领导班子，但在此后的十年间村班子仍处在软弱无力的状态，工作开展不起来，各种收费收不上来，村里处于散乱状态。危难之际，村干部一致推荐赵继斌担任村支部书记，镇党委书记亲自出面做他的工作，授权让他组建新的两委班子。

　　赵继斌在村里先后担任过村长、文书，了解村里的情况和症结，觉得有信心干好，但群众从多大程度上拥护他，他心里没底。于是，上任之初他就试探着收缴前两年群众拖欠的公粮，看看大家的态度如何。结果，全交了上来。有广大群众的信任，赵继斌便甩开膀子干了起来。他出手抓了三件事：党的建设、产业发展、乡村治理。

　　围绕党的建设，半年的时间内，每月的1号和15号晚上8点定期召开党员碰头会，学习文件，研究怎么干，如何搞好村的建设。党员的思想逐步统一，党组织的凝聚力不断增强。多年来，抓党建的力度始终没有减。

　　围绕发展产业，赵继斌也曾有过大规模养鸡的念头，因为自家养鸡曾达到4000多只，年收入两三万元，但经过考察还是放弃了这种打算。后来去寿光参观大棚，决定复制寿光现代农业的模式，组织蔬菜种植。前期许多人并不拥护，因为有的种菜赔过钱（主要是缺技术），有些老人担心种粮少了会挨饿。赵继斌先动员37户每人拿出半亩差地试种西瓜，结果一茬每户就收入一万到一万三千元。大家从中受到鼓舞，踊跃进行大棚种植。村里规划了粮食、西瓜、蔬菜三个园区，进行土地流转，实行集约化种植，尔后返租给各户。与此同时，村里联系信用社，贷款70万，解决了资金问题；以两万元的年薪（当时公务员工资的两三倍），从寿光聘请了一个技术员，解决了种植技术问题。到2007年，村里大棚种植达到了600多亩（全村可种土地共 845 亩），村民人均收入过万，成了周边地区收入最高的村。

2017 年国家修订通过了《中华人民共和国农业专业合作社法》，村里注册成立了昌乐县华安瓜蔬专业合作社，15 名党员带头，另有 6 户群众参与。合作社种植的 8 亩韭菜，年底卖到了 20 元钱一斤，引起轰动，一把韭菜铸就了一个品牌，一把韭菜带动了一个产业。韭菜能卖到 20 元钱一斤，杀手锏就是没用农药，是纯绿色食品。从此，村里开始狠抓食品安全。2010 年投入 7 万元购买了一台农药残留检测设备，对每家的蔬菜进行检测，党员包责任，合作社成员进行积分评定，不达标的不让出售。有些群众有意见，赵继斌耐心劝导大家："讲诚信不吃亏！"2015 年 6 月 15 日，第七届全国食品安全周活动在北京举办，汪洋副总理出席并致辞，赵继斌作为唯一一个基层代表发言，并被表彰为"全国食品安全诚信守望典型人物"。后来大家都尝到了重食安、讲诚信的甜头，佩服赵书记重诚信、有眼光。

党的十九大提出农业以量取胜向以质取胜转变，赵继斌带领村民开始发展新产业，借助自己的品牌把城里人吸引到村里来，通过种良心菜带动三产，前来取经、采摘、买菜、就餐的人络绎不绝。2017 至 2018 年，接待全国 26 个省的村党支部书记、第一书记、扶贫书记、党政考察团近 8 万人；2018 年接待各类人员达 12 万人。村民人均收入达到 35000 元，正在建设中的乡村振兴学院，将会获得更大的经济效益和社会效益。

围绕乡村治理，赵继斌提出了"四治"的思路，即：支部领治、村民自治、协商共治、教化促治。在村民自治上，制定了《村规民约十三条》，分别实行党员积分、合作社成员积分、村民积分，与福利和收入挂钩，村民们自觉落实。赵继斌在 2019 年山东省召开的全省乡村治理大会上介绍了经验。

提起父亲的"诚信观"，赵龙①深有感触。他在中学读书时父亲就经常嘱咐他说，与人相处要说到做到，讲诚信不吃亏！他在部队刚当排长时遇到一个"刺头"老兵"挑事"，向他提了一些无理要求，父亲听说后还是那句话：讲诚信不吃亏！要耐心做工作，不哄不骗，不乱许愿。后来这位老兵主动

① 赵龙，赵继斌之子，1985 年出生，2003 年高考考入中国人民解放军陆军导弹学院，毕业后先后任排长、连长、参谋，现任某作战旅作训科科长。

向赵龙道歉。诚信，让赵龙赢得了领导、同事和部属的信任与尊重，人生收获满满。

家训夹议

不要低估了别人的智商

现实中，有许多人待人处事往往口惠而实不至，大话说了一大堆，许愿留下一大串，明明做不到或压根就不想兑现却在那里慷慨许诺，大过嘴瘾，以为别人好忽悠，岂不知大家心里明镜似的，只是给他们留点面子，不愿道破罢了。但时间久了，这类人在别人心目中的诚信和位置也就没有了。一些企业蓄意降低质量标准，甚至公然造假，有的进行虚假宣传，甚至公然进行欺诈，他们的"智慧"再高、骗术再巧，只能骗得了普通群众却骗不了专业人员，只能让个别保护伞罩着一角却逃不出阳光的照射，只能得逞一时却不能得逞一世，早晚会露出马脚，受到惩处的。

有些人爱耍"小聪明"，说到底还是高估了自己的智慧和造假能力。他们总觉得自己很有头脑，所作所为天衣无缝，实际上却是拙劣低俗的表演，无论怎么装都不可能有完美的展现，更经不起风吹日晒，假的真不了，次的好不了，靠蒙靠骗长不了。看看当年在齐国那个滥竽充数的南郭处士，可谓"聪明至极"，自己不真会吹竽却在偏好听三百人合奏的齐宣王那里混了很长时日，享有数百人的粮食供养，但碰上喜好听一个一个演奏的齐潜王，便露出了真面目，只好逃之夭夭、溜之大吉，成为千古笑柄。

要相信别人的智慧，坚信能够识人识货的大有人在，真正的好产品会有人出高价钱，讲诚信的人别人愿意把自己的利益托付给你。也许你的成本和付出会大一些，眼前的利益会小一些，但最终会是受益最大的那一位。诚信是金！古人说得没错。

No.57

爸爸的话

金钱买不来堂堂正正的底气。

——马启代

马启代（1966—　），祖籍山东省东平县，"为良心写作"的倡导者，现为中国诗歌在线总编辑，"长河文丛"、《山东诗人》《长河》主编。1985年开始发表作品，创办过《东岳诗报》等，出版过诗文集22部，作品入选各类选本200余部，获得过山东首届刘勰文艺评论专著奖、第三届当代诗歌创作奖、2016首届亚洲诗人奖（韩国）、第四届滴撒诗歌奖、第六届人人文学奖等，入编《山东文学通史》。

家训故事

2017 年 10 月，马晓康①为了寻找更多写作灵感，决定打破原有的生活状态，到深圳去工作一段时间。于是，他就在一家黑科技创业公司里找了一份文员工作，因为他对互联网传播比较熟悉，在工作中表现较为出色，不到半年时间就被提拔为品牌总监。那时的他处于一种亢奋的状态，因为他亲眼见证了将电能转化为火焰并进行烹饪的神奇现象，所以认为公司正在做的这项黑科技是可以改良世界的伟大发明。在工作期间，他几乎投入了全部热情，将原来写作的事务暂时搁置，并将大部分时间都用来学习和阅读与业务相关的书籍。父亲得知他的情况后劝他，凡事要冷静，做人要学会保留余力，不到关键时刻，不到清楚全部状况的时候，不要过分投入，否则会让自己受伤。

①马晓康，马启代之子，中国 90 后代表作家，留澳 7 年。有诗作被译为英文、韩文等，主编《中国首部 90 后诗选》。代表作有长诗《逃亡记》《还魂记》等。曾获 2015《诗选刊》年度优秀诗人奖、韩国雪原文学奖海外特别奖等。

父亲的话，他当时并没有完全听进去，但给他也提了一个醒。于是，在学习业务知识的时候，他刻意了解了一些关于公司技术和商业运作模式方面的知识。发现公司的确有问题，但只是属于资金上的困难，是每个创业公司都会面临的。他认为，只要这项黑科技发明研发出来，其巨大的市场潜力一定会获得风投的青睐，资金的问题也会迎刃而解。后来，公司换了一位新 CEO，是职业经理人，简历非常光彩，在许多大公司都担任战略顾问。但马晓康学习到的知识和父亲的指点告诉他，这位职业经理人恐怕并没有真刀真枪做过实业，就像纸上谈兵的赵括，熟知兵法，却不能结合实际情况运用。

不过，这位 CEO 的激情还是暂时吸引了马晓康。马晓康帮助他完成了公司的商业计划书，并从他身上学习了一些与资本市场打交道的规则。看到这位 CEO 浮夸的包装后，父亲劝马晓康要冷静对待，这世上有很多自吹自擂的人，要看他和过去的人处于一个怎样的关系，如果一个纵横商场20多年的老总连几个铁杆部下也没有，说明这个人是有问题的。

也许是父亲的话一直在暗中影响着马晓康，随着他学习和工作的深入，开始意识到公司的真正问题。这项电生火的技术并非真正的黑科技，而是一个高级电工就能完成的事，其中的区别只是没有一个灶具结构包装罢了。而公司在产品并未有任何预期的情况下就开始招商，创始人与新CEO以各种名义瓜分了加盟商的加盟费，用于买豪车享乐，并没有真心扑在研发上，这项"黑科技发明"成了一个圈钱的噱头。了解到这些后，马晓康非常失望并决定离职。父亲很支持他的决定，并告诉他："金钱买不来堂堂正正的底气。"

家训夹议

刘玄德的底气

东汉末年，朝廷衰微，天下大乱，各路豪杰纷纷跳出来抢占地盘。在若干个"山头"中，刘备算是力量比较弱小的一个，他早年投奔过公孙瓒、陶谦、吕布、曹操、袁绍，五易其主，经常东奔西走寄人篱下，更是被曹操追得到处疯跑，连个安身立命的地方都没有。然而，颠沛流离的刘备，始终没有自卑与气馁，始终没有被人抛弃，追随入伙者倒是纷至沓来。他那种气定神闲、气宇轩昂、底气十足的劲儿，让人一眼便能看得出来。袁绍评价刘备："刘玄德弘雅有信义。"陈寿认为刘备："弘毅宽厚，知人待士，盖有高祖之风，英雄之品焉。"而曹操更是当着刘备的面说："今天下英雄，唯使君与操耳。"竟把刘备视为唯一竞争对手。

刘备的底气从哪里来？应该说，来自他的皇亲宗室身份。刘备的先祖刘胜是汉景帝刘启的儿子、汉武帝的兄弟，论辈分刘备高出汉献帝一辈，被汉献帝称为刘皇叔，并授予左将军之职。汉献帝如此和他套近乎，意在拉拢有点势力的刘备，为羸弱的自己增添点筹码。刘备有了这个特殊的身份，腰杆似乎硬了许多，走到哪里人们自然会高看他三分，也令对手们忌惮他几分。所以，一路走来，刘备都是举着"匡扶汉室，除贼安邦"的大旗，一举一动都占得道义高地，天下追随者众多，在乱世中终得三席中的一席。反观曹操集团，"挟天子以令诸侯"是他的优势，更是他的硬伤，常因"汉贼"之名而陷入政治上的被动。这或许是曹操不敢称帝的理由与明智所在。

然而，靠特殊身份和"匡扶汉室"旗帜立足的刘备集团，在羽翼稍稍丰满之际，就犯了一个致命的政治错误：曹丕废汉献帝称帝，刘备暴露出他虚伪的一面，迫不及待地跟着称帝。这等同于宣告放弃"匡扶汉室"的政治追求。刘备身为汉臣，明知汉献帝是被迫禅让，并且活得好好的，不是先替他讨回公道，而是编造汉献帝被曹丕杀害的谎言，为自己"继位"当皇帝找借口，无异于自己打脸。此后，刘备集团虽然仍口口声声"匡扶汉室"，但谁信啊？刘备坐上皇帝宝座，如愿成就帝业，面上也更加威严，但心里发虚得很，"人设"也随之陷入危机。刘备、诸葛亮死后，后人也常喊"匡扶汉室"，恐怕连喊此口号的人也不会当真。走下道义神坛、失去了政治底气的蜀国，精气神逐步萎缩，在三国中的气场慢慢衰竭，进而成为首当其冲的亡国者，也就不足为奇了。

底气来自自信，进一步说它来自一种可以互信的自信。一个人只要心中有"底"，不论你表现得多么谦卑多么低调，别人都能感受到你的自信。这种自信，就是一种底气。产生与支撑底气的"底"，一般说来有学识、能力、财富、家庭背景，甚至还有颜值，但最不能缺失的是道义。背离了道义的行为，也就突破了做人做事的底线，没有了"底"哪来的"气"？再说，一个不讲道义的人，即便"硬底子"再厚，即便自我感觉再好，他的所谓底气也不会传导给别人和受众的，并且自己也会因为理亏而心虚日甚，那么"泄气"注定是迟早的事儿。试想，现实中那些靠金钱、靠关系拿奖的这"家"那"家"们，举起奖杯的底气有几何、又能持续多久？相反，站在道义的制高点上，即使实力的底子稍薄一些，也会慢慢积聚成"气"的。这或是马启代先生说给儿子那句话的"玄机"所在。

No.58

爸爸的话

做人就做顶天立地的男子汉，
敢作敢为敢担当。

——杨连祥

杨连祥（1945—2014），山东省东营市河口区人，出身于革命家庭，父亲是抗日战争时期的老党员，在当地曾担任我党一个片区的领导，保护过多名抗日英雄。受父亲的影响，他不到20岁就加入了党组织，在工厂当过工人，在村里当过党支部书记，在乡办工厂当过厂长，回乡后做过生意，走到哪里都给人留下刚直正派、光明磊落，讲感情、敢担当、有作为的印象，在十里八乡是一位德高望重、有人缘、有气场的明白人。他在孩子面前极有威严，从吃饭用筷、使碗、夹菜的规矩到迎宾待客之道，从不含糊，从不娇惯，子女和孙辈们都有良好的教养。

家训故事

2018 年秋天，杨忠国①陪母亲回老家看望亲戚邻居。母亲离开家乡在烟台随儿子生活多年，回到村里街坊邻居们都纷纷前来看望她。杨忠国小时候的一个玩伴，见了杨忠国指着自己两眉之间留下的月牙形疤痕，笑着对他说："忠国哥，还记得这个疤吗？你现在是不是该给我赔偿了？"眼前这位与自己同岁的弟弟这么一说，一下子打开了他记忆的天窗，思绪便回到了童年。

① 杨忠国，杨连祥之子，曾在海防部队服役，转业到银行系统，后辞职下海活跃在商场，现为烟台越众实业有限公司董事长。

杨忠国小时候身强力壮，脑袋瓜又聪明，颇有一种"领袖范"，经常带着一大群小伙伴们到处疯玩，是有名的孩子王。因爱打架惹祸，也没少挨父亲的揍。一次，刚才那位"讨债"的儿时伙伴不知怎么惹恼了他，他上来就拿起砖头朝小伙伴的头砸过去，正巧砸在脑门上，小伙伴顿时血流满面，吓得杨忠国拔腿就跑。看到儿子闯下大祸，母亲赶紧把家里仅有的十来个鸡蛋送到人家家里去补营养。多亏小伙伴父母人好，也没有打到要害处，才没有引起什么乱子。严厉的父亲注定不会轻饶了杨忠国，边打嘴里边说："做人就做顶天立地的男子汉，敢作敢为敢担当，你打伤了人家，一跑就了事啦？"听了父亲的话，杨忠国认识到自己打人不对，更不该打伤了人一跑了之。从那时起，他牢记父亲的教诲，无论遇到什么困难都是迎难而上，不逃避，不气馁，勇于面对，敢于担当。

杨忠国转业到银行工作后，面对捉襟见肘的工资收入，想起远在东营农村、一生吃苦的父母和家人，看到国家改革开放带来的一个个商机，他心动了：他想辞职下海！然而，放弃十几年拼搏挣来的铁饭碗，再到飘忽不定的商海里去找新饭碗，家庭的阻力可想而知。面对一家老小，杨忠国也掂量过、犹豫过，但他的性格像父亲，他更想起了小时候父亲对他说的话："做人就做顶天立地的男子汉，敢作敢为敢担当。"于是，他下定决心，辞职下海，并且一不做二不休，用买断工龄补偿的钱在烟台为父母买了一套房子，把老人接到了身边。这样，一来照顾父母方便，不再为回老家费时费力费神，二来断掉自己的退路，逼着自己往前奔。倔强而有担当精神的杨忠国，就这样迈出了人生的关键一步，凭着自己的智慧和为人，事业越搞越大，对家庭、对社会的贡献也越来越大。采访中说起这些，他由衷地感激总是一脸严肃、很少有笑模样的父亲。

家训夹议

有担当的人生才精彩

写下这个题目，突然联想到清朝第四位皇帝康熙。康熙8岁登基，14岁亲政，在位61年，是中国历史上在位时间最长的皇帝。康熙执政初期，面临着严峻的局势，其中之一就是三藩问题。明朝将领吴三桂、尚可喜、耿仲明3人，在明末清初先后降清，这为清朝入关定都北京立下了汗马功劳，分别被清朝封为平西王、平南王和靖南王，并分别拥有云南、广东、福建三个省区。然而，三藩手中都握有重兵，已形成尾大不掉之势。他们对朝廷阳奉阴违，已经严重威胁着大清的统一和稳定。年方20岁的康熙力排众议，决心撤藩。在三藩相继拒撤起兵，反叛大军大举北进的情况下，他临危不惧，严厉驳斥了各种护藩论调，同时指出"三藩势焰日炽，撤亦反，不撤亦反"，因此决不仿效汉景帝诛晁错以平七国之乱的做法。随后果断下达了武装平叛的命令，最终剿灭三藩，消除了清廷的后患，为开创"康乾盛世"奠定了政治基础。

按说，年轻的康熙帝完全有理由默认三藩这个事实，像他的父辈、祖辈那样，舒舒服服做他的皇帝；也完全可以不冒三藩起兵的风险，把这个历史遗留问题继续留给后人，轻轻松松做他的皇帝；还可以等自己羽翼丰满的时候，或等吴三桂这些人死后再动手，稳稳当当做他的皇帝。但在康熙这里，撤藩不仅是必需的，而且也等不得、拖不得、推不得，一定要在他的手里解决，并且解决得越早越好、越快越好、越彻底越好。这说明什么？这说明康熙帝年纪轻轻就有担当精神！正是康熙帝的担当，才有后来的安定和盛世；正是这种担当，让他成为历史上最耀眼的明君名帝之一。

　　杨忠国与康熙帝固然不可同日而语，但同样令人肃然起敬。他也知道按部就班，舒舒服服过自己的"小日子"好，这些年的商海打拼让他得到了很多，但背后的付出也是常人难以想象的，有时累了他也想歇一歇。然而，心中的责任、肩上的担子，让他停不下前进的脚步；人生价值、社会价值的实现，让他有更大的人生抱负。他总是说，人活着不能太自私，不要只想着自己过得好，心里应该装着家人、装着社会。是啊，那种有挑战、有担当、有作为的人生，才是精彩的人生，才是杨忠国最想要的！

No.59

爸爸的话

人有热心肠，家兴事业旺。

——葛运惠

葛运惠（1945—　　），山东省蓬莱市人（所在镇现划归烟台市开发区），出身富农之家，因家庭原因，失去考大学、参军入伍的机会，19岁那年考入县卫校，在农村当赤脚医生50余年，医德和医术远近闻名，退休后继续为老百姓看病治病。20世纪90年代初期，他被表彰为"全国优秀乡村医生"。他写一手好字，村里家家过年贴的对联，几乎都是他写的。作为长子，家里的一切都由他扛着，处处为弟弟妹妹和子女们操心费力、做好榜样。

家训故事

葛运惠是远近闻名的热心肠，他当乡村医生几十年，无论酷暑寒冬，无论下雨下雪，无论行程远近，经常深更半夜出诊，随叫随到。方圆十多公里内，许多病人不愿到县乡医院，而是愿意找他看病，说他比大医院的大夫医术还高。

葛运惠不仅自己是个热心肠，而且教育儿子葛晓东[①]在生活中也要做个热心人。葛晓东在县里当了公务员，特别

①葛晓东，葛运惠之子，当过公务员，后辞职下海经商，现从事建筑环保材料加工经销工作。

是下海经商后，葛运惠叮嘱他说，你现在条件好了，村里的人和乡里乡亲的去县城找你，请你帮些忙，对人家一定要好点，能帮的尽量帮一帮，有时间请人家吃个饭。葛晓东经商与同行打交道、与客户来往，父亲不忘提醒他本本分分做人，不贪心亏心，不坑蒙行骗，多体谅他人，好处共同占，钱大家一起挣，诚心交友，热心待人。

葛运惠既慈祥，又很严肃。葛晓东做建筑环保材料这一行后，企业一度遇到一些困难，葛运惠在劝他别放弃、别想不开的同时，郑重地嘱咐他，建筑环保材料关系到民众的生活和健康，一定要讲良心、讲公德，决不做违反标准规定、损人利己的事。葛运惠还常在他面前念叨："人有热心肠，家兴事业旺。"葛晓东听到耳里，记在心里，工作和生活中时常解人所急、帮人所难、助人所需。

家训夹议

别忘给您的心肠加加"热"

都知道我（路秀儒）喜欢烟台这个地方，一有时间就跑到这里小住上一段。这不是因为烟台是座美丽的海滨城市，也不是因为我曾经在这里服过役、烟台是我的第二个故乡，也不是因为妻子是烟台人，"爱屋及乌"，而是因为烟台人好，烟台人都是热心肠，住在这里温暖度高，能找到"感觉"。

外地人走在大街上问路，烟台人就会像导航里的林志玲，既耐心又贴心地给你指路，告诉你诸如"是往右前方走，不是往右拐"，甚至怕你走错路，把你领到岔路口，还指给你下一步怎么走，就差陪你到目的地了。上了年纪的人带着大包小包的东西上下公交车，总有人帮着提一提、搬一搬，让位让座更是平常。你的鞋带开了，也会有人给你提醒一下；你携带的东西掉地下了，也会有人告诉你，甚至帮你捡起来。当年我在烟台地区当兵时，部队大冬天拉练住在老百姓家里，热水、热炕、热花生，着实让人心热又眼热。有一首歌叫《东北人都是活雷锋》，其实，这词用在烟台人身上挺合适。

然而，在一些地方，热心肠的人似乎越来越少了，老人摔倒了不去扶，别人问事不搭腔，街头遭窃没人帮……"管闲事"的人少了，冷漠的人多了，甚至有些人原本滚烫的心竟变得冷若冰霜，真是"事不关己，高高挂起"。2018年10月，我到解放军庐山疗养院疗养，在景区里坐旅游观光车自助游，车水马龙，人山人海，在乘车点就像刘姥姥进了大观园，一时摸不清南北东西。我客气又谦逊地问一40岁左右的女子，往某某方向该坐哪趟车，怎料这女子眼睛瞪了我一下，接着把头扭到了一边。我不知道我说错了什么话，一时尴尬得不知如何是好。瞬间我明白了，她也是游客，她不是工作人员，她没有义务告诉我。这时，我想起了烟台人，换成烟台人，她会客气地告诉我她也不太清楚，去问问工作人员吧！当然，不光是烟台人好，哪个地方都有热心肠。

你帮人人，人人帮你；你暖人人心，人人心暖你。世界很大，社会很小，说不上谁用上谁，说不上何时造化会在冥冥之中显灵。不是经常有这样的巧事吗，有的人碰到儿童溺水毫不犹豫下水救人，结果救上来的孩子中竟有自己的孩子；也有相反的，遇到此类的事站在一边看热闹，结果出事的恰恰就是自己的孩子。"柳枝骆马爱心断，莼菜鲈鱼归兴生。"人没有了爱心，即使物质上再富有，也会让人躲得远远的。"人有热心肠，家兴事业旺。"无论人穷人富、人"尊"人"卑"，还是经常给自己的心肠加加"热"、保保"温"为好！

No.60

爸爸的话

人家吃了传名，自己吃了填坑。

——王化笃

王化笃（1940—2003），山东省东平县人，出身贫寒。父母去世后，同父异母的哥哥撇下他"闯关东"去了，他硬是凭着倔强、刚毅的性格，艰苦奋斗，自力更生，独自撑起一个家。成家后，为养家糊口，靠拉脚贩卖维持生计。尽管日子苦，挣钱不容易，但他依然慷慨大方，乐善好施，宁肯亏欠自己，也不亏欠登门求助的人。他活着的时候，村里的红白喜事，大都由他张罗和主持。"大掌柜""慈善家"是乡亲们送给他的"美名"和"雅号"。

家训故事

王希法[1]记得很清楚，他小时候，过了春节父亲都是赶着驴车走亲访友。渐渐地，他就有了个"重大发现"，好像父亲人缘特别好，十里八乡的，无论到哪个庄哪个村，一路上有许多人都与父亲打招呼。他不明就里，就问父亲："爹，你咋有那么多熟人啊？"父亲用鞭子抽了一下驴屁股，非常自豪地说："当年拉脚贩卖，附近哪个庄没去过？每个村几乎都有俺要好的'铁哥们'，我们一块拉过脚、跑过江湖的！"

[1] 王希法，王化笃之子，因家境贫寒，初中毕业后，跟师傅学得一手木匠活手艺。喜欢读书，每有余闲，就抱着各类书籍苦学，并潜移默化地影响到孩子。两个孩子学习成绩都十分优异，考上了理想的大学，其中女儿是整个东平县走出来的第一个女博士。他现居济南经营打理个体店，生意兴隆，收入可观。

20世纪七八十年代，农村还是相当贫穷的。街坊邻居们一整个夏天都舍不得花钱买个西瓜解馋解暑。父亲为了让家族的长辈老人们尝尝鲜，总是用自己拉驴车挣来的辛苦钱，在每年西瓜价格比较便宜的时候，多买上几个，然后一一切开，让王希法兄妹给邻居百舍，挨家挨户地送过去。

孩子们捧着那清香四溢的挂了沙的红瓤西瓜，多想咬上几口呀！可等到奉送完毕，留给自己的就只剩下西瓜的"下角料"了，孩子们心里自然不悦，嘴里嘟嘟囔囔起来："干吗好的都送给别人，自己却吃西瓜皮呀？"这时，父亲就说出了他那句"至理名言"："人家吃了传名，自己吃了填坑。"[2]

[2] "人家吃了传名，自己吃了填坑"，是说宁肯自己挨饿，也要把可吃的东西送给别人。这样，别人就会记住你，你就会美名远扬；而自己吃了，只是填了嘴和肚皮这个"坑"。

父亲虽然不是医生，但在外拉驴车闯荡多年，眼界宽了，多多少少积累了些挺管用的"土方子"，比如什么果树叶子能入药，能治什么病。于是，他就在自家院子里种了不少果树。院子小种不开，他就在山坡上开荒种树。他种的果树有：核桃树、银杏树、柿子树、山楂树、桃树、梨树、枣树、石榴树等。

果子熟了，他就让王希法兄妹先送给街坊邻居、一家一户地平均分，自家留下的却少之又少。乡亲们吃着香甜的果子，当着王希法兄妹的面，赞不绝口："你爹爹的心好，是咱们村的慈善家，真是名不虚传！"

再就是，等核桃树、银杏树叶子落了，他都细心地捡拾起来，晒干后再贮藏起来，以备乡亲们遇到各种"疑难杂症"时当"药引子"用。乡亲们有时在当地医院都买不到的这些陈年老叶子，居然在这里不花一分钱就意外地找到了。这不禁让王希法由衷地钦佩父亲走南闯北的"见多识广"，以及他对乡亲们的"良苦用心"。

说实在的，当年父亲靠拉脚贩卖，并没有发家致富。父亲有时一天只吃两顿饭，都是母亲三更做饭，五更叫醒父亲，吃完饭他就开始出远门了。总是带着一包袱煎饼和窝窝头，实在饿了，才舍得临时充充饥，垫吧垫吧，凑合凑合，就当是一顿饭。父亲出门在外，颠簸劳顿，含辛茹苦，所挣来的钱的的确确是血汗钱。

王希法家所在的村子，全村上百户人家，少说也有一半的人家都借过他父亲的钱。借钱的人家，有的十天半月的就还上了；可有的十年二十年不还，甚至有到死也还不上的。特别要好的庄乡爷们就看不下去了，摩拳擦掌，跃跃欲试，爱打抱不平的，就站出来了，拍着胸脯向父亲说："叔，我替你扛他家的电视去！""我拉他家的蒜种去！""我砸他家的大立橱去！""我到法院告他去！"

可是，父亲对庄乡爷们的"路见不平，拔刀相助"，总会摆摆手，和颜悦色地说："只不过几个小钱，都是乡里乡亲的，干吗如此大动干戈啊？罢了，罢了，人家吃了传名，自己吃了填坑。"就这样，一句话息事宁人了。

就这样，父亲慷慨大方，乐善好施，宁肯亏欠自己，也不亏欠登门求助的人的名声便在十里八乡传开了。乡亲们送给父亲的"大掌柜""慈善家"等"美名"和"雅号"，应该是对父亲最美丽的称呼、最贴心的褒奖、最温暖的纪念。

家训夹议

突然想起白求恩

采访王希法师傅，听他说起自己的父亲，说起父亲那句"人家吃了传名，自己吃了填坑"的"名言"，没承想思维的触角一下子"穿越"到了八十多年前，想起了一位加拿大人。当年，他率领着由加拿大人和美国人组成的医疗队来到中国，把中国人民的解放事业当成自己的事业，无私地帮助中国。这位"带头大哥"深入抗战一线救死扶伤，后来不幸以身殉职。毛泽东同志称他为"毫不利己专门利人"的人。这个人不用说人们都知道，他就是白求恩。

他毫不利己专门利人，心里总是装着人类的正义事业，装着受苦受难的中国人民，同样中国人民没有忘记他，而是永远地怀念他，崇敬他，颂扬他。他不远万里来到中国，不求自己得到什么，但中国人民、世界有正义感的人们，给了他至高无上的荣誉，毛泽东同志赞誉他的精神是国际主义的精神，共产主义的精神。王化笃老人也是这样，心里总是想着别人，宁肯自己挨饿，也要把可吃的东西送给别人，不求别的，只求一个好名声。他总是想着别人，反过来人们也总是念着他，他也确实赢得了一个好名声。他的精神世界，谈不上白求恩那种高大，也不像有些名士那样"高雅"，但也能说得上高尚，总让人体会到一种"先天下之忧而忧，后天下之乐而乐"的味道。

有一个汉语成语，叫"人不为己，天诛地灭"。意思是说，如果人不修身，那么就会为天地所不容。然而，在今天它常被人误解为：人如果不为自己着想，那么就会为天地所不容。这种错误的解读之所以大有市场，还是人们的私心贪欲使然，这或是人性的缺陷所在。然而，自古至今，私心私欲越重的人，往往摔得越重，输得越惨。人固然无须什么时候都要"忘我"，但人如果心里什么时候只惦记着自己，而从不考虑别人的利益，甚至为了自己的利益不惜坑害别人，最终受害的还是自己。这其中的因果关系无论能解释还是解释不了，它都是客观存在的。送人玫瑰，手留余香。帮人就是帮自己，成就别人也是在成就自己。

爸爸的话

No.61

宁愿自己吃亏，也不能让别人吃亏。

——王次忠

王次忠（1940— ），山东省滕州市人，出生在一个传统的耕读世家，是书圣王羲之的后人。他12岁就和母亲一起带着一家人过日子，上过私塾，也考上了曲阜师范学校，但因家庭出身没能入校深造。他一生像老黄牛一样勤劳、朴实、忠厚；待人大气，也很有涵养。他有一定的经济头脑，在那个"割资本主义尾巴"的年代，在大院子里种上一地芍药，一可用于观赏，二可挖芍药根做药材偷偷卖，三可把私编准备外卖的苇席藏在芍药地里。1984年，他办起了塑料编织加工厂，着实红火了一阵子。他有很高的书法造诣，是民间书法家、山东将军书法院理事。无论在老家还是在省城，向他求字的人络绎不绝。

家训故事

我们在宜涛工作室见到王宜涛[①]的时候，他正在精心刻制着一方名章。他是一个多才多艺、涉猎广泛，心性自由、不喜欢受到约束、成果颇丰、在业内受到充分肯定的艺术家。他谈起家史和艺术来滔滔不绝，直来直去，而说起自己的艺术成就与"头衔"，又总是显得那么淡然与"躲闪"。

> 王宜涛[①]，王次忠之子，诗人、画家、美术评论家，《时代文学》等杂志美术编辑。曾就读于鲁迅文学院，美术评论、诗作散见于《中国书画报》《时代文学》《山花》《青年文学》《绿风》等报刊，多次获奖；画作在澳大利亚展出，被来自德国、法国、日本的国际友人收藏，在书法上也有很深的造诣。

王宜涛说，父亲前半生很苦。爷爷年轻时曾毕业于曲阜后期师范学院，是南下的进步学生，后来参加工作当了教师，无暇顾家。就这样，还是十几岁孩子的父亲就被当成男子汉，担起了支撑一个家的重任。为了养家，父亲走南闯北，费尽心思。养家虽然需要钱，父亲也有经济头脑，但他这个人对钱财看得又很淡。20 世纪 80 年代初，父亲靠卖苇席挣了 2700 多元钱的"巨款"。有了钱的父亲便给周围的亲戚朋友每人买了一块上海产的手表，最后手里只剩下了几百元钱。他说，钱就是挣来花的，有钱大家一起花。

1984 年父亲开塑料编织厂正是赚钱的好时候，挣了不少钱，但发给员工和一起办厂的自家人也很多，最后并没有攒下多少钱。但他对王宜涛说，宁愿自己吃亏，也不能让别人吃亏。父亲在做买卖的多年间，别人欠下的十几万元钱始终不还，父亲总觉得这些人有难处，始终没有催还，后来干脆把账单和欠条撕了。他说，宁肯不要这个钱，也不能让人家没法过日子。

王宜涛认识一位正在创业中的年轻人，因建实体需要资金，他便向王宜涛借了二十几万元钱。后来年轻人投资不利，答应的还款日期一延再延。前不久王宜涛见到他，他还是说一时筹不到钱。王宜涛问他："你不是有房产吗?"他说,他不想让父母知道他的经营状况,免得他们担心。王宜涛很理解他,答应还钱的事可以缓一缓,等有了钱再说。说到这件事的处理,王宜涛说还是受到了父亲那句话的影响。王宜涛的艺术成就,与这种为人处事的格局有内在的、必然的联系。

采访结束时,王宜涛把他童年的遭遇写成一首诗,送给了我们。

绘画勾起我童年回忆

我追求的色彩
如同我找寻的诗句
它们不在优秀的行列
但它们是我的心声

童年的记忆
没有快乐
但也没有了仇恨

偶尔想起一些往事
眼泪总会无缘无故地流出

我在成长
他们也同样
我不再年轻
他们也在老去

我的温情
来自对我曾经的伤害
它让我懂得爱的伟大

自身所经历的痛苦

总不希望别人有

一次次的打斗

最后却忘了

对手们的模样

一个群体

和一个孩子的打斗

这少年时的野性对垒

是本能的自救

拳头的硬度

和心理的顽强并存

累加到我身上的拳头

和善良人对我的爱

在我心中打结

年少时所有的勇气

来自血液中

古老的记忆

那些新英雄们的拳头

实在没什么内涵

他们的趾高气扬

实在肤浅

画笔推动色彩

感受过去和远方

在诗与色彩的互补中

过去的生活是如此不堪

黑暗的童年如此饱满

而对所有的经历

我却说不出痛苦

也说不出幸福

家训夹议

人还是要活得大气一些

"诸葛亮三气周瑜"的故事脍炙人口，今天嚼来仍颇有味道。这"三气"，一是争夺南郡时，诸葛亮趁周瑜与曹军交战时攻占了南郡，周瑜知道后气得金疮迸裂；二是周瑜献计让孙权假装把妹妹许配给刘备并将其骗到东吴杀掉，被诸葛亮识破，结果东吴"赔了夫人又折兵"，周瑜气郁心田；三是周瑜提出帮刘备攻西川，想趁机夺取荆州，被诸葛亮识破，将其围困在荆州城，周瑜气得旧疾复发，不治身亡。对此，正史上并无记载，后人怀疑这些故事或许是罗贯中为美化诸葛亮而虚构的。但无论真假，罗贯中想向世人说明的一点是确定无疑的：大气者方能长久。

常听说有些单位的两个"一把手"，为了争谁说了算，或为了处理具体事务问题，钩心斗角，你不让我，我不让你，两败俱伤。有机会在一起共事本是缘分，为了一点蝇头小利，或为了所谓"不争（蒸）馒头，争口气"，计较来计较去，伤了和气，生了怒气，丢了风度，伤了身体，时常还成为人们茶余饭后的笑料，值得吗？事后冷静下来细细想想，确实不值得。和别人过不去，实际上就是和自己过不去！

当今时代，经济活动日益活跃与普遍，人与人的交往中利益因素增多，金钱上的来往愈加频繁。钱会成为人与人之间交往的桥梁和纽带，也会成为罪恶的"投毒者"，现实中那些"铁哥们"之间的"翻脸剧"，往往是由钱引发的。人活着固然需要钱，钱也是个好东西，但人对钱财不能看得过重。有赚就有赔，有进就有出，遇到经济上的损失无论什么缘由还是看开些，不要纠结来纠结去，要有"天生我材必有用，千金散尽还复来"的洒脱，大度地面对现实，放眼未来。同时，也要学会换位思考。就拿欠款来说，要想想对方的难处，不要学黄世仁，除了那些恶意拖欠者、欺诈者，得饶人处且饶人，不要耿耿于怀，甚至以极端手段相对。你宽限人一时，可能就会给人带来"柳暗花明又一村"的转机。你体谅了他，可能他不会感激你一辈子，而你为难了他甚至羞辱了他、弄疼了他，他肯定会记恨你一辈子。民间"吃亏是福""破财消灾"的说法实际上都主要是从开导人的角度讲的，让人学会辩证看事。

No.62

爸爸的话

做人做官做事，要目中有线，
心中无惊；目中有人，心中无我。

——路俊琪

　　路俊琪（1936— ），河北省景县人，16岁离家来到内蒙古自治区谋生，从银行的小职员干起，历任乌兰察布盟（市）委科员、副科长、科长，盟（市）新华书店革委会主任，和林格尔县革委会政治部副主任、县委宣传部部长（县委委员），1978年调回乌兰察布市科技局任政治处主任，1987年任司法局、政法委纪检委书记等职务。他靠诚实待人、踏实工作，赢得了良好的口碑和组织的信任。

家训故事

路秀宏[1]说，父亲路俊琪从 1952 年参加工作至退休 45 年，大部分时间在盟（市）党政部门搞组织人事工作，历经各种政治运动。1956 年他从武川县银行调至乌兰察布盟人民银行，一年后被借调到盟委审干办公室搞审干工作 3 年。这期间，他以严肃认真的态度对待被审查的对象，通过内查外调，细致掌握每一位同志的家庭出身、个人历史等情况，为数十位被审查对象查清问题，做出客观正确的政治结论，为组织上提拔使用干部奠定了政治基础。

① 路秀宏，路俊琪之女，在内蒙古自治区乌兰察布市科技局新技术应用研究所工作，武汉大学科技情报专业毕业。

1968 年，父亲被调到新华书店任革委会主任（科级单位），在这个位置上，他保护了许多蒙汉干部。一天晚上十二点钟，父亲值完夜班刚回家睡下，来人把他叫回单位。原来，一个被审查对象因受不了昼夜的煎熬，乘看管人员不注意，用头部撞击暖气片数下，企图自杀，幸亏看管人员及时发现急忙送往医院治疗，头部缝了十几针，挽救了她的生命。随后父亲给她做思想工作，直到稳定了情绪。此人解除隔离，彻底平反后，见到他第一句话就动情地说："你们救了我的命啊！"

后来，内蒙古根据中央精神和形势的发展要求，把大部分机关干部调到山西省阳高县参加学习班学习，父亲被留下，做审干工作，而后被派往东北搞外调。这期间，组织盟县干部大交流，把他调到和林格尔县革委会工作，任政治部副主任，分管知识青年、文教、卫生工作。天津知青张庆祥是父亲的亲外甥，1970 年在锡盟东乌旗兵团，1975 年调到和林格尔县农村插队，1976 年国家决定推荐选拔优秀知青上大学。父亲分管此项工作，有权推荐张庆祥上大学，但他考虑到自己的姐夫、张庆祥的父亲"家庭出身"不好，不太符合选拔推荐上学的条件，就"大义灭亲"，没有推荐。河北老家的侄女想前来找他安排工作，也因不太够条件没有照顾。现在想来，既心愧又欣慰。

1978 年，父亲调回盟科技局担任政治处主任。当时正值大抓落实知识分子政策，给知识分子评定技术职称，又给专项招工指标安排子女就业。但有些人为职称评定和子女安排给他送土特产品和烟、酒、肉之类的东西，被他一一谢绝，个别退不了的，则通过别的渠道予以弥补。特别是对知识分子住房困难户，盟财政拨专款建房给予解决。当时家尚在和林县，因无房回不了盟里，父亲没有利用掌握分房的权力私留一套，直至两年后盟科技局盖了家属房才搬回市里。在母亲和路秀宏三姐弟工作安排上，父亲从来不利用权力搞特殊。

1987 年，父亲调盟司法局、政法委任纪检（组）委书记。在此岗位上履职近十年，他协助上级纪委查处案件，对上级交办的范围之内的案件做到件件有交代，案案有结果，没有发生失职渎职、有案不查和查而无果的问题。

路秀宏说，父亲结合自己的人生经历与体会，对她们三姐弟谈过很多感悟，其中说道："做人做官做事，要目中有线，心中无惊；目中有人，心中无我。"对父亲的话，她理解：就是要不违规、不过线，别让内心为自己的过失而恐惧和不安，乃至吃不下饭，睡不好觉；就是要为组织负责、为当事人着想，不能心里装着自己的"小九九"，打着自己的"小算盘"。核心就是，做人做官做事一定要眼亮心明，别犯糊涂。

路秀宏和两个弟弟同父亲一样，努力做到待人真诚，处事实在，低调内秀，自律严格。她长期做财会出纳工作，从没有越过线、出过错。这里面，有父亲的生理基因遗传，更得益于父亲的政治基因传承。

家训夹议

但畏浮云遮望眼

霍光是西汉中后期政治舞台上举足轻重的人物，曾历仕三朝。汉武帝时期，他以奉车都尉、光禄大夫的身份，任职十多年，深受武帝的信任。武帝临终前，把幼子刘弗陵托付给霍光等人，任命霍光为大司马大将军，领尚书事，实际执掌朝政。武帝去世后，霍光铲除异己，主持汉昭帝时期的朝政。昭帝去世后，霍光先迎立昌邑王刘贺为帝，后因刘贺荒淫，主导废黜了他，改立刘询为帝，即汉宣帝。宣帝时，霍光继续主持朝政，直到去世。然而，霍光死后，诛灭霍氏家族的正是他一手扶立起来的汉宣帝。汉宣帝为什么要"恩将仇报"？说到底还是霍光被自己那无人能比的功劳，以及日益显赫的地位蒙蔽了双眼，冲昏了头脑，为臣为官失了度、过了线、出了格，汉宣帝实在看不下去了，不得不对霍氏家族动手。

昭帝、宣帝时期，霍光权倾朝野，连皇帝都时不时看看他的脸色。宣帝刚即位时，拜谒高庙，霍光乘御车同行，宣帝对霍光有所顾忌，犹如芒刺在背。后来车骑将军张安世代替霍光乘御车与皇帝同行，宣帝才举止从容自如，内心安宁愉快。

一人得道，鸡犬升天。霍光凭着权势，把自己的儿子们和一些女婿都安排到要害的位置。他的外孙女和女儿分别成为昭帝、宣帝的皇后，甚至霍光的妻子为达到让女儿当皇后的目的，不择手段，派人毒死宣帝封立的许后。霍光知情后，极尽掩盖，不过后来还是传到了宣帝的耳朵里。

霍氏家族的日益强势，对皇权构成了越来越大的威胁，也引起了越来越多人的忌恨，危机和灾祸越来越逼近霍家，当时许多有识之士已经清楚地看到了这一点。然而，霍光当醒不醒，当惊不惊，结果死后三年全族就被诛灭了。班固在《汉书》中痛批霍光不明学问，在大的道理上糊涂不清，沉溺于过分的欲望之中。

"不畏浮云遮望眼，自缘身在最高层。"这是王安石在《登飞来峰》中留下的著名诗句，充分张扬了一代改革家的非凡心志。当年王安石推行变法，确有高瞻远瞩之处，也有"矫世变俗""心中无我"的气魄，他鲜明地提出"天变不足畏，祖宗不足法，人言不足恤"的"三不足"理论。这场变革虽然以失败而告终，但给后人留下了宝贵的政治遗产和变革借鉴。分析王安石这场流产的变法，其致命错误就在于"目中无人"。他推行的一系列变法，只顾"新桃换旧符"，没有考虑到老百姓的意愿和承受力，甚至不顾民众的死活一味硬来；并且仰仗皇帝的支持，一概不听取采纳朝廷大臣和民间的呼声与建议。结果，灾荒之下老百姓贫困加剧，流离失所者不计其数，从而导致民怨沸腾，皇室炸锅，朝堂内外反变法声一浪高过一浪，原本支持变法的宋神宗也赶紧改口叫停。"不畏浮云遮望眼"的王安石，最终还是因被"皇帝信任"这块"浮云"遮望眼而黯然下台。

时代发展到今天，"浮云"像个幽灵依然飘飘难散，有时甚至变为"千里黄云白日曛"。在这个充满着诱惑、充满着挑战的世界里，人时时面对着选择、面对着考验，也常有苏轼词中"长恨此身非我有，何时忘却营营？"的焦虑和无奈。然而，纵有千变万化，我有一定之规，那就是路俊琪老人所说的："目中有线，心中无惊；目中有人，心中无我。"如此这般，何畏"浮云遮望眼"？

No.63

爸爸的话

当官一阵子，做人一辈子。

——胡立杰

胡立杰（1922—2018），山东省淄博市人，1937年参加淄博黑铁山起义，加入八路军山东纵队，1940年赴延安抗日军政大学学习，其间，被授予"学习模范"荣誉称号，并收入中国人民解放军《英雄模范名录》。历任战士、排长、连长、营长，胶东军区司令部作战科科长；山东省军区司令部作战科科长、特兵科科长、勘察科科长，原济南军区工程兵部工兵处处长，原济南军区工程兵司令部勘察设计处处长、建筑处处长、工程处处长，原济南军区工程兵副参谋长、装甲兵司令部顾问等职。1969年曾任山东省济南市汽车制造总厂革委会主任。

家训故事

胡少杰[1]的父亲胡立杰是一位老革命，也是大家公认的老工兵专家，他几乎爬遍了原济南战区所有山头，每一条国防坑道都留下了他的足迹。20世纪50年代，苏联专家撤离后，在经费十分有限的情况下，国防工程建设从未终止，他主持筹建的国防工程均为优质工程，至今仍在部队"服役"。他老人家干了十几年处长，可以说从他手下"走过"的经费、炸药、物资价值上百亿，但他从未利用职务之便为家乡、家人及亲属谋过一点私利，更没有因为工程质量和经济问题被上级机关和领导质疑过。

[1] 胡少杰，胡立杰之子，高中毕业后下乡插队，入伍后历任战士、班长、营部书记、副连长、连长、作训参谋、股长，原济南军区司令部参谋、副处长、处长等职。5次荣立三等功，两次荣获军队科技进步三等奖。山东省摄影家协会会员，并编入《中国摄影家大辞典》，发表各类新闻、图片、理论研究文章数百篇，有数十篇获奖，出版著作《军事沉思集》。

1997年，胡少杰被提升为大军区机关的处长，负责全区训练保障工作，在训练经费物资等的分配、下拨上，有建议权和一定的自主权。在有些人眼里，这是个"肥差"。老父亲知道后，并没有过多地讲一些大道理，而是嘱咐再三：你的权力越大，责任就越大，对自己的要求也就应该越严格。决不能贪图小利，以权谋私，要公私分明，丁是丁卯是卯。要以低调心态做人，以敬业心态做事，当官一阵子，做人一辈子。毕竟，做人要比做官基础得多，也重要得多。如果管不好做官这一阵子，也会误了做人这一辈子。许多"官"就是因为不会做人，才忘乎所以，摔了大跟头。

胡少杰在训练保障岗位上一干就是18年，在父亲的言传身教中始终严格约束自己，赢得了领导和部队的信任。特别是走上处长岗位后，父亲的叮嘱和教诲始终萦绕在耳边，他不敢有丝毫的大意和"歪心"。一路走来，他没有辜负老人的期望，坚持原则，秉公办事，尽力尽责，服务基层，挖掘每分钱、每件器材的最大效益，也不为自己的提拔去"跑、找、要"，在任处长的 8 年里，推动部队训练保障水平上了一个大台阶，为部队战斗力建设做出了积极贡献。

家训夹议

做官、做人"心"相连

胡立杰老前辈说"做人一辈子，做官一阵子"，意在提醒儿子做官要以做人为基础，先做人再做官。然而，在官场上，在有些人的做派里，开始比谁都低调，比谁都谦虚，比谁都清正，比谁都具"平民情怀"，可一旦当了大一点的官、升了高一级的职，马上就不再是原来的自己：屁股一动心态动，身份一变脸色变，本事没长脾气长，"人味"散去"官味"生。他们开始端架拿腔，远离故交，躲避俗友；开始对下耀武扬威，颐指气使；开始唯我独尊，独断专行。这些为官者为什么"角色"转得如此之快？因为在他们的人生"哲学"里，不是"做人一辈子"而是"做人一阵子"，"做人"不过是个梯子，不过是个权宜之计，都是为"做官"服务的，一旦做上相当一级的官，马上就现原形了。他们也许没在意，下场凄惨的多是这号官。

"做人一辈子，做官一阵子"，本是人世常理，但也有许多从官位上退下来的人，仍念念不忘自己的官职，仍处处以某官自居，仍习惯以官职划圈子，端着架子过日子，既孤独又心累，别人不把他当官看他还心寒甚至骂娘。这些人的"角色"为什么转不过来？因为在他们的"官念"里，不是"做官一阵子"，而是"做官一辈子"。

毛主席、周总理等老一辈无产阶级革命家，之所以长期受人敬重，受人爱戴，不是因为他们位高权重，也不仅仅是因为他们给人民带来了实惠，更重要的是他们会做人，他们具有无与伦比的人格魅力，从他们身上几乎闻不到什么"官味"，闻到的都是浓浓的"人味"，感受到的是领袖风范、平民情怀。他们这种风范与情怀不是装出来的，而是源于他们内心深处的"人民观"。

做官，最根本的是不忘初心，把人生定位在一辈子做人，而不是一辈子做官上。铭记初心，始终不忘自己的普通人本色，"职沟"填平了，官路才会平坦，才不至于坠入悬崖，毁了一辈子；不忘初心，始终把自己当普通人看，心结打通了，退下来后才会过不做官的日子，才会幸福一辈子。

No.64

爸爸的话

一个人一辈子最重要的是要有一个良好的品行，这样才值得别人去尊重你。

——张永新

张永新（1958— ），山东省沂水县人。他曾经是一名人民教师，后又被推荐到乡镇党委、政府工作。在学生眼中，他是一个良师益友，宁肯饿着自己的孩子，也要拿出钱来资助学生吃好饭；在同事眼中，他是一个拼命三郎，撸起袖子、扑下身子、挽起裤腿就是他的最真实的工作状态；在孩子眼中，他是一个严父，用良好的言传身教浸染着两个孩子的生命。

家训故事

夏日的午后，6 岁的儿子在张伟①怀里香甜地睡着。均匀的呼吸声，将他的思绪拉回到了 28 年前的夏日。

① 张伟，张永新之子，1986 年出生，大学本科学历，现就职于国家税务总局沂南县税务局，曾荣获三等功、沂南县十大优秀青年、振兴沂南劳动奖章、沂南县财税征管先进个人等荣誉，连年被单位表彰为先进工作者。入选省、市税务系统征管、行政、稽查、文秘人才库。

那年，他也 6 岁。那天，也是个夏日。童年的记忆或许模糊，但父亲的一句话却让他铭记至今。

父亲正在午睡，他和 9 岁的姐姐拿着一颗花生放在父亲微张的嘴中，见父亲没有任何反应，他们便把手偷偷地伸进了放在一边的衬衣口袋里，拿出了属于他们人生中的第一笔巨款——1 元钱，他当时的心情是十分紧张不安的。当钱到手后，所有的感受化为激动，他们飞奔到小卖部买了 1 毛钱的散装方便面。在享受完这顿"丰盛大餐"之后，在姐姐的主导下，姐弟俩又对剩余的 9 毛钱进行了"分赃"。父亲是教师，当时还住在学校里，学校中间是一个小树林，他隐约记得"分赃"的地点就在那个小树林中。正当为谁多谁少争执不下的时候，他远远地看见父亲威严地站在那里。回家后，他们如实交代了整个"作案"过程。父亲得知姐姐作业没有完成后，便让她写作业去，而把张伟的双手用一股麻绳绑在了二八大杠自行车的后座上。母亲回来见状及时给他松了绑，问明原因后便跟父亲吵了起来。父亲当时曾说：一个男子汉，如果连最起码的品行都不端正，以后怎么在社会上做人？而张伟心里想的却是：凭什么姐姐就不受罚，只罚我？

1998 年，因为父亲工作的调动，张伟也转学到了父亲所在的乡镇读初中，从此便开始了父亲和他两个人独处长达一年之久的生活。张伟说，小时候的他对父亲的严厉是不满、排斥甚至怨恨。那个年代，有一种类似于传呼机的表很流行，大约 20 元左右，谁拥有那样一只表，就完全可以在同学们的面前树立威信。父亲从不给他零花钱，更不可能去买一只如此昂贵的表，但庆幸的是他人缘还不错，同学答应将自己的借给他玩一个周末。周五下午，当张伟兴冲冲地回到父亲的宿舍向父亲炫耀时，看到的却是一张严肃不悦的脸。"表是哪来的?"父亲严厉地问道。"是我从同学那借来的!"他也生气地回答道。显然，父亲并不相信他，问清楚同学的姓名、家庭住址后，便连夜骑着自行车带他到同学家中去还，更多地或许是去证实。当年农村的路坑坑洼洼，又没有路灯，那一段路程，大概骑了接近两个小时，父亲在前，张伟在后，一路无语。到了同学家，父亲让他把表还给同学后，便接着又驮着他往回赶，又是两个小时，父亲在前，张伟在后，这段时间父亲只有一句话：一个人一辈子最重要的是要有一个良好的品行，这样才值得别人去尊重你。而张伟心里想的却是：你凭什么不相信我?

2015 年刚进入 4 月份，爷爷的身体一日不如一日，父亲几个兄弟姐妹便轮流守着。4 月 10 日（星期五）下午，张伟结束一周的工作本想赶回老家看望爷爷的计划被一个聚会打乱。聚会结束后，他给父亲打电话问爷爷的状况，父亲告诉他爷爷今天身体不错，还吃了他上次来时买的那块面包。张伟还没挂电话，突然听到电话中大姑带着哭腔大喊了几声爹，父亲也挂断了电话。他再给父亲打回电话时，父亲说今天太晚了，你不要回来了，明天早晨再回来。可当时的他顾不上那么多，连夜驱车往老家赶。赶回老家时，爷爷已经安静地躺在那里了，内心的悲痛让张伟失语了，连一声爷爷都叫不出口。当夜，村里的男女老少都守在那里等候第二天的送葬，其间听到最多的就是关于爷爷一生救人助人、舍己为人的故事。第二天，父亲拿出一个小本子，里面整整齐齐地叠着上次张伟去看爷爷时留下的 50 元钱。爸爸说：你爷爷没花，临走时还惦记着你，嘱咐我把这钱再原封不动地给你。那时的张伟，仿佛顿时理解了父亲，从父亲身上看到了爷爷的模样。

家训夹议

较真，必须的！

　　我（路秀儒）很小的时候，家乡就流传着这样一个故事。一个男孩从小失去了父亲，与守寡的母亲相依为命。母亲视他为命根子，把生活的一切希望都寄托在他身上，因而对他百般娇惯，十几岁了还没断奶。这个孩子渐渐长大，染了一身坏习惯，到后来竟犯了死罪。临刑前，母亲去送他。母子相见，他提出再吃最后一口母亲的奶。母亲含泪应允，没想到他一口把母亲的奶头咬了下来。原来，他怨恨母亲从小没有严格管他，害了他一辈子。这个故事不知真假，之所以流传不息，恐怕还是想告诉家长和孩子娇生惯养的危害之大。

　　过去，庄户人家一家五六个孩子，整天为吃穿忙碌，对孩子都是"散养"，几乎一切都是顺其自然，孩子的学习情况也很少问津，但唯一不放手、不含糊的就是关注孩子的品行。谁家的孩子品行上出了问题，大人脸上挂不住不说，孩子连个媳妇都找不上。那时，村里几十年都不会出现偷偷摸摸、坑蒙拐骗的事。近年来回老家，净听到村里出现的许许多多奇奇怪怪的事，光判过刑的就好几个，着实让人吃惊和痛心。老人们聊起来，都说是从小惯的。

　　有句老话，三岁看大，七岁看老。说的就是，一个人小时候被管教得怎样，往往影响甚至决定他的一生。现在的家长都在天南地北地忙工作、拼事业，把孩子交给老人，很少有时间顾及孩子，许多孩子还成了留守儿童。有些家长，为了弥补对孩子的亏欠，给不了时间就给钱，给不了真爱就给溺爱。结果孩子长了一身的毛病，走到社会上引发许许多多的"并发症"，有的甚至毁了一生。欠账的是父母，买单的是孩子，这公平吗？

古人讲，勿以恶小而为之，勿以善小而不为。对孩子的"小恶"，万万不能不当回事，借一句"调皮"一笑了之，甚至还以"聪明""灵活"视之，不以为患，反以为豪。勿以恶小而为之，关键是父母勿以恶小而轻之、而容之、而任之，而应像张永新那样，小中见大、小时看大，决不大意，决不含糊，决不容忍，盯住不放，较真到底。

No.65

爸爸的话

做人做一个像样的人，当兵当一个像样的兵。

——韩树铎

韩树铎（1944—1996），河北省沧县人，成长于艰苦岁月，年纪轻轻就独撑门户，曾在生产队的小工厂担任业务员，走南闯北，见多识广；后自己开办工厂，担任厂长，经营五金。他心灵手巧，吹拉弹唱样样俱会，附近各村红白喜事总是少不了他的身影。他不论是干农活还是干工作，都肯吃苦卖力，有韧劲不服输。他为人真诚实在、豪爽仗义，爱打抱不平、伸张正义，又乐于助人，深受亲朋乡邻厚爱。一场车祸无情地夺走了他的生命，常使人们泪满襟。

家训故事

韩红月[①]高中毕业后，放弃已经找到的工作，毅然报名参军。父亲韩树铎非常支持儿子的选择，说部队是培养人、教育人，让人有出息的地方，去部队也是他年轻时未能实现的夙愿。

[①] 韩红月，韩树铎之子，毕业于武汉空军雷达学院指挥系，曾任指挥排长、副指导员、指导员、副处长、出版社副主任、司令部办公室秘书等职。现任人民海军报记者、副刊主编。工作之余致力于文学创作，成果颇丰。

当兵临走的那天晚上，韩红月辗转反侧怎么也睡不着，午夜的钟声"嘀嗒、嘀嗒"地响着，这时候有人在给他掖被子。也许是心灵相通的缘故吧，韩红月知道这是父亲。睁开眼，借着朦胧的月光，他发现父亲的高大背影有些弯曲了，父亲从未在口头上说过爱他，有时甚至非常严厉地批评他，但韩红月知道这是一种深沉的爱，一种无言的爱。

走的那天，天还没亮，韩树铎就早早起床，推着那辆旧自行车，带着韩红月的行李，迎着刺骨的北风，踩着一尺厚的积雪，在那条坑坑洼洼的乡间小路上，父子俩走了足足两个小时，一路的嘎吱嘎吱，一路的沉默无言。站台上，当火车拉响汽笛，父亲如梦初醒，他猛地跑过来，那双带茧的"老手"突然抓住韩红月，把带有体温的 200 元钱硬塞到他的手里，两眼紧盯着他说："孩子，做人做一个像样的人，当兵当一个像样的兵。到部队好好干！"父亲铿锵有力的话语和慈爱的眼神，让韩红月在那一刻，似乎跨越了孩子与成人的界限，开始成长为一个真正的男子汉。也是那一刻，他真正感受到父亲隐藏在严厉背后的慈爱，他心头一热，眼前一片模糊，真想上前抱住父亲，但父亲转身离去，再也没有回头……

到了部队，紧张而枯燥的军训生活一度打断韩红月心中的"美梦"，他竟有些后悔当兵的念头，并把这些写信告诉了父亲。看到信后，父亲并没有责怪他，而是给他寄来了一封写有明代文嘉《今日诗》的信，让他与战友们共勉。信中还说，一年三百六十五天是由一个个"今日"组成的，珍惜时间要从今日开始，抓住一个"今日"胜似两个明天，如果丢掉"今日"就只有剩下空想中的明天了。父亲文化水平不高，从小没有读过几年书，信中能说出这样的话，让韩红月有些"震惊"。

3个月的新训生活很快就结束了。下连队后不知道为什么，在夜深人静的时候，韩红月脑海里常常浮现出父亲那慈祥、严厉而又有些苍老的面容。那种期待的目光，让他像上紧了"发条"的时钟，不停地往前跑——刻苦训练，发奋学习。然而，由于考场发挥失常，第一次没有考上军校，心灰意冷的他没有了精神。作为农民的父亲，用他那宽容的举动再次震撼了儿子的心灵，他不但用他那双"笨拙"的粗手描绘出了儿子美好的未来，又抄来唐朝诗人高适的一首边塞诗："千里黄云白日曛，北风吹雁雪纷纷。莫愁前路无知己，天下谁人不识君。"看到信，韩红月泪流满面。这封信至今还珍藏在他的柜子里，一直陪伴着他，每当想起信中的这首诗浑身就充满了力量，就会忘我地工作和学习。父亲每次写信，总是在信的最后用大字写上："做人做一个像样的人，当兵当一个像样的兵。"

天地无穷期，光阴则有穷期，去一日便少一日；富贵有定数，学问则无定数，求一分便得一分。第二年，韩红月如愿考上了军校，实现了父亲的夙愿。听到这个消息，父亲写了一首打油诗给他：儿子/家很近很近/情很浓很浓/游子/天很高很高/月很明很明/军人/肩很重很重/路很长很长。信的最后，还是那句铭记在心的话。

一个人的成长总是离不开亲人和长辈的关怀，更离不开他们的教育和指导。在韩红月小时候，父亲就对教导他怎样做人、怎样做一个有用的人十分重视。他记得在刚懂事的时候，父亲就教他背诵古诗，他还从小人书中学到了"曹冲称象""花木兰从军""岳母刺字""孟母择邻"等故事。上小学的时候，韩红月记得有一次和小朋友打架，父亲知道后没有批评他，而是把"孔融让梨"的故事讲给他听，让他在析事明理中学会做人。在父亲深邃的目光里，他始终看到的都是父亲对他的期待。

韩红月没有让父亲失望，他按照父亲的教诲在军营茁壮成长，成为一名人民海军上校军官。同时，他在文学创作上也取得不俗的成果。散文《美国纪事》被评为首届林非散文奖最佳单篇奖，《我听到了海的声音》被人人文学网评为网络文学最佳散文奖，《母亲的手》被中国新闻奖报纸副刊评为优秀作品；诗歌《我的好妈妈》被收入《中国亲情诗典》。韩红月本人荣获"中外华语百杰诗人""中国新诗百年百位网络诗人"等荣誉。2016 年第 9 期《中华英才》杂志"军旅之星"栏目刊登他的专访文章《携笔远航梦飞扬》；两次接受沧州电视台《沧州人物》专访；多次担任中央电视台《星光大道》栏目嘉宾。个人出版《现代家庭平安宝典》《每天学点礼仪学》《在驿动的温情中行走》《在驿动的诗行中行走》《在驿动的大洋中行走》《在驿动的城市中行走》《大国力量》《中国军人礼仪》《散文艺术新论》《爱在深蓝》以及诗歌集《我是自由行走的月》等著作，主编《永远的连队》《影像人物》等。韩红月的成就，饱含着父亲的多少心血与期待啊！

家训夹议

从"像样"到"样子"

老百姓夸奖一个人聪明、踏实，常常说这个人做事有模有样，"干什么，像什么"。这"干什么，像什么"，说到底就是干一行，学一行，钻一行，精一行，干出了些名堂，得到了人们的认可。

有一定的水平，或达到一定的标准，称之为"像样"。从这种意义上讲，做个"像样"的人，当个"像样"的兵，并不是件轻松容易的事情，但只要肯努力，跳一跳也是够得着的。与许多父母"望子成龙""望女成凤"的期待相比，韩树铎老人要求儿子"做人做一个像样的人，当兵当一个像样的兵"，无疑是务实的，也是低调的。

"像样"，虽是做人做事的一般要求，但人要走向优秀，要出类拔萃，就离不开这个基本功的支撑和"铺垫"。"像样"与否，均源自一种初期的或说原始的塑造，塑造得好可谓"像样"，将来就有可能成为精品；塑造得不好即谓不"像样"，注定会成为次品甚至废品。一个

"像样"的人，才有往前走的资格和资本，才会走得更远。看看那些京剧名角，哪个不是有了"像样"的唱腔和舞台动作后，一步步实现人生突破的！实际上，韩红月正是从"像样的人""像样的兵"做起，才有了今天的成就和不凡。

与"像样"相连的一个词，也是日常中人们常说的一个词，是"样子"。清代文学家李渔《清忠谱·囊首》有曰："你且牢牢记着，只把忠臣样子，日后说与子孙知道便了。"所谓"样子"，是指供人效法、模仿的榜样和式样。这就是说，杰出的"像样"者，最终会成为"样子"。换言之，有追求的人不仅做人做事"像样"，而且会在"像样"的基础上向着"样子"目标迈进。

清朝雍正皇帝即位不久，翰林院的孙嘉淦就上疏论"亲骨肉"等敏感政治问题，暗中斥责雍正薄情寡恩，苛待兄弟，严对大臣。雍正本想杀他，但念在自己刚即位，孙嘉淦颇有名望，便强忍愤怒，只是将他逐出翰林院了事。经此凶险，孙嘉淦不以为然，他对劝诫自己小心改过的人说："我乃进士出身，饱读诗书，岂能学那媚上之辈摇尾乞怜，不进忠言呢？纵是杀身之祸，我也决不做有辱读书人的事。"斥责劝他的人明哲保身，自己却一如前状，仍是屡屡上书进言，言辞激烈，日甚一日。

雍正无法忍耐，遂将孙嘉淦逮捕入狱。审讯他的官吏无才无学，借此嘲笑说："你才高八斗有个屁用？老子只知效忠，大字不识几个，却能对你讯问，打罚由我，你可服吗？"孙嘉淦心头火起，痛骂不止，而换来的是更惨重的折磨。孙嘉淦的朋友探监之时，见他被折磨得不成人形，问过情由，怜惜地劝他说："我们读书人以治国平天下为己任，你又何必和小人结怨而误大事呢？"

孙嘉淦从此性情大变。出狱后，再无先前的锋芒，处事圆滑多变，对上乖巧恭顺，成了一个十足的政治奴才。

孙嘉淦一心想做读书人的"样子"，怎奈意志不坚，最终却走上了"识时务者"之路，成了"走样"的读书人。看来，人要从"像样"走到"样子"，是需要一个凤凰涅槃般历程的。

No.66

爸爸的话

冻死迎风站，饿死不食嗟。

——路俊增

路俊增（1929—2016），河北省景县人。他少时读过三四年的书，因思想进步，新中国成立初期被选为河北省四区一届人大代表。他年轻时务农种地，还开过粉房，也曾给人铲磨、做石匠活。1959年"闯关东"来到辽宁省抚顺市，先后在粮米面粉加工厂、水库、林场当工人。他辛劳一生，本分一生，奉献一生，平凡中彰显着父爱的伟大，普通中散射着人性的光芒。

家训故事

路秀航①说，母亲去世时，父亲路俊增才42岁。家里兄弟姊妹9个（5男4女），父亲没有条件再娶，为怕孩子受委屈也不想再婚，孤身一人带着9个孩子，既当爹又当娘，日子的艰辛程度可想而知。母亲走时最小的妹妹才两岁，她以微弱的声音嘱咐父亲不要将小女儿送人，父亲点头答应并做到了。他用勤劳的双手，一天天、一月月、一年年将9个孩子养大成人，并一一操持他们立业、成家，尽到了父亲应尽的责任，也代行了母亲留下的职责。

① 路秀航，路俊增之子，初中毕业后因家庭困难弃学进林场当工人，种过地，放过牛，喂过马；从军后，历任有线兵、军械员兼文书、给养员、司务长、副指导员、指导员、副教导员、团司令部政治协理员，曾被集团军树为指导员标兵；转业安置在辽宁省锦州市政协，先后任行政处副处长、人事处处长。

父亲是个普通的林场工人，那时每月工资只有四五十块钱，要养活一家人远远不够。没有钱雇车拉柴火，他就和大一点儿的孩子一起往家背扛；没钱加工玉米，他就和孩子们推磨自己磨玉米面。三年困难时期后，他利用休息时间种玉米、水稻、大豆等，想法解决一天天加大的口粮缺口。然而，那些年，即便生活再艰难，他也不会动一点歪心思，也不给别人添负担。他时常告诫路秀航兄弟姊妹几个，"冻死迎风站，饿死不食嗟"，越穷越要有骨气，越要守本分，越要勤劳朴实，不要投机取巧，占公家和别人的便宜。做人要向你们三叔和大舅学习，品性好才能走得稳、行得远。父亲走时，没有给子女留下任何财物和债务，留下的是做人的境界和"标尺"。

寒门出孝子。路秀航兄弟姊妹9个，个个听父亲的话，人人都很上进、很争气，两人成为国家公务员，3人成为企业干部，有4人是中共党员，他们在各自的岗位上都做出了不俗的成绩。每当说到这些，父亲总有一种溢于言表的慰藉感。

家训夹议

人们越来越习惯说"何必呢！"

清明时节思故人，也让人想起清明节之源的介子推。清明节过后，我不由得再次翻开《史记·晋世家》，再次"拜会"了那个让现代人或敬佩或惋惜、或唏嘘或无语的介子推。

介子推在晋国公子重耳落难时一路追随，关键时刻"割股奉君"；而在重耳摇身一变成为晋君晋文公后，他不恃功高，不恋荣华富贵，也耻于与那些贪功逐利之人为伍，毅然决然地携老母隐居深山之中。最后，宁可被逼他下山的大火烧死，也不出山为官。介子推的"固执"，透着尊严，透着气节，透着傲骨，也透着高贵，感天地、泣鬼神，更让晋文公这位明君为之折服。从绵山到介山，从"寒食"到"清明"，这里面饱含着晋文公多少情、多少敬、多少愧？千百年来，世间谁人不念介子推？

嗟，本为叹词，因为一个齐人演变为一种特指：带有侮辱性的施舍。《礼记·檀弓下》中记载了《嗟来之食》的故事。故事说，齐国发生了严重的灾荒。富人黔敖熬了粥摆在大路边，用来给路过的饥饿之人吃。过了很久，有个饥饿的人用袖子蒙着脸，拖着鞋子，昏昏沉沉地走来。黔敖左手拿着食物，右手端着汤，说道："嗟！来食！"意思是说：喂！来吃吧！饥民抬起头瞪大眼睛，盯着黔敖说：我就是因为不食嗟来之食，才落到这个地步！饥民谢绝了黔敖的施舍，最终饿死了。

我们不禁要问，今天像介子推和"不食嗟来之食"齐人的，能有几何？现代人中，"理性""务实"的"聪明人"增多了，利益面前不弯腰、不低头、不妥协的"傻子"少见了；趋炎附势者增多了，清高孤傲的人少见了。现实中，那些"死心眼""一根筋""不食人间烟火"的人，常常受到人们的嘲笑、歧视，人们往往把他们视为"另类"，离他们总是远远的。

君不见，遇到恶势力欺凌侵害，有些当事人就说，躲着点吧！好汉不吃眼前亏，与这些人鱼死网破，不值当的，何必呢？遇到领导处事不公正或恶意刁难，有些当事人就说，认了吧！人在屋檐下，不得不低头，得罪领导没有好果子吃，何必呢？遇到商家欺诈，有些当事人就说，算是交学费吧！反正又不只是咱一个，与他们生气上火的，何必呢？凡此种种，任其发展下去，人还是那个大写的"人"吗？人间的道义大厦还能矗立不覆吗？最终受害的又是谁？

"冻死迎风站，饿死不食磋。"革命先烈们做到了，文人朱自清做到了，普通人路俊增做到了，还有许多有骨气的中国人做到了，但愿越来越多的人能挺起腰杆，变"何必呢"为"必须的"！

No.67

爸爸的话

人在世，莫负人，做得正，福自来。

——张元圣

张元圣（1928—2003），山东省泰安市人，出生在一个世代务农、家传木匠的贫穷家庭。他5岁时父亲去世，翌年春天母亲也撒手人寰，成了真正的孤儿，与未出嫁的姐姐相依为命。8岁那年，姐姐远嫁他乡，他自立门户，靠给人拉车打工每天挣一碗粮食，然后回家（其实是一间四面透风、家徒四壁的土坯黑屋），用仅有的一口铁锅，把粮食煮熟，果腹为生。等他十几岁时，便与同乡的壮劳力，推架子车长途运输，方言叫"推脚"。在"推脚"的路上，被伪军抓去给日伪军当挑夫、做饭打杂，直到几个月后自己偷偷跑回家。他上过几年私塾，略懂点儿文化，还喜欢吹拉弹唱，在村中土戏班子有角色扮演。新中国成立后，随着"木业社"的公私合营，他成了国家工作人员，供职于泰安县物资局。他去世后，子女们在他的墓碑上刻下碑文：家父耿直，是非分明，刚正不阿，嫉恶如仇，职微品高，后人敬仰。

家训故事

张和义[1]在他的少年时期，很少见到父亲，更不可能像其他孩子一样，经常受到父亲的"谆谆教导"，真正是"自然生长"。因为，父亲在县城机关工作，常年出差，根本顾不上家；母亲在家带着6个孩子务农为生，能把他们养大就不错了。但还好，他们兄弟几个都比较争气，从小学到高中，都是班干部。

张和义1976年冬季顺利应征入伍，到部队后，父亲对张和义寄予厚望。那时，唯一的联系方式是"家书"，父亲便每月至少给他写一封信。父亲尽管学历不高，尽管不懂得部队生活，但信中说的话都"挺对路"。有一次，他的来信还作为"教材"，在新兵连宣读，教育战友要正确处理人际关系，肯学习，能吃苦，求上进。父亲的书信，讲的事涉及各个方面，但尤其让张和义受益匪浅的还是"怎样做人""做个什么样的人"。比如，在任何时候都要做受人尊敬的人、让人喜欢的人，宁可自己吃亏，也不能占别人便宜。答应别人的事情就一定要兑现。对自己有恩情的人，要记一辈子。对别人要以心换心，以诚相待，不算计别人，不计较小事，不在背后说别人的坏话，要处处为别人着想，当别人遇到困难时，要伸出援助之手。正直做人，命运就会好，福气就会来，等等，总结起来就是，"人在世，莫负人，做得正，福自来。"

父亲的这些话，既起于他的人品根基，也源于他的人生感悟。他十几岁时与人一起"推脚"运输，为了不受年长他十多岁工友们的欺负，歇脚时还要伺候诸位工友，年纪轻轻就饱尝了人间疾苦和人情冷暖。在孤苦伶仃、无助无奈的艰难岁月里，他得不到别人的关心照顾，甚至受了委屈，也没人替自己说句公道话。即便如此，他从不记恨别人，总是以德报怨。

[1] 张和义，张元圣之子，在部队历任战士、营部书记、指导员，在大军区机关历任干事、处长、副部长、部长等职。

父亲 18 岁那年在邻村演出时，被张和义的姥姥相中，于是便把家中三朵金花中的老二，嫁给了父亲，这便是张和义的母亲，从此父亲终于有了个像样的家。然而，他婚后不久，在"推脚"运输的路上，被伪军抓进日占区，几个月过去，他毫无音信，新婚母亲发疯般地四处打听寻找，工友们谁也不肯说出父亲的下落。后来，每当说起这段历史，父亲总是谅解当时一道"推脚"的工友，他们怕担责，所以不敢说。

父亲在单位工作干得很出色，年年被评为先进工作者，负责采购供应的大宗物资无一差错，单位上上下下无人不夸他人品好、厚道老实、公私分明，与每位同志关系相处得都很融洽，从不做对不起别人的事，说对不起别人的话。但后来，与他同期入职的同事，相继当了干部，成了他的局长、科长，父亲毫无怨言，虚心诚恳服从人家的领导。他性格正直，对不对的人和事敢于直言，从不察言观色、恭维吹捧。晚年的父亲过得很幸福，对自己的一生从不后悔，他老人家的准则就是人一辈子只要堂堂正正，永远不做亏心事就行了。

张和义读懂了父亲的话，也真正读懂了这位经历坎坷、"个性"十足的父亲。几十年来，张和义处处按父亲的教导做人做事，果然得到命运的眷顾，入伍第三年便被提为军官。此后，在每个关键环节总是顺风顺水，这或许就是"因果关系"吧。

张和义感谢父亲传给的基因，感恩父亲给予的教导，感慨像父亲那样做一个老实人的确挺好！

家训夹议

有踏实感的日子才幸福

在张元圣老人眼里，自己吃点儿苦、吃点儿亏算不了啥，只要无愧于人，心里就踏实；心里踏实了，过得就开心，就幸福。因此，他的人生信条是：人在世，莫负人，做得正，福自来，永远不做亏心的事。一生中，无论在村里还是在单位，他从不做对不起别人的事，从不说对不起别人的话。在单位工作时，他长期管物资采购，公私分明、毫厘不占。但他并不是"老好人"，有些别人不愿说的话他要说，别人不敢管的事他要管，而别人可以送的人情他不送。他觉得，该说的话不说、该管的事不管、不该"通融"的乱搞"通融"，那将有负于组织、有负于职责、有负于他人，心中愧得慌。一天到晚心里总是七上八下的，哪会有个踏实感？于是，宁可得罪人，宁可影响自己的前程，他也会去说，去管，去"亮红灯"。而对别人愧对自己的，他又总是那么大度地给予释解和原谅，"饶"过了别人，换来的是自己心中的轻松和踏实。

常言说，不做亏心事，不怕鬼敲门。那些作风不正、心术不正的人，做了没底线的坏事、缺德事，心里总会不安的。他们会怕别人报复，外出和散步都提心吊胆的，晚上见到个人影就吓得够呛；有的听到谁谁被抓了，总是拐弯抹角地打听消息，一有风吹草动就疑神疑鬼的；有的为了"辟谣"，有事没事给以前从不放在眼里的部属打个电话，意在"报个平安"，让人们别在瞎传了，他没什么事。有的为了"消灾"，家里家外拜佛烧香、请人看"风水"，但最终也没逃过法律的惩处。上述这类人，地位不可谓不高，待遇不可谓不高，积蓄不可谓不厚，但由于心里有鬼，整天过得人不人鬼不鬼的，有何幸福可言？

不做亏心事，重要的是把心端平。有些所谓"重感情""有人情味"的领导，一会儿照顾这，一会儿关照那，当事人感激他，他也落了个好名声，一时心里美滋滋的。岂知，一个萝卜一个坑，并且照顾一个人，损害的不只是另一个人，而是一批人，他赢得的是私情，伤害的却是公情，少数人说他好，多数人骂他娘。这种人心里比谁都明白，他做的同样是缺德事，也怕"上天"找上门来。

不做亏心事，光洁身自好还不够，关键时刻该站出来的要站出来，该出手的要出手。要知道，对坏人的漠视，就是对好人的侵害；对坏事，任其存在和发展，就是对善良的抽离。许多情况下，该制止的不制止，则无异于纵容，无异于犯罪。一个人所做的事情都会在内心深处产生波澜。面对错误、不公甚至邪恶，是听之任之，还是像张元圣老人那样发出自己的声音，会在一定程度上关乎着自己的心绪和幸福。

No.68　爸爸的话

有德走遍天下，无德寸步难行。

——刘福印

　　刘福印（1934—　），山东省微山县人，1952年参加工作，在济宁专署水利局机井队任主管会计，1964年主动要求回乡参加农田由旱田向水田的基本改造工作，担任微山县南阳公社柳沟大队党支部书记。他是那个年代有文化有知识的人，无论在什么岗位都能做出成绩，担任村支书期间，先后成立船运队、副业队，村里1975年就实现自行发电照明，带领全村较早完成脱贫致富。1975年参加全国农业学大寨会议，1979年调任南阳镇拖拉机站站长、文化站站长。退休后仍思进取，70岁那年到微山县老年大学学习、任教至今。他朴实无华，追求奉献，退休后仅有几百元的生活保障，但从无怨言，始终对党忠心耿耿。

家训故事

刘志汉①说，父亲一生酷爱书法，自 5 岁在一位晚清老秀才的指导下开始临帖，80 年泼墨不止，至今仍坚持每日 300 字的习作。进入 70 岁后，他以饱满的热情报名参加老年大学，边学习边担任教学任务，特别是每天早晨，在微山县城广场用水写的方式，指导不同年龄的叟童习作练字。他能熟练掌握各种字体的书写方法，尤以颜体、小楷为佳，进入老年，仿王羲之作品有颇多体会，所写的书法作品《兰亭序》曾在多种报纸杂志和专辑上发表。

①刘志汉，刘福印之子，在部队曾任战士、文书、班长、排长、团作训股参谋、副股长、军作训处参谋。1983 年调入原济南军区司令部军务部，先后任参谋、副处长、处长、副部长，专业技术六级。多次参加全军性重大任务和活动。

父亲对子女的教育非常严格，在农村艰苦的生活条件下，让刘志汉兄妹 6 人都受到了良好教育。他除了在言行举止上为子女作表率外，更多的是通过书法与子女们交流，他为孙子、曾孙子早早留下《弟子规》《百家姓》《兰亭序》等书法作品，并装订成册，写上赠言。他留给刘志汉许多作品，每次探亲回家，他都会把所有作品拿出来，任刘志汉挑选。在送刘志汉的许多条幅中，最多的是突出一个"德"字，对"德行天下""厚德载物""俭以养德"等格言名句，用多种方式、多种字体书写。他常说，有德走遍天下，无德寸步难行。

父亲妙用书法、惯用"德"字教育子女，更是严于律己、身体力行，无论是在济宁水利局工作，在农村担任党支部书记，还是在镇里担任站长，都以良好的品德赢得了大家的赞誉。他担任村党支部书记 15 年，参加全国农业学大寨会议，两次赴大寨参观学习。所在村是全县农业学大寨先进典型，每年年底决算，全村家家都能分到几百元钱，是远近闻名的富裕村，而唯独自己家欠账三百余元，因为他把村里所有接待、外出费用都记在自己名下，并在离职时借钱还清所欠村里的款，至今村里人都对他赞不绝口。担任镇里的站长，他公私分明，很好地完成了镇里交给的任务。他坚持义务书法教育15年，从不收取费用和礼物。父亲一生谦虚谨慎、重德轻物，严于律己、宽以待人，艰苦朴素、勤俭持家，坚持原则、刚正不阿，为子孙留下了宝贵的德行财富，是慈父、严父，也是良师益友，他的行动是子孙后代为人处事最好的样板。

家训夹议

德者，得者

1914年11月5日，梁启超应清华大学校长周诒春之请，为清华老师及即将赴美学子做了以《君子》为题的演讲。面对激荡的世界，人格塑造植根于千年儒家传统的近代读书人，如何定位自己？梁启超借用《周易》中的乾卦和坤卦作为养成君子人格的条件，乾象曰："天行健，君子以自强不息。"坤象曰："地势坤，君子以厚德载物。"结合社会现实与清华学生所处的情景，梁启超分别解释了乾象和坤象的君子要求，提出："所谓君子人者，非清华学子，行将焉属？"梁启超的这次演讲，对清华学风和校风产生了深远的影响，"自强不息，厚德载物"不久后写进了清华校规，进而成为校训，影响清华至今。

德者，得也。孔子说："为政以德，譬如北辰，居其所而众星拱之。"古人云："积德之家，必有余得；如不积德，必有余殃。"李苦禅的儿子李燕受父亲影响迷上绘画。李苦禅对儿子说："人，必先有人格，尔后才有画格；人无品格，下笔无方。秦桧并非无才，他书法相当不错，只因人格恶劣，遂令百代世人切齿痛恨，见其手迹无不撕碎如厕或立时焚之。据说留其书不祥，会招致祸殃，实则是憎恶其人，自不会美其作品了。"李苦禅自己说到做到。1937年北京沦陷，伪"新民会"派人来请李苦禅"出山"利诱他说："您要答应了，有您的官做，后头跟个挎匣子（枪）的，比县长还神气哩！"李苦禅凛然拒绝。此后，他断然辞去教学职务，以卖画为生。

"文革"结束后，有关部门通知李苦禅父子前往认领散乱的查抄物品。李苦禅对儿子再三叮嘱："上次叶浅予和陆鸿年把错领的那些东西都退给咱们了。这正是看人心眼儿的时候，咱们要错领了，也要还人家啊！"李燕在领到的"杂画一批"中发现一卷二十件黄宾虹未装裱之作，上有二三件书有李可染的上款。李燕遵父嘱，当即交还工作人员，并立即通知李可染。李可染见心爱之物璧还，喜不自胜。当时在场的友人开玩笑说："何不趁此跟那位李先生讨幅牛？"李可染画牛是出了名的。但李苦禅说："物归原主足可！"当代人特别敬重李苦禅，看重他的画作，恐怕与此不无关系。

小德小得，大德大得，不德不得。当然，世间也有一些"逆象"。不过，那些无德而"得"者，充其量是一种"窃得""暂得""虚得"，甚至是一种"负得"。一个轮回下来便不难发现，大凡那些靠缺德而谋得者，既会"得"而复失，也会"得"小失大。最终你会发现，所有的无德之"得"，代价都是昂贵的。

人一生一世，可以无功，但绝对不能没德；可以无英名，但至少不能留恶名。

No.69

爸爸的话

做人要像石头墙，随风飘摇功
难享。

——李学安

李学安（1921—1988），山东省平阴县人，一辈子
做人做事平凡且普通；虽目不识丁，没上过一天学堂，
不会写自己的名字，没有留下一张照片，但一生都在给
予家庭、奉献社会。他的淳朴塑造了孩子善良本真的
心，他的普通教会了后人真实地生活，他好强的品格、
不凡的技艺，赢得了邻里的注目和尊重。他一辈子都在
四面环山、靠天吃饭的贫瘠土地上生活、战斗，不求回
报但求心中无愧，就像老家的石头墙一样，给人留下的
是诚实、扎实、结实的美好回忆与深情留恋，留下的是
抹不去的人生足迹和生活至理。

家训故事

夏至时节，山脚老家，风吹麦浪，鸟语花香，离家的孩儿想念乡土的味道了。为了亲吻养育自己的故土，李德营①又一次回到了大寨山脚下的老家，回到那个曾回荡着童年欢声笑语、满载着父母之爱的院子，那个昔日热闹温馨、见证岁月沧桑，如今荒凉破败、外面的石头墙却依然挺立的院子。扶墙生情，思绪万千。

①李德营，李学安之子，毕业于解放军南京政治学院新闻系，历任战士、文书、班长、排长、副指导员、干事、副科长、副所长、主编等职务，先后在《人民日报》《解放军报》《中国青年报》等报刊发稿万余篇，其中头版头条100余篇，有39篇作品在全国、全军获奖，曾被评为原济南军区优秀新闻工作者、山东省优秀记者，荣立二等功2次，三等功2次，著有报告文学集《夜半星辰》、新闻作品集《希望之灯高高挂》、散文集《琴心剑》。

那是20世纪70年代的一个春天，父亲李学安为了让儿女们住上新房，不辞辛苦，费尽周折为建新房子备料。建房首先需用石料，他就去邻村买炸药，同大伯一起去山上勘察。那时炸石头比较落后，需用3人，一个人扶钎，两个人轮流用铁锤夯，你一锤，我一锤，用力重砸钢钎打炮眼，炮眼深度够时，再装上炸药点燃。这时，人需要快速远离，以免被爆炸的石块砸中。炸开石头后，要把大块破成小块，然后再用地排车装回，从山上拉回建房地点。后来李德营听母亲讲，父亲从隔马岭山上往家拉石头下坡时，因道路不平，牛受到开山炮声惊吓，父亲摔在车下受伤。也就是从这时起，父亲的身体变得越来越差。李德营会不经意地看到父亲手上那几道深深的伤痕，好像新房子要剐几片父亲的肉做祭品一样。当李德营抚摸着石头墙上的缝隙时，仿佛是父亲的手掌屹立在面前，为他抵挡凛冽寒风，给他温暖安全。

接下来是备土，父亲要一步一步、一筐一筐地把土从远处的田里挑到建房地点，他的扁担换了一根又一根，鞋补了一遍又一遍。材料一点点备齐，他也一天天地消瘦，骨头形状清晰可见；他的背累弯了，再也直不起来了。

李德营依然清晰记得父亲背上的血印和绳索的痕迹。那是在背屋檐板的时候留下的，石匠师傅们在山上精心打磨好屋檐板后，父亲用两肩一块块背下山来，每天往返多次，其苦其累令人难以想象。还有建完房后，为防备下雨时屋顶漏水，父亲又到山脚下拉石子回家，再用肩挑，然后再找很多人起大早把拉回的石子铺上，拌上石灰浆夯实。按照农村的风俗，这个活必须在太阳出来前完工。

建新房子的活琐碎而又麻烦，从山上到山脚，从这座山到那座山，从石料到屋檐板，从无到有，从旧到新，不知父亲流了多少汗水，受了多少苦累，早起晚睡，披星戴月。就这样，父亲经历了汗珠子摔八瓣的奋斗历程，全家终于住上了新房子，而他却累倒了，再也没有站起来。父亲用心血甚至是生命建造新房子，并要求李德营兄弟6人要像石头墙一样挺立，不要随风飘摇。他说，做人要像石头墙，随风飘摇功难享。对父亲而言，房子是父爱的最深切表达；对儿女而言，房子就是父亲的身体，就是伟岸的父爱。

李德营说，父亲为人善良，做事实诚，邻里乡亲无人不知。父亲在村中木匠铺干活是出了名的好把式，犁地的犁是传统的老式农具，全村数父亲做得最好，这是父亲的绝活。当时村中有不少人找父亲干活，父亲总是抛弃工分，热情帮忙。人民公社时期，父亲还让生产队在自己家中的空闲地养地瓜芽子，有时还种些菜让别人吃。在繁忙的秋收季节里，父亲总是热心地帮助别人。收地瓜的时节，父亲放下手中的活，帮别人做切地瓜干的擦子。

如今，这世上唯一能代表父亲的就是这石头墙了，它是父亲最美的照片。这墙里面曾住着一个8口人的大家庭，一沙一粒都浸透着他的心血，都是无言的父爱。当李德营再次把脸颊贴到这墙上时，仿佛是父亲的大手在抚摸着他，粗糙却温暖，好似又回到孩提时代。父亲一生崇善尚美，他的言行举止像一面镜子，照出了李德营自强、自立的样子；又像一把尺子，量出了李德营念善、行善的步子。

"做人要像石头墙，随风飘摇功难享。"父亲说过的话，成为李德营一生不断前行的注脚与写照。

家训夹议

任尔东西南北风

　　列子，战国时期郑国人，是老子和庄子之外又一位道家思想代表人物。《列子学射》说：列子学射箭，射中靶子后，向关尹子请教射箭问题。关尹子问，你知道射中靶心的原因吗？列子说不知道。关尹子说，这可不行。于是，列子"退而习之，三年，又以报关尹子"。关尹子问，你知道你射中靶心的原因吗？列子说，知道了。关尹子说，可以了，你要牢记这个道理，不要轻易地丢弃。不仅学习射箭是这样，治理国家和修身做人也都应是这样。

　　列子学射的故事告诉人们，办事情不仅要知其然，而且要知其所以然，掌握它的规律，明白了为什么能做到，以后才能做得更好。不过，这个故事也让人从另外一个视角看到了列子的成功之道：定力。对"退而习之，三年"，南怀瑾大师解释：不仅仅是再练习三年，而是同外界隔绝，关起门来，用三年时间不懈研习、领悟射箭之道。所以他感慨说："一个人没有定力，心浮气躁，就很容易失败。"

　　《聊斋志异》中有这样一个故事：两个牧童进深山，入狼窝，发现两只小狼崽。他俩各抱一只分别爬上大树，两树相距数十步，片刻老狼来寻子。一个牧童在树上扭小狼的蹄、耳，弄得小狼嗷叫连天，老狼闻声奔来，气急败坏地在树下乱抓乱咬。此时，另一棵树上的牧童如法炮制，这只小狼也连声嗷叫，老狼又闻声赶去，就这样不停地奔波于两树之间，终于累得气绝身亡。实际上，如果它坚持守住一棵树，用不了多久就能至少救回一只小狼。

　　生活中每个人都是需要定力的。要想成就一件事，不仅需要用心与专注，还需要"咬定青山不放松"的足够定力。

有定力的人，正念坚固，坦荡无私，光明磊落，不随波逐流，不趋炎附势；有定力的人，不被假象所惑，不为名利所诱，不为人情所扰，不为枕边风所软；有定力的人，有独立的人格、独立的思考、独立的坚守，唯理独尊，排除阻挠和困难，排除杂音和噪声，认准的事百折不回，风雨兼程。

一个国家有战略定力，彰显出足够的自信，广大民众就会有坚定的信心、统一的意志、坚不可摧的力量，就会让对手望而生畏，敬重三分；一个单位、一项事业有发展定力，就会像穿隧机一样，一毫一厘地持续向前推进，即使面对再大的山体、再坚硬的岩石，总会有隧通道畅的那一天；一个人有干事定力，人前人后才会有气场，做任何事情都不会朝三暮四、半途而废，而是凭着一股锲而不舍的韧劲，克坚破难，到达成功的彼岸。

No.70

爸爸的话

老实常常在，刚强惹祸害。

—— 王可勤

王可勤（1934—2002），山东省青岛市即墨区人，一位出生在旧社会、成长在红旗下，饱经沧桑的老人。他19岁就业于胶南县农业银行，赶上缺吃少穿的三年困难时期，1961年迫于生活压力，为填饱肚子回到老家；在竭尽所能、生活仍毫无起色的情况下，1963年下决心带领全家闯关东；1969年为了子女上学又回到老家，在村生产队担任队长；1983年取消生产队后，在村委会担任会计；2002年8月去世。他走过南闯过北，见多识广，对工作踏实勤劳，为家庭遮风挡雨。在教育子女上，他告诫孩子们，"碗外的饭不好吃"，要奉公守法；"老实常常在，刚强惹祸害"，要低调做人。他的高风亮节、言传身教，影响感染了后代子孙。

家训故事

王培佐[①]出生在东北，那个时候正是父亲王可勤带着一家人闯关东的艰难时期，为了活下来，一家人既要克服环境变化带来的不适应，又要想方设法填饱肚子，生活的艰辛可想而知。曾在银行上班的父亲并没有多少吃苦受累的经历，在众多闯关东的乡亲中，也算得上是有文化的人，但在应付苦日子上，他不但没有掉队，还以自己的聪明才智改变现状，让人觉得他就是一个既踏实肯干，又有些本事的农民。

在王培佐兄弟三人早年的零星记忆中，不管生活的担子有多重，父亲王可勤表露出来的都是积极乐观的一面，他待人厚道、为人和善，不管干什么都踏踏实实、勤勤恳恳。因为自己有文化，四邻八舍遇事都爱找他出主意、做决断，天长日久成了大家非常倚重的人，群众威信颇高。但不管别人怎样敬重，他从来没有架子，有本事的人他敬着，没本事的人他让着，在村里留下了低调谦和的好口碑。作为家庭的顶梁柱，他很少坐下来给孩子说教，但在他们的印象中，父亲的形象是高大的，话虽不多但句句饱含着做人做事的深刻道理。

父亲常挂在嘴边的有两句话。一句是"咬人的狗不露齿，碗外的饭不好吃"，教育子女立足社会要注意识人，也告诫他们要奉公守法。一句是"老实常常在，刚强惹祸害"，教育子女学会低调做人。王培佐记得父亲说这话时，都是在兄弟三人长大成人，即将踏入社会时的谆谆教诲，为他们闯社会上的人生第一课。王培佐高中毕业后应征入伍，父亲很高兴，因为在他看来，儿子能保家卫国穿军装是光宗耀祖的大好事，他隔三岔五就给王培佐写信，叮嘱他要好好干。王培佐有了父亲的教诲，工作十分努力，

[①] 王培佐，王可勤之子。曾任原济南军区专业技术干部考试办公室主任、科技干部处处长，山东省军区转业办主任。参加对越自卫反击作战，荣立二等战功。获哲学学士学位、律师资格，系山东省书法家协会会员、陈氏太极拳传人。爱好广泛，多才多艺，善于创新思维、理论思考，先后出版著作 10 余部。

特别是当兵之初就参战，因为表现突出荣立二等战功，后又考入军校成为军官。他记得当上军官后的一次休假，父亲与他聊了很多，强调最多的一句话就是"老实常常在，刚强惹祸害"，教育王培佐要踏实做事，低调做人。也正是因为这句话的启示，王培佐从普通连队一路干到了军区机关，从普通一兵成长为大校军官，也成了村里走出来的"大官"，但无论如何变化，王培佐始终尊奉父亲的教诲，老实本分，低调谦和，淡看职位升迁，从不争名逐利。王培佐不无感慨地说："正是父亲的这句话，给了他攀越座座人生巅峰的无穷力量。"

家训夹议

低调做人人更高

善于观察的人总会发现，"鹰立如睡，虎行似病"，它们在张牙舞爪的动物界中显得有些无精打采，但就是这种不起眼的状态，也丝毫没有影响它们在动物界中的特殊魅力和王者地位。由此可见，低调着实影响不了一个人的优秀。

刚者易折，柔则长存。王可勤老人从丰富的生活阅历中得出结论：争强好胜常常会两败俱伤，柔和低调才会出类拔萃。低调的人，才高而不自诩，位高而不自傲，但气场总是势不可挡。一个人风头太盛了，就容易招致打击；一个人过分追求完美，反而会被人诟病。功高势大的曾国藩，剿灭太平天国后主动裁撤湘军、让功于人、劝弟弟弃官回乡，频频向朝廷和满人示弱，才打消了慈禧和朝廷的猜疑，保住了自己和整个家族，也保住了他一手培育出来的湘系势力。

生活中有这样一种现象，大多数的人能够同情弱者，而也有不少人敌视比自己强的人；大多数人能够认同踏踏实实做事的人，却讨厌那些张扬跋扈的人。居于高位的人如果不能保持低调做人的本色，就会与他人产生距离，成为人们敬而远之的"孤家寡人"。世界上那些真正创大业、挣大钱的人，往往生活得很简单，一身素装，轻车简从，从不招摇和摆谱。因为他们知道，地位越高，越应该保持低调做人的心态，这样才能保鲜原生的状态，保持冲锋的姿态，有今天更有未来。

"圣者无名，大者无形"，真正的强者总是莫测高深，不显山不露水，默默耕耘，苦心孤诣，直至成功。记得年轻那会儿，录像片曾风靡一时，电影《古惑仔》中的负面人物大多横行霸道，不可一世，结局往往很惨；与之形成鲜明对照的是，原本看起来并不起眼的小喽啰，往往才是最后来主宰世界的人。这让人不由得发出感慨，还是越低调越厉害，那作为庞然大物的黔之驴，最终还不是被那个且怯且勇、有智有谋的"小"老虎一举拿下！

王可勤老人一生走南闯北，见多识广，但他未曾表现出丝毫的优越感，相反，他一辈子低调做人，对乡亲们的要求，几乎有求必应，成为大家心目中的强者。其实，做一个低调的强者并不难，甚至比做一个张扬的强者更为简单，关键要看心中有没有这种格局和境界。三国时诸葛亮对蜀国居功至伟，刘备临终托孤于他，甚至留言必要时可代其子，但诸葛亮谨守属臣本分，低调做人，不越雷池。正是这一点，让他名垂青史。

木秀于林，风必摧之。生活的道理也告诉我们，高调遭遇的多是"车到山前疑无路"，低调处事才会"柳暗花明又一村"。低调是一种修养，是成就大事的一种方式。低调不是卑微，是处事的韬略，是人生渐入佳境的高远，是得大于失的收获。孔子是我国古代著名的大思想家、教育家，学识渊博，但从不自满。他周游列国时，在去晋国的路上，遇见一个七岁的孩子拦路，要他回答几个问题才让路。其一是：鹅的叫声为什么大。孔子答道："鹅的脖子长，所以叫声大。"孩子说："青蛙的脖子很短，为什么叫声也很大呢？"孔子无言以对。他惭愧地对学生说："我不如他，他可以做我的老师啊！"或许，圣人就"胜"在这里。

No.71

爸爸的话

好谷不见穗。

——刁书伟

刁书伟（1933—　），山东省青岛市即墨区人。在他身上似乎有许多"神秘"之处：完小都没上完，而对种地的诸多经验上升到了理性认识；任何培训班都没进，却会用一种"牛郎草"编织出像贾宝玉身上披着的那个刺猬一样的蓑衣；此外，他会用酒曲酿制谷酒，会用卤水制作豆腐，会弹琴，会吹口琴和笛子，会火补轮胎，当基干民兵时打靶上来就发发命中。他不事张扬，不会喜形于色，不管遇到什么困难总是默默地面对，用心用力去解决。在风天雨地里，在平凡的稼穑里，在日常的言传身教里，他把一个低首谦虚却是大写的"人"字，传给了自己的一代又一代。

家训故事

1988 年春节，当 55092 部队组织股将刁乃克①的立功喜报寄到家乡时，村里的副书记刁书江大爷亲自给送到了他家中。那一年的春天，他们全家人都是沉浸在春天的美好中。

> ①刁乃克，刁书伟之子，长期在部队房地产管理局工作，当过处党委书记，也当过机关业务处长。技术六级。长于文字，钟爱文学，涉猎领域多维，出版著作多部，发表文章若干。

1994 年春节，刁乃克有幸回老家过年。在列车上，他在想，今年如果自己的父亲再次收到立功喜报的话，家里总共就应该是 3 张了，这也是他入伍后第三次荣立三等功了。如果这 3 张立功喜报连在一起贴在墙上，也该是美美的一道"风景"了。

回到家后，父亲正在清扫院子。见他回来后，全家人都非常高兴。然而，刁乃克并没有过多地去问父亲好、母亲好、哥嫂弟妹好，而是直接奔到室内去看墙上的立功喜报。当他并没有看到一张喜报的时候，心里竟然生出了一种失落感。这时，他便问跟进来的父亲："今年没收到立功喜报吗？"父亲见问，便立马从抽橱里轻轻拿出了一个"卷儿"。看得出，这个"卷儿"是经过精心包装了的。接着，父亲把这个"卷儿"放在炕上，小心翼翼地解开捆在上面的小纸绳。这时，刁乃克在部队先后三次立功的喜报就全部展示了出来。于是他便问父亲："喜报怎么都不贴到墙上去？"老实巴交的父亲见问，便自言自语地说了一句："好谷不见穗！"也可能怕自己的儿子没有听清，便紧接着又说了一遍："嗯，好谷不见穗！"

那一年的春节，刁乃克的心思几乎全部用在琢磨这句"好谷不见穗"上。确切地说，这应该是一条农家谚语，揭示了谷子的一种本质和习性。就是说，谷穗越饱满就越低垂，在秸秆和叶子的遮挡下越不容易被看到。他清楚，这是父亲在告诉他，人应该像那逐渐饱满、成熟的谷穗，越是有了一定成绩，越要放低姿态。

刁乃克的父亲不善言辞，种地却是一把好手。从下种到施肥、除虫、锄地等田间管理，都很用心，对于二十四节气和各种农作物的习性掌握得非常准。"种子不选好，满地长野草""苗儿壮，结大棒""汗水没有白淌的，锄头底下有黄金"。在父亲的脑子里，装下的几乎全部是庄稼人一板一眼的路数和种地经验。满坡的庄稼和沉甸甸的收获，应该是这位老农眼中最美的风景。但让刁乃克没想到的是，从事稼穑的父亲竟然以这种方式，让自己的儿子懂得了做人要谦虚、做事不张扬的道理。于是，在工作生活中，刁乃克少了一些浮躁、张扬和虚荣，多了些认真、沉稳和实干，为人处事开始放低心态和姿态。以后，他又先后荣立过四五次三等功，但对于是否都装入了档案，或家人是否都收到了立功喜报，也就都不放在心上了。因为，他心中所深深铭记的是："好谷不见穗。"他的第一本散文集《低首人生》，正是基于这种心迹下的印证与自我观照。他是这样要求自己的，也是这样向正在成长的女儿刁川夏灌输的。刁川夏自上小学开始，每一年、每一学期期末，总能把三好学生的奖状捧回家。没想到在上高二的时候，年底放假却第一次把"惯例"下的"三好"给弄丢了。看到第一次没拿到奖状的女儿正在体验不好受的滋味时，刁乃克便讲起了爷爷"好谷不见穗"的故事与俗谚。后来，到了高三，尽管刁川夏又把沉甸甸的"三好"奖状拿回了家，却也始终保持了一种平常心态下的从容。现在，87 岁的父亲尽管很少种庄稼了，但田野里只要有种子、有禾苗、有谷穗正在秀成的时候，他总要到这片充满感情的土地里去看看。

家训夹议

从"家"说起

前些年有人说，满大街都是"经理"，隔墙扔砖头，砸着十个人，八九个是"经理"。这几年"经理"的档次显然不够了，于是乎，像雨后春笋般，这"总"那"总"又不断冒出来。当今，与"总"这种时髦的称呼相"媲美"的，就是满天飞的"家"了。有些人，写了个小品文，或出了个小集子，就成了"作家"；搞了点临摹、"涂鸦"，就成了"画家"；写了几幅不太像样的毛笔字，就成了"书法家"；拍了几幅人人会拍的照片，就成了"摄影家"；到国内国外的几个景点转了转，外加一点无病呻吟，就成了"旅行家"……更令人喷饭的是，冠在某些人头上的诸如此类的"家"，不是有资格认证的组织"封"的，也不是别人恭维的，而是自己借助自媒体等手段和渠道自诩的。当然，还有一些人对别人给自己戴的某"家"的"高帽儿"，是笑纳不拒，舒服至极，并心存感激的。

实际上，就像昂着头的都是瘪谷、浮在水面上的都是谷皮，人有几斤几两重，自己应该知道，别人也很清楚，何必要"打肿脸充胖子"？法国思想家帕斯卡尔说："人一半是天使，一半是魔鬼，他越想扮演天使的角色，他就越像魔鬼。"看来，人还是不"浓妆艳抹"为好！

一代宗师、国学大师南怀瑾，精通儒、释、道、诸子百家、诗词歌赋、天文历法、医学武术，但他始终自称"学人"。有人问大哲学家苏格拉底："据说您是天底下最有学问的人，那我想请教您一个问题：天与地之间的高度到底有多少？"苏格拉底微笑着答道："三尺！"那人立即给予反驳："胡说，我们每个人都有四五尺高，天与地只有三尺，那人还不把天戳个窟窿？"苏格拉底始终微笑着说："所以，凡是超过三尺的人，要能够长久地立足于天地之间，就要懂得低头呀！"刁乃克就是一个懂得低首的人。一次与省作协的一名领导聚在一起，当这位领导得知刁乃克热爱文学、热衷"红学"研究，并有几部著作问世的情况后非常欣赏，动员他申请加入省作协，并在第二天就派人送来了申请表。然而，刁乃克觉得自己的文学造诣还不够，一些作品的艺术质量也偏低，按照省作协会员的资格要求，认为自己还有些勉强，因而始终没有填写那张申请表，他想等有了更多的成果后再作考虑。在一些场合，也常有人给刁乃克冠以"作家"的头衔，每当这时他总是纠正说："我只是个热爱文字的小'作者'"。

低首，才会高收。古人云："地低成海，人低成王。"低首的人，是沉稳踏实的人，没有浮躁，没有浮飘，没有浮夸；低首的人，是谦逊的人，懂得人外有人、天外有天，没有自满自大；低首的人，是内敛成熟的人，有内涵、有修养、有"真货"，不张扬；低首的人，是学然后知不足的人，以人为师，见贤思齐；低首的人，是重心下移的人，接地气、耐风雨，也更能负重前行。

"我欲乘风归去，又恐琼楼玉宇，高处不胜寒。"一代大文豪苏东坡一句"高处不胜寒"，凝结了他多少人生感悟，蕴含了多少立世哲理！做人，还是夹着点尾巴好。

No.72

爸爸的话

人情可以不近，公情不能不顾。

——汝少祥

汝少祥（1939—1993），山东省东阿县人，1955年入伍，历任战士、班长、排长、副连长、连长、营长、团长，1975年调任黑龙江省鹤岗市武装部部长。1980年转业，任山东省聊城市交通局局长。他无论走到哪里，始终是为党的事业呕心沥血，保持着一个职业军人的良好品德和习惯；始终是诚实做人，对同事肝胆相照；始终是严格自律，对家人大公无私，在子女脑海里永远是一副严酷的形象，而把浓浓的爱深埋心底，为后代留下了一生享用不尽的精神财富。

家训故事

汝爱峰[①]说，有一年，她跟老公一起与他军艺的同学、电视连续剧《激情燃烧的岁月》的作者石钟山大哥吃饭，他说他塑造的石光荣就是自己父亲的原型，汝爱峰说也像她的父亲。

> [①] 汝爱峰，汝少祥之女，毕业于聊城师范学院，历任聊城市交通局会计、科员、路政大队教导员。

2019 年八一建军节前夕，汝爱峰沿着父亲转战南北的人生之路，慢慢去寻觅父亲已远逝的背影，父亲的话无时不在耳边响起。特别是父亲在世时经常告诫她们的话："家里的事再大与部队比也是小事""人情可以不近，公情不能不顾""啥时都要做一个诚实的人"，等等，已深深扎根在她的心里，影响并继续影响着她的一生。

父亲出生在聊城黄河岸边的一个小村，从小就有一种军人情结。那时家族里一位曾参加过解放战争的大爷经常会讲起他从军的故事，父亲每次都听得入迷，并且自己用木头做了一把手枪，整天拿在手上视若珍宝。1955 年，华中野战部队招兵，父亲听到消息高兴得一夜未眠，一大早便找爷爷。按规定当时独子是不允许参军的，奶奶听说野战军很苦更是极力反对。从小聪明机灵的父亲居然背着爷爷奶奶，让本家的一个哥哥带着找到带兵的首长，证实父亲是他的二弟，就这样，年仅 16 岁的父亲，穿上了他梦寐以求的绿军装，成为一名解放军战士。

在父亲当兵的第 12 个年头，也就是 1968 年，母亲随军来到父亲当时驻扎在安徽霍邱县城外的部队。家属院离父亲的部队还有几公里的路程，尽管不算远，但父亲却很少回家，一个月就能回来一晚上。在她上小学一年级时，母亲第一次带她去了父亲的部队，那时父亲当营长，已经记事的她走进营房的第一眼，便看到父亲正带领部队训练，并听到父亲响亮的声音，那一刻她忽然感受到父亲是一个很了不起的人。那天她和母亲足足等了父亲 3 个小时，直到训练结束才回到宿舍。母亲抱怨说："我和孩子上来看你，你就不能让其他同志带着练，早点回来。"父亲说："部队马上要参加军区大比武，我作为主官，怎么能不在位。"父亲告诉母亲："家里的事再大与部队比也是小事，部队正是训练的关键时候，你们来了住一晚明天就回去。"她看到母亲听完父亲的话，一言未发，眼里溢满了泪水。她记得晚饭她是坐在父亲的膝盖上吃的，晚饭后，父亲与母亲谈事，她便独自跑到营房不远处的湖边上去玩，没想到走着走着竟迷路了。当父亲带着叔叔们找到大哭的她时，父亲不但没有安慰，反而严肃地批评她。从那之后，她再也没有乱跑过一次。第二天一早要离开父亲回家时，父亲抚摸着她的头发说："妮现在上学了，要好好学习，在家听妈妈的话，等有空爸爸就回家看你们。"那一刻，她感到父亲是爱她们的，只是他把这种爱深深地埋在了心里。小的时候，父亲总是亲昵地叫她"妮"，每每听到父亲亲昵的声音，从心里都感到无限的温暖……25年过去了，如今，她多想再听到父亲叫一声"妮"啊！

　　1975年，多次立功受奖的父亲成为团职军官。一天，父亲突然接到上级命令，要调往东北鹤岗。听到这个消息，母亲考虑她们姊妹三个还小，而汝爱峰又刚刚上小学一年级，再说东北气候太冷，想让父亲找找上级，看能不能不去。父亲铁青着脸说："军令如山，军人以服从命令为天职，如果都像你这样想，艰苦的地方都不愿去，那国家谁来保卫。"那天，汝爱峰第一次看到母亲跟父亲吵得很凶。那年的冬天，她们举家随父亲来到东北，父亲上任武装部长，父亲到任后几乎很少回家。1979年，自卫反击战爆发，鹤岗驻军进入一级战备状态，一年多的时间，虽生活在一个城市，但父亲只回过一次家。事后父亲说："你们要记住，没有国家，我们的小家也就没了。"

　　父亲是一个原则性极强的人。汝爱峰记得在刚上二年级时第一次去父亲办公室，临走她偷偷拿了父亲桌上的一本印着抬头的信纸，没有想到父亲看到后，把她拉到身边严肃地说："信纸是公家配给爸爸办公用的，公家的东西不能私用，什么时候都要记住，国家的东西哪怕是一张纸也不能用于自己，你想要让妈妈给你买。"这件事直到今天她记忆犹新，也牢牢地印在了心里。父亲无论在部队还是转业走上地方领导岗位，从没有做过一件违反原则的事，老家亲戚找父亲办事，要求给孩子安排工作，父亲没有答应过一件，为此没少在亲戚中落下埋怨，说他不近人情。父亲却说，人情可以不近，公情不能不顾。汝爱峰最难忘的是，她的女儿在出生不久突然生病，丈夫远在部队回不来，那时医院进口消炎药很贵，大夫告诉她让她父亲跟院长打个招呼，而父亲却坚决拒绝。她当时生气地说："那可是你的亲外孙。"父亲说："违反规定的事爸爸不能做，再贵也要自己拿。"多少年过去，汝爱峰越来越感受到父亲这些话的分量之重！

"父亲，您走了，但您的灵魂和精神却一天也没有离开！"汝爱峰深情地说。

家训夹议

"人情味"与"公情债"

周恩来的侄女周秉德，曾在一次访谈中回忆讲述了伯父与"人情"相关的一件事。读来，让人掩卷深思。

1949 年 4 月，周秉德的父母从天津到北京，伯父向她父亲交代：你应该有个正式工作，但不应该由我来安排。伯父让他去上华北大学，9 月份毕业，分配了工作。伯父找到他的领导：周同宇的工作职位要低，待遇要少，因为他是我的亲弟弟。我们不能像国民党那样搞裙带关系，更不能像封建社会那样"一人得道，鸡犬升天"。伯父也不让父亲用周恩寿这个本名，让他用字。父亲职位低，房子就小，两间西晒的厢房加起来 20 多平方米，不通风。伯父让周秉德住到他家，纯粹因为父母家住不开。

中国自古就是个人情社会，中国人历来把人情看得很重。"有人情味"，这是对一个人相当高的评价与奖赏；"没人情味"，则表达了对一个人的极度不满，"不近人情""不通世故""不明事理"，常常是随之而出、与之"配套"的责难之语。于是乎，一些人面对人情，往往拉不下脸，狠不下心，说不出口，在许多时候让人情超越了"公情"、冲击了"公情"，甚至代替了"公情"。"人情味"过了头，就变了味、变了质，其结果是自己欠下一屁股"公情债"。冤有头，债有主，是"债"就得还。到了一定程度，付出代价、受到惩罚的，还是自己。

无情未必真豪杰。人不能没有"人情味"，重亲情、念友情，珍惜同学情、不忘同乡情，等等，都无可厚非，都是有情有义、厚道待人的生动体现。但什么时候都不能忘了，那些情再浓、再真、再纯，都属于"私情"，都是限定在一定范围内的；"公情"始终大于"私情"、高于"私情"，当二者形成矛盾、发生冲突时，"私情"应毫不迟疑、毫不含糊地服从"公情"，为"公情"让路。"冷酷"未必真"冷血"，无私未必就无情。实际上，此时的"让"，也恰恰最好地体现和维护了"私情"的纯洁与高尚，传递的恰恰是一份真情、至爱。那种突破了"公情"的"私情"，不仅对自己而且对"被施情"人，都可能是一种莫大的伤害。

No.73

爸爸的话

地瓜上有眼睛，全都看着咱哩！

——栾瑞琴

栾瑞琴（1920—2012），山东省招远市人，1948年入党，小学文化。先后担任过区公所文书，村生产队保管员、会计，大队保管员、会计，大队党支部副书记。新中国成立前，作为村里为数不多的地下党员，他默默工作，甘愿奉献，圆满完成了党组织交给自己的任务。新中国成立后，他勤勤恳恳，任劳任怨，不管在什么岗位上，都能够严于律己，尽职尽责，多次被上级评为先进个人和模范党员。一生虽然没有惊天动地的业绩，但平凡中透着不凡和伟大。

家训故事

栾世强①说，每个人的一生中必定会经历很多事情，有的会随着时间慢慢忘掉，有的却会让你刻骨铭心，终生难忘。"地瓜上有眼睛，全都看着咱哩！"父亲的这句话就是如此。

① 栾世强，栾瑞琴之子，入伍后当过报道员、宣传干事，任过副教导员、教导员。自1983年起，先后在原济南军区司、政、联（后）机关工作，历任干事、助理员、副处长（正团职）、军区卫生部副部长兼军区计划生育领导小组办公室主任。多次被军区、全军、全国表彰为计划生育工作先进个人，2006年被授予全国人口与计划生育系统优秀工作者荣誉称号。现为中国未来研究会会员、山东省作家协会会员、山东省杂文学会会员。发表各类文章千余篇，多篇在全国全军获奖。先后出版专著《杞人集》《杞人续集》《杞人再集》《推开幸福之门——家庭经营之道》《推开幸福之门——家庭教育之道》《推开幸福之门——家庭孝行之道》《推开幸福之门——家庭相处之道》《幸福其实离你很近》，并主编《思考与探索》等书。

这句话源于他一次痛苦的经历。

1959年的秋天，也就是三年困难时期的第一年，由于严重干旱，全村的粮食几乎绝产，家家又没有余粮，吃饭就成了大问题。父亲那年在村里担任会计，就负责着全村的粮食分发工作。那时只有5岁的栾世强，也和大家一样饿着肚子，天天盼望着能吃顿饱饭。有一天，他们几个小伙伴在一起玩耍，忽然看见有人拿着一篮子地瓜放到了大队部的院子里。见到有吃的，几个小伙伴就争先恐后地朝着放地瓜的地方奔去。栾世强见此景，虽犹豫了一下，但终究挡不住诱惑，也跑上前去伸手抓了一块地瓜握在手中。可就在胳膊收回时，突然有一只大手抓住了他拿地瓜的那只胳膊。他猛抬头一看，正是父亲。父亲脸上愤怒之色清晰可见，只见父亲一把从他手中夺下地瓜，嘴里吼道："谁让你拿地瓜吃的？"接着拉着他的胳膊就往外走。这时栾世强当然不服气，就据理力争，一边大声喊道："我看到他们拿我才拿的，又不是我先拿的，为什么你不管他们先管我？"一边就死命往后拽，想挣脱父亲的手。这时父亲也真的火了，一只手紧紧地拉住他，一只手就不停地朝他屁股狠狠打去。嘴上还吼着："就管你，就管你！"就这样，他哭喊着被父亲不由分说地拽回了家。由于栾世强的被打，其他孩子都悄悄放下地瓜溜走了！

在栾世强的记忆里，这是父亲第一次也是唯一一次打他。所以，一连几天没和父亲说话。他心里感到非常委屈，经常偷偷地抹眼泪。心里一直在问一个问题：同样都是拿地瓜吃，而且又不是我第一个拿的，为什么父亲唯独抓住我不放？问题越想不通就越生气，就更加怨恨父亲。

大概过了一个星期左右，父亲见栾世强一直闷闷不乐，就找他谈了一次话，具体怎么说的他记不清楚了，主要意思大体有两个：一是虽然当时有很多孩子都在拿地瓜吃，因为这事由他负责，不管是谁先拿的，正人先正己，你是我的孩子，我只能先管你，不管你我还怎么管其他的孩子？二是通过这件事，你要吸取教训，地瓜虽小，看起来微不足道，但它是公家的，凡是公家的东西都有眼睛，每时每刻都在看着咱哩！

这是栾世强人生记忆里最深刻的一件事，事情虽然不是很大，却是他人生路上的清醒剂。每当有少刻的迷惑时，他就会想起父亲的这句话，脑子也就立刻清醒了许多。他十分感慨地说："可以这样讲，没有父亲对我的那次敲打，我也不会走到今天。"

家训夹议

时刻别忘那圆睁的眼睛

人做坏事，总觉得神不知、鬼不觉，没人会发现；或者只有当事者两人知道，别人无法知晓。那么，到头来为什么总会"东窗事发"，被人揭出老底呢？因为时时处处都有圆睁的眼睛在看着。那圆睁的眼睛长在何处？长在人的头上，更长在自己的心里，就像那处处布设的摄像头，没有死角，没有"灯下黑"；也像那 CT 和测谎仪，在它们面前遮掩和隐藏都是徒劳的。

《后汉书·杨震传》载：杨震被大将军邓骘举荐，"四迁荆州刺史、东莱太守。当之郡，道经昌邑，故所举荆州茂才王密为昌邑令，谒见，至夜怀金十斤以遗（即赠送）震。震曰：'故人知君，君不知故人，何也？'密曰：'暮夜无知者。'震曰：'天知，神知，我知，子知。何谓无知！'密愧而出。"杨震廉洁奉公，不接受贿金，被后人誉为"四知先生"。他所说的"四知"，包括三方面的含义：一是既要做事，必有人知；二是泯灭良知，天理难容；三是坚持操守，决不欺心。"天知，神知，我知，子知"，这分明是杨震看到了那盯向自己的圆睁的眼睛。

"暮夜无知者"无知，自取其辱自有应得；"四知"者有束，名垂千史当之无愧。其实，无论是杨震的"四知"，还是栾瑞琴的"地瓜上有眼睛"，核心的不是"眼"而是"心"，人一旦"心"坏了，"眼"再好使也是枉然，说不定还会搞出个"一叶障目"甚至"指鹿为马"的闹剧来。人"心"好，"眼"才明，才不会漠视那无处不在的眼睛。

生活中处处有挑战，时时有诱惑，人的贪心在外部环境和内在因素的交互作用下，动不动会被"激活"，会"萌发"，有时邪念会在一瞬间闪现，又会在一瞬间消失，上演着一次次"你死我活"的心斗。要确保"东风压倒西风"，厚植道德的"防护林"固然重要，而强化朴素的防范意识，让自己有一种"眼网恢恢，疏而不漏"的畏惧感，也不可或缺。一个人做人做事，心里总记着有几只圆睁的眼睛一直在盯着自己，大抵就不敢有歪心歹意，也不敢有侥幸心理吧。

No.74

爸爸的话

不是自己的就是一块金子也不能要，是自己的就是一块煤也不能丢。

——白怀富

白怀富（1934—2014），山西省交城县人，6岁丧母，靠大嫂拉扯长大。他的幼年正值日寇侵华期间，国土沦丧，村里的学堂被迫关闭，他只上了几个月的学。迫于生计，他10来岁就到附近的煤矿上当童工，一直到1949年交城解放，正式就职于交城县火山煤矿，成为新中国的第一代煤矿工人。辛酸的童年、艰苦的环境、人生的磨难，砥砺了他工作踏实、认真负责、遇事不躁、任劳任怨的做事原则，也锻就了他坚定执着、宽厚包容、是非分明的为人风格，他是子孙后代终生学习的榜样。

家训故事

白祥山^①的父亲名叫白怀富，父辈为其取名寄寓着无限希冀。"白"，是家庭姓氏，是根柢；"怀"，是家族辈分，是血脉传承；"富"，是父辈期望后人能过上富裕日子。

父亲白怀富是一名普普通通的煤矿工人，上班的煤矿距自己村子七八公里，道路是曲曲弯弯、坎坷不平的山间小路。在白祥山的印象里，父亲每天都是起早贪黑，经常加班加点，家里取暖做饭用的煤块，也是父亲下班后沿着曲曲弯弯、坎坷不平的山坡路，一步步用扁担挑回家的。父亲那双粗糙的大手，长期受煤炭的侵蚀，手心的纹路已经染成了黑色，指甲缝隙里永远是黑色的。

父亲几乎没上过学，但对孩子们的学习非常重视，要求非常严格。父亲经常对孩子们讲："我没有赶上好时候，没能上成学，你们赶上好时候了，要珍惜现在的好时光，感恩我们的党，好好念书识字。"他觉得自己吃点苦、受点累不要紧，能赚钱供孩子们上学念书就行。父亲对孩子们上学舍得花钱，只要是学习上用的文具、书本，从不说一个"不"字。但父亲也有为钱"翻脸"的时候。白祥山上小学五年级时，也就是 1974 年前后，秋季刚刚开学，学生们都上交购买课本的课本费，白祥山一位要好的同学，从家里额外多要了五块钱留着用于零花，但又没地保存，就委托白祥山保管。晚上回家，白祥山就把此事说给父亲听，想不到一向和善、不善言辞的父亲沉下脸，他坐在炕沿上，让白祥山坐在小板凳上，过去温暖的目光变成了冰冷的目光。他非常严肃地询问白祥山："钱真的是你同学的?"平静的语气中透着不可违背的意志。在得到白祥山肯定的回答后，父亲沉默不语了一阵子，抽了几口烟，连续咳嗽了几声，白祥山静静地坐着，不敢言语。父亲慢慢地对白祥山讲："孩子，爸爸从小到大，过的日

① 白祥山，白怀富之子，曾任参谋、干事、指导员、旅机关科长，旅装备部副部长、部长，集团军装备部车辆处处长，原济南军区装备部车船工化部处长、副部长、部长，北部战区陆军装备部副部长、保障部副部长。系军事运筹学专业硕士，军事交通学院客座教授。

子就是咱们普通人过的日子，花一分钱也要靠自己挖煤赚的，虽然苦点，累点，但从不花不明不白的钱，靠自己赚的钱花得踏实，睡得着觉，吃得下饭。爸就是从煤矿上往家里挑煤，在路上不小心掉到路边一块，也要停下，将掉了的煤块拾起来，持家过日子就得这样，一粒粮食一块煤都不能丢，不能浪费，吃的烧的不缺，日子就踏实，日子也就会越过越好。相反，我们周围有的人由于好吃懒做，赌博耍钱，家里就是有金子银子，家境也几年就败落了。你同学的五块钱，是我和你同学父亲一个人三天的工资，是不小的一笔钱，你们花钱买书交学费，我们当大人的，日子再紧，也要出钱让你们读书识字，如果要乱花钱，那可不行！你的同学放心地委托你保管，说明你靠得住，信得过，你不会把钱弄丢了，也不会自己把钱花了。孩子你要记住，不是自己的就是一块金子也不能要，是自己的就是一块煤也不能丢。你把钱现在就还回同学，好好地和同学说说，父亲赚钱不容易，骗花大人的钱更可耻，我一会儿到你同学家和他父亲还要说说。"这件事后，两家的关系更亲近了，到现在白祥山和同学说起来，都记忆犹新，感慨对他们的人生启迪与引领意义非凡。

由于长期在矿内劳作，尤其是新中国成立前煤矿内的工作环境异常恶劣，父亲晚年得了矽肺病，日夜饱受病痛折磨，但从来听不到他的任何哀怨与絮诉。父亲心中，始终装满对党和国家的热爱与感恩，始终挂满对亲人和晚辈的关心与厚爱。

白祥山说，父亲告诉他的道理让他终身受益，父亲的为人处事品格让他终身推崇。他知道，父亲作为成千上万煤矿工人中的一员，用自己的健康、汗水，甚至不惜鲜血和生命给人们带去温暖和光明，平凡中透着高大。他感恩父亲，感恩那些默默无闻的奉献者！

家训夹议

"方孔兄"有话要说

"方孔兄"（铜钱的别称，泛指财富金钱）说，人活着，就要跟我打交道。开门七件事，柴米油盐酱醋茶，哪个不用我？买房买车、婚丧嫁娶、供读谋生、治病养老，哪个少用我？一文钱难倒英雄汉，没有我，就休想在这世上混！于是乎，世俗界许多许多的人们，似乎不是在为己活着，而是在为我活着。唉，真是无语又无奈啊！

不过，当世人为我而忙碌、而拼命，因我而争得昏天地暗、争得头破血流的时候，我的头脑还是蛮清醒的，有些话我不得不说。

我是个好东西，我也是个坏家伙。许多人因我而过上富足的日子，因我而获得优质的教育，因我而提高了社会地位，因我而拥有了许多人没有的许多许多。我因此而受宠，因此而"吸粉"。自豪呀，自豪！自古谁人不爱我？不过，我也给人带来了大麻烦，许多人因我闹得情断义绝，因我闹得家破人亡，因我闹得斗志衰退甚至走上邪路，还有许多人因我而营养过剩，带来这高那高的。罪过呀，罪过！然而，自古几人能嫌我？

我是个"大众情人"，我还是人家的"媳妇"。我是个人见人爱的"美人"，不是我长得美，而是我会给人带来美好的生活。爱美之心，人皆有之，多看我两眼甚至暗恋我一阵子，都是可以理解的。然而，不能因为我"美"，你就可以随意追求我，就绞尽脑汁占为己有，我可是有归属之物，越线、越轨是万万不行的。白怀富老人说："不是自己的就是一块金子也不能要，是自己的就是一块煤也不能丢。"这句话，我爱听，他老人家说出了我的心声。公是公、私是私，人是人、己是己，可不能混淆哟！

人不犯我，我不犯人；人若犯我，我必犯人。我推崇毛主席的这句话，谁爱惜我，我就爱惜谁；谁糟践我，我就糟践谁。你善待我，把我用在该用的时候，用到该用的地方，让我发光发热，我会感激不尽，我会回馈报答。你虐待我，无情地挥霍我、浪费我、透支我，给我脸上抹黑，我会心痛，我会发怒，我会逃之夭夭，甚至会带人来找你算账的。"历览前贤国与家，成由勤俭败由奢。"古代先贤都这么说，就别怪我无情了！

这是我"方孔兄"的知心话，也是我的辩证法，不知你听明白了没有？

No.75

爸爸的话

劳动最光荣，贪污浪费者最可耻！

——毛凯清

毛凯清（1930—2005），湖南省韶山市韶山冲人，毛泽东主席的宗亲、邻居。他曾与弟弟投奔"毛泽东领导的革命"，半路上被人贩子骗到一个山区的石灰窑做苦力一年多，偷偷逃回家中已九死一生。后来他和弟弟历尽千辛万苦找到解放军队伍，参加了湘西剿匪，接着他奉命参加抗美援朝战争，在火线上被提拔为志愿军汽车连连长，后任原沈阳军区某部营长。转业离开部队，他先是在省委机关接待处汽车队负责仓库守护，后组织上将他调回韶山，先后在物资局、农机局当保管员。他和家人一起，协助妻子汤瑞仁开启了"毛家饭店"的创业史。

家训故事

2005 年 5 月 8 日，是毛桃芝①父亲毛凯清生命尽头的前一天，他让毛桃芝的哥哥拿来毛笔，用颤抖的手写下："中国共产党万岁！中国人民解放军万岁！劳动最光荣，贪污浪费者最可耻！"这是父亲最真挚、最质朴的遗书，也是他留给儿女和孙辈们最珍贵的精神财富。他写完这行字，似乎使尽了全部的力气。

① 毛桃芝，毛凯清之女，现任毛家集团董事长。2009 年被评为"中国食品行业品牌建设十大魅力领军人物"，荣获湖南省"社会扶贫先进个人""最美创业人"，湘潭市"三八红旗手""优秀女企业经营者"等若干荣誉。

毛桃芝清楚，父亲说的正是他一生践行的，也是他一直这样要求妻子儿女的。她听母亲讲，1960 年春，母亲带着哥哥随军来到远在东北的军营，那时供应越来越紧缺，家里的粮食根本不够吃的。边境形势异常紧张，父亲常常带部队在外训练，根本顾不上家。每逢过节，部队派人来家里慰问，妈妈必须按照父亲交代的说"家里伙食能够应付，什么都不缺"。

有一天，哥哥饿急了，溜到了部队的食堂，告诉炊事员叔叔"好饿"。炊事员实在看不下去，就将做馒头的器具上粘着的渣渣一点点刮下来，捏成团给哥哥吃。尝到了甜头的哥哥，接连好多天都跑到食堂，炊事员照例给他刮渣渣吃。不料，父亲知道了这事，当时就将铁一样的巴掌打在哥哥的脸蛋上，把他赶出了食堂。母亲看着脸肿得老高的儿子，找父亲"理论"，说那些馒头渣渣儿子不吃，也就浪费了，孩子饿成这个样，你配不配做父亲。父亲被母亲这一吵一闹，也火冒三丈："部队的东西就是不能动，浪费了你也不能去吃。这年月哪里会浪费呀？洗锅水都用来淘饭吃的，你明白个什么？人家是看着儿子可怜样才给他吃的。公是公，私是私，绝不能混淆！"

饥饿的哥哥不敢再去营房，跟着村子里的孩子四处找吃的。一天，这群孩子溜进了一块红薯地，每个人用手刨了几个跑回了家。父亲回家看到孩子手上的红薯，脸色马上变了，他一把拉起哥哥："说！这些红薯是哪里来的？是不是偷来的?"哥哥吓得大哭。母亲赶紧上前护着哥哥，说："没得饭吃难道一家人饿死不成？小孩子偷几个红薯没犯哪条法律。再说，又不是他一人偷了。"父亲厉色说道："他是军人的儿子，将来他也要参军。军人哪怕是饿死，也不能动老百姓一草一木。"但这一次，父亲总算"手下留情"，没打哥哥。

父亲对家人要求极其严厉，自己一生也十分节俭，而对别人总是很"温暖"、很慷慨。父亲在部队是个营职干部，无论怎么说一家的温饱是能够维持的。然而，他所在的部队都知道他是韶山人，是毛主席的宗亲和邻居，对他格外敬重的同时，也给父亲带来了更多的"责任"。许多时候，父亲都会用自己的收入帮助家里困难的同志，而总是把家里的困境掩得严严实实的。每次从部队探亲回家来，身上的钱所剩不多，走亲访友送礼物花得分文不剩，走的时候连路费都没有了，母亲不得不四处借钱。对此，母亲没有什么怨言。后来她对毛桃芝说："你的父亲忠厚一生，一心为公，为国家舍小家，从没生过歪心思，舍不得吃，舍不得穿，像你父亲这样的男人，没几个比得上，我一辈子打心眼里敬重他。"

父亲离世后，留下一张十万元的财产分配明细。可是，将他的全部存款加起来也只有六万多，这应该是他一辈子的全部积蓄。毛桃芝不愿父亲的愿望落空，自己添了三万多元凑成十万，遵照他的遗嘱，儿女孙子每人象征性地拿了"发达钱"，其他的都由母亲作主，分发给"毛家"抚养的那些孤儿们。父亲清贫正直的一生，让毛桃芝他们终生缅怀与学习。

家训夹议

近"红"者赤

毛主席 1959 年回韶山，毛桃芝的母亲、后来成为毛家集团创始人的汤瑞仁有幸和毛主席相见并合影。当时毛主席来到村里的公共食堂，与汤瑞仁交谈中，突然问负责食堂管理的她："你贪污不贪污？"主席说着，眼睛盯着她脚上穿着的黑皮鞋。汤瑞仁的脸唰地变得通红，说："主席，我不贪污。我在韶山一直跟着您干革命的，闹土改分田地……我现在是团支部的负责人。"主席听了她的回答，微微一笑，说："不贪污就好，你是一个军人家属，要干好革命，要搞好生产，要听党的话，为人民服务，做一个好军嫂。"对此，汤瑞仁感到一辈子自豪、一辈子幸福，一辈子珍惜。

汤妈妈从一个一字不识的农妇到社会主义新农民，从靠一块七毛钱起家的小个体户到家庭企业老板，最后成为全国知名企业家，一路走来，始终铭记着毛主席的教诲，也深受着她那"无情"丈夫的影响。"我的一切是毛主席给的。我们现在有钱了，日子也好过了，但不能忘本。"这是汤妈妈常常挂在嘴边的一句话。毛桃芝说，母亲所说的"本"，就是旧社会吃过的苦，就是艰苦朴素的传统。她说，母亲热衷于慈善事业，自己始终保持着艰苦朴素的生活作风，不讲究吃和穿，粗茶淡饭是她的最爱，一套新衣服要穿上好多年，甚至有的衣服穿了二十多年。母亲曾这样解读"钱"："钱花了是钱，没花是纸。花在人民身上是长久的、有意义的，花在吃喝玩乐上是一时的、奢侈的。我们的钱叫人民币，是人民积攒起来的。我们要把它存在红旗上，放在人民的心里。"

父母的生活观也一直影响着毛桃芝。母亲有一套旗袍礼服，还是二十多年前为参加一个仪式购买的，穿过几回后认为太时髦，就洗干净收了起来。前几年，桃芝要随团去韩国旅游，正为如何穿而发愁，母亲说："桃芝呀，旗袍是我们的国服，你又有好身材，正合适呢。"桃芝说，我平日里都是穿职业装，没有旗袍呢。母亲就从衣柜里翻出她穿过的那件深色格子的旗袍来。虽然妈妈穿过，但干净整洁，桃芝穿在身上试了试，也蛮合适，于是就穿了母亲的这件旗袍走出了国门。回国时，同行的游客都是大包小包地带着时装、食品、化妆品之类，而她只给母亲带回一件衣服，买了些小纪念品赠送给朋友同事，连化妆品都没带一点。一方面，是受妈妈艰苦朴素的生活习惯熏染；另一方面，她牢记妈妈的叮嘱："去了韩国，看看风景就行了，不要去买他们的奢侈品。"

毛家企业的辉煌，带给很多人的可以说是"艳羡"，但汤妈妈却常说："毛家在经商，但毛家人不是商人。毛家在做企业，但毛家人不是企业家，毛家人就是为人民服务的服务员。"毛家集团几十年经营的利润，除去必要的开支和投入外，大部分都用在了公益事业。汤妈妈从没有上过一天学，所以她对那些没钱上学的孩子更是全身心的投入她的爱，而且她的爱是没有时限的，几十年来从不停息，甚至没钱的时候借钱也要捐助。她对残疾人的关爱不仅表现在经济资助上，而是在给予一份深深同情心的同时，给予更多的关怀与鼓励。作为曾经的军嫂，她拥军情深，从年轻至今一直关心和帮助着驻军官兵，韶山的许多复退转业军人也都得到过她的无私帮助。

红色土地、红色基因、红色精神、红色情怀，铸就了红色传奇，也必将以"星火燎原"之势，开启更加美好的红色未来！

No.76

爸爸的话

遇到问题要多从自身反省。

——韩德启

　　韩德启（1953—2001），山东省嘉祥县人，出身于农民家庭，是七个兄弟姐妹中唯一一个高中毕业生，排行老六，因时代原因失去了上大学的机会，常以此为憾。他曾经做过民办老师，当过镇食品加工厂的工人，负责过村集体砖窑厂和果园的管理，既有鲁西南农民的朴实厚道，又有思想深刻、目光长远、处事周全的机智沉稳，是处理家族内外事务的主心骨。

家训故事

2001 年初，正在读高三、成绩一直靠前的韩林[①]，在期末考试中成绩明显下滑，引起了父亲的高度关注。韩林告诉父亲，桌位周边有的同学经常小声讨论问题，影响了自己的情绪，使自己无法认真听课安心学习，导致成绩下滑。父亲听了这个解释，感到有一定的合理性，但并不认为这是问题的关键，"不要老是责怪周围的环境，遇到问题要多从自身反省，从自己身上找原因，如果你的适应能力足够强，定力足够大，周边再嘈杂的环境也不会影响你。"这句话深刻地印在了韩林的心里。寒假开学后，韩林努力调整自己的心态，成绩很快恢复了正常。

[①] 韩林，韩德启之子，2001 年参加全国高考，考入国防科技大学并参军入伍。毕业后历任原陆军第五十四集团军某部排长、干事、股长，原济南军区司令部参谋，现在北部战区陆军某部机关工作。

2001 年 5 月 25 日，距离高考还有 42 天，正在全市高考摸底考试考场紧张答题的韩林，被老师叫了出去，得到一个惊天噩耗——父亲遭遇车祸身亡。处理完父亲的后事，韩林重新回到教室，老师、同学们都担心这个年仅 17 岁的高中生会不会被击垮，还能不能坚持到高考结束。韩林这时候想得很简单，也很坚决：一定咬牙坚持住，以良好的表现慰藉父亲的在天之灵，以优异的成绩弥补父亲未能上大学的遗憾。他用父亲的话激励自己，从自身反省，培养足够强大的心理素质，克服面临的一切外在困难。在当年的高考中，韩林发挥稳定，成绩优秀，被国防科技大学录取，实现了父亲的夙愿。

从那以后，韩林在学习和工作中养成了"遇到问题多从自身反省"的习惯，面对挫折和困难从不抱怨外部环境，工作出现纰漏首先从自身找原因，这些都得到了身边战友的认可。他也从一名排长逐步成长为团职干部，继续为部队建设做着贡献。

家训夹议

自省者自强

或许是人类的天性，作为万物之灵的人遇事总习惯于推三阻四，总会巧妙地推责于人、推责于天、推责于地、推责于运气，甚至推责于鬼神。有的单位偷税漏税被查，有的人违法犯罪被抓，无论是当事人还是旁观者的第一反应都是，他们得罪人了，准是被人告了！第二反应是，倒霉，运气不好。第三反应才是，"有事""犯事"了。其实，有些大人对孩子从小培养的就是一种"推责思维"。带孩子的奶奶对摔倒在地哇哇大哭的孩子，总是抱着孩子责怪地儿不好，甚至用"惩罚"地儿的举动来取悦孩子，直至孩子破涕为笑。

国与国之间也有互相推责的事情。比如，自己遭遇雾霾，就埋怨是邻国飘过来了污染物；自己经济搞不上去，就埋怨别人抢了他的"奶酪"；自己科技发展被人赶超，就断定别人偷了他的技术；自己竞选不如意，就怀疑别人干扰了选举……这里面有别有用心的栽赃，有"莫须有"的臆断，也有"推责思维"作祟的因素。

人不反省自己永远长不大，国不反省自己永远强不了。我们过去常说，内因是变化的根据，外因是变化的条件。遇事不是从自身找原因，而是归责于人、怪罪于人，或"硬拉客观"，就会在事物本质、事实真相面前变得更加迷茫，甚至更加疯狂，事情的结局只能向反方向发展。卢梭因反省自己而伟大，有的国家则因自傲的"优越之感"、自私的"优先之念"而难以"再次伟大"。

反省是一种勇气、一种胸怀，也是一种智慧。"文革"之后，巴金、梁小斌等人纷纷拿起笔，反思"文革"的疯狂，反思人性的罪恶、卑微、怯懦，他们既是对那个时代的谴责，又是对个人灵魂的拷问，他们的勇敢让人们关注到了人内心的丑恶、思想的盲目，可以说既是时代的进步，又是人性的进步。其实，中国人在憎恨外敌侵略、念念不忘国耻的时候，一直在反省自己：为什么一个泱泱大国屡屡被一个"弹丸小国"欺负？为什么这"维新"那"革命"救不了中国？为什么"搬来"的社会主义不能使中国繁荣富强？为什么会出现"文革"那样的动乱？正是基于这些深刻的反思与反省，中国人才开始觉醒，中国共产党才走向成熟，中国才变得日益强大。

静坐常思己过，闲谈莫论人非。遇事当自省，无事自省也有益。《菜根谭》曰："忙处事为，常向闲中先检点，过举自稀。动时念想，预从静里密操持，非心自息。"善于自省的人，才不会总是盯着别人的缺点挑是非，更不会没事找事惹众怨，而总是看到别人的优点、弥补自己的不足，不断地完善自己。世间那些"见贤思齐，见不贤而自省"的人，才是不可战胜的。

No.77

爸爸的话

用平面镜看自己的优点，用放大镜看别人的长处。

——郭培新

郭培新（1951—2015），山东省临邑县人，在苦水里泡大，3岁丧母，7岁丧父，跟着哥哥姐姐相依为命，常常吃了上顿没下顿，书只读了几年就辍学了。18岁参军，在辽宁省锦州市驻军某部服役。在执行任务时负伤，翌年退伍回乡，先后被安排在糖厂、棉厂、农场工作。因伤后无法从事重体力劳动，后来上级把他安排在县第二人民医院从事后勤工作。他心地善良，宽以待人。女儿遭遇车祸，他没有冲着吓傻了的肇事司机大吼大叫，而是宽慰其调车救人要紧。别人放弃的超生女婴，他抱回家精心抚养，胜似己出；孩子长大后又将身世相告，嘱咐孩子"不要恨你的亲生父母，他们也是万般无奈，要好好孝敬他们"。

家训故事

郭霞[1]的父亲报名参军时，正值流行橄榄绿、社会崇拜军人的时代，而父亲的军人梦，最现实的想法是到军营里能填饱肚子，家里还少了一张吃饭的嘴。

[1] 郭霞，郭培新之女，从事乡医工作 11 年，在镇卫生院从事护理工作 9 年，曾连续 3 年被评为先进个人，两年被评为县级优秀护士。现在济南市历城区静和医院从事护理工作。

面对前来领兵的排长为什么当兵的提问，父亲说不出保家卫国的豪言壮语，说："我不会表达，只知道当兵不怕死，怕死不当兵！"也许正是这番朴实的回答让排长喜欢上了这个憨直的山东小伙儿，竟然依了父亲的愿望，到部队后将他安排到了能开跨斗摩托车的通信连当了一名通信兵。

父亲说，那时军绿色的跨斗摩托车在地方只有派出所里有一两辆，骑上去相当威风。他们村紧挨着公路，他从小就经常看到派出所的人骑着跨斗摩托车过来过去，对骑摩托车的人崇拜不已。

如愿以偿的父亲激动不已，感激万分，暗下决心练好车技执行好任务，报答部队报答排长。集训结束后，只要有任务，无论刮风下雨还是严寒酷暑，父亲总是抢着去。可是，执行任务越多，意味着面临的风险越多，发生事故的概率越大。

尽管每次外出执行任务，父亲都是百倍的小心，然而千小心万小心，事故还是毫无征兆地砸到了他的头上。

又是一次新任务。父亲正骑着跨斗摩托车走在狭窄的马路上，突然从旁边一个岔路口蹿出来一辆大卡车，而此时恰巧有一队少先队员和父亲并行前进。父亲说，当时如果要躲开那辆卡车自己就得撞向那群孩子。万分危急的时刻，父亲几乎想都没想就将车把拧向了相反的方向，自己却连人带车被卡车撞飞了，双下肢多处骨折，肠子断裂。

父亲被路过的百姓紧急送往附近的医院，直接进了手术室进行抢救。经过几个小时的手术，他的命总算保住了。

很快，父亲舍己救人的消息就在当地传遍了，当地的百姓口口相传着他的美德，一些媒体也报道了他的英勇事迹。可父亲心心念念的却不是自己舍己救人，而是部队、医院、百姓的救命之恩。

苏醒过来以后，他听医院的护士们说起手术前后的情形，当时部队的领导和战友们都闻讯赶来争着要为父亲献血，医院的大夫、护士和参与救人的那些百姓纷纷加入献血的行列，场面十分感人。

多年后，忆及此事，父亲依然难掩心中的激动，声音哽咽，眼中噙满泪水。父亲说，是党和部队救了他，是当地的乡亲们救了他，这种恩情他永生难忘。当郭霞提醒他，别忘了自己是个舍己救人的英雄时，他语重心长地说："孩子，人要学会用平面镜看自己的优点，用放大镜看别人的长处。就是说，看自己要客观，尤其别把自己看高了；看别人要往大处看，别把别人看小了。"郭霞听懂了父亲的话，在医护战线几十年，时时用这句话提醒自己。

家训夹议

"相轻"之轻

自古就有"文人相轻""武人相重"的说法，前者大概就出自三国·魏·曹丕的《典论·论文》："文人相轻，自古而然。"这种说法是否以偏概全，没作考究，但这种现象至今仍然存在倒是事实。据说，莫言获得诺贝尔文学奖后，国内就有许多作家不是为莫言喝彩，为中国人首次获得该奖项感到自豪，而是说些风凉话，说如果莫言可以得诺奖，前边至少还得有多少位多少位中国作家也该得之，等等，一副不以为然的做派。

为什么会出现"文人相轻"的现象？似乎与"文"这个行当没有硬性的、一目了然的评价标准有关，它不像"武"，容易分出胜负、决出输赢，也不像别的东西，能够用数字算出多少、定出高低。然而，似乎症结又不完全在此。唐代大诗人李白与杜甫，同是那个时期的顶尖诗人，一个是诗仙，一个是诗圣。二人之间，非但没有"文人相轻"的影子，反而互为欣赏和留恋。杜甫在《与李十二白同寻范十隐居》中写道："李侯有佳句，往往似阴铿。余亦东蒙客，怜君如弟兄。醉眠秋共被，携手日同行。更想幽期处，还寻北郭生。"李白曾写下《沙丘城下寄杜甫》："我来竟何事？高卧沙丘城。城边有古树，日夕连秋声。鲁酒不可醉，齐歌空复情。思君若汶水，浩荡寄南征。"两位大诗人的友情互动，为世人留下了"文人相惜"的历史佳话。

著名画家张大千的女儿张心庆说："爸爸从来都不会'文人相轻'。"她回忆，以前住在成都的时候，有一位当时还不是特别知名的画家办展览，开始并没有什么人去看，父亲带着学生去看了，之后便要求学生把展厅最贵的画订三张。"其实家里当时已经比较拮据了，但爸爸觉得，老一辈人要扶持年轻人。结果父亲订画的消息传出去后，第二个礼拜这个画家的画被一抢而空。"张心庆觉得，父亲张大千对人非常真诚，"对徐悲鸿先生他们的画作，哪里画得好，父亲都会如实指出来。他就是这样的人，团结大家，从不排斥任何人。"

这也足以说明，文人间未必相轻。实际上，即便有相轻现象，但也不是文人独有。自古至今，那些同行相轻、同僚相轻、同学相轻、同乡相轻、"同框"相轻的现象还少吗？看来，所谓的相轻，与职业并没有直接的关系，倒与人的胸襟、气量息息相关。这就让人不得不佩服郭培新这位当年舍己救人的英雄，为他的胸怀、为他的话语所折服。人一旦学会了"用平面镜看自己的优点，用放大镜看别人的长处"，就会以"三人行，必有我师"的态度看人，就会以"见贤思齐"的态度待人，怎还会有相轻之轻？相轻者，无非是"重自"而已，但与郭培新这位没有多少文化的老军人相比，孰重孰轻，不言自明。

一个"重自"的人，满足的是虚荣心，失去的却是自重，注定得不到别人的掌声与尊重；而只有走出相轻的怪圈，做一个自重的人，才能赢得别人的尊重，才能显出自身的分量！

No.78

爸爸的话

人帮人爱不如自爱。

——汪香标

　　汪香标（1927—　　），浙江省嵊州市人，生在农村、长在农村，自幼深受农村传统文化的熏陶，性情温和，精明能干，勤俭本分，诚实守信，重名声、讲原则，有爱心、敢担当，对集体、对家庭有极强的责任心。新中国成立前生活坎坷，他小时候虽上过学，有一定的文化基础，但稍大后就替人放牛、打短，在日本鬼子住村时受过吊打，强盗进村放火烧村时全家房屋、家产被悉数烧光。无家可归的他和妻子，靠替人打工、砍柴卖柴、买卖烟叶等，渡过了难关，重建了家园。新中国成立后真正迎来了生命的春天，在经历了土改、互助组、合作社的历练与表现，人民公社成立后，得到社员们的信任推举为生产队队长，一当就是20多年。

家训故事

汪明苗①说，20 世纪五六十年代，作为一队之长和一家之主的父亲汪香标，一肩挑两头。一方面，心系小队事务，努力发展农业生产，以不负社员的重托。每年总要对本队的水田、旱地、山林、水面进行精心规划，合理种植，

① 汪明苗，汪香标之子，在部队曾任营长、团政治处主任、副政委等职。1979 年参加对越自卫反击作战，荣立三等战功。转业后任浙江省嵊州市政协副秘书长兼办公室主任、副秘书长兼专委会主任等职。

做到每宗土地应种尽种，应养尽养，不至荒芜；每天晚上要对当天生产情况进行汇总并对第二天农活进行分工，做到应出尽出，不至闲工窝工。年复一年，日复一日，20 多年的队长生涯，可以说是年年如此，天天如此。只因他的坚守和责任心，确保了生产队每年粮食的增收，社员收入的增加，让家家日子过得安稳踏实。即使在三年困难时期，许多地方闹了饥荒，而他所在的生产队社员不但没挨饿，有些人家还有余粮可济人。另一方面，心系家庭生产、子女教育。发展家庭种植业，起早贪黑经营自留地，种麦子、种土豆、种番薯、种花生、种蔬菜；发展家庭养殖业，利用家中空房空地养猪、养兔、养鸡、养鸭。那个年代国家物资匮乏，人们生活艰苦，但汪明苗家可以说不愁吃不愁穿，也可以说他们兄妹四人是在无忧无虑中长大的。

父母在给予他们物质保障的同时，也丝毫没有放松对他们的教育和严格要求。他们兄妹几个都读到初中或高中，并且很小就被要求参加力所能及的劳动，如拔草、拾稻穗，等等，做得好的有奖励，做不好甚至淘气捣乱的给予严肃批评，甚至受罚。在兄妹中汪明苗是受罚次数最多的一个，因为他经常在外面打架，有几次甚至把别人砍伤了，父母不仅要去赔礼道歉，赔医药费，还要赔工分，因而他经常被关起来反省。尽管如此，他从没有记恨过父母，长大了真正懂得了这都是父母的爱，是在教他怎样做人。

在汪明苗的记忆里，父母总是很忙，陪他们的时间总是很少，但总会

利用吃饭的时间过问他们的学习以及教师、同学的情况，并给他们一些针对性、启发性的教育，讲一些简显的道理。每次，汪明苗的心灵总会有所触动，觉得很受用。父亲讲得很多，但对他影响最深、激励最大的则是"人帮人爱，不如自爱"这一句。意思是说，不管别人怎么对你好，怎样帮你，如果你自己不行还是没有用。父亲多次例举本村的两个人，一个是平时注重学习，善于思考，扶上岗位后吃苦耐劳，积极肯干，克服了工作中的一个又一个难题，为农村农业发展做出了很大贡献，受到领导的赏识，一步步地干到县里做了官；一个是仗着靠山，不学无术，痞里痞气，扶上去后干不下去，不得不辞了职，到老就在农村窝着。对这些看得见、摸得着的身边事例，汪明苗印象深刻，感触很大。他时常告诫自己，一定要积极进取，做一个成功的人。他从小学、初中到高中，成绩一直名列前茅。当兵后各种训练也不甘人后，曾在全团比武中为连队争得荣誉。

当几所军校来部队就地招生，提出要按3:1考试录取时，他被临时通知参加"陪考"，在没有任何复习资料、复习时间的情况下，他走进了考场。当时只考数学、语文两门，因有较好的文化功底，整个考场数学整张卷子能完全做下来的只有他一人。交卷后，老师们迫不及待地当场为他批卷96分，他就这样被"挤"进了军校。这再次印证了父亲的那句话："人帮人爱，不如自爱。"

家训夹议

靠谁不如靠自己

常言说，一个篱笆三个桩，一个好汉三个帮。刘邦灭项羽、定天下，就有三大帮手：一是运筹帷幄之中，决胜千里之外的张良；二是镇国家、抚百姓、给馈饷，不绝粮道的萧何；三是连百万之众，战必胜，攻必取的韩信。刘备在豪杰四起的汉末，能够勇立潮头，在三足鼎立之势中占得一席之位，也多亏了三大帮手：关羽、张飞、诸葛亮。然而，刘邦、刘备这些成就千古帝业的 CEO，看似靠的是别人，实际靠的是自己的超世英才。乱世造英雄，大浪淘沙显，他们没有足够强大的实力，哪会有人持续地为他卖命？即便得来山头，也早就被人夺走了。刘邦之高，就在于能够得心应手地驭将，韩信、彭越、英布、卢绾等有"二心"的功臣名将，哪个逃出了他的手心？再看看那刘备的后代刘禅，全靠诸葛亮等人的扶持，但扶持的了一时，扶持不了一世，失去了诸葛亮的后主只好做了人家"乐不思蜀"的俘虏。立不起来的"阿斗"，长使英雄泪满襟，常让后人空叹息。

在家靠父母，在外靠朋友。"靠"是中国传统文化一种根深蒂固的观念，也是一种习惯性的思维。办什么事都想找个"关系"，有"关系"心里才觉得踏实，脸上才感到有光；在外混总想找个"靠山"，"靠人"一度成为官场上的"景观"，成为众多仕人成功往上爬的秘诀。一些人不开发智商重"情商"，不学无术钻"厚黑"，绞尽脑汁攀权贵，极尽谄媚之能技。然而，靠树树会倒，靠墙墙会塌，靠山山会崩，到头来往往不仅没有靠得住，反而被横木乱砖飞石砸伤砸死；有的人靠搞人身依附爬上高位，虽侥幸还没掉下来，但在半空悬着，惶惶不可终日，真是生不如死。当年，杨贵妃杨玉环集万千宠爱于一身，她靠玄宗得势，哥靠玄宗弄权，安史之乱玄宗逃难，两人无奈命丧黄泉。靠明太祖朱元璋宠爱而坐上皇位的皇太孙朱允炆，最终还是被实力强大的叔叔朱棣逼得流落民间。当年和珅靠乾隆，而乾隆死后 15 天，就被嘉庆杀了头。

有人说，世上没有真的感同身受，只能冷暖自知！话虽有些冷，但当为实话实说。说真的，这人间尘世，谁也代替不了谁的角色，哪怕亲娘老子，自己的命运最终要靠自己来主宰。还是《国际歌》中说得好："从来就没有什么救世主，也不靠神仙皇帝。要创造人类的幸福，全靠我们自己。"人与其长在别人的羽翼下，靠别人过活，不如练硬自己的翅膀，展翅翱翔！

No.79

爸爸的话

做人做事只要拿不准就问自己：十年后怕不怕见人，百年后怕不怕见鬼。

——王连明

王连明（1933—2001），山东省莱州市人，少年时期上过几年私塾，1948年9月参军，在第二野战军司令部任通信员、电台报务员，1952年毕业于南京通信学院并赴朝参战，先后在16军任通信排长、通信参谋、通信连长，北京市军管会交道口地区军代表、公安医院军代表，16军炮兵团参谋长；1980年转业到地方，先后任济宁硅元件厂党委书记、济宁无线电元件厂厂长兼党委书记，1985年创办山东第一家中外合资企业达辉电子公司，生产的半导体发光器件，在当时占领了全国50%的市场份额。他精通电子，周围单位或个人的电视机、收音机出现故障，他都能出手解决。

家训故事

王建勋①的父亲王连明，自 1967 年之后的几年担任北京市军管会交道口地区军代表，也是从那一年开始，他家搬到了交道口地区的南锣鼓巷雨儿胡同，当时叫辉煌街三条。

①王建勋，王连明之子，毕业于济南陆军学校，曾任排长、副连长、代理指导员。1985 年 3 月至 1986 年 6 月赴云南老山前线参战，1989 年转业进济南大学从事教学工作，1997 年辞职下海进入职业经理人队伍，先后在外企和上市公司担任高管，担任过 TCL 集团总裁助理和打工女皇吴士宏总裁的助理，曾在英国、委内瑞拉从事项目管理工作。现任义乌锐电新能源科技有限公司负责人。网络笔名司徒远东，曾在网络上发表长篇小说《躁动的青春》等作品。

北京市军管会在"文革"期间以维护首都的社会稳定为主要任务，因此各地区的军代表主管党、政、警工作。为了便于随时调动警力，军代表都在辖区派出所办公，交道口派出所在板厂胡同（当时叫大跃进路二条），距离王建勋家居住的雨儿胡同也就百八十米，尽管距离近，但平时父亲不在家住，像其他地区军代表一样平时都吃住在派出所，只有周末回家休息。

那时，交道口地区也存在着斗争扩大化的问题，一些人遭到了诬陷和批判。对此，有许多人看不惯，母亲就常常会在家暗自嘀咕这样做有些过分，派出所的高个子民警大刘叔叔也属此类。父亲对此从未表过态，基本是没态度，母亲作为军代表家属，不敢随便说什么，可大刘叔叔就不然了，他是个血气方刚的小伙子，刚从警没几年，为人耿直，有话就要说。

后来父亲与他的一次寥寥数语的对话，让王建勋今天想来，父亲也不是没态度。那是一个星期天的上午，大刘叔叔来王建勋家做客，说是做客，每次他来都不闲着，常用他的业余木匠手艺帮院里的各家修修门窗，省去了房管所很多麻烦。当时夏天临近，他在帮着安装纱窗门，一边干活，一边对父亲说："王代表，您说我们当前面对的矛盾，是人民内部矛盾多还是敌我矛盾多？有人说我立场不清，旗帜不鲜明，我怎么着才算旗帜鲜明?"父亲不紧不慢地说:"别过分在意人家怎么说,做人做事只要拿不准就问自己,十年后怕不怕见人,百年后怕不怕见鬼,问自己三遍,心里打不打鼓,你就知道该怎么做了。"

对父亲与大刘叔的对话,当时王建勋还小没有什么感觉,慢慢长大后想来,才觉得意味深长,并渐渐成了自己处世做人的一个"法宝"。

家训夹议

问时间,更问心间

有一个人说:曾经有人问我,你最喜欢什么,我说我最喜欢手表,喜欢手表上的时间,因为在这个世界上只有时间不会骗人,只有时间才能证明一切。这话说得未免有些绝对,但绝对在理。

人生享受的是时间,消耗的是时间,最无奈的也是时间,而人往往在消费了大把大把的时间后,才真正体会到时间的珍贵,才知道什么叫"一寸光阴一寸金";尝遍人间滋味,领略万种风情,方知时间是世上最好的东西。时间不仅是位公平的评判员,可以解释一切,证明一切,让人看清真的、拆穿假的,让人消除误会、解开疙瘩;而且,时间产生美,它让人的怨气乃至仇恨悄悄释解,让人"好了伤疤忘了疼",让人重修旧好,甚至破镜重圆。于是,面对分歧,面对纠纷,面对僵持,许多人选择了沉默,选择了忍耐,选择了等待,选择了让时间去说话。"给大家点时间,给自己多点机会。"总是有人这样大度地说,好知性,好温暖!

时间是最好的老师。然而,"多少事,从来急;天地转,光阴迫。一万年太久,只争朝夕。"人生诸多事,向时间作求证,等时间来评判,请时间给答案,往往是不现实的。不过,一事当前,虽然不能老等着去问走过的时间,却可学着去问时间的"未来"。"未来"在哪里?

就在人的大脑里，就在人的意识里。人有了未来意识，眼光就会放远，就不会囿于一时、一地、一利，就不会坐井观天，思考问题就有纵深和厚度。这种"未来之问"，与其说问的是时间，不如说问的是心间，是心间安放着的那个心灵。王连明老人"做人做事只要拿不准就问自己：十年后怕不怕见人，百年后怕不怕见鬼"的话，何不是一种心灵的叩问！

扪心自问，应是一个人做人做事"靠谱""着调"，不可或缺的一个环节，特别是在存有争议，左右为难、举棋不定时。问什么？至少要"三问"：一问苍天，看看心中是否有悔，能否对得起自己的良心？二问来日，看看心中是否有忧，能否有好的走向、结局与下场？三问高堂，看看心中是否有悔，能否如父母所愿所嘱所诲？叩问之下，一旦有了心灵的感应，答案大体就出来了。

No.80

爸爸的话

白的黑不了，黑的也白不了。

——马明文

马明文（1935—1985），山东省东平县人。父亲马云顶在他出生后不久不幸去世，母亲因病在他7岁时撒手人寰。马明文成为孤儿，与大自己四岁的姐姐相依为命，自小随乡邻赶集卖陶器（本村自古流传的手工艺）聊以为生。他是地地道道的农民，却一直从事副业即终生赶集卖陶器，乡里人叫卖罐子盆的。因积劳成疾，中年早逝。

家训故事

1973 年冬天，马启代①的村里一面忙着"农业学大寨"，一面忙着"斗私批修"。因大队书记李贵祥被批斗，引来了公社工作组进村。这个名叫前山西屯的村子是个大队的建制，两千多口人，属于大村，前后各 6 个生产小队（共 12 个），前后只有两个被大队允许不参加生产劳动而专职干副业的人，都是卖罐子盆，每月 20 元、后来 30 元上缴生产队买工分，不然全家分不到粮食吃。村里五天出一次窑，在村东山前共两座窑，全部由两个干副业的人拿去卖。马启代父亲马明文是其中之一。马启代恍惚记得，他家与李书记家关系不错。或许是这个缘故，这次事件父亲也被搅和了进去，随着李书记被举报贪污腐化，工作组的重点开始瞄准了父亲。在一天深夜，疲惫不堪的父亲回到家，父母的话把他惊醒，在如豆的煤油灯光下，他依稀看到母亲流泪的脸，原来工作组把父亲抓去审讯了多日，让他交代李书记的情况，其他的他也听不明白，也一直没有机会去问父亲。父亲叹息了很久，才重重地说了那句话："白的黑不了，黑的也白不了。"他当时也不知道这句话是什么意思，但一直让他咀嚼了多年，在他血脉里轰鸣了多年，直到他长大后才逐渐品出了某些味道。事实上，它一直在马启代的精神养成中起着非常重要的作用。

马启代只记得此后不久李书记又官复原职，其实他被批不是第一次了，前山西屯似乎离不开他这么一个人来执掌；经常挨批斗的吴裁缝和另一个卖罐子盆的人王元坤也被放出来继续自己的营生，似乎大队小队也需要五天两个窑的盆盆罐罐换回几张钞票……

多年后，当马启代经历了人生的许多沉浮，再次遇到白桦"把黑色的

① 马启代，马明文之子，现为中国诗歌在线总编辑，"长河文丛"、《山东诗人》《长河》主编。出版过诗文集 22 部，作品入选各类选本 200 余部，获得过山东首届刘勰文艺评论专著奖、第三届当代诗歌创作奖、2016 首届亚洲诗人奖（韩国）等，入编《山东文学通史》。

白还原为黑/把白色的黑还原为白"的诗句时，立即做了他的诗集《黑白辩》的题头。之前，他还出版过诗集《黑如白昼》，因为，父亲的这句话，一直照亮着他！

家训夹议

鹿还是鹿，马还是马

《史记·李斯列传》记载：李斯被赵高诬陷遭腰斩后，秦二世任命赵高为中丞相，朝政事无巨细均由赵高决断。赵高自知权势太重，有点不放心，于是就向秦二世献上一头鹿，说它是匹马来作试探。秦二世问左右群臣道："这是鹿吧？"左右群臣都说"是马"。秦二世很惊讶，自以为神志昏乱，就招来太卜，命令起卦卜问此事。太卜说："陛下一年四季祭祀天地，供奉宗庙鬼神，斋戒不够虔诚，所以到这个地步。可以仿效前代圣贤之君虔诚地举行斋戒。"于是秦二世就进入上林苑作斋戒。每日仍游玩射猎，有个行人步入上林苑中，秦二世亲自射杀了他。赵高于是劝谏秦二世说："天子平白无故地杀害无辜的人，这是皇天上帝禁止的事，鬼神也会不享用您的祭祀，上天将会降下灾殃，应当远远地避开皇宫来祈祷消灾免祸。"秦二世就迁出皇宫住进望夷宫。三天后，赵高即逼迫秦二世自杀，想自己做皇帝，见群臣没人响应，便立秦二世的弟弟子婴为帝，结果被子婴所杀，三族同遭诛灭。

在当今时代，除了世界上的个别强权者仍在干着赤裸裸的指鹿为马的勾当外，在法制日趋完善的情况下，明目张胆的指鹿为马似乎已无法通行，但常常又以另外一种面目和方式存在着。比如，有的采取瞒天过海的战术，把利益关系者包装成优秀的企业家、慈善家，招摇过市，好不风光。当这些人后来"犯事儿"，不知底细的人们才恍然大悟，那"马"不过是头"鹿"。又如，有些部属，常用精妙的语言、巧妙的方式吹捧和粉饰领导，生生把个庸人变成了个能人，把个贪腐者变成了个清正廉洁的典范。一时间，竟赚得不少荣誉。但"鹿"终究是"鹿"，"马"终究是"马"，最终还是露出了原形。再如，有些商家，无底线宣传推介某些产品，把一些药品吹成灵丹妙药，把一些保健品吹得神乎其神，弄得那些疾病缠身、想活百岁的老头老太太们神魂颠倒，纷纷倾囊相购。到了一定时候才发现，那不过是普普通通的产品，吃了无用也无害，就是耽误了治疗却无法挽回。诸如此类的指鹿为马，不胜枚举，不一而足。

赵高指鹿为马，着实令人痛恨切齿，然而后一类指鹿为马，其危害性更不容小觑。因为前者明目张胆颠倒黑白，虽然当事者一时无能为力，但警惕性、抗拒性在内心不断积聚，总在等待"翻案"的那一天；而后者，往往会产生"化装、整容"甚至"三人成虎"的效果，具有更大的蒙蔽性、杀伤力，很可能有的把"鹿"一直当成"马"而深信不疑。这或应了那句古话：明枪易躲，暗箭难防。

白的黑不了，黑的也白不了。鹿还是鹿，马还是马。这是定律，但需要时间，需要勇气，需要智慧去淘洗、去甄别、去揭开盖子。

No.81

爸爸的话

人有教养让人善视，有涵养让人耸视，有修养让人仰视。

——张国强

张国强（1957—　），天津市河东区人，1976年响应国家号召"上山下乡"，1978年考入天津医科大学，毕业后在天津一家三甲医院当牙医，曾任主任医师。给人留下的深刻印象是：有知识、有悟识，有涵养、有修养，有医术、有医品，热爱生活，乐观幽默。

家训故事

张艳①从小就是个善解人意、讨人喜
爱的孩子。张国强记得，在她 4 岁左右的
时候，带她到天津劝业场购物。休息时，

她主动把大家吃完冰糕的包装袋一一收拾起来，放到垃圾筒里，博得在场
顾客的美赞，她从中明白了什么是美的东西。张艳的"美举"，与爸爸妈
妈潜移默化的影响是分不开的，无论在家里还是在公共场所，大人们都不
会乱放东西，乱扔杂物，看到别人随意丢弃的垃圾，也会随手捡起来扔到
垃圾箱里；大人们在孩子面前说话，特别注意用词和语气，不说不文明的
话，不说偏激过头的话；大人们待人接物，总是温情达礼，尊重有加。这
让张艳懵懂之中知道了什么该做，什么不该做。张艳考上清华，在人生的
重大转折时刻，爸爸与她长谈的不是学业，而是如何做一个与清华"齐眉"
的人。他说："人有教养让人善视，有涵养让人耸
视，有修养让人仰视②。做人首先要有教养，再要
有涵养，更高了有修养。爸爸希望你不仅在学业上
让人仰视，更在做人上让人仰视，站在世人面前像
个清华人！"

②善视，指善加
看待；耸视，指敬畏
地注视；仰视，表示
敬慕、敬仰和向往
之情。

张艳没有让爸爸失望，而是每每让爸爸仰望。一次，爸爸妈妈到清华
大学看望她，吃罢午饭，走在路上，爸爸无意间把遗留在嘴里的饭渣随地
吐了出来，张艳接着就批评爸爸不文明，弄得爸爸直道歉。爸爸妈妈到美
国看望张艳，她请他们看芭蕾舞，爸爸刚想拿手机录像，以留作纪念，就
被她制止了。这些细节，让一向注重自身形象的爸爸有些汗颜，瞬间也有
些尴尬，但更让爸爸妈妈欣慰和自豪。

家训夹议

"养"乐多，益力多

中国改革开放40余年，不仅极大地改变了中国，也深刻地影响了世界，其中十分鲜明的一点就是，让"小小寰球"从某种程度上变成了"中国村"——世界各个角落几乎都有中国人的影子，都留下了中国人的足迹。中国人在海外，或留学深造，或创业务工，或旅游观光，在哪里都是一道独特的风景线。在世界各地，中国人在大把大把挣钱、大把大把花钱的同时，为世界经济发展注入了强大动力，中国人的勤劳，中国人的智慧，中国人的友善，中国人的贡献，让越来越多的人认可和敬佩。

然而，中国人在海外给人的印象，也有负面的成分。一些因公因私出国的中国人，不拘小节，言行失度，在公共场合大声喧哗、嬉笑打闹、蜂拥抢购、乱扔东西，留给外国人的印象是，腰包鼓鼓，脑袋空空，俨然一副"暴发户"的"尊容"。这些人虽然是少数，但败坏了中国人的整体形象，损害了国家的良好形象，也为一些不怀好意的西方人肆意辱华、攻击中国人提供了噱头。孔子说，"不义而富且贵，于我如浮云。"说明他从内心看不起这样的人。而对一些国人来讲，不"养"而富且"贵"，又怎么能让挑剔的外国人特别是那些优越感极强的西方人不反感呢？看来，真正的"国富民强"，不光是国家有经济实力，还必须要有软实力，民众不仅要有文化、有智慧、能挣钱，还要有让人肃然起敬的"修行"。

普林斯顿大学心理学家约翰·达利和丹尼尔·巴特森认为，人的行为往往不被那些高大上的理念所影响，主导人类行为的实际上是日常生活中的细节。也就是说，人的好习惯是从点滴积淀起来、凝结下来的，也是由点到面、由外及内、由肤入髓"星火燎原"的。

　　中国作为历史上的文明之邦、礼仪之邦，国人言行举止有诸多讲究。然而，不知从何时起，一些言语和行为规范被当作繁文缛节甚至封建腐朽的东西，抛到一边去了。在一些场合，粗俗代替了温文尔雅，应有的谦逊没有了，应有的礼节没有了，应有的斯文没有了，应有的尊重没有了……反观深受汉文化影响的日本人，他们不嫌"麻烦"，不怕"卑贱"，不弃"俗套"，见人行鞠躬礼、口喊"请多多关照"，一跃成了世界上公认的最有涵养的人。实际上，这些都是来自日本人的仪式感，我们与日本人的差距或许就出在仪式感不断淡化上。

　　"做人首先要有教养，再要有涵养，更高了有修养。"张国强的话，为我们提供了一个不错的修"养"思路。中国人历来爱面子，为什么一些人就不觉得自己的某些失格言行丢面子呢？这与"教"不够、"养"不力有关。国家应该着眼新的时代特征，着眼与世界文明习惯接轨，建立和固化起具体细致、系统配套、中西兼容的言行规范，把它作为青少年教育乃至成人教育的必学内容，作为出国人员的必修课程、必考内容，并借助一定的形式不断进行强化，比如组织像入党宣誓、宪法宣誓那样的宣誓活动，比如组织出国人员签订海外文明公约，等等，引导和"逼迫"人们养成良好的待人接物习惯，真正把公民的教养上升为国家行为。一个人一旦有了很好的教养，就不愁涵养、修养上不来；一旦有了涵养、修养，就不怕人家不尊重您、不敬重您，无论走到哪里，都不会感到底气不足！

No.82

爸爸的话

孩子，别恨他，或许他有不得已的苦衷。

——张振恒

张振恒（1925—2016），河北省阜城县人，虽然只上过几年私塾，但生来聪明，能说会道，记忆力出众，小小年纪在集市上买卖东西，心算既快又准，常常令人折服。他在家族中排行老五，但善于操心理事，哪家有事他都能反客为主，替人定夺。20世纪70年代村子里建起厂子，他当"外跑"搞供销，跑天津、跑唐山、跑北京、跑东北，展露了不凡的才华。

家训故事

新中国成立前，张春平[①]的爷爷一直在家里开杂货铺，自家有十几亩薄地，还雇了一个长工，因此"家庭成分"被评了个"上中农"，虽不是地主、富农，但腰杆总是挺不起来。而历代日子过得不怎么样，常常吃了上顿没下顿的对门的大儿子张宝荣当了贫协主席，一跃成了红人，人前人后神气十足。张春平的父亲张振恒很不服气，言语之间流露出不满，结果被张宝荣的儿子听到，告到了老子那里。于是，两家便从此结上了疙瘩。一个风雨交加的晚上，张宝荣突然双手抱着流血的头，连哭带喊地跑到另一个村干部家，说张振恒用镢头击打他的脑袋，企图杀害他。新的共和国刚刚诞生，就发生谋害贫协干部的事，这还了得！张振恒被逮捕入狱。但张振恒死活不承认打了张宝荣，后在外地工作的姐夫的鼎力"活动"下，6年后释放回家。据村里的老人讲，那天晚上张宝荣喝了点酒，恰巧风雨中的那个土坯房倒塌了半面墙，倒下来的木头门角砸中了张宝荣的头。所以，村里许多人在当初都认定张振恒是被冤枉的。

坐了6年监牢回来的张振恒，虽然愤懑不平，但毕竟重新有了自由，过上了正常人的日子，也就没再折腾什么。有一年的盛夏晌午头，几个孩子在他家房后的池塘边玩水，突然一个孩子喊，有人淹着了。他当时刚巧路过，没有多想，也没顾得脱衣服，就跳到水里救人。当他把落水的孩子拉起来时，稍稍迟疑了一下，然后抱着孩子走向了池塘边。原来，这孩子不是别人，而是张宝荣只有六七岁的小儿子。事后，家人埋怨他不该救那"孽种"，他却说，他爹缺德，但孩子无辜啊！

或许张宝荣自知理亏，或许怕惹出什么乱子，他家总是躲得远远的，后来干脆在村边上建了新房。两家人老死不相往来，也成了世仇，在大队上干活总是分不到一块。但有一年，就像干柴遇上火苗，两家人因几句话

[①]张春平，张振恒之子，20世纪80年代初考入师范学校，毕业后在小学、中学教书育人，培养出一批尖子人才。

还是打了起来。张振恒家人多势众，憋了一肚子气的几个儿子想大干一场，为父亲报当年的冤仇。张振恒听说后，一路小跑地赶过去，先照着大儿子就是一脚，接着给小儿子春平一巴掌，吓得孩子们都停下了拳脚。回家后，他拍着春平的肩膀，语重心长地说："孩子，别恨他，或许当年他有不得已的苦衷。该放下了！"

父亲的话让张春平为之一震，他被父亲的心胸彻底地征服了。

家训夹议

宽容，是一种放下

现代人总觉得累，其实不是工厂做工、田间种地那样的体累，而是心累。心为什么累？是因为许多事在心口堵着，在心头压着，让你喘不过气来，吃不下饭，睡不好觉，身心疲惫得要命。岂知，人生诸多事，只要放下了，心里也就轻松了，往往会有"柳暗花明又一村"的感慨。

苏轼谪居惠州时，信步出游至罗浮山下，感到有些疲乏，就想到松风亭里去歇息。可抬头望去，亭子还只是远远地从山林树梢上露出一角，心想，什么时候才能到呀？又走了一会儿，苏轼想：哪里不可歇脚，为啥非要去亭子里边？于是就地而歇，心情得到大解脱。

现实中，让人感到拧巴、气愤、伤心的人和事肯定少不了，如果总是耿耿于怀，不被累死、气死，也会精疲力竭，无任何快乐和幸福可言。画家陈丹青说："我几乎从来不生气，因为我认为没必要，有问题就去解决，不要让别人的错误影响自己。这是我大多时候感到快乐的秘诀。"

忘记过去等于背叛，放下过去才有未来。人与其陷在过去的泥潭里纠结，不如跳出来绕道飞奔。要放得下，就要做一个大度的人，拥有一颗宽容的心。张振恒老人对家人所说的那些话，不仅仅出于安慰，基于善良，而是展现了一种胸襟，更凸显了一种大智慧。既然冤屈已经成为过去，何不走出来，面向充满希望的未来?

宽容，不是无原则的容忍和原谅对方的错误、过失与伤害，也不是什么"阿Q精神"，而是坦然面对既成的事实。要知道，许多情况下，对方的所作所为固然可气可恨，但他应付出的成本和代价，冥冥之中总会向他索要的，无须你去"操刀主罚"，你尽管往前走好了。

宽容，从某种意义上讲，是需要你放弃直线思维，用逆向的、迂回的思维去看待你遇到的事以及伤害过你的人，从另外一个视角去把握问题的实质与得失。这时你会突然发现，人生的转机或许就在这里，自己得到的或许比失去的要多得多。

宽容别人，还要谨防自以为是，以己之狭度人之宽。1936 年，鲁迅去世，一位女作家给胡适写了一封信痛骂鲁迅。胡适给她回信说：鲁迅先生固然批评过我，但是我对你这个态度，深表遗憾。"我们爱一个人，我们不能万美集于一身;不喜欢一个人，我们不能万恶集于一身，我们要就事论事，方有持平之论。"傲慢、偏见、偏激、狭隘、自负，注定是宽容不了别人的。

No.83 爸爸的话

出门走好路，出口说好话，出手做好事。

——刘家冰

　　刘家冰（1958—　），山东省荣成市人，出身于教师家庭，在乡镇企业担任保管员和会计。那个年代，为了争取一份镇办企业的工作，给家里增加一点收入，他竟放弃了考大学的机会。他很普通，一辈子都在那个小小的岗位上耕作。他很厚道，说话讲理，处事公道，人品端正。他很勤劳，凭着自己和妻子的两双手，硬是成了村里第一家购买彩电、摩托车的，也是第一家盖起大瓦房、小楼房的。他也很善良，孝敬长辈，疼爱家人，待岳父母如同亲生父母，众多兄弟姐妹有求必帮。

家训故事

刘晓杰①印象中的父亲不善言辞，平时话不多，想法也很简单，一辈子不曾经历大风大浪，也没见过大的场面。他还记得自己在离开家乡到济南求学时，第一次出远门，父亲陪他坐了整整一宿绿皮车，沉默低调的父亲竟然跟他谈了一箩筐的话。回想起来，印象最深的是"出门走好路，出口说好话，出手做好事"这一句，似乎是在给他一个方向。

到了济南，来往的行人和车辆让十几年生活在小镇上的刘晓杰，有些眼花缭乱。那时候，父亲特意交代，"过马路，心要静，眼要快，腿要稳"，陆陆续续还嘱咐：出门在外走路时要注意脚下，路面是否平稳，不要扭了脚；要注意头顶上是不是会有坠落物，是否会伤到人；过马路要注意红绿灯，走人行横道避让车辆；雷雨天注意躲避不要被雷击；如此等等，有点啰唆。但到后来他才逐渐领悟，其实路走得远、走得顺，并不是一件容易的事，在人生这条路上随时会遇到凶险，遇到坎坷，某些时候，还不得不走一些不愿意走的路。就像父亲所说的，"看似走路，实则做人，走正道，不走独木桥，不走旁门左道，这样才能走得安全平稳，走得坦坦荡荡。"

刘晓杰毕业从军之后，离开学校，各种交流的场合多了，和人说话的机会多了。说实在的，他觉得很头疼，倒不是因为胶东口音不好改，而是胶东人性子直，说话也很直。这个时候，父亲又给出了中肯的建议："人后是非的话不要说，说话不要得理不饶人，不要盛气凌人，不要咄咄逼人，更不要话里带刺出口伤人。"随着年龄的增长，刘晓杰慢慢体会到了父亲的话。与人交流既是展现自己给别人留下印象的方式，也是和同事推动工作、和朋友分享生活的桥梁。在基层当连长时，他明白了，

① 刘晓杰，刘家冰之子，毕业于山东大学，硕士学历，从军后历任排长、连长，旅作训参谋，原济南军区司令部动员部参谋等，转业后先后在威海市刘公岛管委、威海市政府办公室、山东省科技厅工作。

只有说话之前把语言理顺一下，才能在最短时间内给全连官兵一个明确信号，或是传递典型事件的正能量，或是针对一项工作的部署和总结。转业到市政府办公室工作，他时刻谨记，说话代表的不仅仅是个人而是整个市政府的形象和权威，通过交流，把领导决策传递出去，也把基层意见收集过来。

父亲写得一手好字，常被人夸赞，亲戚朋友办喜事，多数会请他过去写请帖。他的心很细，做会计工作一丝不苟，一个账目对不上，会成宿睡不着，对上以后，马上露出孩子般的甜笑。他到银行办业务，柜员多给了一张钞票，寒冬腊月里，能在冰天雪地走一小时，给人送还。

父亲常说："人生不如意之事，十有八九，我们在这些不如意的时候，心情不畅快的时候，更要控制自己的情绪，换个角度，多站在别人的立场上去想事做事。"这些年工作中，不论在军队，还是在地方，刘晓杰常想，要把所有的事都做好是十分困难的，但至少应该把自己能力范围内的做好、做到精益求精。因为一个人的水平高低，直接反映在做事上，所经手的事，就是最直接的证明，出了手就代表着自己的水平，出了手就要全力以赴。

"良语一句，三冬亦暖；恶语一言，六月犹寒。"父亲的话是指路明灯，寥寥数语看似平庸，却饱含了很多的至真善美，教会刘晓杰懂得正直，懂得上进，懂得感恩。刘晓杰从荣成出来，从读书到工作，迎接过很多挑战，也受到过机遇的垂青，凭着自己的努力，收获了很多，他时常感觉，人生旅途的一些小庆幸，并不都是天赐的，从小到大父亲给予的点滴教养，春风化雨般转化成了他身上的某些品质，成了他的性格名片，终身受用。

家训夹议

怎一个"好"字了得!

走路、说话、做事,是人的基本功,是人呱呱坠地即要着手解决的生存、生长、生活课题,而"成长的烦恼"就在于,许多人一生都没有把这"老三件"真正解决好。"出门走好路,出口说好话,出手办好事",岂知这个"好"字,对大多数人来讲,需要一生去领悟,需要一生去修养,需要一生去升华。

走路、说话、做事,何以谓"好"? 在笔者看来,"好"从低到高,大抵可分为三个层次。第一个层次,求"准"不出错;第二个层次,求"度"不宜过;第三个层次,求"美"不能拙。

求"准"不出错,用老百姓的话,就是走路要走"人道",不能走歪门邪道;说话要说"人话",不能说离谱、不着边际的胡话;做事要做"人事",不做错事、坏事、缺德事。这是人生一道不可逾越的底线。许多人的人生悲剧,就起始于走了不能走的路,说了不能说的话,做了不能做的事。守住这条底线,最基本也是最根本的,就是对党纪国法所禁止的一定要禁住,对道德规范所约束的一定要束住。果能如此,人生的航船就不会倾覆。

求"度"不宜过,就是不偏不倚,恰到好处。正所谓真理前进一步是谬误,身居风光无限的险峰,前移一寸就是万丈深渊。孔圣人说:"无过无不及","过犹不及"。走好路,不是越高大上的路越好,适合自己的才是最好的。比如选择发展、安家之地,大城市有大城市的优势,也有它的生存之难;小地方有小地方的局限,也有它的独有之处,综合衡量就看哪里更理想一些。说好话,不是态度越谦逊越好,话说得越动听越好,语气越中肯越好,事理阐释得越充分越好,而是重在把握好一个度。有人说，"两年学说话，一生学闭嘴"，说的就是管住自己的嘴，该说的当说，不该说的不多说一句。做好事，最当防的是好心做错事。比如，平时我们提倡多做善事，但有些善事是做不得的，如果你做了可能会侵犯到人家的隐私，可能会伤及到人家的自尊，可能违背了人家的本意。所以，哪些事当做、哪些事禁做，不能光看出发点，要看火候，要看可能带来的结果，要把握住分寸。

求"美"不能拙，就是一个人所走的路、所说的话、所做的事，美溢力张，魅力四射，让人赏心悦目，流连忘返。具体说来，就是有创意、有质感、有气场，给人能量、给人美感、给人回味，由衷地让人敬佩、让人赞美、让人欣赏。这虽有难度，但也应成为一个人在社会上走好路、说好话、做好事的向往和追求。

No.84

爸爸的话

生命在于"联动"：动手勤干点活，动腿勤走点路，动脑勤追点潮。

——孙文才

孙文才（1931—2019），黑龙江省青冈县人，1947年参军加入东北军区骑兵团，作为初小毕业的"文化人"，入伍不久即被选为团卫生队卫生员。新中国成立后调烟台海军炮校任医士、军医，后转业地方工作，去世前系烟台市国资委离休干部。诚心、热心、细心、慧心，是他待人处事的风格；总怕麻烦别人而从不怕别人麻烦自己，是他贯穿一生的性情；勤快好动、勤奋好学，是他养生长寿的秘诀。2019年春节前，他被查出癌症晚期。为了不给家人和亲戚添负担，他拒绝任何治疗，拒绝输液补养，拒绝吃药进食，拒绝告诉在外地工作的子女，拒绝家人陪护（怕有传染），也拒收他人的礼品礼金（嘱托家人事后送还），20多天后在睡梦中溘然离世，展现出常人难以企及的通透与开明，也彰显出对人格和生命特有的领悟与尊重。

家训故事

2018年春节，孙岩①收到了88岁老爸孙文才给她的一份特殊的礼物：一套精美的电子相册。相册录入了孙岩从几岁到眼下50多年间，每个年龄段最有代表性的照片。收到同类礼物的，还有孙岩的丈夫、女儿和外孙。让孙岩及家人惊喜和感叹的是，这竟是年近九旬的父亲亲自操作设计、精心制作的几套电子相册。

① 孙岩（笔名孙娘），孙文才之女，爱好文学艺术，系《美眼看孙子》一书美学顾问，《一句顶一句》一书作者之一。

父亲是个闲不住的人，手脚特别勤快，母亲戏称他为"小快腿"。家务活、跑腿的事他什么都乐意干，衣服从不让母亲和子女代洗，搬搬扛扛的事从不让他人代劳，接送人时总是和别人争着提箱子。80岁以后，他仍坚持每天走5000米以上的路，每年爬两次山，每次都是两个多小时，直至去世前一个月还能一口气步行上10层楼。他爱学习思考，围绕哲学问题、健康养生话题，先后撰写了二三十万字的心得体会，去世几天前还和晚辈探讨社会与人生问题，离世前一天思维还很清晰。他80岁的时候开始学习操作电脑、上互联网，在百度上设立"哲理科学""人生哲理""健康长寿"3个贴吧，发帖近百篇，引起不少人的关注和讨论。他曾对子女们说，常言"生命在于运动"，但我还要进一步说：生命在于"联动"，光动腿动脚不行，还要动手、动脑，把全身每个器官都要动起来。一个人一定要活到老、"动"到老，动手勤干点活，动腿勤走点路，动脑勤追点潮，这样才会活出年岁、活出质量。

在父亲的耳濡目染下，孙岩养成了爱生活、爱自然、爱艺术、爱学习、爱写作的良好习惯，全家也形成了"多动""联动"的浓厚氛围。

家训夹议

人要活出"无龄感"

《最浪漫的事》这首歌里有两句重复多遍的歌词："我能想到最浪漫的事，就是和你一起慢慢变老。"它让人不由感慨人总会变老的，同时也在告诉人们，衰老的过程并不意味着就是悲哀的事情，人们是完全可以从中找到浪漫、找到未来、找到激情的。

人老不可逆转，可怕的不是体衰，可怕的是"心衰"、心老。许多步入老年的人总是把"老"挂在嘴边，他们"倚老卖老"，排斥这个远离那个，总觉得当下那些新领域、新玩意儿都该是年轻人的专属，颇有缴械认输的味道。其实，这是一个人的心在年龄的强烈暗示下，自我老化的表现。应该说，人在体力上往往不得不服老，而在心理上、在智力上、在观念上是完全可以不服老的。要知道，你的内心一旦服老了，老态龙钟就会立马爬上你的躯体、刻满你的面颊、迷离你的眼神，反过来又会变本加厉地蚕食衰化你的内心，生命的长度和质量便会不断地打着折扣。这样的人生岂不可惜、可叹！

不俗地活着，才会有不俗的未来。人要不想被时代甩在后面，就应像孙文才老人那样勇敢地接受新事物、涉猎新领域，努力做一个追逐时代的人。每个进入和终将进入老年队伍的人都应不停地提醒自己，岁月虽会让你的身体衰老，但未必就能让你的心智变老；人唯一可以不衰老的是思想和观念，人体唯一越用越好的器官是大脑；人老不应成为甘愿落后时代的理由，体衰不应成为拒绝接受新事物的借口，颐养不是养尊处优，不是关闭"视窗"、放弃"天下"，不是与人生追求道别。

"酒酣胸胆尚开张，鬓微霜，又何妨?"上了年纪的人同样要做"追梦人"，憧憬美好的未来，享受激情燃烧的岁月；固然不必硬去争当什么弄潮儿，但至少要成为热心的观潮人，不妨赶赶时髦、追追新潮，姑且发点"少年狂"、来点"老来俏"。"谁道人生无再少？"那些随时代脉搏跳动、与年轻人"共饮一江水"的人，"永远是年轻"。

孙楠的《时间的远方》唱道："我渴望时间的远方被一束童年的光照亮。"慢慢变老的人们啊，心中可要始终有一束"童年的光"哟！

No.85

爸爸的话

别跟父母争对错，别跟老婆争高低，别跟他人争尊卑。

——夏同友

夏同友（1948—　），河北省景县人。他出身贫寒，敏而好学，从小学到中学，成绩一直名列前茅。下学后他从生产队螺丝厂的小工做起，凭着出色的表现很快入党，担任村委会计，兼任螺丝厂厂长。面对国家改革开放的新形势，他自学企业会计，成功注册助理会计师，先后在景青塑钢门窗有限公司、景县第二化工厂任会计。他性格坚强，吃苦耐劳，忠厚正直，待人诚恳，处处以身作则，给子女后辈做出榜样。

家训故事

夏中星[1]的父亲夏同友出生时，家里一贫如洗，年轻时历尽苦难。那时，农民的生活特别苦，过着靠天吃饭的日子。遇到灾年，他就随着爹娘四处漂泊，寻找能养活自己的门路，常常居无定所，吃饭就更是上顿不接下顿。未成年，他就跟着乡亲们一道挣工分、干重活，承受着常人难以承受的劳动强度。年轻时的经历，让他养成了勤劳、节俭的好习惯。

　　①夏中星，夏同友之子，在部队曾任班长、排长、副指导员、指导员、股长、教导员、科长等职。从军24年，守卫海岛17年。

夏中星当兵提干，在城里安家后，便把辛劳一生的父母接到城里来，也好互相有个照应。进城后，家里的经济条件有了较大改善，但爸爸仍然闲不住，看到城里人把好多用不着的东西都扔掉了非常可惜，便每天去小区垃圾桶好几遍，捡别人废弃的纸箱子、旧金属等废品卖钱。父亲曾因车辆事故致右大腿陈旧性血栓，走的路多了腿就肿胀得厉害。夏中星一边心疼他，一边也觉得面子上过不去，怕同事邻居说三道四，给父亲说过多次不要捡了，但他仍乐此不疲。有一次，夏中星又看到父亲抱着一大抱废弃的纸箱颠簸着走过来，一股怒火莫名而起，冲着他喊道："快扔掉，你看脏兮兮、臭烘烘的，说了多少次不要捡了。"说完就把废纸箱从父亲怀中抢过来扔到了垃圾桶里。爸爸本来还堆满笑意的脸上，顿时乌云密布，怔在那里不知如何是好。这一次，他是真的恼了，好长一段时间不理夏中星，夏中星也拗着劲不理他。

恰在这段时间，夏中星的工作一直不顺，情绪也坏到了极点，干什么都缺乏耐心，动不动就发火，晚上不是和战友老乡去喝酒，就是回家发脾气，与妻子的争执越来越多，对孩子的教育也每况愈下，孩子也老躲着他。一时间，家里没有了欢乐祥和，而充斥着沉寂和压抑。爸爸看在眼里，急在心里，更加沉默了。

记得一个周末，夏中星忙完单位的事回到家时，父亲已经张罗了一桌子菜。原来，他知道儿子晚上没有事，就早早地去菜市场买了菜。夏中星放下东西，正不知如何是好，父亲招呼说："你去把老家的好酒拿过来。"夏中星把酒取来倒上，喝酒吃饭无语。等家人吃完撤了，就剩下父子俩时，父亲打开了话匣子，对儿子说："中星，你也不要怪爸爸，我在乡下过惯了，享不了城里这个福。"他喝了一口酒，接着说："爸爸去捡垃圾，我自己并没觉得有什么丢人的，我并不觉得这里有高低贵贱的问题，其实这样我倒觉得自己对这个家还有点用，反正其他的事我也帮不上忙。"看夏中星无语，他话锋一转说："同样，你也长大了，独立了，我觉得你也要始终摆正自己的位置，保持自己内心的平静与平和，家里不是你发脾气的地方，没有了和气，家就不像家了。"听了父亲的话，夏中星也觉得自己有点儿过分，主动和爸爸碰了一杯。父亲轻轻放下酒杯说："今天，我喝了酒，但不是醉话，你明白就好，今天也晚了，不多说了，最后送你一句话：别跟父母争对错，别跟老婆争高低，别跟他人争尊卑。"

那一顿饭，成了夏中星家庭生活的一个转折点，那一句话也深深地印在了他心里，每当遇到什么急事难事烦事，他都会想起来，在心里琢磨琢磨，再体会一遍父亲的良苦用心。自此以后，无论是同事还是家人都觉得夏中星像换了一个人似的，待人接物温和有礼，从不与别人攀比吃喝享受，工作中更是保持了一份本心，踏踏实实，默默奉献，先后四次荣立三等功，成长为一名团职干部。

家训夹议

"不争"者"圣"

爱争，似乎是人的天性。看看那些牙牙学语、蹒跚学步的小娃娃们，个个见了好吃的就与小伙伴抢，遇到好玩的就与小伙伴争，在他们的眼里，别人的东西永远是最好的，得到别人的东西总是最开心的事情。

　　人长大后，似乎"争性"也在长。看看社会上，或为了一官半职，或为了仨瓜俩枣，或为了薄薄的一层面子，争得天昏地暗，争得头破血流。再看看家庭中，或为了孩子的教管，或为了油瓶子酱葫芦类的小事，或为了句不走心的话，争得面红耳赤，争得鸡飞狗跳。

　　爱拼才会赢，爱争难言胜。有人举例说，《红楼梦》里有一个赵姨娘，其特点是夫唯必争，故什么也得不到；夫唯皆争，故什么也做不成；夫唯乱争，适成笑柄。人的一切不是靠私欲、靠心计，从别人那里"争"来的，而是靠智慧与勤奋"取"来的。与大自然抗争，与困难抗争，与命运抗争，那是勇魄，那是奋斗，里外都张扬着自信；与人斗、与人争，貌似强大，而背后掩饰的恰恰是内心的虚弱与软懦。就像那些五颜六色的花儿，自知芳菲短，才竞相争奇与斗艳。爱争者注定不是强者，不争者未必是弱者。

　　杨绛先生说过："我和谁都不争，和谁争我都不屑。简朴的生活、高贵的灵魂是人生的至高境界。"人与人相处，"不争"是一种境界，也是一种情商。争多则敌多，争少则友多。言语上，分贝高了是噪音，适时沉默才是金。比如与父母相处，在非原则性问题上，最需要的就是"装聋作哑"。他们生活的年代、所走过的人生历程，决定着他们对人和事的思维方法与子女不尽相同，他们说的话、做的事是对是错，争辩往往难有结果，也没有多少实际意义。作为子女，应理解父母、体谅父母，即便父母错了，他们一时认识不到、接受不了，也不能强辩硬争，要把面子给他们留足，只是自己做起事来心中有数、弥补有术就行了。这种明智的"顺"，就是最好的"孝"。

　　人生不是战场，即便在竞争激烈的商场，争也不是主旋律，共赢才是正道佳途。有一种说法，过去提到商业，我们首先想到的是竞争。现在，你还来不及摆好姿势和对手过招，用户已变成另一个物种。《最好的生意模式》一文也认为，"真正成功的生意模式，不是赢得了竞争，而是在用户的生活当中垫一个台阶，让用户一旦踏上这个台阶，就回不去了。"人在旅途，与其和人较劲去"争气"，不如靠己使劲来争气。

爸爸的话

No.86

男人是耙子，女人是匣子，不怕耙子没有齿儿，就怕匣子没有底儿。

——张庆柱

张庆柱（1953— ），山东省平阴县人，从村支部书记，一路走到济南市保险公司处长的位置。不论在哪个岗位，他都兢兢业业，尽职尽责，在看似平凡的岗位变化中融进了含辛茹苦的奋斗。在近三千人的村里当支部书记的几年里，为让村民致富他绞尽脑汁，利用村里的有限资源谋求发展；为搞好干群关系他走家串户，与村民谈天说地，使乡亲们的视野、思路和生活水平有了明显提高。他的事迹曾被中央电视台报道，家里摆满了奖状奖杯。

家训故事

在张和龙①的记忆里，父亲张庆柱是不曾睡过懒觉的，他一直以饱满的精神状态为家庭为社会奉献着自己。家务事他尽管顾不上太多，但还是起早贪黑，利用空余时间与张和龙的二大爷去山里开采石料，盖起了五间堂屋。当时父亲号召全村建大棚种蔬菜，而且自己家带头种植。蔬菜成熟时节，父母晚上十二点前很少有休息的时候，张和龙每次深夜醒来总能看到家里至今保存的那块石英钟表，看到父母坐在小板凳上打理蔬菜的场景，草绳青菜摆满了地，蔬菜都要精致地捆成捆。第二天，父母总要三四点钟起床装菜，父亲用自行车把菜带到集市上卖掉，然后回家换完衣服再去上班。

① 张和龙，张庆柱之子，职业画家，山东省、济南市青年美术家协会会员，济南市书法家协会会员。

在张和龙的印象里，父母从未真正恼羞成怒地吵过架，这应该缘于母亲的包容与体谅。也许刚柔相济的婚姻是一种互补吧，父亲的急性子在母亲那里总是能得以化解。父亲因为应酬，会时常喝酒，酒后难免会闹出一些反常举动，母亲往往以沉默、逃避对付，等父亲醒酒之后再说道。那时候人们体力劳动相当繁重，养家糊口实在不易，可能会随着压力的增大而急躁吧。母亲这种思维方式和应对方法，常让张和龙感慨其中的智慧、沉着与体恤。

中国传统的婚姻里，通常是男主外、女主内。这种状况，在乡村朴厚的民风下尤为明显。大部分的女人秉承着传统美德，在丈夫身后默默奉献，做一个贤妻良母的角色。大部分的男人会把钱交给女人保管，吃喝过头会遭人笑话。那时，每家都过着朴素的日子，他们精打细算，商量着每一笔钱的用途，日子清苦却充实。一些夫妻也时常吵闹，但家庭很稳固，大大小小的摩擦似乎是专门用来"调剂"生活的。张和龙家与他们并无多大差别，父母辛苦地劳作着，默契地配合着，幸福地生活着，平凡之中总带给他不平凡的感觉。

张和龙及弟弟成家后，父亲经常在他们面前念叨："男人是耙子，女人是匣子，不怕耙子没有齿儿，就怕匣子没有底儿。"张和龙明白，这是父亲几十年的经验之谈。他所说的耙子，是形容男人主外，往家里挣钱；所说的匣子，是形容女人主内，在家里打点生活。夫妻二人只有形成默契，"内"与"外"密切协调，"入"与"出"合理统筹，日子才能越过越好。时光的冲刷和岁月的积淀，让张和龙愈加感受到父亲那句话的分量，也让他对曾经不以为然的"父母爱情"肃然起敬。

家训夹议

自由，而不能"自流"

时下的婚礼越办越隆重，消费档次也越来越高，实可谓孩子结次婚父母掉层皮。然而，对现代一些年轻人来说，结婚很复杂、离婚却很简单，有的甚至因鸡毛蒜皮的事就"比翼各飞"。

离婚率节节攀高，与当代年轻人的自主意识增强有关，许多人不愿意委屈自己，秉持一种"好聚好散"的轻松态度，不合适就各奔东西。周围离婚者的不断增加，客观上也形成了一种"破窗效应"，很少有人再把离婚当成丢人的事，离婚者可以再婚，离婚的代价似乎不像从前那么突出了。实际上，代价还是那个代价，只不过转嫁到了孩子头上、父母身上。许多离婚的男士女士再婚，把孩子交给父母带，自己去追求和享受新的婚姻生活的时候，都没想过孩子之可怜，父母之无奈！

恋爱自由、结婚自由、离婚自由，是社会的一种进步，日子过不下去，或对方出轨，选择离婚无可厚非。问题是，有些影响婚姻维系的小坎，如果稍保持点耐心、多一点磨合，是完全可以迈过的。过去，经常听到夫妻吵架的声音，男人有缺点的不少，女人耍泼骂人的也大有人在，但吵归吵、闹归闹，离婚的却少之又少。大部分的夫妻相互包容着，隐忍着，磨合着，构建了那个时代特有的"父母爱情"。现在看来，老来心安、老来幸福的，倒是那些人。"小不忍则乱大谋。"这句反映处世之道的话，同样适用于婚姻。

婚姻以法律的名义确立，意味着它是严肃的、庄重的，而不是随意而为的。婚姻意味着一种责任，一个人结婚成家，既承担着对另一半的责任，也承担着对未来子女、对双方父母、对社会的责任，决不能把婚姻当成想聚就聚、想散就散的儿戏。一个只顾自我感受、只求自己幸福，而不考虑社会责任、家庭责任的人，离婚也许是他（她）的自由，他（她）的权利，但难说不是自私的选择。

结婚是人生的大喜事，而离婚毕竟不是什么值得高兴的事，尽管对有些人来说也许是最好的选择。离婚率的居高不下，应引起社会的反思。当一对新人走向或即将走向新婚殿堂的时候，他们听到的都是美好的祝福，感受到的都是天堂里的浪漫，没有人愿意或忍心去提醒他们婚后生活的种种苦涩，他们对婚后可能遇到的矛盾甚至冲突没有丝毫的思想准备。当他们走出浪漫回到现实的时候，当面对柴米油盐酱醋茶、面对孩子哭老婆叫的时候，人的缺点被无情地放大了，"距离产生美"的反效应出来了，"闪离"也就越来越多了。作为政府职能部门，不能把责任停留在发证上，也应担负起教育引导的责任，发证前该培训的要培训，该考核的要考核，让年轻人既懂得自主、自由，又懂得责任、担当，知道理解、包容和忍让，知道磨合、默契和"雨过天晴"。那些有备而来的婚姻，才可能是稳固的；那些经得起风雨的夫妻，才可能是长久的。

No.87 **爸爸的话**

父亲是什么？父亲就是儿子踩在脚下的一双鞋。

——张丕宗

张丕宗（1939— ），山东省曹县人，1957年毕业于曹县师范学校，后留校任教，直至退休。他热爱教育事业，善于点燃学生内心的能量，善于把真善美的种子播进学生的心田，赢得了师生们的普遍赞誉和尊敬。张丕宗性格刚毅坚韧，心胸豁达乐观，不畏困难坎坷，脸上总是洋溢出灿烂的笑容；对子女的疼爱，更重要的体现在良心和责任、灵性启迪和精神感召上，培育"立德、立功、立言"的激情与动力。他尝遍人间千般苦涩，只为换得后辈子孙的幸福甘甜。

家训故事

张振民①说，他们那个地方把爸爸不叫爸爸叫达达。在老家，他们喊爸爸是喊不出口来的，只有喊起达达来才能直抒胸臆，真情和亲情发自肺腑和来自灵魂深处。在老家若喊一声爸爸让人听见了，那是要被别人说三道四遭白眼的，同时自己也会笑话自己出洋相，甚至还能把达达喊出一身鸡皮疙瘩，他会感觉浑身极不舒服。

①张振民，张丕宗之子，国家一级作家，中国作协会员。历任济宁市作协副主席、《山东文学》执行副主编，民革山东省委文艺部副主委、民革山东省委委员、省教科文卫体委员会委员。在全国各文学报刊发表诗歌、散文、小说、文学评论等2000余篇，出版《深入》等10部诗集，22次获省级国家级文学专业奖项，400多篇作品入选全国多种文集，作品被译成英、俄等文字，近百位文学评论家在全国各报刊发表文章评论其作品。

"父亲"则是背着爸爸述说的一个既传统又普普通通的书面词，但张振民也从来没有喊过达达一声爹，在他们老家喊爹是有忌讳的，只有在一个父亲驾鹤西去的时候才能喊爹和哭爹。

张振民打记事起，就喊父亲达达了，这一喊就是52年，从没改过口，也改不了口，这是从学说话开始就养成的生活习惯。从那时到现在，虽说早已离开了老家那个土地方，但他仍然习惯地把父亲叫达达，因为这样喊他，达达听着心里很高兴。

父亲今年81了，虽然耳聋了，眼也花了，但腿脚依然灵便，饭量不减当年，只是比以前瘦了，腰有点儿像弓箭，见了他，每次喊达达的声音也越来越大、越来越高了。

父亲以前是个老师。在张振民的印象中，他不善于表达自己的感情，总是默默地付出，任劳任怨，几十年如一日，从不说半个苦字。没事的时候见不到他人，有事的时候，他总是第一个来到你身边。

有一次，张振民不小心用铅笔刀削破了手指，父亲发现后，立马把他带血的手含在嘴里吸吮，他怎么挣也挣不脱，他说没事，父亲始终不肯，直到给他消完毒包扎好伤口，才算完事……

有一次外出，张振民和父亲穿得都很单薄，天突然下起冷雨，父亲看他身上有点抖，二话没说脱掉自己唯一的上衣裹在他身上，自己却裸露着上身在风雨中凄沥……

生活中一些好吃的好喝的就更不必说，父亲宁愿自己饿肚子也得让张振民吃饱喝好……

后来张振民渐渐体会到了"父爱如山"四个字比山高、比海深的具体含义。

有一次，父亲和他退休的一个同事在一起吃饭拉家常，他对同事说："我这一生的辛苦，百分之九十为了孩子，百分之八为了家属（妻子），百分之二为了自己。"张振民听了后立马泪奔，这令他不由自主地想起父亲常给他说的一句话：父亲是什么？父亲就是儿子踩在脚下的一双鞋。为此，他感到很羞悔。

家训夹议

一个话题两面说

A面：一个好爸爸胜过一百个好老师。

畅销书作家哈伯特说，一个好爸爸胜过100个好老师。何以见得？这要从丹麦童话作家安徒生说起。

安徒生出生在富恩岛一个叫奥塞登的小城镇上，那里有不少贵族和地主，而安徒生的父亲只是个穷鞋匠，母亲是个洗衣妇。贵族地主们怕降低了自己的身份，从不让自己的孩子和安徒生一起玩。安徒生的父亲对此非常气愤，但一点也没有在孩子面前表露，反而十分轻松地对安徒生说："孩子，别人不跟你玩，爸爸来陪你玩吧！"

父亲亲自把安徒生简陋的房间布置得像一个小博物馆，墙上挂了许多图画和装饰用的瓷器，橱柜上摆了一些玩具，书架上放满了书籍和歌谱，在门玻璃上也画了一幅风景画。父亲还常给安徒生讲《一千零一夜》等古代阿拉伯故事，有时则给他念一段丹麦喜剧作家荷尔堡的剧本，或者英国莎士比亚的戏剧本。

为了丰富安徒生的精神世界，父亲还鼓励安徒生到街头去看埋头工作的手艺人、弯腰曲背的老乞丐、坐着马车横冲直撞的贵族等人的生活。这些经历，为安徒生以后创作出《卖火柴的小女孩》《丑小鸭》等童话故事打下了很好的基础。

可以想象，没有父亲的倾心呵护、陪伴与引导，安徒生也许成不了世上最著名的童话作家。安徒生，还有莫扎特、盖茨等诸多名人的成功之路都表明，在孩子的成长、成才的过程中，爸爸是不能缺席的。

中国的现代家庭，基本上就是爸爸主外、妈妈主内，许多爸爸在外闯荡挣钱，很少陪伴孩子，有些一年见不了孩子几次面，孩子主要是妈妈来带，甚至交给家中的老人。父爱的缺失，给孩子的正常成长留下诸多遗憾与缺陷。在教育孩子上，父母双方有着共同的责任，二者又具有不同的特点，扮演不同的角色，是不宜相互替代的。

《三字经》中说："子不教，父之过。"指的就是在教育孩子这个问题上父亲是无法逃避责任的，并且要负主要责任。然而，民间又有一种说法："宁要一个要饭的妈，不要一个当官的爹。"为什么这样说？就是因为做爸爸的往往因种种原因或种种借口，顾及不到孩子的教育。既然爸爸靠不住，只能靠妈妈了。这或许就是中国式家庭教育的一种缺陷。

B面：谁来为爸爸们"减负"？

在我（路秀儒）的家乡河北省景县，向来崇尚"多子多福"，即使在计划生育抓得很紧的时候，许多人家宁可被重罚也要超生偷生。然而，国家实行全面放开二孩政策后，预想中的生育高潮并没有到来。为什么？生得起，供不起。不是说吃穿、上学供不起，最主要的是孩子成家供不起。一个男孩到了结婚的年龄，与女方正式相见，"见面礼"光现金最少就得十几万，是一个种地农民十多年的收入。结婚要买车买房，并且房子得是在县城或市里供气供暖、有车库的楼房，其他的花销名目也是越来越繁多，并且价码一路走高。这一路走下来要花的钱，都要靠父母特别是父亲拼死拼活地去挣、去省、去借；儿子成家后，有了第三代、本该享受天伦之乐的六七十岁老头，还要没黑没白地去给人打工。等到账还完了，身体也累垮了。同时，还要帮着带孙子孙女，等孩子们长大了，老两口这一辈子也就快过去了。张丕宗老人说，"这一生的辛苦，百分之九十为了孩子。"其实，岂止百分之九十？然而，有些人更惨的是，老了动弹不了了，又没有什么积蓄和保障，受罪受辱便成了他们最终的结局。踩在儿子脚下的这双旧鞋，也被无情地抛掉了。生活在城市中的许多普通父亲们也好不到哪里去，同样是被生活的重负压弯了腰，因为儿女"美好生活"日益增长的需要，远远超出了父母们的承受能力，那点退休金显得微不足道。

　　现在社会上都在喊"减负"，学生要减负，中小企业要减负，基层要减负……那么，父亲们的"负"该不该减？该谁来帮他们减？

No.88

爸爸的话

我的孩子不会差。

——颜世学

　　颜世学（1937—　），江苏省东海县人，私塾学业，曾获得东海县优秀代课教师、东海县淮海戏编导第一名等荣誉。他琴棋书画、扎花剪纸，样样精通。更为重要的是他说话幽默，富有爱心，谁家婆媳闹矛盾，只要他一去，很快便能让这对婆媳抱头而哭，互相道歉；谁家娶媳妇，就得把他请去扎花剪纸，只要将纸张三折两折，拿起剪刀，花鸟虫鱼立即就展现出来，栩栩如生，把新房立即打扮成一个美丽的世界；每到春节，家门外就会排起长龙，父老乡亲手里拿着红纸，等着他免费给他们写春联。

家训故事

颜廷录[1]说，不同的家庭有不同的家庭文化，自信乐观的家庭文化对孩子的影响是健康积极的，能够影响孩子的一生，甚至这种家庭文化能作为一种宝贵的精神财富在这个家庭传承下去。感谢与感恩，他庆幸出生并生长在这样一个自信乐观的家庭里。

[1]颜廷录，颜世学之子，上海交大教育集团特聘专家、教研部主任师董会特聘导师、浙大网络等多家企业常年签约管理咨询顾问、《赢家大讲堂》栏目特聘专家，清华、北大等大学 E-MBA 特邀讲师，影视编导，山东孙子研究会专家。出版书籍《茶道·非常道》《企业主管成功力学》《管理功力》。

颜廷录兄弟姐妹六人，他排行老三。他从记事起就知道自己的家境非常贫穷，他们上学的学费都是母亲借的。成家立业后兄弟姐妹天各一方，有时聚到一起，就会围绕着母亲问这问那。一次他问母亲，为什么我们的学费都是您借的而不是父亲借的？母亲笑着说，你父亲主要是鼓励我，给我勇气，如果借不来他就给我出主意。然后母亲就滔滔不绝地讲着父亲，他们也就津津有味地听着母亲的话，同时也理出了头绪，父亲的主意不过就是"软硬兼施"。因为父亲上过私塾，在当地算是一个"文化人"，德高望重，每年村里人都会有用到父亲的地方，所以每年也就不影响母亲四处借学费了。

颜廷录说，对他成长影响最大的是父亲。当然，父亲听到他这么说肯定是一副很受用的样子，而一向好胜心比较强的母亲听他这么说一定会骂他。不过没事，他说他早已习惯了她的骂，也许小的时候对母亲的骂会有抵触心理，随着年龄的增长，母亲的骂倒像是一支充满母爱的歌声，没有这种歌声他的生命将会黯然失色。

颜廷录从记事以来，父亲从来没有骂过他，最多也就是打，按照父亲的说法就是"棍头出孝子""不打不成材"。虽然父亲这么说，现在他回想起来父亲的打也是屈伸有度，分寸拿捏得恰到好处，所谓疼而不烈，瞬间即逝。更让颜廷录感慨的是，父亲不仅仅是打，打完了还要告诉他为什么要打，虽然记不清楚父亲说了哪些理由，但每一次被打，他似乎都觉得父亲打得无比正确，以至于他很小的时候就学会了反省。颜廷录记得一年级的时候，考试没有考好，他知道自己又错了，回到家里，不等父亲出手就主动要求，没想到父亲竟然一下子把他拉进怀里，哭了。父亲流着泪说："没事，我的孩子不会差。"从那以后，父亲再也没有打过他，不论是考试成绩不好还是他做错了什么事，"我的孩子不会差"成了父亲的口头禅。以至于现在，他们兄弟姐妹哪怕在社会上取得一点成绩，父亲依旧会说那句，"我就知道，我的孩子不会差。"

或许一开始对父亲这句话并不自知，而父亲经常这样说，不经意间就在颜廷录他们的心里播下了自信的种子，一直激励着他们向前、向前。

家训夹议

正面说，才会有正能量

沟通是一门艺术，同样的话、同样的事，不同的语气、不同的说法、不同的方式、不同的场合，会产生截然不同的效果。人与人之间交往相处，说话讲究、举止得体，才能让人认同，才会有气场。所以，许多人说话、办事特别谨慎，特别讲究，或温言柔语、恭姿谦态，或不卑不亢、落落大方，处处彰显出风度和涵养。但也有些人，在外边"装"得很好，而到了家里则"原形毕露"，吹胡子瞪眼，粗话脏话，全然不顾。特别是对不太"争气"的孩子，动辄厉言负语相加，甚至不惜动用拳头。其结果是，孩子的自尊心和上进心受到伤害，有的干脆放弃进取和努力，"破罐子破摔"。

孩子面前，话正面说，才会产生正能量，才会有正效应。有人讲过这样一个故事：一位母亲第一次参加儿子的家长会，幼儿园的老师说：

"你的儿子有多动症，在板凳上连3分钟都坐不了，你最好带他到医院看一看。"回家的路上，儿子问她老师说了些什么？她鼻子一酸，差点儿流下泪来。因为全班30名小朋友，唯有他表现最差；唯有对他，老师表现出不屑。然而，她还是告诉了她的儿子："老师表扬了你，说宝宝原来在板凳上坐不了1分钟，现在能坐3分钟了。"那天晚上，她儿子破天荒地吃了两小碗米饭，并且没让她喂。

儿子上小学了。家长会上，老师说："全班50名同学，这次数学考试，你儿子排49名。对他，我们也没有什么好办法了。"回去的路上，她流下了泪。然而，当她回到家里，却对坐在桌前的儿子说："老师对你充满信心。他说了，你并不是个笨孩子，只要能细心些，会超过你的同桌的，这次你的同桌排在第21名。"说这话时，她发现，儿子暗淡的眼神一下子充满了光，沮丧的脸一下子舒展开来。她甚至发现，儿子温顺得让她吃惊，好像长大了许多。第二天上学时，去的比平时都要早。

孩子上了初中，又一次家长会。她坐在儿子的座位上，等着老师点儿子的名字，因为每次家长会，她儿子的名字在差生的行列总是被点到。然而，这次却出乎她的预料，直到结束，都没有听到。她有些不习惯，临别，去问老师，老师告诉她："按你儿子现在的成绩，考重点高中有点危险。"她怀着喜悦的心情走出校门，此时发现儿子在等她。路上她拍着儿子的肩膀，心里有一种说不出的甜蜜，她告诉儿子："班主任对你非常满意，她说了，只要你努力，很有希望考上重点高中。"

后来，她的儿子考入了一所全国重点大学。拿到入学通知书的儿子，突然转身跑到自己房间里大哭起来。边哭边说："妈妈，我一直都知道我不是个聪明孩子，是您……"这时，她悲喜交加，再也控制不住眼里的泪水……

好孩子、坏孩子，笨孩子、精孩子，平庸的孩子、有出息的孩子，往往就在父母的一句话间换了个位，定了个型。一句话，一辈子。世间的事，常常就是这么神！

长期以来，许多人总有一种错觉，认为家人之间说话，应直来直去，用不着掖着藏着的，更不能"虚头巴脑"的。实际上，家庭成员之间由于亲情所系、真情所期，对一些话往往不太当回事，而对有些话又特别在意，相互之间更应该讲究说话的方法、分寸和艺术。该有所保留的话，就不能一股脑地抛出来；该迂回、变通的话，就不能直白、生硬地说出来；该回避、陈封的话，就不能当面鼓对面锣地马上讲出来。父母是孩子的靠山和最贴心的人，如果连父母都挖苦自己、看不起自己，自己还能有什么自信可言？现实中动摇和摧毁孩子自信心的，往往不是别人，而是自己的亲生父母。

人有自信，才有前行的勇气和力量。孩子的自信心是脆弱的，经不起小小的风浪，"负激励"常常带来的是负效应；孩子的自信心又是可塑的，点滴的关爱、小小的鼓励，也能让孩子打起八倍的精神，扬起进取的风帆。说出去的话，是泼出去的水，可要三思啊！

自信是自己的，但往往也像生命一样，是父母给的。作为父母，应当常常问问自己：我们给了孩子生命，而我们给孩子自信了吗？

No.89 爸爸的话

幸福的生活从哪里来，要靠劳动来创造。

——丁吉朋

丁吉朋(1945—)，山东省东平县人。他虽是一名普普通通的农家人，但阅历还是挺丰富的。早年，他曾移居东北，考入哈尔滨飞机制造厂技校，三年困难时期下放回乡，先后担任中学教师、乡电子元件厂工程师，后来自己做生意，至今仍然热爱种菜和种树，不忘劳动者的本分。他为人真诚宽厚、谦虚低调，心地善良、乐于助人，吃苦耐劳、勤俭持家，有眼光、敢担当，在村里口碑颇好。

家训故事

丁芳①说，父亲像"大衣哥"那样爱唱歌，当她们不愿干活，不愿学习时，他总唱那句"幸福的生活从哪里来，要靠劳动来创造"。结果，他们姐弟四人都上了大学，都小有成就，都靠劳动过上了幸福的生活。

①丁芳，丁吉朋之女，大学毕业后，分配到济南平阴县安城中学担任语文老师，从教17年，多次被评为优秀教师和先进工作者，后因成绩突出被选调到该县政府部门工作。

小时候，丁芳家里生活不好过。姐弟几人年龄小，家里缺少壮劳力，在那个物资困乏的年代，吃饭穿衣都需靠苦力来赢得。当时，父亲在乡镇企业上班，总是趁着下班时间急火火地下地干农活。他一个人即便浑身是铁，拉车耙地，身边也必须有帮手才行。这样，她这个当老大的自然就冲在前面，免不了当男孩子、当劳力。那时他们姐弟大都七八岁、十多岁，说出工就出工，哪里有那么听话呀？偷懒，磨洋功，推一推转一转，是经常的事。

对此，父亲不急不躁，不打不骂，总是蹲下身，不是摸着他们的头，就是拉着他们的手，慈祥和蔼地说："孩子们，累了吧，先歇歇，爸爸给你们唱支歌，好吗？"于是，父亲就唱起了他最爱唱的一首歌："幸福的生活从哪里来，要靠劳动来创造。"这是他潜移默化，用来启蒙孩子们幼小心灵的"灵丹妙药"。说来，孩子们还是挺听话的，父亲的歌声一结束，他们就都热火朝天地干起农活来。

丁芳记得在6岁那年秋天的一个深夜里，她迷迷糊糊睡得正香，却被母亲叫醒了，母亲说："天快要下雨，赶紧起来到地里拾地瓜干去。"母亲一边说，一边麻利地帮她穿衣服。她昏昏沉沉地坐在地排车上，跟着父母去地里拾地瓜干，还没睡醒的她浑身肯定是懒洋洋的，动作懒散不利索。这个时候，父亲搓着她的小手，轻轻地吟唱着逗她开心，逗她振作起精神。他怕丁芳不理解，就一边比画着一边唱："太阳光金亮亮，雄鸡唱三唱。花儿醒来了，鸟儿忙梳妆。小喜鹊造新房，小蜜蜂采蜜糖。幸福的生活从哪里来，要靠劳动来创造。"

但是，不管父亲怎么比画，6岁的她哪里听得懂啊，好歹记住了那句"点睛之笔"的歌词："幸福的生活从哪里来，要靠劳动来创造。"听完，她突然感到，沉睡的大脑被唤醒了。望着她在地里爬着拾地瓜干的样子，父母都幸福地笑了起来。他们的笑，至今还刻在丁芳童年的记忆里。

随着年龄的增长，丁芳渐渐理解并懂得了歌词的含义。到了高中，她才知道这首歌的名字叫《劳动最光荣》。从此，"幸福的生活从哪里来，要靠劳动来创造"，便成了她追求卓越、追求一流的座右铭。先是激励她考上了大学，后又激励她在教学上精益求精，赢得了荣誉；如今仍在激励她在政府部门兢兢业业工作，对得起父亲的教诲和"人民的公务员"这个称号。

丁芳姐弟四人，都是这句歌词的受益者。今天，她们过着幸福的生活，都由衷地感谢父亲的歌声里传出的潜移默化的力量。

家训夹议

"唱"比"吼"好

男人与女人的性格不同，女人多温柔，男人爱发火。在管教孩子上，妈妈多"用软"，耐心、细心又贴心；爸爸易"动硬"，心急、气急又话急。同样的话，妈妈说出来往往柔声细气，让人爱听，易于接受；而爸爸说出来常常厉声刺耳，让人不爽，容易产生逆反心理，或行顺心逆，或心逆行亦逆，或阳奉阴违，与你周旋"打游击"。

许多爸爸在子女面前，爱耍性子，爱发脾气，动不动就"吹胡子瞪眼"，不为别的，就是为了一个父亲的威严。在他们看来，孩子对父母要有所畏有所怕，才能服服帖帖，才能走正道、有出息。那种柔声柔气、嘻嘻哈哈，甚至"没大没小"的待子之道，是一种娇惯，甚至是一种不负责任的放纵，家里出不来成气的孩子。一些公认"脾气好"的爸爸，回到家在子女面前马上像换了个人似的，似乎不严肃点就不是像模像样的父亲。

实际上，这是一种误解。"无情未必真豪杰，怜子如何不丈夫。"作为一代大师的汪曾祺，有文学家、美食家、画家等一大串"高帽子"，但在孩子眼中，他就是个普通父亲，是个好老头儿，他儿子汪朗笑说："在我家什么也不是。"汪朗说父亲十分平和，很少发脾气，在孩子面前总是乐呵呵的。别看汪曾祺是一代文学名家，可是他不刻意培养孩子，汪朗说他们几个孩子都是被放养长大的，老头儿从不望子成龙或望女成凤。虽然在文学上对孩子教诲不多，但王朗说父亲的待人接物却都对孩子言传身教，"老头儿这一生就是八个字'认真做事，平等待人'，我们基本都学到了。"

父母对孩子的管教要严，什么时候都不能娇生惯养，这是一个不争的共识。但这个"严"，不是严在嘴上，而是严在心上，只有让孩子内心深处理解了、认同了、接受了，孩子才会"惟命是从"。教育孩子第一位的是要填平"代沟"，拉近两代人心与心之间的距离，心心相近，才能心心相通；心心相通，才能心心相印；心心相印，才能心心相随。

"春风潜入夜，润物细无声。"做父亲，就要做汪曾祺、丁吉朋那样的父亲。

No.90

爸爸的话

娇子如杀子。

——赵公起

赵公起（1953— ），山东省昌乐县人，虽然文化程度不高，但人挺聪明，初中毕业后即在生产队干起"高技术活"——开50型拖拉机；改革开放后，也曾开自家购置的拖拉机跑过短途运输，现负责一农业生产基地的管理工作。在儿女眼里，他是一个"事事"挺多的人，思想传统，规矩、要求挺多，做事有板有眼；也是一个特别直爽的人，说话办事直来直去，不拐弯抹角，看见有错喜欢给人指出来；还是一个非常慈爱的人，心地善良，内心柔软，孝敬老人，乐于帮人，见不得别人受难。

家训故事

赵冠军[①]有三个姐姐，他是家中唯一的男孩，父母盼星星盼月亮似的盼了多年，才把这个儿子盼到手。这对一般农家来说，姗姗来迟的独子受到父母的特别宠爱都在情理之中。然而，父亲对

①赵冠军，赵公起之子，1982年出生，2001年经高考考入中国人民解放军后勤工程学院，硕士研究生学历，曾任排长、指导员、助理员，现任某部参谋长。

他不仅不娇惯，反而对他要求极其严格。一是大事小事要求懂规矩、守规矩。比如坐要有坐相，站要有站相，吃要有吃相，好吃的要先给老人吃，吃饭要等大人先动筷子，不能"下乡"夹菜，不能吧嗒嘴等。赵冠军小时候农村经济条件差，顿顿吃白面馒头对有的家庭来说都是奢望。父亲那时也算村里的能人，会开拖拉机，所以能时不时地买些桃酥、罐头等回来。但每次买回来都是先给奶奶吃，奶奶吃过后他们姐弟才能吃。家里也很少吃肉，过节或是有什么大事才能打打牙祭。记得有次过年，家里来了许多客人，桌子上摆满了好吃的，馋得赵冠军是坐立不安又无可奈何。因为父亲的规矩是小孩子不上桌，所以赵冠军就一遍遍地进进出出，围着桌子转，有事没事地往大人身边凑。父亲虽然早就看出了他的小心思，却依然没有破这个规矩，让他到饭桌上一起吃饭。二是不让孩子享清闲。孩子们放学或是放假后，除了做作业、看书，一有时间就让他们到田间地头干活，很小的时候不会干就站在一边看，让他们经受日晒风吹，知道种地的艰辛与生活的不易，同时也倒逼他们好好念书。赵冠军和姐姐上学期间曾流露出过不愿学习的情绪，父亲二话没说，把加满水和药的重达四五十斤的喷雾器放到姐姐肩上，把一把大锄交给赵冠军，拉着他们到地里去干重活，后来他们谁也不敢抱怨读书苦学习累了。三是生活上要求节俭。赵冠军在县一中读高中时住校，别人家孩子一个月的生活费要花到一百二三十元，父亲却只给他八十元，让他节省着花，不够用再说。结果三年中，每月这点钱竟然也能顶了下来。那时家里虽然过得挺紧巴，但这点钱还是能

凑起来的，父亲就是想让孩子懂得节俭，不要养成花钱大手大脚的坏习惯。等到赵冠军长大懂事了，父亲才对他说："孩子，娇子如杀子，爷（当地人喊爸爸叫爷）不宠你、惯你，不是不心疼你，都是为你好啊！"

赵冠军理解父母的不易和用意，无论上小学、中学还是进军校，无论是当一般军官还是当领导干部，都能处处严格要求自己，身上从来没有娇骄二气。他说，这些都得益于打小以来家规的约束和父亲的言传身教。

家训夹议

靠钱买不来真本事

采访赵公起，他还说起一件不娇惯孩子的事。当年儿子赵冠军初中毕业考高中，以两分之差没能考上县重点高中昌乐一中。按当时的做法，分数差几分的交上一定数额的钱后是可以进去的。他们村里的一个同学差了一分，交上6000元钱后就进了一中。赵冠军也想走这条路，试探着找父亲要钱。父亲说，不是凑不起这个钱，而是靠钱买不来真本事！今年没考好，说明你初中学得有差距，还是复读一年补补课，明年再考。赵冠军无奈，只好不情愿地进了复读班。第二年他以优异的成绩如愿以偿地进了昌乐一中。高考时，赵冠军考了629分，高出一本线40多分，在竞争异常激烈的军校招生中，实现了进军校、当军人的梦想。现在与赵冠军说起这事，他说如果没有那一年复读打牢的基础，他这个连重点高中都没考上的失意生，即使花钱上了一中，恐怕也不会有这么优异的高考成绩，也进不了军校。言语之中，赵冠军非常感激父亲花钱上的"小气"和看事上的大气。

现在的许多家长，不管是有钱的还是没钱的，只要是孩子上学、找工作需要钱，他们即便是勒紧裤腰带、东借西凑，也不会说个"不"字。靠钱去"摆平"，花钱去"跑路"，"穷谁也不能穷孩子"，在他们那里已经成为基本的思维理念。于是，许多孩子不是把功夫下在学本事、长能耐，增强自己的竞争力、适应力上，而是寄希望于父母甩钱铺路。有些在国外留学的孩子，大把大把地花着父母的钱，不是好好地学习功课，而是在异国他乡享受着"天堂般的生活"。有些虽然拿到了光鲜的文凭，但一到职场就露了馅、现了形，有的甚至在国外成了寄生虫，靠国内的父母长期寄钱养着。实践表明，孩子的成长成才固然需要一定的钱来做保障，但一味靠钱解决不了根本问题，还会成为孩子意志品质的腐蚀剂。

过去，一些名门大家世代出才子，自然是得益于良好的读书条件，但更重要的是因为有好的家训家风在传承与熏染。这些家庭对孩子要求都特别严格，再有钱也不让孩子乱花一分，也不会为孩子花钱买前途。孩子们大都上进努力，有好的修养和真才实学。相反，那些靠金钱和歪门邪道上位的家长和孩子，往往是"富不过三代"。现在，家家户户经济条件普遍有了较大改善，有钱用在孩子的前途上无可厚非，但钱花在孩子身上一定要掂量掂量，看看花得对不对、值不值、该不该，该"狠心"时莫不忍，该"抠门"时莫迟疑，千万别干那种撒钱贻误孩子的糊涂事！

爸爸的话

No.91

父母当面教子，夫妻背后互教。

——吴全胜

吴全胜（1954—   ），山东省枣庄市人，属马，脾性如马，不畏险阻，即使负重，也总是持奔跑的姿态，有着不可征服的力量。热血、耿直、正义、坚忍、善良，与他的名字紧紧联系在一起。历经三年困难时期，倍受饥饿与痛苦的煎熬。少时读书耕田；中年离家，为生计奔波；老年莳花弄草，含饴弄孙。相信艰苦奋斗，自力更生，人定胜天。

家训故事

谈到父亲的教诲，吴宝华[①]说，家风、家训、家规是深深烙在中国人心中的传统文化。历史也表明："一家仁，国家兴仁；一家德，国家兴德。""家风正则后代正，则源头正，则国正。"家庭作为社会的一个细胞，家庭成员作为社会的一个个个体，接受过良好的家风、家训、家规的熏陶，就会促进孩子积极成长，他们步入社会后，也会更好地为社会和谐与发展贡献一份力量。

[①] 吴宝华，吴全胜之女，80后，在某文学报刊任执行总编十余年，喜欢用文字表达思想。有作品在《小说评论》《散文选刊》《时代文学》《中国海洋报》《齐鲁晚报》等报刊发表。系中国散文学会会员。

吴宝华说，父亲是地地道道的农民，半生与土地为伍，他说过很多土味却带着哲理的话。如"眼是孬蛋，人是好汉""人穷志不短，人勤地不懒""跟着好人学好事，跟着坏人去做贼""贪小便宜吃大亏"，等等。这些话深深地烙在她的脑海中，让她时常对照自己的行为，提醒自己，反省自己，改正自己。父亲是个极讲究礼数的人，待人接物极注重礼节，这也是性格耿直脾气甚至有点暴躁的他人缘极好的原因之一。父亲在家中是极威严的，家规多，家教也严。让她感受最深的是"父母当面教子，夫妻背后互教"。父亲对她们兄妹从不娇惯，包括对母亲也是经常指其不足，促其改正。对于年幼的子女来说，做错事、不懂礼数是常有的事，父亲总是及时指出，和她们一起分析问题，找出原因，并引导她们自省。同样的错误，她们保证不再犯第二次。印象最深的是，父亲教训哥哥夏天不要随便到河里游泳。老家河渠、深坑众多，过去每年夏天都发大水，看似平静的水面，下面暗藏凶险，也有不听话的孩子因不识水情去游泳而丧命，父亲三令五申不许哥哥私自去游泳。但是火热的夏天还是挡不住男孩子们对游泳的热情，经常呼朋引伴偷偷摸摸去河里洗澡。记得有一次哥哥担心在近处游泳很快被发现，就偷偷跑到很远的水库去游泳，当时全家都找不到他，都很着急，发动亲戚邻居帮忙找。傍晚，哥哥自己回来了。父亲又气又急，在众目睽睽之下掌掴了他，并用赶羊的鞭子抽他的屁股，还让他跪在地上写保证书，并把他当反面教材告诫那些围在四周看热闹的经常偷偷去游泳的男孩子们。从那次事件后，哥哥再也不偷偷游泳了，自从那次父亲"当面教子"以后，村子里再也没有发生过孩子游泳溺水伤亡的事件。

吴宝华记得有一次，是一个炎夏，有两个亲戚事先没打招呼就来了，办完事就要急着回去。临近晌午，父亲执意要留下他们，一定让他们吃完饭再走。父亲陪他们聊天，她和母亲负责做饭。匆忙中，在做青椒炒鸡蛋时，母亲也许是没有看清，随手就把袋子里的味精当成食盐放进了菜里，当时母亲一点也没察觉。菜上桌后只一会儿，父亲就叫吴宝华把青椒炒蛋端走，说大热天的喝酒吃辣椒太烧心，换个凉拌黄瓜吧，母亲又赶紧拌了黄瓜让吴宝华端到堂屋中去。送走客人后，吴宝华在院子里洗碗，听父亲在屋里跟母亲说：炒的青椒鸡蛋没放盐，把味精当盐放了，味道别提了，幸亏客人还没有开始尝这道菜。这时母亲才恍然大悟父亲让换成凉拌黄瓜的用意。里屋是"夫妻互教"的地方，在这里，见多识广的父亲常指出母亲为人处事中的一些不足，即使双方有不同意见，也会和平、友好处理。识字不多但为人热情真诚的母亲，在父亲的熏陶下，受到邻里更多的尊重。

说起这段往事，吴宝华感慨地说，随着时代的发展，如今讲究要尊重每一个人当然也包括很小的孩子，对子女的批评教育更要讲究方式方法。但"父母当面教子，夫妻背后互教"在她家影响深远。她踏入社会后，做事情总是站在对方角度思考，多为他人着想，这让她结交了上至八十岁、下至七八岁的天南地北的朋友们，有的虽未谋面，但是每次电话或微信聊天总能感受到朋友间真诚的牵挂和真心的问候。

吴宝华最后说，家风不是一阵风，它是润物细无声、深入骨髓的一种德行的修养，对于不少人来说，家风甚至影响和决定了人的一生。家庭是社会的细胞，从正家风开始，推动党风政风、社风民风改善，会让社会这个大家庭更加和谐、美好！

家训夹议

别被"尊重"绑了架

"尊重"一词，出自《汉书·萧望之传》《新语·资质》等，古语是指将对方视为比自己地位高而必须重视的心态及其言行。伴随着社会的进步，现在已将"尊重"逐渐引申为平等相待的心态及其言行。在当下，"尊重"成为一个温馨、时髦，具有标签意义的词，使用频率越来越高。

中国人受几千年封建文化的影响，血脉里一直残留着"官本位""君为臣纲、父为子纲、夫为妻纲"这一套思想理论，无论是在社会上还是在家庭中，"尊重"常常不为人们所尊重。像吴全胜这样地地道道的农民家长，在管教儿子上，尽管情急之下偶尔有些粗暴，但能够坚持"父母当面教子，夫妻背后互教"的治家理念，就算是非常开明、非常讲究的了。现在人们"尊重"的意识增强了，包括在家庭成员之间，越来越多的人开始注意尊重别人、在意别人的尊重，这是非常难能可贵的一种进步。

每个孩子都是独立的个体，他们都有着自己的权利。父母对待孩子、教育孩子，当然要懂得尊重孩子，绝不能因为是自己的孩子或在爱的名义下侵犯孩子的自尊与权利。那么，如何尊重孩子？见仁见智，众说纷纭。比如，有的说，不要把自己的愿望强加给孩子，要尊重孩子的想法；有的说，不要让孩子当众"出丑"，无论什么情况下都要顾及孩子的尊严；有的说，不要打骂、惩罚孩子，无论孩子犯了什么错都要耐心地去说服和引导；等等。然而，在这种教子理念的主导下，许多家长在管教孩子上倒是越来越"民主"了，而一些孩子在家变得越来越任性了。他们走向社会后，诸如自私自大、性情脆弱的毛病也暴露出来了。说来说去就是，"尊重"不能一概而论，当对方的心智还不够健全时，当对方还缺乏一定的自束力、抗干扰力时，当对方对"尊重"缺乏必需的感知力、把握力时，一味地讲"尊重"无异于放纵。

尊重别人和被别人尊重，是世间最美好的事情。人都有尊重别人的义务，也有被别人尊重的权利。人的意识中不能没有"尊重"二字，但同时还要切记，千万别被"尊重"绑了架。

No.92 爸爸的话

别管遇到啥难处，车到山前必有路，学会有个好心态。

——张树臣

张树臣（1920—2004），山东省嘉祥县人。他17岁那年，父亲因病离世，当时母亲多病，两个弟弟一个11岁、一个5岁，家庭的重担全落在他这个未成年人身上。在艰难困苦的日子里，他想尽办法养家糊口，东拉西借照料母亲，拼死拼活把两个弟弟养大成人，操持他们结婚成家，送他们"闯关东"谋生，而自己因侍奉老母无法脱身，厮守僻壤，务农一生。日子再苦他从不抱怨，生活再难他都积极乐观。

家训故事

在 20 世纪五六十年代，张树臣养育了 5 个子女。贫瘠的土地，低下的生产力，多发的自然灾害，让这个三代之家时常挨饿。有一次，张树臣赶集买了两个熟鸡蛋，准备给老人、孩子们解解馋。回家的路上，他看到一个小孩饿倒在路边，于是把一个鸡蛋给那小孩吃了，还半开玩笑地叮嘱说："赶快走吧，不然又饿得回不到家了。"有一次在街上闲聊，他让大家猜谜语："天知我有，地知我无，你知我有，我知我无。打一物品。"大伙猜不出，他就边脱鞋边笑着说："是我没底的袜子"，引得大家哈哈大笑。在那样艰难的生活环境下，他总是变着法地调节心情，保持乐观和幽默，把欢快带给子女和周围的人。他常说，生活再困难，大风也刮不来钱，只能从牙缝里挤点儿把孩子们养活，只有把孩子养大了，家里才有盼头。

面对生活的艰辛，儿时的张长青①小小年纪也曾禁不住唉声叹气，他更对父亲不知苦、不知愁，整天总是乐呵呵的颇感不解。张长青初中毕业失去上高中的机会，一度灰心丧气，对前途失去信心。父亲却对他说："别管遇到啥难处，车到山前必有路，学会有个好心态。"果然，两年后国家教育恢复常态，张长青以优异的成绩进高中、上军校，人生步入了快车道。

① 张长青，张树臣之子，小时候要过饭，务过农；恢复高考上军校，毕业后干过参谋、干事、协理员，当过基层各级指挥员；转业进入地方检察机关，先后从事职务犯罪侦察、预防和纪检监察工作，其间两次担任贫困村、软弱涣散村第一书记，走到哪里都有不俗的表现。

张长青几十年一路走下来，每当遇到困难，就能想起父亲那泰山压顶不弯腰的生活气派。其实，张长青在工作生活中也遇到不少坎坷，从部队转业到地方工作，业务不懂，年龄较大，但他不气馁，边学边干，从头再来。他常说，工作带来快乐，快乐促进工作。2005 年，他原本幸福的家庭遭遇不测，在孩子不到 10 个月大的时候，爱人突然因病去世，他悲痛万分，不知所措。有朋友劝他把孩子送人吧，他冷静下来，思索许久，还是决定不管多难也要把孩子养大成人。在亲戚朋友的帮助下，孩子长大上了幼儿园。为给孩子一个完整的家，他找了一个心地善良、诚实待人的妻子，她视孩子如己出，孩子对她也特别依恋，那种知足感、幸福感常常挂在张长青的脸上。朋友同事都说他心胸宽阔、心态乐观。他说自己受到了父辈的影响，延续了好的人生态度。

家训夹议

放下"远虑"，立地"成仙"

在物质极度匮乏的年代，人们穿着补丁摞补丁的衣服，往往吃了上顿没下顿，日子着实是苦，但内心并没有太多的压力；而在物质条件日益充盈的当代，人们内心反而"压力山大"了。大家坐在一起聊天，说着说着就会透出一种情绪：焦虑。动不动地就会抱怨：累。于是乎，重压之下，心理出问题的人数明显增多。据省城一位权威心理专家讲，100位当代人中，大约就有17人心理上出现过问题。

当代人压力陡增，固然与生活节奏加快、社会竞争加剧、生活成本加大有直接关系，但也不能否认，许多压力又是自我造成的。朋友的女儿，一位刚30出头的知识女性，她和老公工作稳定、收入可观，儿子不到3岁，双方父母都帮衬着，按理说她该轻轻松松过日子，舒舒服服享受工作和生活，然而她总是焦虑不安，放松不下来。一会儿担心孩子不愿上幼儿园怎么办，上学学习成绩不好怎么办，一会儿担心儿子考不上好大学、找不到好工作怎么办，一旦在京沪深等大城市就业安家买不起房子怎么办……一句话，她不为当下的事担心，而是为将来的事揪心。可以看出，许多焦虑是从"远虑"中衍生出来的。

人无远虑，必有近忧。人不能没有长远眼光，不能没有长远打算，但也不能活在无尽的"远虑"里。未来是假设的，当下才是真实的，所以人注定不能活在明天而必须活在今日。一个人如果整天为将来那些不确定的事分心、担心，甚至揪心，他不仅会失去当下，也注定不会有好的未来。也就是说，"远虑"多了，"近忧"就来了。明天的事情固然需要未雨绸缪，甚至下好先手棋，但大多还是顺其自然、水到渠成的好。要知道，世间之事往往"人算不如天算"，有"远虑"未必就有未来。更何况，有些所谓的"远虑"，本身就是杞人忧天式的"多虑"。"车到山前必有路"，并不是"今朝有酒今朝醉"的得过且过，而是让人保持一种安心当下、相信未来，立足当下、面向未来的好心态。

生活本美好，可惜人自扰。心中"远虑"少，焦虑当自消。那些爱操心爱焦虑的人们，还是把你们的"远虑"放一放，开心地笑一次，踏实地睡一觉，轻松地活一回吧！

随遇而安，胜似神仙。

No.93 爸爸的话

人生当立读书志，有为孩儿书作"粥"。

——韩祥凤

韩祥凤（1925—1999），字瑞祺，山东省临朐县人。出生在耕读世家，曾祖父是清末秀才，教了一辈子私塾。他6岁起随曾祖父进私塾学堂读书习字8年，日寇入侵、临朐县城沦陷后才被迫中断学业，在家边耕边读。后来为了生计和躲避战乱，只身远赴江苏海州，在一家制鞋厂学徒务工，边做工边读书。临朐县城解放后，他才重新回到家乡与家人团聚。他一生嗜书如命，直到晚年仍手不释卷。

家训故事

20 世纪 60 年代初，正是生活极度困难时期。韩利嘉①姊妹几个年纪小，家里人口多，仅靠父亲韩祥凤一人劳动养家糊口，经济上经常捉襟见肘。但父母从长计议，省吃俭用，从未耽误他们

> ①韩利嘉，韩祥凤之子，一位学识丰厚、思想深邃、文笔溢彩的部队师职领导干部，曾任大军区机关组织处长、干部处长、研究室主任、办公室副主任。

兄妹缴学费、买课本文具。在韩利嘉的记忆中，为了节俭学费，上一年级的时候只用石板和石笔写字，上二年级平时练习也是用石板、石笔，只有上交老师批改的作业才用铅笔写在本子上。三年级有了作文课，老师要求用钢笔抄写。但多数同学买不起钢笔，就花一两毛钱买支蘸笔，蘸着墨水写，蘸一下只能写两三个字，很不方便。他把学校的要求告诉父母后，父亲二话不说，跑到城里花了一块两毛四分钱，给他买了一支"金龙"牌黑色钢笔，这支笔不仅好用，而且高端气派。父亲把带着自己体温的新钢笔递到韩利嘉的手里，语重心长地对他说："你属龙，我给你买回一支金龙牌钢笔。你要用这支笔刻苦学习，小学毕业考中学，读完中学要考上大学。"说完，又重复他经常说的那句话："读书能明理，明理方立身，立身才成事。人生当立读书志，有为孩儿书作'粥'。"父亲还解释说，这个"粥"是填肚充饥的那个"粥"，也可以说成泛舟前行的那个"舟"。韩利嘉听后，眼窝里噙着泪花，心里头沉甸甸的。

父亲嘴上这么说，心底深处更是这么想的。他老人家对韩利嘉兄妹四人的学习一直高度重视，尤其是对他寄予厚望，盼着他考上名牌大学，毕业分配个体面的工作，以光宗耀祖。从他 5 岁起，就教他背《三字经》《百家姓》《庄农日用杂字》等。马益著编写的《庄农日用杂字》总结了春耕、夏锄、秋收、冬藏，一年四季农事的要领，共 474 句，每句 5 个字，一韵到底，父亲能熟练背诵。每天晚上躺在床上，父亲就开始一句一句地教他。时间过去 60 年了，这本书的内容还清晰地印在他的

脑海里。

读小学三年级后，父亲开始辅导韩利嘉阅读"四大名著"。首先学读《三国演义》。他记得那是一套由 12 分册组成的木刻版、文言文的线装本，都是繁体字文言文，通篇没有一处标点符号。按照父亲的要求，这本书他先后读了 3 遍。刚开始，为了让他读懂看明白，每读一篇前，父亲总是先把故事梗概讲给他听，然后再辅导他阅读。第二遍，父亲要他独立地从头到尾读下来。读第三遍时，父亲要求他对诸如《诸葛亮舌战群儒》《柴桑口卧龙吊丧》《武乡侯骂死王朗》等精彩篇章，要耳熟能详，对诸葛亮《前出师表》《后出师表》等名篇，不仅要烂熟于心，而且力求熟背。在阅读名著的同时，父亲还辅导他阅读了《古文释义》的有关篇章。

父亲的"高压"政策和循循善诱，让韩利嘉始终保持了浓厚的学习兴趣，养成了良好的阅读习惯，使他打小从学识到视野、从品位到情操，都出类显众，这为后来长期在军队机关从事文字写作工作奠定了坚实基础。他现在想来真是受益终生啊！

转眼间老人家离世已 20 余年，韩利嘉亦步入老年行列，他的孙子也已成长为读小学五年级的学生。退休后的这几年，他一直在努力践行父亲的遗训，更加关心儿子儿媳的工作和进步，更加关心孙子孙女的成长和学习，教孙子读名著、学古诗，与孙子吟诗填词作对。他把培养教育子孙后代作为今生的追求和事业，以此告慰父亲的在天之灵，报答父母的养育之恩！

家训夹议

家有"学气"风自清

韩利嘉爱读书、爱思考，家里书香浓郁，这与父亲的"逼迫"和劝学分不开，也与父亲在家庭中注重培育浓厚的"学气"不无关系。韩利嘉兄妹从小到大，在家里呼吸的不仅仅有须臾不离的空气，还有飘逸在院落屋宇的浓浓"学气"。老人家走到哪里，就把这"学气"发扬到哪里。

老伴去世后，儿子女儿把他接到了济南，当他看到儿子家里藏存着满满三大书柜的书时，喜出望外，又一头扎进了书海里。在济南居住的那几年，他哪里也不去，白天泡上一壶茶，在书桌前静静地看书品读。晚上等儿子、儿媳下班回来，全家吃完晚饭，孙子写完作业，他就开始讲述当天看书的见闻和心得。那种儿孙绕膝、洗耳恭听的场景，是全家最幸福的时光，也是他最开心的时刻！1999 年春，他已是 75 岁高龄，腿脚走路已显不便，儿子陪他爬了泰山，老人家非常高兴。每到一个景点，他都是以看泰山的石刻、石碑为主。回来后他又让儿子搜集有关泰山的资料，并逐一研读，直到搞清楚为止。回到老家，他把爬泰山的见闻、感受和历史典故，逐一讲给茶友、棋友和老伙伴儿们听，把泰山上的留影拿给大伙儿看。他的晚年儿女都已成家立业，老人家又担当起关心孙辈学习与成长的重任。对 7 个孙辈，每次考试，谁成绩好，谁进步大，谁考得不理想，他都一清二楚，并经常逐一点评。现在，每个孩子都养成了爱读书的好习惯，每个小家庭都风清气正、活力十足。

气能养人，也能害人；气能养家，也能败家。一个家，戾气浓，则易出恶人；铜气浓，则易出贪逆；慈气浓，则易出善子；志气浓，则易出强辈；侠气浓，则易出豪杰；学气浓，则易出贤能。苏轼有词曰："一点浩然气，千里快哉风。"所以，治家必先"正"气，育人必先"充"气。

"万般皆下品，唯有读书高。"对一个家庭来讲，这气那气，最重要的是"学气"。"学气"足，则正气盛，歪气消，浊自清；"学气"升，则华气生，灵气盈，位自崇。晚清重臣曾国藩致力于以学修身、以学"养"家，自己长期在外率领湘军与太平天国作战，仍把家人的

"学业"、把家庭的"学气"时时挂在心巅上，每每写在家书中。受这种家庭氛围的熏陶，两个儿子不走科举进士之路，而走知识救国之路，一个成为著名的外交家，一个在数学、电学领域取得卓越成就，名扬世界，功垂史册，也让曾家成为令人敬重的家族。这才是曾国藩的最高明之处。

No.94

爸爸的话

读什么样的书，就会做什么样的人。

——阚昌林

阚昌林（1933—　　），安徽省宿州市埇桥区人，1944年入伍，长期在技术侦察部队工作，历经抗日战争、解放战争，参加过孟良崮战役、莱芜战役、泰安战役、济南战役、淮海战役和渡江战役，并在这些战役中通过技侦手段获取敌人部署情报做出过突出贡献。他曾任原总参谋部第三部副科长、科长、副处长、处长，原南京军区第三部副部长。对党忠诚，克己奉公，爱国爱家，无私奉献，以理服人，这是他一生的"底本"。

家训故事

阚辉[①]读《红岩》这本书，是在他13岁的时候，距今已50年。当时由于父亲所在的部队移防大别山，那时的大别山里没有像样的学校，更没有什么书可以读。父亲是抗日战争时期入伍的一名军人，他不仅对孩子们的成长要求极为严格，而且对孩子们的读书也非常关注和"挑剔"。他曾对阚辉他们讲："读什么样的书，就会做什么样的人。"

[①]阚辉，阚昌林之子，获国防大学军事学联合战役专业硕士学位，曾任原济南军区司令部作战部副处长、处长、副部长，河南省焦作军分区司令员。参与组织指挥了建国50周年首都国庆阅兵、29届奥运会青岛帆船赛和第11届残奥会奥帆赛安保工作；参与组织指挥了长江抗洪抢险、山东烟台"11·24"海难救援、山东菏泽黄河东明段抗洪抢险、抗击南方雨雪冰冻灾害、汶川特大地震抗震救灾，被青岛市授予"奥运安保先进个人"特别荣誉称号。主译出版美军第一次海湾战争指挥官传记《施瓦茨科夫——男人、使命、成功》。

1970年4月的一个星期天，父亲带着阚辉徒步来到安徽省六安县一个叫鲜花岭的小镇上，在新华书店看到货架上摆着一本《红岩》，父亲毫不犹豫地掏钱买了下来，尔后如获至宝地对阚辉说："孩子，这本书你回去好好读，多读几遍。读了以后，你就会知道我们共产党人是如何的坚强，如何的会为人民的利益牺牲自己的生命，你就会在骨子里形成自己的生命气节。"当时阚辉并不完全理解，只是点头"嗯"了一声。回家以后便迫不及待地打开这本书读了起来，越读越觉得有力量，越读越觉得革命烈士的伟大！之后，阚辉在参军入伍前的几年间又多次读这本书。可以说，阚辉世界观的形成，40年军旅生涯中从一名士兵成长为一名党和军队的中高级领导干部，靠的就是从《红岩》这本书里汲取的政治营养。

了解阚辉的人都知道他浑身都是正能量，他有思想、有能力、有正气，走到哪里都充满激情、充满干劲、充满智慧。任河南省焦作军分区司令员期间，受到地方党委政府和当地人民群众的高度赞誉，中央电视台、中央人民广播电台、人民日报、解放军报等十多家军内外主流新闻媒体集中宣传报道军分区的建设经验。从军队领导岗位退下来后，他迅速转换角色，积极参与地方经济建设，利用自身余热为地方招商引资和落实建设项目 135 亿元。他还与中来股份共同创造农村户用光伏电站建设模式，助力农村贫困户脱贫致富。

"莫愁前路无知己，天下谁人不识君。" 阚辉的才华与贡献有口皆碑，理应走上更高的领导岗位，登上更大的施展平台，但他始终以平常心对之，从不抱怨什么，因为一本《红岩》让他释然了一切。

2014 年 4 月，阚辉进修的北大光华企经班在西双版纳开课。课后，他放弃在当地游玩的机会，直飞重庆去看一个老战友。他问阚辉在重庆想去哪些地方游览，阚辉说去看渣滓洞和歌乐山吧，其他哪里我也不去。他听后很诧异。是啊，他怎么能理解阚辉当时的心情呢！因为阚辉等这一天已经等了 44 年。这 44 年，自己从一个青涩少年变成老年人了，时间虽然能够摧毁人的容颜和身体，但它摧不垮人的意志。人的生命会有尽头，但人的精神和意志是永存的！

阚辉非常感谢自己的父亲，是父亲通过让他读这本书学会了做人做事，始终保持了共产党人应有的气节！他希望年轻的父母们都读一读《红岩》这本书，如果有可能，也让自己的孩子读一读，这样我们的社会就会多一些正能量。

家训夹议

阅读：向经典致敬！

中央电视台中文国际频道《中国文艺》周末版，2014 年底推出系列品牌节目——"向经典致敬"。节目通过访谈、表演和外拍纪录短片等形式，向经典的文艺作品和德高望重的艺术家致敬。"向经典致敬"成功地挖掘和发扬了当代中华经典的无穷魅力，深受广大海内外观众的喜爱。

　　所谓经典，就是具有典范性、权威性的经久不衰的万世之作，是经过历史选择出来的最有价值、最具代表性、最完美的作品。用经典来教育人、激励人、塑造人，人生就会在高光点上前行，就会多一些精华，少一些粗陋和糟粕；社会就会不断积聚正能量，就会多一些英才，少一些庸人。当年，一本《共产党宣言》让李大钊、毛泽东、周恩来、邓小平等一大批有志青年走上了革命道路，也成就了他们的经典人生。中国"四大名著"、世界文学名著，不知启蒙了多少文学青年实现了文学梦、作家梦。

　　当今时代，是个知识大爆炸的时代，是个信息大喷涌的时代，也是个书籍满天飞的时代，可谓良莠难分。令人不安的是，许多人沉浸在"屏阅读""秒阅读""浅阅读"里不能自控，陶醉在"盲阅读""灰阅读"甚至"黑阅读"里不能自拔。在他们那里，经典反而成了躲避不及的"老朽"，成了束之高阁的"文物"。这种阅读，给人生航船注入的不是扬帆前行的动力油，而是在不断地往油里掺加杂质，往船体上涂刷腐蚀剂。都说"开卷有益"，实际上，有些"卷"不开也罢，开了反倒无"益"。

　　阅读是要让人走向精神高地，是一件高雅的事情，一定要有高起点，追求高品位。人固然需要博览群书，做个饱学之士，实可谓"腹中贮书一万卷，不肯低头在草莽"，但人的时间和精力有限，读书一定要有选择，要有取舍，要有侧重。具体说来，"有用"的书要精读，"有益"的书要多读，"无味"的书要少读，"发霉"的书要拒读。精读"有用"的书，重在用心读、反复读那些对人生对事业能把关定向、能强筋硬骨、能升思长智的经典，把它作为阅读的圆心，同时向"有益"的书系扩展，构建起健康的、智慧的、属于自己的阅读世界。这样，才能让自己的知识获取更高效、更受用。

No.95

爸爸的话

书读千遍，其义自现。

——吴学义

吴学义（1935—2017），山东省巨野县人，读书到高小，在村里算是文化人，但沉默寡言，不善交际。年轻时在村里做过民办教师，教了几年小学。一生的大部分时间在侍弄庄稼，算得上种田好手。他也会编筐、编篓、编苇席、编草鞋，还无师自通地会干些木工活，家中的桌椅板凳都是他茶余饭后的作品，算得上心灵手巧。这些家用的物品虽有些粗糙，但憨实耐用。年轻时无书可读，他就常常听广播；年老时爱读闲书，像古代小说《封神榜》《三侠五义》等，还有现代的一些武侠小说。他只是粗粗地看个情节，只为找乐子解闷，也不往心里记。抽过烟，却早早地戒了；不喝酒，也不去人多的地方闲聊。他就像乡间路边的一颗无名小草，承受着大自然的风雪雨霜，默默地生长又在平凡自足中悄无声息地老去。

家训故事

吴茂华[1]在复课一年后的 1981 年 7 月，顶着酷暑再次参加高考，但仍以 1.5 分之差名落孙山。知道结果后，他心灰意冷，几近绝望，都不知道自己是怎么走回来的。他直接去了村北玉米地，找到正在锄地的父亲，告诉父亲，他又没考上，从现在开始死心塌地帮家里干活，不再考了。

[1]吴茂华，吴学义之子，山东青年杂志社原社长。1984 年 7 月自菏泽师专（现为菏泽学院）中文系毕业分配至山东青年杂志社工作。从编辑记者做起，历任编辑室主任、副总编、总编、社长。其编采的文章多次在全国青年报刊和出版协会等组织的评选中获奖，曾与人合作编著有《新闻地带》《软科学词典》等书籍。

一向少言寡语的父亲，只是抬头瞥了他一眼，一个字也没说，手中的锄头仍在熟练地起起落落，节奏分明。

天色已近中午，火辣辣的太阳烘烤着大地，原本青葱油亮的玉米叶子，晒得蔫蔫的，一副无精打采的样子。

晚饭还是玉米窝头。虽然比以前全地瓜面的窝头不知好了多少，但天天吃也倒胃口。吴茂华呆呆地看着父亲用东拼西凑的散木料拼接起来的油腻腻的饭桌，一点儿食欲也没有。

一家人中，哥哥已经成家另立门户，姐姐也已出嫁多年，远走他乡，家里就只有他和妹妹。妹妹已经在初中时辍学，帮着家里干农活，与父母一道省吃俭用，供他上学。母亲知道他心情不好，特意炒了豆角和茄子。他直愣愣地坐在父亲打制的小凳子上，心里翻江倒海。

吴茂华上午同父亲说了绝望的话，农活再苦再累，他都撑着，不想再复课了。即便复课，他觉得仍然没有希望。几个骨干教师，有的去了巨野一中，有的去了巨野二中，就他们这个公社中学，师资力量本就薄弱，骨干再调走，就更加看不到希望了。

没有电灯，也没点煤油灯。夏日天长，借着黄昏微弱的天光，他和妹妹还有父母，都一脸严肃地沉默着，谁也没心思吃饭。

父亲干咳了两声，又挪动了一下坐着的小凳子，终于打破了沉默，声音干涩地说："家里的情况你也清楚，不复习继续考，就只有面朝黄土一条路。既然复习了一年有了很多进步，那就再坚持复习一年。就像我锄地，刚开始时不熟悉，只用笨力气硬生生地拉，不仅累得腰酸背痛，还常常把庄稼苗锄掉。后来一次又一次地锄地，逐渐熟悉了，掌握了锄地的技巧，现在就轻松多了，不仅能够锄得又好又快，也不那么累了。我也上学上到高小，我觉得学习这事，就是书读千遍，其义自现。就像种庄稼，只要肯下功夫，多复习几遍，也能慢慢掌握其中窍门，考出更好的分数。"

为了保住吴茂华这个唯一的希望，父亲又求爷爷告奶奶终于找了个远房亲戚，托关系让他去巨野二中复课。

从家到二中，如果走公路，要绕到巨野县城，有35公里远，如果抄近道走乡间土路，也有将近20公里。他和父亲选择走土路。乡间的泥土路本来就坑坑洼洼，又加上刚下过一场大雨，许多地方还十分泥泞。一路上，他与父亲遇上好走的路就骑一会儿车子，但多数泥泞又坎坷的路段，就只能推着车子艰难前行，到学校时已是下午两点多。从早晨7点多出发，一连走了7个多小时，父亲连口水也没喝。

到学校放下吴茂华的铺盖，父亲深情地看看他，推起车子就走。他把父亲送到校门口，看着父亲已经微驼的脊背和已显苍老的身体，他鼻子酸酸的，眼泪在眼眶里打转：父亲，我一定会争气的！

身负父亲和家人的殷殷期盼，吴茂华全身心投入到紧张的复课中。在学习中，他逐渐摸索到了各门课的学习方法，学习效率有了明显提高，并且一遍又一遍不厌其烦地复习，苦读苦记，终于在1982年夏天的高考中，以410分的较好成绩，考上了菏泽师专中文系。直到今天，父亲的那句"书读千遍，其义自现"还常常回响在吴茂华耳边，深深镌刻于心头。这些话不仅让他在学习上深受启发，在工作中他也一直坚信父亲说的，始终兢兢业业，仔细认真专注地去做好一件事，不好高骛远，不见异思迁，把一件事往细处做，精益求精地做，像他所说："即使如我这样没有强健翅膀的笨鸟，也终能在蓝天白云中自由飞翔。"

家训夹议

好书不厌百回读

毛泽东一生酷爱读书。他读书的特点，一是博览群书，什么样的书都看；一是屡读经典，凡认准的好书反复阅读，百读不厌。《共产党宣言》是他读的第一本马列著作，至少读了100遍；李达撰写的《社会学大纲》，他在延安窑洞里，借着煤油灯微弱的光亮，把这本42万字的书整整看了10遍；《资治通鉴》，他读了17遍，书中多处磨损，称得上是一部被他读"破"了的书。《鲁迅全集》1938年出版，他得到一套"纪念本"。自此，读鲁迅的著作便成了常态。这套全集，被他完整地从延安带过了黄河，带到了西柏坡、香山，进了中南海。1949年底访问苏联，他带去不少鲁迅作品，阅读时连饭都顾不上吃。《三国演义》，他从少年时代到人生结束，至少读了70年。对《水浒传》，他也不是泛泛而读，每次阅读都善于对书中故事进行深度挖掘。对《红楼梦》，他常说："作为一个中国人，既然有阅读能力，不可不读《红楼梦》，不读就不懂中国封建社会。读一遍也不行，最少看三遍，不看三遍没有发言权。"许多书的章节，晚年的毛泽东都能完整地背下来。

达到毛泽东读书这样境界的人不多，但像毛泽东那样反复读书的人还是有的。据介绍，巴金读《古文观止》100遍，茅盾读《红楼梦》100遍，苏步青读《三国演义》100遍。张贤亮当年被划为右派分子，经历了长达22年的农场改造生涯。那些年，他手头就有一本《资本论》，农场下雨出不了工的时候，他就一遍遍地读这本书。张贤亮后来将《资本论》称为自己觉悟过程里的重要因素。而他口中的"觉悟"为他带来了作品《我的菩提树》，以此比喻释迦牟尼在菩提树下打坐七七四十九天后悟的道，而说《资本论》是影响张贤亮一生的书也不过分。

　　工作后的吴茂华铭记父亲的教诲，为了把前人留下来的经典诗文融入自己的血液，他一遍又一遍地阅读，读到烂熟以后，就尝试着背诵。每隔一段时间就再次背诵，把背诵时有误的和忘掉的地方背诵精确和熟练。就这样，经过多年持续努力，他能够把《道德经》《论语》等经典名作中的重要章节熟练背诵，把华东师范大学编选的《唐诗宋词三百首》中 80% 的诗词熟练背诵。像《岳阳楼记》《爱莲说》《蜀道难》《陋室铭》《琵琶行》《兰亭集序》等经典名篇，更是做到了张口就来。在一遍遍的阅读、背诵和一再咀嚼中，他充分感受到了这些经典中蕴含的文字之美、意境之美、思想之深邃与博大，从而开阔了胸襟，提升了境界，大大丰富了自己的精神世界，真是受益无穷，受益终生！

　　大凡好书、经典，文字精练，思想深邃，寓意深藏若虚，不是读一遍两遍就能理解得了、领悟得透、把握得准的。对《红楼梦》，鲁迅就说："经学家看见《易》，道学家看见淫，才子看见缠绵，革命家看见排满，流言家看见宫闱秘事。"而毛泽东从中看到的是封建社会从内部腐朽糜烂的必然命运。作为一个普通人，不读上几遍，不反复玩味，怎么能知道个所以然？好书之所以称得上好书，经典之所以称得上经典，是靠人们反复阅读后认定的；而人们要领悟其意，也必须经过一个反复阅读的过程。

　　苏东坡说："旧书不厌百回读，熟读深思子自知。"一本书读的次数多了，自然就明白了这本书中值得深思、值得玩味的地方，就会有新的兴趣、新的感觉、新的发现，就预示着新的认识和突破。犹太法典《塔木德》说："念 101 遍肯定比念 100 遍要好。"还说："只要把一本书念 100 遍，你就有能力读懂世界上任何一本书。"犹太小孩在 12 岁的时候，人人都把相当于《三国演义》那么厚的《旧约全书》读了 100 遍。《旧约全书》不仅仅是圣经，更是一部文学著作。中国人都羡慕犹太人聪明，但不知道犹太人在读书上吃了多少"苦"。

No.96

爸爸的话

求知如在大江里捕鱼，"技"越高越游刃有余。

——薛树天

薛树天（1946—　），黑龙江省哈尔滨市双城区人，初中文化。他虽酷爱诗文，笔墨出众，才华横溢，却郁郁不得志，终生务农。时至今日，虽年逾古稀，但精神矍铄，身体硬朗，不弃读书学习。他一生勤劳节俭，恪守原则，亦清心寡欲，不入俗流，不为利益所动；一生对长辈至孝，对后辈慈爱，却不乏教子严苛，不忘家风赓续传承；为人正直，与人为善，乐于助人，待人谦和，彬彬有礼，颇受亲友和邻里尊敬。

家训故事

薛志鹏①一生都不会忘记，那年冬天跟着父亲在松花江上捕鱼的经历，更忘不了父亲以捕鱼为喻，教导他在学习过程中要讲究方法，靠"捕技"长知，靠"捕技"赢得成功的人生箴言。他说起那次捕鱼，当时的情景至今还历历在目。

① 薛志鹏，薛树天之子，诗人、作家、导演、编剧、主持人、词作者；中华诗词学会、黑龙江省诗词协会、北大荒作协、辽宁省工商联微电影协会会员。希溪谷教育研究院院长，蒙台梭利国际教育集团宣传部部长，希溪谷蒙氏工贸有限公司董事；中国民办教育协会理事；欧盟中国委员会文化委员会意大利中国一带一路交流合作中心理事；中国法治文化高级调研员；共工新闻网（乌干达驻华大使馆主管）高级顾问。著有长篇小说《滴血香魂》，创作有《薛志鹏格律诗词春之谷三门山海集一百首》《西湖十景组诗一百首》，被誉为"中国一城百首格律诗第一人""中叙友好和平使者"。

小时候，薛志鹏家在塞北乡村，只有几亩薄田，每年的收入根本不够糊口。青黄不接的时候，他和弟弟多半在放学后去山上和野地里挖点野菜回来充饥。父亲在阴天下雨歇工的时候，总是拖着疲惫的身子，带上渔网，去水库和江边打些鱼虾来，让一家人吃个半饱。

那年严冬，父亲与薛志鹏的舅舅和几个叔伯合计着，凑了百十块钱，弄了一张百十米长的大渔网，准备到冰冷的松花江上捕鱼去。一天夜里，他们准备出发时，薛志鹏缠着父亲同去。父亲告诉他江边很冷，会冻坏人，不能带他去，再者江岔子根本就没有正经的路，尤其晚上很难走。父亲越是拒绝，他越是坚持要去，一来想看看在冰里如何打鱼，二来也是更想给自己写作文找点素材。

重病卧床的母亲说什么都不同意，怕身体本就羸弱的他，在寒冷的大江上冻坏手脚，一直阻拦着。他紧紧拉着父亲的手，死活不肯松开。父亲看着他期盼的眼神，摸摸他的头，怜惜地说："好吧，就带你去一次吧！不过要听话，不能乱跑，这数九寒天的晚上，掉冰窟窿就麻烦了！"

天一擦黑儿，薛志鹏就跟着爸爸和舅舅、叔伯一行人，七绕八绕地走了十几里的江岔子路，总算到了瑟瑟寒风中空旷的松花江边。

父亲和叔伯们根据经验，找了一处开阔而冰面下水流缓慢的江面，在一米多厚的冰面上，凿出一个足足有两米左右圆圆的冰窟窿，把渔网一头放进去，再顺着水流，往下走十几米，再凿小点的冰窟窿，把渔网网纲用铁钩子扯上来一段，冻在冰面上，再把剩下的渔网顺进江水里去。

然后，再顺着水流的方向，凿一串冰窟窿，一直到一百多米，渔网的尽头，再凿一个大点的冰窟窿，把剩下的渔网扯上来，用冰冷的江水冻在冰面上。此时，十来个大大小小的冰窟窿下网就结束了，一行人开始在黑夜的冰江上等待鱼儿入网。

父亲和舅舅、叔伯们坐在冰窟窿旁边围成一圈，在漆黑的夜空下，四处捡一堆干枯的树枝，哆嗦着冻僵的手，燃起一堆篝火，谈论着今天会有什么鱼进网，期待着今晚有更多的惊喜和收获。被西北风已经吹得僵硬的脸颊、下巴、胡子、鬓角、头发、棉帽子上挂满白花花的霜，衣服裤子挂了一层薄薄的冰溜子，坐下来都很吃力，鞋子和脚冻在一起，成了冰坨。

围着火堆，舅舅掏出来备好的两瓶散装白酒，和叔伯们轮流喝着，味道浓烈的很。父亲一边用木棍支着"噼噼啪啪"燃烧的柴火，一边对舅舅絮叨："你二姐现在病得很重，过几天肯定要做手术了，你外甥学习成绩那么好，不能不上学。我就是想多打点鱼，多卖点钱，解决孩子上学的学费。"

舅舅却说："我二姐还年轻，有病得治，现在你家这么困难，孩子都不要再上学了。农村娃识几个庄稼字儿，会写自己名字就得了！我也不知道你咋想的，上学比吃饭、看病重要吗？"

父亲把手里的酒瓶子"啪"地蹾在冰面上，发怒地说："就是累死，我也要供我儿子上学！跟你说'知识就是力量，知识能改变命运'，你不懂。孩子将来不能像你，斗大的字识不了一箩筐，就知道喝酒！"

舅舅生气地转过头，一仰脖子，咕嘟嘟把剩下的半瓶酒喝进肚子里，十分不屑地对父亲说："你就是个穷酸，不知好歹的书呆子！你整天咬文嚼字，不是照样和我们一样来打鱼？你有文化，不是照样和我们一样受这份洋罪？你有能耐咋没钱把我二姐的病看好？如果不是因为我二姐，你家的事，我才懒得管呢！"

对舅舅的一连三个反问，父亲没吭声，心却被刺疼了。他把棉大衣紧紧地裹住薛志鹏，自己却被冻得瑟瑟发抖。薛志鹏还看到父亲冻得通红的面颊上，滚下两行热泪，很快就被冻成两条结了冰的小溪。父亲显然惦记着瘫痪在床的妈妈，焦虑着如何筹到钱，好给终日以泪洗面的母亲再做一次手术，当然也更担心着薛志鹏还能不能交上学费，继续读书。

那次捕鱼还真不错！父亲和舅舅他们凭着新买的渔网和过硬的捕鱼技巧，全胜而归。在回家的路上，父亲的心亮堂起来，突然对薛志鹏说："儿啊，这次你跟着我们捕鱼，应该体会到了吧？求知如在大江里捕鱼，'技'越高越游刃有余。"

一句话照亮人生！父亲的这句话，从此点亮了薛志鹏的心灵。在知识的海洋里，如何游刃有余地捕获到知识的"大鱼"呢，如何借助科学方法取得事半功倍的效果，如何用科学理论武装头脑让自己变得更强大，这些都是他一直努力追求、探索、实践的目标和方向。想一想，这句话的影响到底有多大？薛志鹏说："我今天取得的所有成就，都应该归功于这句话的点拨和照耀！"

家训夹议

得法者得要

"读万卷书，行万里路""读书破万卷，下笔如有神""熟读唐诗三百首，不会作诗也会吟"……自古至今，圣贤先哲们都在强调常读书，倡导多读书。然而，一个人读书的时间和精力毕竟是极其有限的，在浩如烟海的书卷中，要读到点子上、学到要害处，获得最需要、最有益、尽量多的知识，就不能不讲究读书的方法。

毛泽东是读书的大家，在繁重的党务、政务、军务和社会、外交活动之余，如饥似渴地读书。一生读了多少书、读过哪些书，没有人做过完整统计，只知道他去世后，在中南海住处的藏书约一万余种，近十万册。几十年来，毛泽东探索形成了独具特色的读书方法。比如，经典和重要的书反复读；相同题材、内容的书，把不同的甚至是观点相反的著述对照起来读；读书要"手到"，即动手写笔记，写批注，又"口到"，即不仅是自己吟诵，还经常在一些场合给人讲书，直接发表阅读体会和收获，不明白的问题谦虚求问；独立思考，批判分析，绝不人云亦云，盲目迷信；见缝插针，坚持"挤"和"钻"；等等。

鲁迅先生喜欢"跳读法"，他认为："若是碰到疑问而只看到这个地方，那么无论到多久都不懂的。所以，跳过去，再向前进，于是连以前的地方都明白了。"爱因斯坦喜欢采取"总、分、合"三步读书法。所谓"总"，就是对全文形成总体印象。"分"，就是在总体了解的基础上，再逐字略读一下全文的内容。而在略读中，则特别注意书中的重点、要点以及自己需要密切关注的内容。所谓"合"，也即"总"，就是在略读全书之后，着重把已经获得的印象条理化、系统化，使观点与材料有机结合起来。这些方法，都展现了大家们不拘一格的读书个性。

古往今来，读书方法千万种。大凡成功者，在读书上各有各的喜好，各有各的偏重，各有各的创新，各有各的特色，但唯有把普遍的读书方法与自身的实际有机结合起来，形成适合自己的读书方法，才是最好的。那么，怎样才算是"适合自己的"？至少有四项指标可作衡量：有兴趣，有动力，有习惯，有特色。

有兴趣。英国作家毛姆主张"为乐趣而读书"，他在读书实践中总结了乐趣读书法。他说："我也不劝您一定要读完一本再读一本。就我自己而言，我发觉同时读五六本书反而更合理。因为，我们无法每天都保持不变的心情，而且即使在一天之内也不见得会对一本书具有同样的感情。"这便是毛姆使自己的读书兴致始终处于高度兴奋之中的秘诀。

有动力。采取的方法，有助于激发和培育一种持续的读书意愿。读出需求感，越读越觉得读书是一种人生必需；读出危机感，越读越觉得知识贫乏，不加倍读书不行；读出成就感，越读越有一种读书人的自豪、自信与慰藉。

有习惯。鲁迅读书有一个习惯，他说："书在手头，不管它是什么，总要拿来翻一下，或者看一遍序目，或者读几页内容。"鲁迅十分重视运用"剪报"积累资料，他曾说："无论什么事，如果陆续收集资料，积之十年，总可成一学者。"逐渐培养和形成良好的读书习惯，就会产生一定的读书惯性，读起书来就不太容易受外部环境的干扰和影响。

有特色。创造自己读书特色，体现自己读书个性的过程，本身就是一个认识自己、适应自己、塑造自己、提升自己的过程，也是一个不落俗套、创新读书方法的过程。有特色的读书方法，匠心独具，有看点、有魅力，也必定有"效力"。

No.97

爸爸的话

自古耕读传家远，最愿世代飘书香。

——刘永山

刘永山（1941— ），山东省莒县人，1961年莒县师范中级速成班毕业，先后在沂南以马牧池，莒县桑园、墩头等地的乡村小学任教，后来到乡镇任学区校长、成教中心校长。多年来，在偏远闭塞、条件艰苦的乡下地区，他耐住寂寞，坚守三尺讲台，矢志不渝，无怨无悔，倾心育人才，桃李满天下，为振兴乡村文化教育事业做出了重要贡献，多次被评为"忠诚党的教育事业先进工作者"。他写一手好毛笔字，年年都乐此不疲地给街坊邻居写春联，给孩子们写家训。

家训故事

刘瑞金①的爷爷是私塾老师出身，家里的文化氛围一直很浓厚。爷爷在世的时候把一本《国学课本》传给了刘瑞金，是民国时期出版发行的，都是繁体字。爷爷毛笔字写得不错，父亲受他的影响，也写一手好毛笔字，年年都要给邻居写春联，乐此不疲。他们家大门上的对联年年都是父亲写的不变的主题——"忠厚传家远，诗书继世长"，横批是"书香门第"。父亲一直希望孩子们努力学习，追求进步，诗书继世，很好地传承优良的家风。父亲经常对刘瑞金他们说，自古耕读传家远，最愿世代飘书香。

① 刘瑞金，刘永山之子，高中毕业参加工作后通过高等教育自学考试，获得汉语言文学专业专科毕业文凭和本科毕业文凭。曾在化轻建材公司、机电设备公司、莒县城阳水泥有限公司、莒县正基房地产有限公司工作，现任日照市东旺食品有限公司低温库主任，物资经济助理经济师。系山东孙子研究会会员，在相关刊物、论坛文集上发表论文近10篇。

父亲讲，他那时候教学课程没有分那么清楚，不是教什么就只教什么，卖鱼的不管卖虾的，而是一个老师要教全部的课程，一个老师就是全部学校的师资力量，重任一肩挑。因此他是多面手，多才多艺。就像孔夫子说的那样，"君子不器"，吹拉弹唱，琴棋书画，十八般武艺样样精通，样样拿得起放得下。也可谓铁肩担道义，妙手著文章。可以说，那时候虽然他家里在经济上很困难，但精神上很充实很丰富。

父亲是在桑园后黄山村教学时认识母亲的。姥爷是战争年代的民兵联防队长，资深老革命。在抗日战争和解放战争时期带领民兵在山上打游击，与鬼子和汉奸周旋，掩护八路军和群众转移。新中国成立后被县委安排到本县的浮来山园艺场当书记。当年他与伪军汉奸部队作战缴获的大刀，刘瑞金至今还珍藏着。母亲有兄弟姐妹8个，母亲那时候为了照顾年幼的弟弟妹妹们，没有机会上学，后来常常为此感到遗憾，认为她如果上学的话一定会有出息。她在世的时候很喜欢读书，遇到不认识的字就问大家，所以母亲治家向来是很开明民主的。姥姥号称"加拿大"，从来以乐于助人为人所赞，自己不吃不用也周济帮助穷乡邻，深受人们爱戴。

受家风的影响，刘瑞金即使参加了工作，也没有停止读书学习的步伐。高中毕业后，在参加工作的同时，参加了高等教育自学考试汉语言文学专业学习，读完专科读本科。哥哥后来也考上了师范学院，继承了前辈们的事业，当上了一名人民教师，后来当过很多年的校长，现担任莒县教育局副局长、督导室主任。2000年，他们这个大家庭被县里评为"莒县优秀教育世家"。

刘瑞金虽然没有当上人民教师，但是非常喜欢研究古代典籍，他利用业余时间精心学习研究《孙子兵法》《鬼谷子》等古代谋略思想，加入了山东孙子研究会，积极参加孙子兵法、鬼谷子文化论坛，会上交流了十几篇论文，小有成就。这与父亲的言传身教是分不开的。弟弟也受此教诲的影响，收藏各种史志书籍，并利用这些资料做些古址考证工作，在本地的刊物上也陆陆续续发表了不少文章，在本地也小有名气。

母亲去世后，刘瑞金兄弟们有空就去看望父亲，陪他聊聊天，说说话。大家坐在一起，说得最多的还是文化与读书的趣闻轶事，兄弟们互相勉励，要将飘着书香的好家风传承下去，生生不息，直到永远。

家训夹议

让读书成为一种乐享

中国人的读书史，简直就是一部"苦难史"。历史上，把读书生活称为"寒窗"，最励志的读书名言是"三更灯火，五更鸡"和"头悬梁，锥刺股"，最悲催的故事是"范进中举"，读书的主题词非"苦读"莫属。

人为什么要读书？中国人自古以来的主流说法就集中在两个点上：

一为登科入仕，最起码为了前途生计；二为修身做人，赢得人们的尊重。如果说还有一点的话，就是"立言"传世。劝学最鲜明的说法，就是"知识改变命运"。这种明显带功利性、竞争性的读书追求，岂能不苦？

在这种"苦读文化"的氛围之下，许多人还没有读书，就已对读书之事望而生畏，平添一种排斥感、痛苦感；读起书来，读着读着就会心生厌倦，越读越觉得累而烦；一旦不再为前途和生计读书，便如释重负，有一种"翻身农奴把歌唱"的"解放感"，感叹终于不用再为读书吃苦遭罪了！都说中国人不爱读书，恐怕还是源于对读书没有多少快感与好感。

西方人喜爱读书的较多，公园里、车站里、地铁里、阳台上等场所，到处都是沉浸在书卷里的人，据说连伦敦的乞丐都读书。他们读书，大多不是为了考学考研、考职称、考公务员，不是为了所谓的"改变命运"，而是从阅读中获得乐趣，享受拥有知识的快乐。他们把读书看作吃饭、穿衣、化妆、看电影、参加音乐会等一样的事情，视为一种生活必需，一种人生享乐。读书对他们来讲，或许没有一些国人说得那么高大上，但嘴上说的是一套做的又是另一套，何用之有？刘瑞金一家几代，工作之余喜欢读书，"正业"之外热衷于做学问，也是因为他们没有把读书定性定位于"知识改变命运"，而是在知识的海洋里享受着精神上的充实与快乐。不过，这样的人家在偌大个中国能占多少？

当下人们总是低看和忧虑"屏阅读"这种浅读、简读、快餐式阅读，但想没想过，是何种"魔力"让这种阅读方式充斥于角角落落、分分秒秒，普遍于各类人群？要说原因，简而言之：抓住了大众的心。这种简便快捷的阅读方式，帮着人们驱赶了寂寞与无聊，给人们带来了充实和快乐，所以人们需要它、喜欢它，甚至离不开它。有乐享的阅读才能够持续和普及，这或是新媒体给传统读书生活的最大启示。

著名学者梁实秋当年曾发出号召："一个正常的良好的人家，每个孩子应该拥有一个书桌，主人应该拥有一间书房……"当然不是说必须得有一间书房才能称之为良好人家，而是一个良好的人家当有好的读书氛围。梁先生为社会勾画了一个个普通家庭的读书场景，仿佛让人感受到了一种书香飘逸、其乐融融的高品位生活气息，着实令人向往。所以，今天我们与其去诟病新媒体，不如去反思我们的读书文化。哪一天，当人们真正把读书看成一种乐享了，"中国人不爱读书"的问题也就迎刃而解了，中国人的气质复兴便指日可待了。

No.98

爸爸的话

身体健康，能劳动，是人生最大的幸福。

——邵珠奎

邵珠奎（1943—1998），山东省沂水县人，16岁考入沂水师范学校。他热爱乡村教育事业，扎根乡村从教一生，刻苦钻研业务，教学成绩一直名列前茅，培养了大批优秀学子。多次被评为公社（乡镇）、县级优秀教师，22岁时即出席全县优秀教师代表大会。他当过学区校长、乡镇教委小学部工会主席。他终身热爱劳动，繁忙的教学之余耕种家里的责任田，是种地的行家里手。他严于律己，宽以待人，工作兢兢业业，积极向上，生活遵规守矩，一生节俭。他的教育方式规范而严格，无论在学校为人师表，还是在家中教育子女，皆堪称楷模，于平凡中见伟大。

家训故事

邵光智[1]的老家邵家宅村地处沂蒙山区，村西面和北面是丘陵，村东是南北走向的峙密河，他们叫小河；村南是南岭，南岭之阴和村庄之间是一条沟壑，他们叫南沟；南岭之阳是沂河，他们叫大河。在峙密河以东，从北往南流淌的沂河，到了他们村前成了东西走向，峙密河和南沟都注入了村前的沂河。每到夏天，南沟、大河、小河水涨满，撒网捕鱼的人多起来，大雨过后的河，水流浑浊，村子里有会捉鳖的人，这个时候是最佳时机。因为河鳖被滚滚浊流从窝里灌出来，鼻孔浮出水面，沿着河岸逆流游动，捉鳖的人站在岸上，手里握着一块儿石头，逡巡着水面，一旦发现有鳖呛到水游来，迅速把石块儿扔过去，然后一个猛子扎到水里，出水时手里抓着一个挣扎着的鳖鱼。鳖的劲儿大，尽管水流湍急，遇到危险依然能垂直下落河底，捉鳖人掌握了这个规律，一般能手到擒来。

[1] 邵光智，邵珠奎之子，先后供职于沂水县袁家庄中学、县扶贫办、县委宣传部、沂水报社、县新闻中心，现任沂水县文联主席。临沂市第一书记工作先进个人，沂水县劳动模范。山东省作协会员、山东国际孙子兵法交流中心学术委员会副主任，在《诗刊》《绿风诗刊》《星星诗刊》《散文诗》《散文诗世界》《山东文学》《西藏文学》《大众日报》《天津日报》《湖北日报》《甘肃日报》《内蒙古日报》《检察日报》《中国纪检监察报》《美国侨报》《星岛日报》等海内外百余家报刊发表文学作品千余件。出版诗文集5部。

有个中午，邵光智看热闹入了迷，竟误了上学。老师找到家里来，母亲慌了神，怕出意外，急匆匆喊了邻居，一面派人去叫在外村教学的父亲，一面沿着大河小河寻找，等把他找到带回家时，父亲也回来了。这次，父亲教训了他，告诉他，人小时候，就跟树苗一样，有了枝杈就要剪掉，方能长成参天大树，方能成才。邵光智意识到，这个枝杈就是错误，犯了错，就要改。从此，他再没有旷过一堂课。

父亲病重期间，邵光智为父亲办理退休手续，从教育局档案室借出了档案。1959 年，父亲 16 岁时考上了沂水师范学校，自己 1960 年填写的一份档案中，有这么一段话："我和家庭对土改的态度是十分欢迎，因为翻了身，自己当家作主，自由自在地过生活，对土改非常喜欢、高兴。我家里分得土地五亩，感到生活有了出路。"这便是父亲十几岁时的幸福观：家里有了土地，生活有了出路，就有了幸福。

父母养育了邵光智兄妹 5 人，父亲在外教书，母亲在家务农。改革开放前，一个村叫一个大队，一个大队分几个小队，土地由大队分到小队，小队集体耕种，每个小队在分得的土地上打下的粮食，除了交公粮、留下种子外，分到各家各户当口粮。分口粮有讲究，成人和小孩分开算，有的成人里面，男人和女人又分开算，按照人头分口粮，目的是保证人人都有饭吃。交公粮也叫卖爱国粮，卖的钱要分红，分红按照各家各户挣得的工分多少来分。生产队里挣工分，男劳力出工一天挣 10 分，女劳力要少些，小孩子减半，这样家里女孩多的自然要吃亏，这也是当时农村重男轻女的原因之一。劳力多挣工分多，能分到钱，劳力少的分不到钱，像他们家这种情况，不但分不到钱，还要向生产队里交钱，叫交口粮钱。挣工分的方法，除了春种秋收夏管常规的下地劳作外，还有给生产队里的耕牛供应青草、积攒农家肥，等等。他放学后的第一要务，是到田野里去薅草，将薅来的草在牛栏附近的池塘里洗干净，由生产队喂牛的人过秤，按照斤两发给草票，草票可以折算工分。像父亲这样的，属于单脱产，学校放学后，要回家干农活，挣工分。父亲不仅仅是优秀的乡村教师，还是种地的行家里手，叉耙扫帚扬场掀，犁耧锄头使牛鞭，样样精通。记忆中，父亲和母亲从没清闲过，即便这样，日子依然紧紧巴巴，年头到年尾吃不到几顿饺子，只有到了过年，才可以穿到新衣服。那时的粮食，以地瓜干为主，因为邵光智是家里的男孩，父母特别关照，常用不多的小麦换来白面馍馍给他吃，而他也只想着快快长大好给家里挣工分，吃的毫不客气。现在想来，他依然心生愧疚。

改革开放后，家里分得了责任田，温饱问题得到有效解决，但自己的地要自己种，父母更忙碌了。高考制度恢复，父亲把乡村的希望寄托在学生身上，他在西梅沟联中任教时，两年间，教的学生有 50 多人升入高中，

20多人升入初中中专。1981年，父亲调到泉子湖联中，当时，这个学校升学率为零。父亲来到后，任一个毕业班的班主任，这个班毕业中考，有11名学生升入了高一级学校，升学率达到35%，史无前例。父亲教的语文课，百分制考试，最高成绩96分，平均成绩85.6分，引来学校和社会一片欢呼。之后，他教过的学生，不断地考上中专、大专、本科，有的读了硕士、博士，有的学生给他来信，有的学生假期来看他，他心里自然高兴，但依然教导他们，庄户孩子，不管走到哪里，都不要忘了勤劳的本色，种地要勤劳，教学要勤劳，科研要勤劳，做医生要勤劳，当干部更要勤劳。时至今日，他教过的学生，无论干什么职业、无论官多大，没有一个出问题的。父亲就这么在学校和责任田之间，挥洒着汗水，学生仿佛是他的庄稼，庄稼仿佛是他的学生，哪一个，都要用心浇灌。

1984年，邵光智初中毕业考上了沂水师范学校，3年后成为乡村中学教师，有两个妹妹参加了工作。再后来，他调到了县里工作，生活大有好转，一年比一年强。1996年初冬，突然传来噩耗，父亲罹患肺疾，邵光智请了假，带父亲到济南省胸科医院手术治疗。手术前，父亲说要看看黄河，他带父亲来到黄河大桥。站在桥上，父亲神色凝重，告诉邵光智："你们小时候，我在外村教学，你娘带着你们，吃了不少苦，本想退休后，多为你们做些事情，可现在才50多岁，正是孩子们需要我的时候，却得了这个毛病，我不是一个好父亲啊。"此刻，天空飘起了雪花，邵光智小心翼翼听着父亲的述说，泪眼模糊。手术后，父亲躺在病床上，一切都需要人照顾，夜深人静，父亲悄悄告诉邵光智说："什么是幸福？身体健康，能劳动，就是人生最大的幸福！"他理解父亲的心情，倘若明天还能站在讲台上，还能下地劳动，那该多好啊！

邵光智说："父亲对我儿时的教导，让我长大成人，父亲在最后岁月里的述说，让我在未来的日子里，行走得踏踏实实。如今，父亲去世已经20多年了，他对我的教诲，虽平凡朴实，却足以照亮我的一生。"

家训夹议

努力把"1"写好

邵珠奎老师生前爱三尺讲台，爱田间地头，他把学生当庄稼来浇灌，把庄稼当学生来培育，通过劳动实现人生价值，从劳动中得到满足和幸福。然而，病魔往往就是这样无情，每每让人生出"出师未捷身先死，长使英雄泪满襟"的伤感与无奈。

"人固有一死，或重于泰山，或轻于鸿毛。"战争年代、危险面前，舍生忘死，理所当然；为工作呕心沥血，积劳成疾，情有可原；环境影响，基因遗传，生老病死，也属无奈。问题是，时下有许多许多的人，他们为应酬、为玩乐、为无谓的加班熬夜，透支身体，有何意义可言？

令人无语和痛心的是，许多人没有感受到"身体健康，能劳动，就是人生最大的幸福"这句话的含义，至今有人还在说那犯傻的话："宁伤身体，不伤感情"；至今有人还在干那糊涂的事：明知喝酒会喝坏人、喝死人，还拼命地劝人酒、灌人酒，自己逞能喝"好汉酒"；至今还有人在干那缺德的事：为了自己所谓的"业绩"，不顾死活地让部下超负荷、连轴转；至今有人还在作那种愚昧的误导：带病坚持工作……如此下去，不断买单的身体这张"钞票"，能消费多久？

前些年有这样一种形象的说法：健康是人生大写的"1"，其他如位子、票子、房子、车子、妻子、儿子等都是"1"后面的"0"。有了"1"，后面的"0"越多越好；如果"1"没有了，后面的"0"再多，也没有实际意义了。

身体不是自己的，不是私有财产。过去我们常讲"身体是革命的本钱"，但没有多少人把这话放到心里去，而全当成了调侃的俏皮话。实际上，一个人的身体就是公家的，组织上培养你花费了那么多财力、精力，该做贡献的时候你病倒了，甚至走到另一个世界去了，你对得起组织吗？你的身体，是父母给的，也是妻子（丈夫）、儿女的，你病倒了给他们添负担不说，如果你提前走人了，他们的生活还完美吗？还会幸福吗？

身体归根到底还是自己的。解铃还须系铃人，自己的身体还得靠自己来维护。听不听别人的忽悠，是否经得住种种诱惑，能不能管住自己的嘴与腿，能不能让自己得到尽量充分的休息，一切不在别人，而全在自己。别再找"人在官场，身不由己""人在酒场，入乡随俗""人在江湖，一切随缘"这样的借口了。

写到这里，恰巧朋友颜廷录老师发来微信："人生要学会拒绝，减少不必要的应酬，把时间用在工作学习和修行上，这是对自己的生命负责。"并配以"直颜不讳"的图案。颜老师的话，在下深以为：在理！

No.99 **爸爸的话**
······。

——金道玉

金道玉（1939—　　），济南市长清区人，1955—1958年任孝里乡后楚村团支部书记，1960—1983年任村党支部书记（其中1968—1979年选任孝里公社党委委员），1998—2001年再次担任村党支部书记。任村党支部书记期间，他带领群众整地修田，挖大井3眼、旧井11眼，建通水桥渠3800米；500亩旱田变水浇地，旧村腾田、涝洼地改造350亩，搞大寨田300亩，封山造林300亩；发展村公益事业和集体经济，建学校、仓库、饲养处等专用房屋110间，发展鞋厂、编织厂、窑厂、苹果园等实体经济10余个，优先照顾残疾人、妇女老人就业；丰富村民文化生活，村民自演的《红灯记》《沙家浜》等戏剧全镇闻名。后楚村多次被评为镇、县先进村，他个人曾获山东省村党支部书记先进个人等荣誉。

家训故事

在金兴海^①的记忆里，父亲既没有慷慨激昂的话语，也很少对孩子们一味地说教，但亲眼目睹的父亲的日常生活经历，却潜移默化地影响着他、鞭策着他，尤其一些看似并不起眼的"小事"，让他难以忘却，受益终身。

①金兴海，金道玉之子，先后任济南市长清县（区）委办公室秘书、信息科科长，长清县（区）教育（体育）局副局长、副书记，济南市畜牧兽医局、农业农村局调研员等职务。曾获长清区全方位目标考核先进个人、长清区"十佳勤政公务员"、济南市优秀教育工作者等荣誉，曾当选长清区委党代表、长清区政协委员。

——父亲让他明白了为什么要清正廉洁。那是 1979 年夏季的一天，金兴海也就七八岁，出去玩耍完回家，老远就看到家门口围着一群人看热闹。走到跟前才知道，村里李某因个人的无理要求遭到时任村支书的父亲拒绝而大闹起来，大喊着我家用的大衣柜是父亲贪占村里的。父亲闻听此言，让母亲找来了村两委会出具的大衣柜收款凭证，递给围观的村民见证。原来，村里的这个大衣柜是件弃用的旧品，在村里没人买的情况下父亲花钱买了下来，而且一分钱也没有便宜。闹事人一听随之溜走了，围观街坊则发出啧啧赞叹之声。正是因为父亲的不贪不占，才有了"文革"和改革开放初期长达 20 余年的党支部书记经历。这件事深深地烙在了金兴海年幼的脑海里，在今后的求学和工作生涯中，他始终以父亲为榜样，干干净净做人，清清白白做事，得到大家的认可。

——父亲让他知道了什么叫善良。农村联产承包责任制以后，一天下午，金兴海和父亲在承包的村里的几亩菜园里翻地，干着干着钉耙头掉了下来。父亲在安装钉耙头时不小心溜了手，尖尖的钉耙齿扎进了他大拇指根部，鲜血立即流出来。恰在这时，村民马某跑到地头请父亲快去他家处理家务事，说再不去就打起来了。父亲听后，顾不上包手，起身就往马家跑去，经过父亲苦口婆心的劝说调解，才没有使矛盾激化，而自己满手都是血渍。

不当村支书的父亲仍爱管"闲事"。金兴海记得 2010 年的一天早上，天刚刚亮，父亲照例拿起工具去扫公路。他突然发现村北头的公路壕里，一位年过 60 的老人被自己骑着的装着蔬菜的三轮车扣在壕下动弹不得，过路人谁也不敢靠前。父亲见状，赶到车前试着将车掀起，但没有搬动，赶紧招呼过往行人帮忙，大家因怕受连累都不敢往前，父亲大喊："快来帮忙，出了事是我的！"路过的人这才七手八脚把老人从三轮车下救出来，由于搭救及时，所幸老人并无大碍。

年近八旬的父亲照样管着"闲事"。那是 2016 年的一天，金兴海回家后发现父亲手上包着绷带，问了才知，头两天村民张某与妻子街头吵架，竟大打出手，引来很多人围观。父亲正好路过，看到张某把媳妇压在下面往死里打，他顾不上年老体弱、腿脚不便，不由分说挤进人群拉仗。张某正在气头上，对父亲说你不要管闲事，过来伤着白伤。父亲哪听得进去这话，硬生生地去拉，而在拉开张某的同时自己也重重地墩到了地上，幸亏手撑了地一下，身子没有大碍，但撑地的手被地上带棘的东西划破了，金兴海听了直觉得后怕。父亲与人为善的行为，无形中影响着金兴海，引导着金兴海，金兴海工作生活中涉及群众的事，无论好办的事还是棘手的事，他都会尽心尽力去办，竭诚搞好服务。

——父亲让他看到了自身的差距与不足。父亲任村党支部书记时十分关心生活困难的村民，想方设法帮助他们解决温饱等问题。不当村支书的父亲，依然时刻关爱着困难群众。那是 2013 年冬季的一天，金兴海把父亲接到他住的区委家属院小住，当陪父亲走过小区的垃圾收集区时，父亲看到一位蹬着三轮车捡垃圾的老太太。她身上脏兮兮的，捡完垃圾推三轮车正准备走，由于路有点小坡，再加上车子装满废品后比较重，她踏下身子、蹬直腿，十分吃力地推三轮车。不常进城的父亲见状，赶紧跑两步，毫不犹豫地两手搭到装满废品的三轮车上，使劲帮她把车子推过小坡，直到她蹬着三轮车走去。父亲边帮着推车，嘴里还自语道："唉，都说城里好，怎么像这样困难的人就没有人管呢？"看到这一切，金兴海呆呆地站在那里，不知所然。事后他一再想，也许之前是他对捡垃圾的人司空见惯的缘故吧，从来没有想过去帮助他们。通过这件小事，他深深地认识到与父亲的差距，不仅只是辈代年岁的差距，更是思想深处的差距。至今，金兴海一直在努力地缩小着这些差距。

家训夹议

"有声"还需"无声"映

世上每个父母，甚至包括那些多"病"缠身的父母，都希望自己的孩子长本事、走正道、有出息，希望孩子远离大人身上的诸多缺点，有的家长就明确地对孩子说："别学我！""别学你爸（妈）！"然而，"人之初，性本善"的孩子们，有不少还是走了"父辈的路"，"承袭"了大人的一些陋习。这正应了那句老话：有其父（母）必有其子。很显然，孩子们的坏习惯不是父母教出来的，而是父母的行为"熏"出来的。

父母与孩子朝夕相处，是孩子的第一老师，在孩子修身做人、形成"三观"上具有无与伦比的塑造力。在这个过程中，对子女的灌输教育当然重要，然而，父母的一个不良举动，就可能让自己的"话力"在子女的心目中打折，甚至衰变得苍白无力，就可能让原有的"话意"走样变形；父母对一件事的不当处置，就可能会让孩子刚刚确立的正确价值观变成泡影；父母的一次次"不良记录"，迟早会让自己在子女心目中的良好"人设"倒塌崩溃。所以，大人在孩子面前有时做的比说的还重要。

父母在对孩子教育引导的过程中，有些道理说起来孩子可能听不大进去，甚至有逆反情绪，而如果把为人处事的道理生动地显现在父母身上，转化为父母的实际行动，升华为一种氛围，不言之中传心声，往往会收到"此处无声胜有声"的效果。生活中往往都是这样，那些爱看电视的父母，孩子大多喜欢看电视；那些爱玩手机的父母，孩子大多喜欢玩手机；那些爱读书爱学习的父母，孩子大多喜欢读书学习；那些爱帮人、热心肠的父母，孩子大多有爱心。一个坐有坐相，站有站相，讲文明，有礼貌，懂礼节的孩子，身后必然站着一双有修养的父母；一个善于知错认错的孩子，身后必然站着一双在孩子面前会道歉的父母；一个与人和睦相处的孩子，身后必然站着一双相互之间、邻里之间知谦让、会共处的父母，等等。

父母对子女的教育，"无声"是"有声"的代言、释解与印证。如果把"有声"和"无声"无缝对接起来，形成一种父母与孩子共勉、相促的互动，那将是孩子之幸、父母之幸、家庭之幸、社会之幸。

教育孩子如此，为人处事也无出左右。

No.100

爸爸的话

忠厚传家远，勤俭治世昌。

——赵厚杰

赵厚杰（1960— ），山东省沂水县人，会计师。1978年3月考入临沂商校，毕业后分配到沂水商业系统工作。1988年他28岁时担任县商业局副局长，是全县最年轻的副局长。后到粮食局任正科级副局长。40年来，他清清白白做人，认认真真做事，工作上严以律己，宽以待人，遵守规矩。多次被评为市、省先进工作者。生活中他勤俭节约，严肃又不失活泼。

家训故事

赵斐①说，她最爱的人是父亲，却与父亲接触最少。幼时她便被送到姥姥家寄养，中学以后常年住校，大学毕业后留在外地工作，自此就很少有机会见父亲了。少年时沉溺于玩耍、青年时追逐着爱情，她从不思考父亲的想法，也不知道关心和牵挂。直到结婚生子，才越来越懂父亲。她们家四世同堂，小时候她问父亲，咱家的家训是什么？"忠厚传家远，勤俭治世昌。"父亲自豪地说。说着，翻出一个发黄的小本本，戴上眼镜低头找到了这句"载入史册"的原话。这一幕令赵斐印象深刻。虽然她少时年幼无知，在家时日也少，但仍有幸耳濡目染并受到父辈的言传身教，父辈的忠厚孝敬、勤劳坚忍，成为她一生的宝贵财富。

① 赵斐，赵厚杰之女，1983 年 12 月出生，山东师范大学文学学士，山东大学法学硕士。2005 年 8 月考入山东省人民法院工作，现任四级调研员，法官助理。因工作成绩突出，多次受嘉奖，曾获得省优秀团委书记、省优秀共产党员、省最美志愿者等荣誉。

赵斐说，父亲的名字赵厚杰是爷爷给他起的。意思是希望他继承爷爷的志向，成为一个厚道杰出的人。爷爷是沂蒙山区一位朴素的工人，辛苦节俭了一辈子，也忠厚了一辈子。工作上爷爷二十年如一日，从来没有迟到早退，年年都是优秀工作者。三年困难时期，爷爷家里生活十分贫困。当时的公社里，很多人偷拿工厂的零件材料到外面做买卖补贴家用，但是爷爷坚决不做，他认为这做的是昧着良心的事情。冬天没有棉鞋，爷爷就拿稻草垫在父亲的单鞋里面，给父亲保暖，吃饭也是有了上顿没下顿，实在饿坏了，爷爷就去啃树皮嚼草根，树皮草根也没有了，就吃泥巴……省出地瓜干留给父亲吃。就是这种艰苦自律的生活环境，练就了父亲忠厚勤俭的品德。

虽然她在父亲身边的日子少，但父亲对老人的孝敬，对子女的深爱和对自己的严格要求给人印象深刻。认识父亲的人都说父亲是个孝子。前些年爷爷查出食道癌，需要住院手术，父亲是独子，所有的伺候照料，喂饭守夜，端屎把尿，都是父亲一个人。爷爷住院两个月，父亲瘦了一大圈。爷爷出院后，父亲就把住处搬到离爷爷家近的地方，以方便照顾。他每天都去爷爷家干活，天天如此，从不缺席。

在抚养子女教育后代方面，父亲也是尽心竭力，呕心沥血。父亲对她姐弟俩的要求特别严格，很多事情都是说一不二，绝对不能反驳。从小就有很多规矩：吃饭不许说话。吃饭不许剩饭，如果剩饭，什么时候吃完再做新的。弟弟小时候特别顽皮，叛逆得厉害，父亲从来不娇惯。虽然管教很严厉，但弟弟仍然爱父亲。赵斐初中的时候住校，学校离家很远。记得一个初冬，傍晚突然变天，温度急剧下降。宿舍没有厚被子，父亲怕冻着她，骑摩托车从家里连夜送来两床厚被子，因为走得着急，父亲忘了戴手套。那一夜，拥着暖暖和和的被子，她睡得特别香，可那一夜，父亲的两只手被刺骨的寒风吹了一个多小时，从此落下了毛病。现在一劳累过度就打哆嗦，不能拿东西了。小时候赵斐数学不好，父亲听说练习钢琴能够提高数学成绩，并不富裕的父母毅然为她添置了一架价格昂贵的钢琴。父亲六年如一日，风雨无阻地每周接送她去老师家学琴。最终她通过了钢琴十级，数学成绩突飞猛进、名列前茅。她明白，没有父亲的辛勤付出，就没有今天优秀的他们。

记得父亲常挂嘴边的一句话：吃亏是福。要只问耕耘，不问收获。经常帮助别人做好事，自己就会有好事。父亲的厚道也体现在他的工作中，清清白白是父亲的工作原则。记得小时候，有人到家里给父亲送礼，请求当局长的父亲违反规定给他开方便之门，父亲不由分说连人带物推出家门，说："不要再来我家了，你的东西也拿回去。"事后他和赵斐他们说走后门的事情做不得，以后长大了也不能这么做。做人做事要凭自己的真本事才行。后来赵斐考大学、找工作，都是凭自己的本领得来的，工作中她努力勤奋，做得如鱼得水。

赵斐感慨地说，父亲是她人生的第一位导师，是她最爱的人。父亲忠厚的品质和节俭的风气，打小就潜移默化地影响着她，随着时间流逝，它慢慢融入她的骨子里，成为她的一部分，贯穿始终。父辈是根，而她们是枝叶，只有不断从父辈那里汲取营养，在面临艰难困苦的时候才能愈发坚强。她相信，从革命老区走出来的孩子，都或多或少地传承了父辈的忠厚品性，在如今复杂的社会上，沉淀得越发纯粹。正是这种优良的传统，给了他们深厚的积淀，给了年轻人继续拼搏的勇气，给了民族不断进步的力量。

如今，赵斐也有了自己的孩子，她说她同样也会这样教导和影响后代，让中华民族的优良传统代代相传。

家训夹议

既要"守"，更要"用"

千百年来，以《孝经》《颜氏家训》《朱子家训》等为代表的家谱、家规、家训，作为优良家风的载体代代流传。民间还有形形色色的家训，经过时代的淘洗而传承下来，显现出它的文化价值与独特魅力。然而，随着社会的发展与变迁，一些传统家训也受到质疑，面临着如何适应新时代的问题。比如，在一些年轻人中间，就不同程度地存在着"勤俭过时""苦干没出路""谦让吃亏""实在人傻""谁较真谁倒霉"等论调，认为时代不同了，一些传统家训该改改甚至拼弃了。

"变"是时代最鲜明的特征，家训家风也应根据时代的发展而发展，根据时代的要求注入具有时代特色的新元素，焕发出更强的时代活力与张力。但是，这并不意味着一些传统家训就过时了。许多家训之所以能够传承下来，是因为它是以中华优秀传统文化为源头、为根基，又承载了中华优秀传统文化的精髓，其思想内涵、思维要义不仅不会褪色变质，而且会历久弥新。以勤俭为例，虽然今天的物质条件与过去相比，已不可同日而语，用不着再担心挨饿受冻了；虽然手头不再那么紧，有了享受生活的条件，但"成由勤俭败由奢"的规律没有变，勤俭节约的精神什么时候都不会过时。至于如何勤、怎么俭，则不能照搬传统的做法，搞"吃苦思甜"，坐在"金山"上过苦行僧的日子。

宋朝时期的武学博士何去非在其所著《何博士备论》一书中说："不以法为守，而以法为用；常能缘法而生法，与夫离法而合法。"所谓"守"，就是遵守、遵循；"用"，就是创造性运用。他认为，兵法不可以不学，但必须根据具体情况创造性地运用。古人说："大匠能与人规矩，不能使人巧。"法度固然可以言传，妙法却必由心悟。今天我们学习与应用传统家训，一方面要尊重和学习前人的经验，把握先人在齐家教子问题上先进科学的态度、方式和方法，更重要的是要牢记"法有定论，兵无常形"的古训，把这些规律性认识创造性地运用到自己的人生实践中去，并结合新的实践不断深化升华。

爸爸的话

—语成梁

中国爸爸的100句家训范例解析(上)
创业建功篇

路秀儒　孙　娘/著

山东城市出版传媒集团·济南出版社

图书在版编目(CIP)数据

一语成梁:中国爸爸的100句家训范例解析:全两册/路秀儒,孙娘著. —济南:济南出版社,2020.4

ISBN 978 – 7 – 5488 – 4115 – 9

Ⅰ.①一⋯ Ⅱ.①路⋯②孙⋯ Ⅲ.①家庭教育 Ⅳ.①G78

中国版本图书馆 CIP 数据核字(2020)第 034595 号

出 版 人	崔　刚
图书策划	徐先领　李建议　焦　锐
责任编辑	陈文婕
封面设计	董　刚
地　　址	济南市二环南路 1 号
编辑热线	0531 – 81769063
印　　刷	山东临沂新华印刷物流集团有限责任公司
版　　次	2020 年 4 月第 1 版
印　　次	2020 年 4 月第 1 次印刷
开　　本	170mm×240mm　16 开
印　　张	30.5
字　　数	468 千
定　　价	100.00 元(全两册)

济南版图书,如有印装质量问题,请与出版社出版部联系调换。
电话:0531 – 86131736

不落的星辰，习习的风
（自序）

一篇《背影》，不知戳中了多少人的泪点；一个父亲的话题，不知让多少人泪奔不堪。看看那"父"字，何不是一把锄头、一把斧头！辛勤耕耘、养家糊口，那是父亲们的本色人生体现。那"父"字，又何不是两把伞！为家人挡风遮雨，那是父亲们的天职与天性使然。那"父"字，还何不是两只胳膊擎起了一个屋！甘当顶梁柱，那是父亲们的胸怀与力量彰显。

在"中国式"家庭，父亲与母亲通常"扮演"着不同的角色，展现出截然不同的风格与情态：母亲爱"唱红脸"、好"和稀泥"，父亲多是"黑脸的包公""寡情的汉"；母亲往往和风细雨，父亲常常是疾雨骤风；母亲总是欲休还说，父亲每每画龙点睛；母亲是一杯甘甜的蜜水，父亲是一坛陈年的烈酒……抑或正是这种"对冲"与互补，让一个个心智健全、经得起世间风雨的儿女脱颖而出。"世上只有妈妈好"，人间之爱莫过于母爱，而父爱终究难以替代！

写完"妈妈的话"，我们就在想：没有爸爸的家是不完整的家，没有爸爸的家训是不完美的家训。于是，我们"摸瓜顺藤"，沿着子女们的成长足迹，试探着走进了父亲们的世界，听听父亲们究竟说了些什么。

都说父爱如山、母爱如水，岂知那"山"中不光有坚硬的岩石、挺拔的青松，还有激情的瀑布、温柔的小溪、晶莹的露珠。其实，再严厉的父亲也有温情，再坚强的父亲也有柔弱的时候。然而，父爱终究是父爱，父爱与母爱交互交融，有共性但又有所区别，有所侧重，有所超越。在子女的记忆里，父亲不应只是历经风霜的脸、微驼的背、满茧的手、蹒跚的脚步，最珍贵的爱也不是"添犊之情"，更不是"昨夜星辰昨夜风"。爱是不落的星辰，爱是不息的风，是黑夜里引你阔步前行的北斗，成功时或彷徨间让你脑清神明的提醒。父亲的话对儿女来说，就是那永恒的星辰、习习吹来的风，一语成梁，一言照亮人生。

"爸爸的话"，是一部由作者与一百位子女共同完成的著作，每位子女都现场接受了我们的采访或提供了书面采访材料。他们那深情的回忆、深挚的思考、深切的感悟、深透的表达，让我们无不为之动容，这也成为我们完成这部著作的动力与灵感之源。由衷地感谢这些有情有义、有识有见的朋友们。在这里要特别感谢军旅作家、诗人焦锐，他带着对父辈们的深情厚爱，带着浓浓的战友之情，全心全意地支持撰写工作，不遗余力地为采访牵线搭桥、切磋点拨，还有那些诸多不便一一点到的好友，让一批优秀的父亲及成功的子女走入书中。

"世间爹妈情最真，泪血融入儿女身。殚竭心力终为子，可怜天下父母心。"父亲的性子也许有时急一些，但情纯意切，无与伦比；父亲的陪伴也许少一些，但心中的牵挂，无以言达；父亲的话也许有时不够中听，但合体受用，无人能及。感恩父亲的"好"，包容父亲的"过"，品味父亲的"旨"，是人生成功与幸福的源泉，是人间的正道至理。这也是我们撰写本书的初衷。

路秀儒　孙　娘

目　录

上部　创业建功篇

_____

① 朱彦夫/朱向峰，前者是父亲，后者是子女（下同）。

No.1 爸爸的话

人活着就要奉献。

——朱彦夫

朱彦夫（1933—　），山东省沂源县人，14岁参加中国人民解放军，16岁加入中国共产党，先后参加淮海、渡江、解放上海、抗美援朝等作战，历经战斗上百次，10次负伤，3次荣立战功，在抗美援朝战场上失去了四肢和左眼，被评为特等伤残军人。他身残志坚，主动放弃荣军休养院的特护待遇，毅然回到村里自食其力、奉献社会。担任村党支部书记25年，带领群众治理荒山、兴修水利、发展教育，把一个贫穷落后的山村变成了山青水秀的富裕村。为教育激励后人，他用嘴衔笔、残肢抱笔，历时7年，创作完成了两部震撼人心的自传体长篇小说《极限人生》和《男儿无悔》，被誉为"中国当代保尔"。在他身上集中体现的"对党忠诚、一心为民、勇于担当、自强不息"的精神，感动和激励了无数人。习近平总书记高度评价："朱彦夫精神，就是我们民族的精神、时代的精神！"在中华人民共和国70周年华诞前夕，国家主席习近平签署主席令，授予42人国家勋章、国家荣誉称号，并隆重举行颁授仪式，朱彦夫名列其中，被授予"人民楷模"国家荣誉称号。

家训故事

2019 年 9 月 24 日，我们与军旅作家、诗人焦锐驱车前往淄博市沂源县县城，在某预备役团黄健政委的陪同下，前去看望、采访"人民楷模"朱彦夫。

在中华人民共和国成立 70 周年纪念日临近的日子里，前来看望慰问朱彦夫的人很多，就在前一天，山东省委书记刘家义专程前来看望他，并向他发放庆祝中华人民共和国成立 70 周年纪念章。向来低调，且已 86 岁高龄的朱彦夫及其家人谢绝了许多人的来访，我们能如愿以偿，多亏了黄政委的沟通协调，因为预备役团与朱彦夫家是一墙之隔的"好邻居"。

我们先是来到朱彦夫的家，坐在床沿上，与这位传奇老人进行了"促膝交谈"；接着驱车前去 40 多公里外的朱彦夫出生、奋斗之地——张家泉村，采访了村现任党支部书记朱向峰①，并参观了朱彦夫事迹展览馆。

①朱向峰，朱彦夫之子，先后在沂源县民政局、退役军人事务局工作，现任沂源县西里镇张家泉村党支部书记。

朱向峰说，沂源是革命老区，抗日战争和解放战争时期，全县有 2.3 万人参军参战，父亲 10 岁的时候就参加了儿童团。1947 年 9 月，听说队伍上要招兵上前线，14 岁的父亲偷偷报了名，成了华东野战军的一名战士。参军后，他先后参加了淮海、渡江、解放上海等战役，因作战机智勇敢，三次荣立战功。1950 年 10 月，中国人民志愿军奉命赴朝作战，17 岁的父亲作为首批赴朝作战的志愿军战士，跟随部队从上海一路北上，跨过鸭绿江。1950 年 11 月，志愿军 9 兵团悄悄进入朝鲜东北部的长津湖地区，包围了以美国为首的"联合国军"。12 月，在争夺 250 高地的战斗中，父亲所在的连冒着零下 30 多度的严寒与敌人激战三天三夜，打退了敌人一次又一次的进攻，守住了阵地，最后全连官兵仅剩下他一人。增援部队把重度昏迷的父亲从死人堆和雪堆中扒拉出来，送到战地医院。由于冻伤严重，必须截肢。在经历了 47 次手术，昏迷了 93 天后，父亲竟奇迹般地醒了过来，却也成了一个失去四肢和左眼的"肉轱辘"。这对一位年仅 17 岁的年轻战士来讲，是何等的残酷啊！然而，在山东省泰山荣军康复医院，坚强的父亲留下这样的誓言："成了'肉轱辘'，可我依然是个战士！不能为国效力了，但绝不能再给国家增加负担，再给组织添麻烦。"

1956 年冬，父亲经过慎重考虑，做出了一个惊人的决定："不能让国家养起来，我要回家，要像个战士一样活着，做个对社会有用的人。""与其腐烂，不如燃烧。"他主动放弃了省荣军休养院的特护待遇，毅然回到家乡张家泉村，开拓新的人生之路。

父亲回到家乡后，从专人特护变为基本自理，吃饭、喝水、装卸假肢、大小便，这些在常人看来再平常不过的事，却成了横在他面前的一座座无法逾越的高山。为了不拖累他人，提高自我生活能力，他忍着各种难以想象的困难和苦痛，开始锻炼烧火、做饭、吃穿行等日常生活技能，创造了生命的奇迹。

父亲回到家乡后，看到父老乡亲吃不饱、穿不暖，穷得叮当响，又没有致富门路，忧心忡忡，寝食难安，苦思冥想了许久，认定脱贫先脱盲，他下定决心创建图书室。没钱买书，他就卖掉家里仅有的一头猪和半瓢鸡蛋，又拿出自己的抚恤金，凑了 172 元钱，买了 200 多册图书；没有书架，他就动员奶奶献出寿板做成了书架，建起了全公社第一个农村图书室。父亲接着又创办夜校，并亲自担任老师。春夏秋冬，寒来暑往，父亲没缺过一次课，为山村培养了一大批有用人才。

1957 年春，张家泉村 8 名党员一致推荐 24 岁的父亲担任村党支部书记。张家泉村 108 户人家，分散在 6 座荒山上，由于山高坡陡，缺地少水，自然条件非常恶劣。为尽快改变村子的贫困落后面貌，父亲拄着拐杖，拖着 17 斤重的假肢，踏遍了村里的山山水水、沟沟坎坎，走访了街街巷巷、家家户户，查看地势，了解村情民意，掌握发展生产的第一手资料。张家泉村山多地少，看村子的全貌、勘察工程等经常需要爬山。父亲爬山是真的"爬"，拄着拐杖走不动了，就干脆卸掉假肢，绑在脖子上，跪着往上爬，而为了不给别人添麻烦，他经常是在夜里偷偷地爬，有时下山干脆骨碌下来，鼻青脸肿、满身血印是家常便饭。村子里的路不是上坡，就是下坡，没手没脚的父亲乐观而诙谐地总结出四种走路法：站着走、跪着走、爬着走、滚着走。

要吃饭，先造地。张家泉过去的山坡上横卧着 3 条很深的大沟，把全村的土地分割得七零八落。父亲响亮地提出：用锄头和独轮车，向荒山和沟壑要耕地！从 1970 年开始，父亲带领乡亲们经过 7 年奋战，动用人工8800 多个，营造耕田 78 道，采石垒堰 1800 立方，挖土填地 26000 立方，新增耕地 70 余亩，让贫瘠的荒山变成了良田。在"赶牛沟"之上建的1500 多米长的暗渠，在涵洞之上造的 40 多亩地，当年就增产粮食 3 万多斤。与此同时，父亲组建了造林专业队，大力发展林果生产，苹果果园面积达到 60 亩，桃园 10 亩，花椒 300 余亩，桑园 30 亩，造林绿化 500余亩。

张家泉原名张家庄，是个有名的缺水村，20 世纪 80 年代之前，别说是灌溉，就连吃水都是难题。为了挑水吃，村民们得跑几里山路，去晚了只能舀点儿泥汤。村西南面从前有座龙王庙，庙旁有个泉眼，但存不住水。父亲决定在这里向"龙王"要水！经过一个冬天的苦战，深 15 米、宽 24 米、长 33 米的龙王庙大口井终于竣工了，张家泉村有了历史上第一口大井。也就是从这时起，张家庄正式改名为张家泉。此后两个冬天，父亲带领乡亲们一鼓作气，又打出两眼大口井。大口井建成之后，为了引水上山，父亲六上省城，十进县城，请水利专家帮助测量和规划选址，购买引水设备，修建了 1500 米长的高架水渠，使全村 300 多亩旱地成为水浇田，彻底解决了村里吃水和灌溉问题。

在 20 世纪 70 年代，张家泉村很少有人见过电灯。架电需要从 10 公里外的公社驻地接线，当时架电材料奇缺，供电部门也爱莫能助。采购架电器材村里没有钱，父亲就拿出了全家多年来的积蓄。为了节省开支，他经常独自一人外出采购，上下车、爬楼梯，腿经常被假肢磨破、化脓。7 年间，父亲历尽千辛万苦，终于备齐了价值 20 多万元的架电材料。1978 年12 月，全长 10 多公里的高压线路跨过一道道山梁、一条条沟壑，终于接到了村里。通电那天，村民们都守在电灯下，眼瞅着，守了整整一夜。

父亲就这样带领群众向贫困宣战，用坚忍不拔的意志、战天斗地的精神，在 21 年的时间里打赢了整山造地、打井引水、高山架电"三大战役"，使张家泉村走上了脱贫致富的道路。

1982 年，一场大病之后，父亲因体力不支，主动辞去干了 25 年的张家泉村党支部书记一职。而后，父亲给自己确立了一个更远大的目标，就是写一本书，把那段刻骨铭心的历史记录下来，以教育激励后人。家人都劝他，该歇一歇，享享清福了，他却说："活着就要奉献！"

写字，对身体健康的人来说算不了什么，可对父亲来说是要过的第一道难关。一开始，他含着笔写，后来又发明了绑笔、双臂抱笔等方法。冬天，他只能披着衣服，裸露着抱笔的双臂写字，经常冻得失去知觉。夏天，酷暑难耐，汗水混着血水，一滴滴洒到稿纸上。父亲认字不多，写书经常要用字典。每查一个字，他都得用残臂翻、用舌头舔，先后翻烂了许多本书，舔烂了四本字典。最让父亲痛苦的是知识贫乏和语言表达上的困难，于是他让家人买来《钢铁是怎样炼成的》《红岩》《东方》《雪地将军》等著作和资料，一遍遍地看，一遍遍地揣摩。七度春秋，七易其稿，用坏 500 多支笔，一部 33 万字的巨著《极限人生》于 1996 年 7 月问世了。小说出版后，在社会上引起强烈反响，一度脱销。时任中央军委副主席、国防部长迟浩田欣然题词："铁骨扬正气，热血书春秋。"

后来父亲又得了一场重病，而病情好转后，靠着尚能活动的左臂坚持写作，有时实在写不动，就口述着让儿女代写，经过两年多的艰辛努力，又创作完成了 24 万字的长篇自传体小说《男儿无悔》。

活着就要奉献！父亲从 1952 年到 1996 年，跑遍全国各地做报告 1000 余场，听众达几百万人。每逢有人邀请，不管距离远近、身体如何，都是有请必到，不收任何报酬。他也因此得了"报告大王"的称号。

朱彦夫的精神感动着每一个人，党和人民给了他高度评价，多次表彰和宣扬他，但他总是觉得自己做得还很不够。当我们向他祝贺荣获"人民楷模"国家荣誉称号时，他一再向我们表示："我不够格！"

这就是一个老军人、老党员的格局和境界。

家训夹议

敢于向"不可能"挑战

"人民楷模"朱彦夫的人生，是从挑战"不可能"、突破"不可能"中走过来的，他不仅把常人眼中的一个个"不可能"，变成了一个个"可能"，把别人一个个问号拉直，而且创造了一个个常人做不到的奇迹，变成了一个个矗立在世人心中的惊叹号。这是一种什么精神？这就是习近平总书记所说的"民族的精神、时代的精神"。

当年，新中国刚刚诞生、百废待兴，面对美国发动的侵朝战争，美国和国际社会普遍认为中国不可能敢于出兵朝鲜，也压根没有把中国军队放在眼里。然而，具有战略远见的毛泽东毅然决然地"抗美援朝，保家卫国"，并打得不可一世的以美国为首的"联合国军"签字认输。

当年，面对严峻的国际形势，为抵制帝国主义的武力威胁和核讹诈，毛泽东和党中央高瞻远瞩，果断地做出了独立自主研制"两弹一星"的战略决策。在经济孱弱、科技落后、人才匮乏，长期遭受西方封锁的背景下，我们用较少的投入和较短的时间，突破了核弹、导弹和人造卫星等尖端技术，让世人对中国人的胆魄和智慧刮目相看。

当年，为从根本上解决十年九旱、水贵如油的用水难问题，林县县委提出了"引漳入林"的大胆设想，但用锤头、铁锹和双手在悬崖绝壁上开挖几千公里渠道及建造几千座附属建筑物谈何容易。林县人民宁愿苦干不愿苦熬，30万人民就是靠着一锤、一铲、两只手，绝壁穿石，苦战10个春秋，硬是在太行山悬崖峭壁上修成了全长1500公里的人工天河——红旗渠，结束了林县人世世代代缺水的苦难历史，这个工程被称为世界水利第八奇迹。

世上没有什么绝对不可能的事，只有想不到、不敢想的事。人们每每对某些事情觉得"不可能"，不是真的不可能做到，而是被眼前的客观条件遮住视线，被面前的困难吓破了胆。挑战"不可能"，突破"不可能"，说到底是与天斗、与地斗、与敌斗，更是与自己斗，战胜了自己，才会有战胜天地、战胜敌人的可能。从这种意义上讲，这其中最宝贵的不是成败的结果，而是一种迎难而上、自强不息的精神。有了这种精神，就没有克服不了的困难，也没有过不去的"火焰山"。

世间那些所谓"不可能"的事，多数都是些"有想法，没办法"的事，是价值非同一般甚至具有里程碑意义、划时代意义的事。挑战"不可能"，突破"不可能"，说到底就是在向"无人区""深水区"进发，就是在攀登巅峰、创造奇迹、铸造辉煌。"不可能"，是座横亘在眼前的一座高山，但山那边风景独好。中国领跑世界的量子卫星、量子计算机、"中国天眼"、高铁、5G等技术，无不是在挑战西方人眼里的"不可能"中实现突破的。要相信自己，人的能动作用一旦被充分激发出来，事后甚至连自己都会瞠目结舌的。

挑战"不可能"，不是盲目蛮干，应是建立在"可能"基础之上的"跳一跳，够得着"，当然是需要权衡、选择的。

新时代，我们都是追梦人。追梦，就是要敢于挑战一个又一个的"不可能"！

No.2

爸爸的话

国有宰相，家有长子，全家的希望都寄托在儿的身上了。

——于延河

于延河（1926—1985），山东省齐河县人。新中国成立前因家境贫寒，只读过几年私塾。但他自幼勤奋好学，时常从教书先生那里借来一些仿刻本挑灯夜读，曾看过不少中国古典名著，并酷爱书法。健在时，每逢新春佳节，他都主动给乡亲们写春联，送祝福，是十里八乡出了名的"秀才"。新中国成立后，他积极响应政府号召，投身于农村教育事业，在本县初级小学任教三十余年。他潜心教学，为人师表，曾被评为县教育系统优秀教师。

家训故事

又是一年清明至，又是一夕衷肠诉。一次次梦里依稀见，一回回坟前泪水涟。于怀谋①将军每次回老家给父亲上坟，每当经过那条熟悉而又陌生的路，就想起那个寒冷的冬天，想起父亲那久经风霜的背影。当年，他就是沿着这条路走进军营、改变人生的。

① 于怀谋，于延河长子，1963 年 12 月入伍，曾任原济南军区司令部办公室主任，河南省军区副司令员，原济南军区副参谋长等领导职务，少将军衔，2005 年因达到最高服役年限而退出现役。系河南省第九届人民代表大会代表，第十届全国人民代表大会代表。

那年冬天，天特别冷。连续三年的特大水灾把农田泡得水汪汪的，白色的冰凌和白色的盐碱连在一起，大地一派凄凉。在去县城报到的路上，父亲顶着北风，一步一滑地推着那辆又旧又破的自行车。他跟在后边，看着父亲那瘦弱的背，百感交集。父亲幼年念过几年私塾，新中国成立后一直在几十里外的一个小学教书。自然灾害那几年，田里颗粒不收，生活全靠政府救济。由于家里人多，经常是吃了上顿没下顿。父亲把每月的二十几元工资和二十几斤粮票全部拿回来养家糊口。家里每周给父亲准备的掺了红薯叶的窝头，父亲走时还悄悄留下几个。父亲承担了太多的生活压力，夜里经常发出长长的叹气声……他跟在父亲身后，边走边暗暗发誓，到部队一定要干出个人样来，让爹妈过上好日子。在武装部门口，父亲吃力地从自行车上搬下行李。他等着父亲嘱咐些什么，但父亲什么也没说，只是轻轻地摆了一下手。转身那一刻，他看到了父亲眼里滚动着的泪花。

入伍之后，每隔几个月父亲就给他写一封信。信的内容都差不多，除了说家里都好不要挂念外，每次都叮嘱他要努力工作，好好做人。有一次，父亲特意在信笺的顶端加了一行字：国有宰相，家有长子，全家的希望都寄托在儿的身上了。

他背负着父亲的期望，拼命地学习、训练、工作，入伍当年入了党，第三个年头就提了干。公布干部命令后的第二个月，发了 100 多元的工资。

他花了120多元钱给父亲买了一辆永久牌自行车，还给母亲买了件新衣裳，给弟弟妹妹们称了几斤糖果。回家那天，一家人像过年一样，弟弟妹妹抢着糖果，母亲一遍又一遍地试着新衣裳，父亲像个孩子似的骑着自行车满街转，逢人便说，俺大儿子回来了，俺大儿子当军官了，俺大儿子给我买新车子了。吃晚饭时，父亲多喝了几杯酒，饭后，悄悄问他："你现在是什么官职？"他说："才是个排长呢！"父亲说："排长也管几十号人吧，官不小了，爹有盼头了……"父亲一遍遍地念叨着，眼里闪着幸福的泪花。

后来的日子里，因为工作忙他就很少回家了，但每月准时把工资的一半寄回去补贴家用。过了一年多，父亲来信说："儿啊，家是个无底洞，钱再多也填不满啊，再说，眼下家境见好了，你也老大不小了，该攒点钱准备成家了。"从那以后家里不管遇到什么困难，父亲都不让家人告诉他。1980年夏天，父亲犯了心脏病。母亲非让弟弟打电话叫他回来，父亲说什么也不同意。父亲说："官身不由己啊，自古忠孝不能两全，不要影响他工作。"直到他老人家患了中风家里才通知他。当时，他正在外地出差，立即安排人把父亲接到省城医院，住进了特护病房。当他匆匆赶到医院时，父亲已经不能说话了。他抓住父亲的手，不停地喊着。父亲两眼含着泪水，目不转睛地看着儿子，嘴唇不停地颤动着。他知道父亲想说什么，父亲把太多的牵挂都托付给他了……

家训夹议

刻在心底的是一份大写的责任

2010年清明节前夕，于怀谋将军写了一篇回忆父亲的散文，名为《刻在记忆中的泪花》，刊登在4月4日的《前卫报》上。文中回忆了父亲对他率真而意味深远的期盼与重托："国有宰相，家有长子，全家的希望都寄托在儿的身上了。"文章最后说："独自徘徊在父亲坟前，我泣不成声，泪如雨下。冥冥中我仿佛看到了爹那布满皱纹的脸，看到了爹含在眼睑中的泪花。我欣慰，那是爹在高兴啊！"

是的，这是一种发自内心的欣慰，是尽到一个长子责任、一个军人责任后的欣慰。几十年来，刻在将军记忆中的是泪花，又何尝不是一份用孝与忠写就的沉甸甸的责任啊！当年，他不仅背负着父辈的希望、家庭的希望，肩负着长子的责任，走出家门、奔向军营，而且他逐渐明白了那不仅仅是全家的期盼，更是组织的期盼、部队领导的期盼；并且他从父亲的嘱托中，逐渐懂得了什么是责任，什么是担当，看到了作为一名军人、一名军队高级领导干部应有的家国情怀。日复一日，年复一年，他在努力实现父愿中尽孝，又在努力尽忠中升华父愿。那是一个"烫金"的担当，那是一份大写的责任。

有没有责任感，有没有担当精神，反映了一个人的格局与境界。有责任感的人，心里常常装着别人，装着集体，装着事业，遇事往往就能够站出来、冲上来、顶起来。责任感、担当精神不是一时的冲动，而是一种深入骨髓的素养。在和平时期、正常情况下，一个对父母、对妻儿没有责任意识的人，难说对组织、对他人能好到哪里去；而一个对家庭有担当意识的人，往往工作中也敢担当、能担当，关键时刻不推诿、不退缩。尽忠与尽孝、事业与家庭，虽自古就有"难两全"之说，但二者并不完全对立，相辅相成、相得益彰应在情理之中，也常在一些成功者身上显现。至于因"后院起火"而"烧身"的，自不属个例。

过去我们常讲：人过留名，雁过留声。为官一任，造福一方。人走，留下一个好家底，留下一个好队伍，留下一个好风气，留下一个好前景。这些说的都是为官者的责任。人不到一定时候，是不会真正感受到"金杯银杯，不如口碑"这句话的分量有多重！一个人，把大写的责任刻在心底，他的名字注定会刻在人们的心窝里，持久地让人敬重；一个人，一门心思谋求私利，把权力当筹码，把责任当儿戏，他的名字也注定会刻在人们的心间，挥之不去，冲刷不掉，但让人唾弃不已。

No.3　爸爸的话

力气没有攒下的，人越闲越懒，劲越用越足。

——赵作贵

赵作贵（1905—1993），山东省淄博市淄川区人。他虽然不是出生在书香门第，也没有上过几年学，但爱读书、买书，家里藏有《第五才子书》《封神演义》《奇门遁甲》等古书奇书；写字、算账、打算盘，都不在话下，是村里的知识人。解放区时期，在村里当村长，带领群众积极参加拥军支前；新中国成立后在供销社工作，直至退休。开明通达是他最鲜明的特点，对子女教育既严格，又讲究方式方法，循循善诱，慈爱有加，从没大声训斥过孩子。他历来以工作为重，从没因家事牵扯孩子精力，常督促孩子在家少停留，集中精力干工作，甚至在人生弥留之际，仍不让叫回在外工作的儿子，也不让身边子女因他耽误自家的事。一生勤勤恳恳、踏踏实实，无论在单位还是在村里、乡邻中都有很高的威望。

家训故事

赵承凤①将军回忆说，受父亲的影响，打小他就喜欢看书学习，父亲买的书他抽空就看，除了《奇门遁甲》这本讲算卦的书他没看懂外，其他的书他都能烂熟于心。

①赵承凤，赵作贵之子，曾任团政治处主任、团政委、师政治部主任、师政委、军区后勤部政治部主任、集团军政治部主任、集团军政委，山东省军区政委、山东省委常委，少将。孙子研究专家，曾任山东孙子研究会会长，在北大和天津、南京、苏州、昆明等地讲授《孙子兵法》。出版《党委领导 80 题》《齐鲁兵学》《孙子兵法在世界的传播运用》等著作 9 部。

1958 年赵承凤考上淄博四中，因胃病在家休学半年。他说，这半年，对他的成长产生了很大影响。他家附近的洪山镇，日本人建过煤矿，后来德国人也建起一些欧式别墅，是个人员比较密集的地方。南门外有个市场，里面有剧院、电影院，还有说书的。赵承凤除了在家看书，还经常去那里看电影，当时的红色少儿故事片如《红孩儿》等，他看了一个遍。后来，他迷上了听说书的，有评书，有大鼓。《说岳全传》《七侠五义》等故事，让他流连忘返，一听就是一天，下午回来很晚，中午饿着肚子。当初怕说书的人收钱，他就躲来躲去偷着听。后来，母亲向在外地工作回来的父亲说起这件事，父亲对母亲说，孩子爱听说书，好啊！每天给他几毛钱，别饿出毛病。经父亲这么一说，他手里有钱了，也就可以坐下来，踏踏实实地听说书了，并且中午也不用饿肚子了。这样四五个月下来，他不仅学到大量历史知识、民间故事，而且从说书人身上学到了说唱和表演的艺术，悟出了打动人、吸引人的门道。后来他在部队给官兵上课，大家都愿意听，这很大程度上得益于那段时间的听书。

父亲在供销社工作，非常敬业、勤恳，年年都是先进工作者，奖状拿了一张又一张，并且父亲有空就看书、买书，从不偷懒闲着。父亲常对家人说："力气没有攒下的，人越闲越懒，劲越用越足。"赵承凤入伍后牢记父亲这句话，扑下身子干工作，不要奸使滑，有眼色，找事做，多干活，不声张；而学习讨论，该说话的时候，他精心准备，争着发言。当班长时开始脱颖而出，他爱学习、爱动脑，又舍得花力气，在他们班组织的"天天读"活动针对性强，效果好，受到连队和团里的关注与肯定，他在全团开训动员大会上的发言也展现了才华，所带的班荣立集体三等功，个人荣立三等功，不久就提了干。

抓住机会就如饥似渴地学，有了平台就全身心投入干，是他的最深体会，也是他的成功"秘诀"。他被提干后担任了团里的收发员。团保密员探亲休假时，他代理了保密员工作。他利用这个非常难得的机会，接触和学习了大量平时看不到的文件和材料。一个多月下来，增加了理论功底，开阔了胸襟视野，提高了思维层次，为日后的发展奠定了很好的基础。刚到团里当报道干事时，他一天写一篇稿子，连续写了三十篇都没被采用。但他不气馁继续写，结果不登便罢，一登就登上了《解放军报》二版显著位置，引起了不小的轰动。当领导后在国防大学学习的两年间，除正课时间外，每天挤出 4 个小时用于学习，两年相当于学了三年。这两年间，他写了五本日记，摘抄摘记二三十万字，剪报二三十万字，写了大量体会文章。

多年来，他形成了本子随身带，名言名句随时记，看电视、听人讲话当有心人的习惯，无论是当一般干部还是高级领导，无论在职时还是退休后，从不偷懒懈怠，从没停止思考，从没放下手中的笔。他撰写的《党委领导工作浅谈》一书，来自他的工作经验总结和理论思考，接地气，深受领导干部的青睐，不少人摘抄收藏，作为工作指南。他 29 岁当团政治处主任，32 岁当团政委，37 岁当师政治部主任，39 岁当师政委，46 岁当集团军政治部主任……一路走来，都不是偶然的。

家训夹议

本事在学，成事在干

采访赵承凤将军，不由得想起"书圣"王羲之练习书法的故事。王羲之自幼酷爱书法，13 岁那年，他偶然发现父亲藏有一本《说笔》的书法书，便偷来阅读。他父亲担心他年幼不能保密家传，答应待他长大之后再传授。没料到，王羲之竟跪下请求父亲允许他现在阅读，他父亲很受感动，终于答应了他的要求。

王羲之练习书法很刻苦，甚至连吃饭、走路都不放过。没有纸笔，他就在身上划写，久而久之，衣服被划破了。后来在书房内，院子里，大门边甚至厕所的外面，都摆着凳子，安放好笔、墨、纸、砚，每想到一个结构好的字，就马上写到纸上。他练字时，又凝思苦想，以致废寝忘食。一次，他练习书法竟忘了吃饭，家人把饭送到书房，他竟不假思索地用馍馍蘸着墨吃起来，还觉得很有味。当家人发现时，已是满嘴墨黑了。王羲之常临池书写，就池洗砚，时间长了，池水尽墨，人称"墨池"。

王羲之学书法不满足于一家之得，而是博采众家之长。少时从师卫夫人，楷书得神于钟繇，草书师法张芝。他渡江北游，遍访名山，每到一个地方，总是跋山涉水四下钤拓历代碑刻，积累了大量的书法资料。在几十年博采、吸纳、凝思、苦练的过程中，终于形成了自己的特色，达到了无人能及的高度。

赵承凤将军的成"将"之路，与王羲之的成"圣"之路，如出一辙，具有异曲同工之妙，揭示了同一个道理：本事是学出来的，成事是干出来的。

1990 年，为了给亚运会做贡献，侯宝林大师再度出山巡演，为亚运会筹款。路上有人向他请教："您能不能告诉我您成功的秘诀？"侯老说:"你问得好,别人还没这样问过我呢。让我告诉你成功的秘诀,那你先把成功这俩字儿写给我看看。"

于是,问者拿笔写下"成功"二字。侯老一看就笑了,他说:"我说你不会写吧?写错了吧!"问者蒙了:"没错呀!"侯老语重心长地说:"如果你认为成功是这样写,那你一辈子也成功不了,你就是白活了。"问者满是疑惑。

"我认为成功的'成',应该是过程的'程'。你想,一个人做事情,如果没有过程,岂能有功呢?再者,'功'字是怎么写的?工作卖力气,这就是我成功的秘诀。"经侯老这么一点拨,问者才恍然大悟。

看来,人要在世上成功地走一程,就得学一程,干一程,既要风雨兼程,又要学干并程。不干,没有一点马克思主义;不学而蛮干,连半点马克思主义都没有。干,不仅要有一腔热血,有冲天干劲,还要干在聪明处、干到点子上、干出不俗来,这就需要不断地学,学出境界,学出格局,学出经道,学出自我。不过,话又说回来,学东西、做学问、动脑筋,何不是另一种意义上的干?

有学有干,人生才会无憾!

No.4 爸爸的话

到基层去，到连队去。

——王普润

王普润（1929—1992），山东省乳山市人。只有高小文化的他，12岁随兄远去大连学徒，饱受亡国奴的屈辱，但也渐渐磨砺了抗日救亡的初心。14岁参加党的外围组织，担任乳山县夏村镇儿童团长，并利用在胡八庄小学担任"小先生"的身份，秘密参加党的地下抗日活动。从那时起，爱憎分明、刚正不阿、打鬼子、救中国成了他少年时期对真理的最早追求。入伍后选送抗大（胶东分校）深造，亦学亦战，品学兼优；带兵打仗，不怕牺牲，身先士卒；担任随军记者，出生入死，不辱使命；进入领率机关几十年，无论是给军区领导当秘书，还是任军区直属政治部副主任、管理局政委，始终把做一流工作当成自己的事业准则，勤恳敬业，精益高效。他心地善良无私，为人厚道真诚，不分尊卑老幼，谦和以礼相待。他善于治家育人，身为良师表率，以"德、仁、信、诚、勤、爱"为规范，教育子女后代积极向上，立志做对国家、对社会有用的人。

家训故事

王伟力①高中毕业后，就进了国营工厂，端上了多少同龄人梦寐以求的"铁饭碗"。一年间，他不仅成为一名熟练的工人，还当选为工厂团委常委，是厂里比较看好的年轻干部"苗子"。王伟力在军营中长大，立志从军是他幼小的心灵里早就埋下的种子。所以，当听到部队到工厂征兵的消息后，他几乎想也没有想，就跑去报了名。他个头高，身体好，人长得又帅气，文化程度也不低，加上还有工厂的良好表现，一路绿灯，如愿以偿了。

① 王伟力，王普润长子，有着工人与军人、军事与政工、连队与机关、部队与院校、作战部队与省军区、军队与省委、士兵与将军的丰富经历和多角色转换。曾任四级机关多个岗位参谋；原济南军区司令部办公室秘书、研究室副主任、研究员；原济南军区装备部综合计划部副部长、直工部部长，国防大学副教育长，二十六集团军副政委；原济南军区政治部副主任，河南省军区政委、河南省委常委；少将。

通知书在手中还没有焐热，周围同事、亲戚朋友就给他当头浇了一盆冷水。大家的劝说都差不多：这个兵，不该当！听人这么一说，王伟力一时有些犹豫。也是啊，现在一个月工资 38 元 9 角，当兵每月才 6 元，再说进工厂一年就取得了明显进步，还能争取入党、进厂中层领导岗位。去当兵，这一切就什么也别想了。寻思起来他也有些犯嘀咕。

那段时间，忙碌工作了一天的王伟力，晚上躺在床上怎么也睡不着，满脑子都是当兵的事，心里怎么也放不下当兵这个念头，就这样辗转反侧到天亮。思来想去，还是下决心去当兵。他把这一想法告诉了父亲，父亲是个老军人，他高兴地拍着王伟力的肩膀说："好铁要打钉，好男要当兵，我支持你！"就这样，1976 年 12 月，王伟力穿上了绿军装。

新兵启运前，接兵连长、指导员到王伟力家走访，父亲用一种坚定、不可商量的口吻嘱咐他们说："到部队后，让他到基层去，到连队去。"但当时王伟力并不知道这话意味着什么，也不知道父亲这一用意的分量和含义。

"烟台的苹果莱阳的梨。"当王伟力听说部队在烟台，暗自庆幸到美丽的海滨城市当兵。可从烟台下车后，从市走到县，从县走到公社，从公社走到大队，最后被送到一个前不着村后不着店的山沟里。当他发现开门见山，出门爬山，抬头是山，低头还是山时，现实与理想的差距，让他心凉了半截。再加上吃的是窝窝头，点的是煤油灯，睡的是地铺，天气异常寒冷又没有取暖设施，真有一种透心凉的感觉。

面对现实与理想间的这条沟壑，是勇敢地跨过去还是退缩不前？这时新兵班长告诉他，困难像弹簧，你弱它就强。想想班长的话，再想想当兵的愿望，他很快就调整和端正了心态。训练中他暗下决心：条件再苦也要干好，困难再大也不能当"逃兵"！第一次三公里越野考核，他跑得上气不接下气，嗓子像在冒烟，但他咬紧牙关拼命往前冲，当时只有一个念头：拿第一。当他第一梯队第一波次冲到终点的时候，班长冲上前抱着他直喊："好样的！好样的！"连长当场予以表扬。这一冲，他顿悟：人生的这坎那壑，其实都算不了什么，只要你敢于面对，就没有战胜不了的。结果，他成了全团最优秀的新兵。

新兵训练结束前，王伟力面临新的选择，想学点技术干点轻松活的念头也不时出现在脑子里。记得每当上级来挑人，自己的心里也跟着"活动"一番，虽然嘴里说着"哪里需要哪里搬"，但对自己这块"砖"究竟放在何处，也打着"小算盘"。随着军械、修理、驾驶、卫生、通信等技术兵一拨拨打起背包高高兴兴进入各种集训队，眼看着"落选"的人越来越少，王伟力眼巴巴地站在欢送队伍中，心里一阵翻腾，一阵失落。他知道，凭父亲的"官位"完全可以给他挑个"理想"的专业，可父亲似乎把他"忘了"。后来接他入伍的指导员看出了他的心思，把他拉到一边，悄悄对他讲，通过几个月的观察，看他是块"料"，非挑他这个当过工人的"好兵"去生产连队去当"庄稼兵"。

这是王伟力做梦也想不到的，心中暗自叫苦，甚至有点心灰意冷，后悔当初的选择。但想法归想法，他还是打起背包到了文登县海边的昌阳农场。到了那里才知道，"昌阳的风八点钟，刮到四点才放松"。风沙大的时候，天昏地暗，眼睛都睁不开，张嘴说话满嘴的沙。中午地头吃饭更是就着风沙嚼窝窝头，一口一口咯吱咯吱作响。但他下决心迈过这道"坎"。他开始学着育秧，学着挖沙、挑水等。初春时节，一个班负责用一台拖拉机拉沙，改良板结的稻田。王伟力生在城市，没干过这样的活，三月的海风冰凉刺骨，没过几天手脚就裂开了一道道口子，用力干活时，渗出血的口子痛得钻心。即使这样，他仍咬着牙，别人挖多少，他也挖多少，坚决不落后。他很快像大家一样掌握了各种农活的技巧，成了连里的技术骨干。

不久，王伟力被分到了条件更加艰苦的管水班。他们连担负着3000多亩稻田的生产任务，管水用水是种稻子的"命脉"，也是最辛苦的农活。每天肩扛一把锹围着一大片稻田满世界转不说，遇到急需用水和定时供水的情况，更是没白没黑连轴转，浑身上下经常是湿了干、干了湿。由于"全天候"野外生存，别人调侃他：远看像个打鬼的，近看原来是个管水的。但他没有因此而消沉。管水的时候即使再冷，他都会跳下去，确保庄稼得到充分灌溉。几个月下来，他因管水出色，受到营里嘉奖，在同年兵中第一个入了党。

1977年12月，王伟力由一名"庄稼兵"被选为班长苗子，参加团轮训队预提班长集训。干了一年的农活，不仅缺了一年的训练课，就连当新兵时那点训练底子都丢得差不多了，但他并没气馁。在"五大技术"训练中，别人练一次，他练十几次甚至上百次。在器械训练中，由于基础差、身子僵硬，大多数单双杠动作都是"上去下不来，下来上不去"。因此，他经常是晚上熄灯后，偷偷来到器械场，一练就是一两个小时。胶东半岛冬天的夜晚冷得出奇，有时冻得实在坚持不住，就蹲下来搓搓手，裹上大衣暖和一会儿再练。就这样，完成了器械体操的所有练习。在难度最大的夜间射击中，他正课时间加紧练，训练结束后，营房里所有灯光都成了他练习的靶子。最后他成了夜间射击特等射手。记得一次战术比赛，他的胳膊血肉模糊，疼痛难忍。班长心痛地让他停下来，他却咬紧牙关拼命地向前冲，终于以第一名的成绩获胜。

回到连队，王伟力很快就当上了班长，后来被团里挑选为新兵班长。新兵训练结束，他带的班被评为先进班。他还作为唯一的战士被调到团教导队当教员，集训队结束时被评为优秀教员，编写的教案被汇编成册，在全团推广。1979年2月，21岁的王伟力被提了干，走上了团作训股测绘员的岗位。连队的艰苦生活和实干磨炼，不仅使他难忘，给他留下很多回味、启示和力量，也让他更加懂得父亲当年那句话的深远意义。

家训夹议

艰辛是人生不可或缺的课程

许多人都愿意过舒舒服服的日子，许多家长都变着法地给孩子创造优越宽松的工作生活环境，但王普润老人与众不同，面对前来家访的接兵干部，他唯一的要求是把儿子放到条件艰苦的基层去，放到摸爬滚打的一线连队去。因为他知道，艰辛是人生的必修课，苦难的经历往往连着辉煌的未来。

也有许多年轻人，一遇到艰苦的环境、艰难的工作就挖空心思寻"跳槽"，但身为干部子弟的王伟力没有想三想四，而是咬着牙迈过了一道道沟沟坎坎。因为有父亲的教诲，更有他一步深一步的感悟：风雨磨砺人的意志，艰辛是上天的恩赐。他不止一次地感慨，那初生牛犊不怕虎的勇敢精神、那直率真诚的美好心灵、那以苦为乐笑对人生的良好心态、那兵生活中一个个沟沟坎坎，何尝不是一笔巨大财富！正是这笔财富让他的军旅生涯拥有了丰厚底蕴，用他的话说，"像母亲爱抚的双手，给我信心和动力；又像父亲那严肃的眼神，给我果敢和鼓舞。"

恶劣的环境可以扼杀一棵幼苗，也可以让一棵幼苗长成参天大树。我们无疑要感激生命中的善举恩人，但许多情况下也要"感激"那些不友善甚至给我们"使绊子"的人。因为，他们让我们清醒，让我们成熟。2019年，华为面临的考验，前所未有。一时间，笑等华为破产关门的有之，充当"帮凶"、落井下石的也有之，为华为捏着一把汗的有之，力挺华为的当然更多，一副副众生相，尽显人间冷暖。然而，华为的实力、华为人的智慧，国家和人民的鼎力支持，还有世间正义力量的加持，让华为渡过难关。正是美国的无情封杀，让中国科技加快了自主创新的步伐；正是美国的倾力挤压，激发了中国科技的原创力，催生了新的技术突破。

　　古人讲，"宰相必起于州部，猛将必发于卒伍。"意在强调基层经历之重要。基层是前沿，又是末端，是最基本、最重要的单元，是矛盾多、困难多的焦点，基层也往往是环境条件最为艰苦的地方。人在事上练，刀在石上磨。有基层经历的人，才会有艰苦环境的砥砺摔打，才会有深切厚重的民众情怀，才会有处理实际问题的工作经验，才可能前行得相对久远。鲶鱼因沙丁鱼的"搅局"而提高成活率，非洲羚羊群因有狮子的觊觎而极度敏捷，壁松因岩石的挤压而变得更具生命力，人或因外部压力而变得更具韧劲。走过、路过，不要错过！人，不仅要有笑对艰辛的乐观与从容，而且还应有在"苦水"里泡泡自己的心动与行动，学会让自己在艰苦中成熟，在风浪中强大。

No.5

爸爸的话

成功的背后泪多少？要想成为"人上人"，必须吃得苦中苦。

——林待功

林待功（1944— ），山东省昌邑市人，初中文化，以务农为生。他年轻时喜好武术，因少年丧父家境贫寒，只得放弃梦想回家务农。他性格敦厚朴实，友善亲邻，乐于助人，是村里出了名的热心人；吃苦耐劳，勤俭持家，从心底爱孩子、爱家庭。虽然文化水平不高，但知书达礼，知轻知重，对孩子很少讲道理，教育方式以陪伴支持为主，并坚信自己的孩子有天赋，不遗余力地激励孩子实现自己的梦想，是孩子人生路上的精神支柱。

家训故事

1990年春节过后，12岁的林伟宁[①]被选为体育苗子，进入昌邑县体校开始武术训练。第一次离开父母进入一个陌生的环境，第一次知道什么叫想家。武术训练非常辛苦，一开始都是基本功的训练，不外乎下腰、劈叉、拿顶、翻跟头。林伟宁说，最可怕的是劈叉，因为她起步年龄相对比较晚，柔韧性已经不像五六岁的小孩子。教练对她格外"关照"。一批队员一字排开，因为都还没有拉开韧带，劈叉时为了减少痛苦，每个人都用双手支撑身体重量，以减缓腿部的疼痛。撑不住了，就只能把重量放在腿上，腿疼得受不了就再用胳膊撑一会儿。每个队员都双臂颤颤，汗流浃背。教练还会过来"帮忙"，牢牢把住肩膀，用脚把队员的后腿踩到底。每当教练来到林伟宁的身后，她就会吓得全身僵直。当她的腿被踩到底时，只觉得腿部韧带肌肉都被撕裂了，火辣辣地疼，又觉得自己像条虫子被别人踩住了后尾巴，只能上半身扭动。汗水跟眼泪齐流，嗓子被想哭却不敢哭的情绪揪住，感觉生疼。每次劈完叉还有雷打不动的500个侧手翻，每人守着一条直线，翻过去，翻回来。嘴里数出声音，谁也无法偷懒。

林伟宁掰着指头数着天数，盼望父亲按照约好的时间来接她，终于在一周之后父亲来接她回家过周末。那时她们村与县城尚未开通公共汽车，往返20多公里都是父亲用自行车来驮她。周六父亲从老家来接她，周日再把她送回学校。林伟宁记得那个周末秋雨凄凄，又到了回学校的时间，她跟父亲商量下着雨回去也不能正常训练了，要不咱傍晚回去吧。父亲二话没说，照样给自行车打足气，找出雨衣穿在身上准备上路。想到一走又是

[①] 林伟宁，林待功之女，1978年10月出生，2000年悉尼奥运会女子举重69公斤级冠军，现任山东省体育总会秘书处副处长。曾获得国家体育运动荣誉奖章（两次）、全国五一劳动奖章、全国三八红旗手、全国五四杰出贡献奖、山东省十大杰出青年、山东省先进工作者、山东省富民兴鲁奖章、山东省优秀共产党员等荣誉和称号。第十届全国人大代表。

一周，想到那么痛苦地训练，她不禁哭起来，一开始还有点撒娇的意味，后来就干脆任性号啕大哭。父亲结婚晚，虽然家境不好，但对宝贝闺女他总是竭尽所能满足她的愿望。这次他却没有应她，他说："闺女你还记得咱看过的电视剧《八仙过海》吗？里面那首歌唱道：'人说天上好，神仙乐逍遥，成功的背后泪多少？'要想成为'人上人'，必须吃得苦中苦。"那天她乖乖地跟在父亲身后，跳上自行车冒着风雨往学校赶。

道路泥泞又顶风逆行，走到半途中，父亲的夹袄已被汗水浸湿。他们找了个门口避雨，父亲把夹袄脱下来让她抱着。雨已经变小了一些，他们继续前行。因为是顶风，林伟宁在后面撑着伞，父亲弯着腰，左右摇摆身体奋力地蹬着车子。林伟宁抱着父亲潮湿温热的夹袄说不出地心酸，但她没有再哭，只是默默地收起雨伞，以减少阻力，帮父亲分担一点点、一点点。

再后来林伟宁改练举重，一路辛苦无数，经历过几次重大伤病，每每觉得难以为继，每当情绪崩溃痛哭失声，每当面临坚持到底与改走捷径的选择，她都会想起父亲的那句话：成功的背后泪多少？要想成为"人上人"，必须吃得苦中苦！她都会想起那个秋雨凄凄的下午，想起父亲奋力蹬车的背影。于是，便再一次暗暗地告诫自己，坚持一下，再坚持一下！

就这样，林伟宁在人生的路上留下了一串串成功的脚印：

1996年亚洲青年举重锦标赛三项冠军，抓举打破世界纪录；

1999年全国举重锦标赛抓举冠军，总成绩、挺举亚军；

1999年全国举重冠军赛抓举、总成绩冠军；

1999年世界青年举重锦标赛三项冠军，挺举打破世界纪录；

1999年亚洲举重锦标赛三项冠军，挺举、总成绩三次打破两项世界纪录；

2000年世界大学生举重锦标赛三项冠军；

2000年悉尼第27届奥运会女子举重69公斤级冠军。

家训夹议

人生成败要看"挺"

看举重比赛，最精彩、最扣人心弦的时刻，当是运动员"挺"的几秒间。无论是抓举还是挺举，"挺"是一个分水岭，运动员用尽气力举起来后，挺住了就成功了，挺不住也就前功尽弃了。当然，对此感悟最深的恐怕还是林伟宁这些举重世界冠军们，她们的"挺"不仅体现在赛场上，更体现在训练场上，在长时间、超负荷、极限性的体育生涯中，没有"挺"注定是走不下来、登不上顶的。

人生成败何不取决于一个"挺"字？曾国藩曾跟李鸿章说，他的人生经验就是一个字：挺。曾国藩率湘军与太平天国作战，朝廷既要让他卖力又不给他地方实权，每走一步都受到朝廷和地方势力的掣肘，加之湘军组建时间不长，失败常伴左右，但他信奉"打掉牙，和血吞"，坚定地把"屡战屡败"宣示为"屡败屡战"，咬着牙往前走，进而越战越勇，一步步走向最后的成功。当然，这中间也有没"挺住"的时候，比如曾有过两次自杀，而事后愈加感受到"挺"的重要。

时下有一种很温馨的"劝世箴言"：人要善待自己。就是说，人不要难为自己、委屈自己、折磨自己，苦海无边回头是岸。人生苦短，自己和自己过不去，划不来！这无疑为该"挺"不"挺"提供了"理论根据"。人本来就有惰性，都愿意过舒舒服服的日子，一个"善待自己"何不让人泪奔，让人自怜与自解？然而，"善待"了自己往往就意味着斗志衰退、贪图安逸，意味着无以为继、半途而废、一事无成，最终自我"善待"变成自我"溺待"。

"慈不掌兵"是古代治军用兵的一条法则。《孙子兵法》就明确指出："厚而不能使，爱而不能令，乱而不能治，譬若骄子，不可用也。"这就是说，掌兵不是不能有仁爱之心，而是不能仁慈过度。如果当严不严，心慈手软、姑息迁就、失之于宽，就无法掌兵。掌兵如此，对己也是这样。前几年也有一种流行的说法：人就是要对自己狠一些。实际上就是慈不掌兵的延伸运用：慈不对己。人一旦对自己心慈手软起来，就会娇惯自己、放纵自己，心生娇气、暮气。每个人的人生中都应该"男人"一些、"悲壮"一些，破除对自己的过度怜悯，消除狭隘的"自我善待"，对自己敢爱敢恨、有情有厉，不放任自流，不惯自己的"坏毛病"，能吃别人没吃过的苦，能流别人没流过的汗与泪。这样，关键时刻才能坚持得住、担当得起来，成功才可能与你紧紧牵手！

No.6

爸爸的话

一个人来到世上，就是要为国家多做些有益的事。

——冒进山

冒进山（1944—　），江苏省如皋市人，1965年参军入伍，在基层曾任战士、班长、排长、连长。因工作勤奋扎实，精通高射炮兵业务，他直接由连长选调到原济南军区炮兵教导大队任参谋、高炮教研室主任；后又从炮兵教导大队，直接调任原济南军区机关高炮处处长；后因工作成绩突出，提升为军分区参谋长。

家训故事

冒希尧[①]小时候比较调皮，上学也不太用功，学习成绩处在一般水平，父母常常为他操心。1988 年高考失利后，他参加复读班，决心来年再考大学。

①冒希尧，冒进山之子，先后在高炮部队、省军区系统、大军区机关工作，曾任战士、班长、排长、参谋、股长、处长。

1989 年国家实行春季征兵，从小在部队大院长大的冒希尧听到征兵的消息后，向父母提出要报名参军。父亲冒进山听后非常高兴，说道："希尧，你响应国家号召要去当兵，爸妈都支持你。一个人来到世上，就是要为国家多做些有益的事。你真能去部队的话，就好好干吧！"

父亲说这句话的时候，从语气到表情与平时并没有什么差别，但这次冒希尧听了犹如醍醐灌顶，好像被电击了一样，似乎瞬间长大了。"是啊，自己都高中毕业了，一直嘻嘻哈哈、碌碌无为，这辈子到底要干什么？要成为一个怎样的人？自己好像从来没有认真琢磨过。像这样一直混日子地过下去，怎么能行呢？"

在征兵体检、政审合格后，冒希尧顺利当了兵。到部队后，他按照父亲的要求，服从命令听指挥，大小工作都积极主动，刻苦学习训练。当战士期间，拿了不少学习训练的标兵，1991 年在岗位练兵比武中获得本炮手专业比武全旅第一名，并以优异的成绩考上军校。上军校后，在学员队中第一个荣立学院三等功。毕业当干部后更是恪尽职守，勤勉敬业，勇于担当，奋发有为，受到战友们的好评，从排长一步步成长为军区机关的处长，2015 年被军区司令部党委评为"我心目中的新一代革命军人好样子"。冒希尧谈起自己的人生心得，最难忘的是 30 年前父亲说的那句话："一个人来到世上，就是要为国家多做些有益的事。"

家训夹议

小来思报国，不是爱封侯

"上马带吴钩，翩翩度陇头。小来思报国，不是爱封侯。"唐代著名边塞诗人岑参在诗中，生动地描写了一位壮士，手执胡钩跨上骏马，英姿勃勃地越过陇山头的情景；他从小立志报效国家，杀敌立功绝不是为了做官封侯。这是一幅多么动人的画面，又是一种多么感人的境界！

一千二百多年后，一位老军人对立志参军入伍的儿子说的"一个人来到世上，就是要为国家多做些有益的事"那句话，虽然没有岑参诗中的激情与韵意，听起来似乎也很平淡、很普通，但那种不求儿子个人有什么前途、有什么官位，只求儿子"为国家多做些有益的事"的殷殷话语，何不充满着浓浓的家国情怀？何不让人为之动容？

令人感动和欣慰的是，现实中的冒希尧，没有辜负父亲的教诲，他把官职和名利总是看得很淡很淡，而对事业和原则总是看得很重很重。作为大军区的动员处长，在国防动员特别是兵员征集这个岗位上，他以自己的微薄之力坚守着、探索着、呼吁着，尽自己最大的努力为国防建设做着一件件有益的事情。谁敢说他没有"小来思报国，不是爱封侯"的境界和情愫？

人有理由报国，但报国不讲理由。报国是人的基本属性，也是一种情怀，是崇高而神圣的事情。祖国、人民、历史会崇敬那些忠心报国的人，而那些冲着名利和地位去"报国"的人，注定不会让祖国、让人民、让历史崇敬。

报国有佳期，但报国不分时候。一个人应随时随地报效国家，不能因年少或年老而言弃，不能因自感时机未到而等待，更不能误认"报国无门"而迟疑。报国不分先后，既要有"小来思报国"的志向与急切，又要有"老骥伏枥，志在千里"的豪迈与执着。

报国有轻重，但报国不论硕微。报国既求"精忠报国""先天下之忧而忧，后天下之乐而乐"的雄壮与格局，但也如江河不择细流、泰山不拒细壤，不看轻点滴之功，不排斥些微之作，不因事小而不为。

报国有位别，但报国不言尊卑。报国，人人有份，人人有责，位高权重者要报国，平民百姓也不例外，中华民族自古就有"位卑未敢忘忧国"的风尚。实际上，那些始终不忘报国的所谓"位卑"者，才是中华民族的真正脊梁，才应是人们心目中真正的"位尊"者。

No.7 爸爸的话

做让自己无悔的事，当对社会有用的人。

——有祥云

有祥云（1905—1964），山东省青州市人，是个老邮政，先后在益都县（现青州市）电信局、张店电报局、潍县（现属潍坊市）电报局工作，当过投递员、话务员，因不愿受日寇压迫逃回原籍，在家卷过烟卷、给人当过伙计；抗战胜利后复职，在济南市话科话务股工作；新中国成立后，调入平阴县邮电局，在县局和多个邮电所工作，担任过营业员、所长、工会主席。他一生与绿色结缘，热爱邮电工作，倾心邮电工作，献身邮电工作，全心全意为人民服务，直至病故在工作岗位上。

家训故事

有令峻①从记事起，看到的就是绿色的邮箱，绿色的门窗，绿色的营业台，绿色的制服，连邮递员的自行车，车上盛报刊信件的袋子都是绿色的。他的父亲有祥云，就是这绿色世界中的一名老兵。父亲只上了 6 年学，因在生活上极感困难，终日难得一饱，16 岁经人介绍到益都县（现青州市），先学习业务后做投递员。从此，一生工作在邮政战线。

有令峻①，有祥云之子，山东省作家协会创作室原副主任、一级作家、中国作家协会会员。曾从军 7 年，退役后任齐鲁石化公司橡胶厂工会副主席、山东省总工会宣传部干事、《山东工人报》副刊部负责人、《时代文学》编辑部主任。1992 年 3 月任山东省作家协会专业作家。出版长篇小说当代都市三部曲《夜风》《夜雨》《夜雾》，少儿纯美长篇小说"东湾村系列"三部曲《田野上的风》《东湾村的小伙伴们》《初一四班那些事》等专著 30 部；少年抗日战争中篇小说三部曲《小哑巴和小八路女兵》《冲锋号》《第一枪》；纪实文学《我和战友黄继光》等，计 800 万字，获奖 100 多次，其中电视电影剧本获奖 2 个，微电影剧本获奖 10 个。

1951 年 12 月，父亲调平阴县开展报话业务，立志"忠实地多为人民服务"，并"经常警惕纠正"旧观念旧思想。父亲在那里工作了 13 年，开始在县局工作，后到东阿镇分局工作一年。父亲调到哪里，全家就跟他到哪里。回县城后在老城邮电所工作，从所长到营业员就他一个人。每逢大集，四五岁的有令峻跪在椅子上帮他卖邮票。每天下了班，父亲用一根扁担挑上两只装了邮件的邮袋，送到二三里外的县局，有令峻也经常像个小尾巴似的跟着去。

记得有一天晚上下大雨，洪水淹进了县城，院子里和屋里进了水。父亲把一些东西堆到床上桌子上，锁上门，带领全家往新城的东山逃水。小脚的母亲穿着雨衣拄根竹竿，姐姐背着有令峻，父亲为姐弟俩撑一把伞，脚下没过膝盖的流水哗哗直淌。全家到了新城，暂住在好像是一个教堂的大厅里，就在地上铺的麦草上休息。第二天早上有令峻醒来时，不见父亲，一问才知父亲一大早就看他的邮电所去了。

到了1957年，全家搬回新县城的县局，父亲仍当营业员，担任过工会主席。1958年，已是53岁的父亲调到离县城7.5公里的山区栾湾邮电所当所长，在这里工作了6年，家就租住在村中农民家。在那个村子，他们住过6个农户的石屋，还住过牛棚。父亲从城里来到偏僻贫穷的山村，不但没有怨言，整天还乐呵呵的。

父亲的邮电所，一共两个人。除了父亲这个老所长一直没换，另一个管20门总机的话务员先后换过4个人。父亲具体管邮政，还经常翻译电报文稿。话务员有时回家了，父亲就住在邮电所，日夜值班。有令峻也跟他住过多次。

父亲对工作一向认真负责，每天下午快下班时，熟练地打着算盘把账目整理得一清二楚。那个算盘的珠子都让手指磨得发了亮。有一次他的账有几分钱算了好几遍都对不上，他又从头算了两遍，直到数字准确了才松了一口气。父亲的正楷字和阿拉伯数字写得很好，这是他从小练出来的。为了工作需要，也为了生计，他年轻时还自学了英语。父亲很爱清洁，营业室内每天都收拾得干干净净，平时的穿戴也是整洁干净得体。他有牙疼病，有时疼得厉害，就用个输液瓶灌上热水，再装到布袋里，左手把瓶子贴在腮上热敷，右手处理业务上的事。

父亲与当地公社干部、农民群众的关系处得很好。农民来寄信寄钱，不明白的地方，他都耐心解释，还常给不识字或识字不多的农民填写汇款单、拟电报稿和写信读信。比如拟写的电报稿尽量简明扼要，让农民少花钱。当时一个鸡蛋5分钱，电文一个字是3分钱，对农民来说不是个小数目。每天下午下了班，他要步行几公里，把报纸和信件送到公社驻地的供销社、卫生院、粮管所等部门。有令峻也帮他去送。他还在大热天让有令峻到邻村北栾湾去给农民送过电报。村里乡亲找他帮忙，他都热心相助。父亲拉一手好京胡，就常有老人来听他拉琴，跟他聊天。父亲受当庄户郎中的祖父的影响，喜欢研究中医中药，也教给农民一些预防治疗疾病的方法。

三年困难时期，父亲一直坚守工作岗位，为老百姓服务。他性格耿直倔强，对一些错误的不良的现象很是不满，但对同事非常热情。有一次一个投递员从县局来送"机要"，没地方吃饭。父亲请他到家中，让母亲用仅有的一点白面烙饼给他吃，全家吃带野菜的地瓜面黑窝窝头。投递员很过意不去，临走放下了几张县局食堂的饭票，父亲又让他装了起来。

那里每年都要防黄河大汛，那段防汛时间是公社干部最忙碌最紧张的阶段。父亲和话务员日夜坚守在那台 20 门的总机前，为公社接转电话。有一天晚上雷电交加，大雨倾盆，因邮电所位于山坡上，地势较高，总机被雷电传了电，牌子哗哗啦啦往下掉。父亲接电话时，手被电得发麻。他冒着被雷电击中的危险，踩在一块木板上，坚持接转电话。还让有令峻站得离他远点儿。

那时候没有自行车，在栾湾的 6 年，每次去县城开会，联系工作，已是 50 多岁的父亲都是步行往返 15 公里的山路。当时，父亲在全局是资历最长年龄最大的老邮政。局领导对他很信任很尊重，否则也不会让一个年近花甲的老职工在那个山沟里一个挺重要的邮电所一待就是 6 年。父亲在栾湾的 6 年，从没休过星期天节假日，大年三十晚上还要去值班。1961 年他请假 4 天回了一趟老家，还按规定扣了工资。

1964 年 8 月，父亲在工作岗位上感到身体不适，到县医院查出是心脏病，很严重。在距离休还有 10 个月，准备全家回故乡青州时，不幸去世了。那年有令峻才 13 岁。父亲喜欢中医中药，希望儿子将来考医学院，当个悬壶济世的医生。他对有令峻说："孩子，长大后，要做让自己无悔的事，当对社会有用的人。"

家训夹议

一生干好一件事

有祥云老人一生从事邮政工作，全身心地投入到这个"绿色世界"

里，全心全意地为人民服务。一件事，一辈子，一生情，一世名。几十年后，他的儿子有令峻重回父亲工作生活的地方，每当提起父亲的名字，上了年纪的人们都夸"有老师是个大好人"。这让有令峻十分自豪，十分欣慰。

有祥云老人对有令峻这个独子寄予厚望，对儿子一直名列前茅的学习成绩非常自豪，希望儿子将来能从医济世。但是，有令峻没有如父亲所愿学医，而是同鲁迅一样"弃医学文"，一生"咬文嚼字"，成了专业作家。他有今天的成就，与父亲的教诲也是分不开的。父亲要求他"做让自己无悔的事，当对社会有用的人"，他按父亲说的，也像父亲做的一样，自己认定的事、对社会有益的事，无怨无悔地去做，一生只干一件事，越干越起劲，越干越得心应手，年近古稀仍深犁细锄，笔耕不辍，对社会发着光和热。

人的时光和精力是十分有限的，每个人身上也都存在着劣优短长，即便再聪明的人也难以在追求上面面俱到、"八面玲珑"。过去人们都说鱼和熊掌不可兼得，最近牛津大学的科学家进行的一项研究显示，鸟儿好看和叫声悦耳不能两全，也就是说，好看的不好听，好听的不好看。自然界的生命大抵都存在这样的现象或规律。一个人要在有限的生命里成就一番事业，专注和专心于某个领域、某项工作，是至关重要的。法国作家莫泊桑，很小就表现出了出众的聪明才智。当初，他什么都想学，他曾自信地对著名作家福楼拜说："我上午用两个小时来读书写作，用另两个小时来弹钢琴，下午则用一个小时向邻居学习修理汽车，用三个小时练习踢足球，晚上，我会去烧烤店学习怎样制作烧鹅，星期天则去乡下种菜。"说完得意地反问："福楼拜先生，您每天的工作情况又是怎样的呢？"福楼拜笑着说："我每天上午用四个小时来读书写作，下午用四个小时来读书写作，晚上，我还会用四个小时来读书写作。"莫泊桑不解地问："难道您就不会别的了吗？"福楼拜没有回答，而是接着问："你究竟有什么特长，比如有哪样事情做得特别好呢？"这下，莫泊桑答不上来了。于是便问福楼拜："那么，你的特长又是什么呢?"福楼拜说:"写作。"莫泊桑明白了,原来特长就是专心地做一件事情。从此,莫泊桑下决心拜福楼拜为文学导师,一心一意地读书写作,在年仅43岁的人生里,创作了6部长篇小说、359篇中短篇小说及3部游记,成为"世界三大短篇小说巨匠"之一。

"专心致意刻成楮,有胆通身占断梅。"持之以恒地付出必有所得,你的专注就是优势,你的专心就是特长,你的专攻就是成功。一个人专力干好一件事,此生足矣!

No.8

爸爸的话

**男孩子，不能服软，困难再大，
晃晃膀子也要冲上去！**

——刘培芝

刘培芝（1944——　），山东省东营市东营区人，出生在一个贫瘠的地方、一个贫穷的家庭之中。他是一个性情刚毅、自律严格、要强上进的北方男人，参军后凭着薄薄的小学文化底子，硬是自学完成高中课程，转业后进了一家军工厂，做了子弟学校的教师。他是一个性格刚烈、治家严厉、治学严肃的传统男人，"尊严"掩盖了他的温情，冷酷中隐藏着他的挚爱。他更像一坛陈年烈酒，在岁月中慢慢发酵扩张，和着时光、伴着辛辣，散发着浓浓的醇香，始终让晚辈们驻足品味、流连忘返。

家训故事

刘鹏飞[①]工作很忙，听说要采访他，便把刚写就的一篇关于父亲的文章发了过来。他在文章中，直言不讳地告诉了人们一个让他带有复杂情感的父亲。

[①] 刘鹏飞，刘培芝之子，高级经济师、研究员。中国人民大学经济专业博士研究生毕业，经济学博士学位；中国社科院经济学博士后。中国人民大学、北京师范大学、西南交通大学特聘教授，首都经贸大学、北京工商大学校外硕士生导师。曾在数个大型国有企业担任领导，现任中央机关某发展研究中心常务副理事长，兼任所属企业集团董事长。

小时候，父亲是个脾气暴烈的军人，好像从来没有对我低声说过话，挨揍那是家常便饭了，"怕他"成了我多年的阴影。直到我长大后，离开了家。

我从来都不知道父爱是什么，我以为我和父亲的这种隔阂会存在一生，永不泯灭。

传统观念中，父亲是来传递父爱的，坚强、坚毅、宽厚、沧桑和善良。可我从不会想到我的父亲和这些词汇的关联，我依然在恐惧中回忆着他，后来我的孩子也大了，也就不愿再去回忆了。我只是形式上承认有个父亲，但在心里我已经对他排斥到极点。

这几年，我突然经常想他，可能是我自己本身也步入中年，偶尔回家，发现暴躁的父亲已经老了，他开始对我不那么凶了，甚至对我很客气地说话，我非常不适应。我仔细打量着把我带到这个世界上的老人，我的父亲，开始强迫自己接受他，爱他……

父亲是家中的老三，有两个哥哥、两个弟弟、两个妹妹，在比一般家庭还要贫穷的家庭里，爷爷奶奶苦于生活的压力送父亲当了兵。父亲从此开始了他有别于家人的"皇粮"生活。一个只有小学文化的父亲，在部队靠自学完成高中课程。转业后，父亲进了一家军工厂，在子弟小学任教，直至退休回山东老家。

那是个贫瘠的年代，父亲一个人的工资养活着家里的四口人，一家人艰难地活着。想到这些，木讷而又专横的父亲，在我的记忆里渐渐开始变得温暖了。没有不疼爱子女的父亲，只有偏执不懂事的孩子。可能父亲一辈子都不会表扬我一句，军人的身份和他的性格、尊严，他一生都在放大使用，但不能排斥他作为一个父亲对孩子的爱，只是这份爱来的方式与众不同。

我开始庆幸自己有这样一位父亲，没有他的管教我可能没有今天。我记得父亲曾这样训斥过我："男孩子，不能服软，困难再大，晃晃膀子也要冲上去！"父亲的这句话当时听起来特别刺耳，而我现在回想起来特别温暖，因为父亲的话深刻地影响了我的事业和人生，尽管过去自己不愿承认这一点。好在父亲身体还结实，我不至于太后悔，冥冥中，我感到我和父亲其实选择着相同的方式来爱着对方，不会表达不代表爱有不同。不知道是我真的长大了，还是父亲真的变老了，常常在梦里回到过去，回到那个经常挨揍的童年。心里竟然是甜的！

家训夹议

成长，哪有闲庭信步

每个人都有"成长的烦恼"，每个人都不是盏"省油的灯"，每个人一路走来都不会顺水顺风。到了一定时候就会突然发现，人和人成长的差距最终取决于他们所闯的路、架的桥、涉的水、翻的山、掉的皮。一个背景了得、养尊处优，仅"赢在起步上"的人，大多走不了多远。

生活本身就是一场战斗，人的成长说到底就是与一个又一个困难的搏斗，迎难而上者才能赢，服软退缩者注定会输。天上不会掉馅饼，每个人都不会随随便便成功。《西游记》描写的那上西天取经的唐僧，经历了九九八十一难。文艺作品所折射的，何不是凡间俗界的人生？所以，圣人讲："天将降大任于斯人也，必先苦其心志，劳其筋骨，饿其体肤，空乏其身，行拂乱其所为……"

"棍棒之下出孝子"，这是几千年封建社会传下来的教子"秘诀"。一位女诗人的父亲就经常对她说："考试下来前三名，打死你……"多少人说起自己的父亲，首先忆起的是小时候自己的顽皮、自己的叛逆，还有父亲的巴掌、父亲的筷子、父亲的棍子……言语之间，有调侃，有苦笑，有愧疚，有感慨，更多的是感激。然而，这感激只是一种理解、一种原谅、一种感恩，并不是认可父亲的管教方式。这只能说，一个人的成长是何等的不易，父母要操多少心、要生多少气、要吃多少苦；也只能说明，父母特别是父亲在子女教育的方式方法上是何等苍白、何等乏术、何等无奈，也并不是棍棒、拳头多么有效、多么厉害。

《真正男子汉》这首歌中，有这样的歌词："真正男子汉，绝不会把头轻易低下。真正男子汉，就算有泪不轻易擦。真正男子汉，最后会在泥泞中长大，哭过、笑过、痛过、累过，全都值得啊！"从男孩到男子、从男子再到男子汉，何不似凤凰涅槃！自古至今，真正的男子汉哪个不是在生活的大熔炉中炼成的？哪个不是在大风大浪中摔打出来的？实事求是地讲，真正靠父亲的棍棒打就的少之又少。新时代的父母们，特别是那些小时候时常领受"家法"的年轻父亲们，不要好了伤疤忘了疼，把你当年的阴影转嫁给后代，又变成了孩子的阴影。还是克制你的情绪，收起你的拳头，扔掉你的棍棒吧，咱君子动脑不动手！

No.9

爸爸的话

怯懦做不成男子汉，勇敢过得去独木桥。

——焦在范

焦在范（1939—　），山东省东平县人，出身贫寒，但有幸生在一个推崇"耕读传家久，诗书继世长"的家庭。他的祖父焦之中是十里八乡有名的私塾先生，他的父亲虽然没有文化，但希望自己的子女个个都会识字。他高小毕业后，有幸考上了菏泽畜牧专科学校，成了一名兽医。他待人慷慨、乐善好施，敬老孝亲、严己宽人，节俭朴素、吃苦耐劳，遇事从容、豁然大度，在庄里庄外威望很高。

家训故事

十八岁那年年关的一天，焦锐[①]突发奇想："要是到集市上卖春联，边写边卖，应该挺好玩的！"这个念头一连好几天，都在他脑子里萦绕回旋。但思来想去，他就是下不了决心。

[①]焦锐，焦在范之子，笔名火青，诗人，作家，中国作家协会会员，山东省作家协会会员，文化品牌图书策划者，"大语文"文学经典系统教学倡导者，全国中、小学生"满分作文"研究学会资深研究员，先后在全国几十家报刊发表作品300余万字，参与策划编著各类图书40余部（套），个人著有《飞奔的铁流》《幸福是灵魂的香味》《焊在祖国的马鞍上》等多部作品，先后获全国级、全军级奖项50余次。

其实，父亲早就看透了他的心思。在饭桌上，父亲开始说话了："昨天，一个熟人还说来，你家老大咋跟大妮似的啊？放不开，腼腆，老实，需注意啦，不然，连个媳妇也难找上！"

"找不上，就找不上，关他啥事！"父亲的话显然触到了焦锐的痛处，他嘴一撇，犟了一句。不过，父亲依旧心平气和地接着说："自己看准的事，就干脆果断地去做！否则，过了这个村没有这个店。怯懦做不成男子汉，勇敢过得去独木桥！"

"怯懦做不成男子汉，勇敢过得去独木桥！"父亲的这句话像闪电一样，让焦锐打了个激灵，不服输地说："我倒要让那些人看看，我是不是男子汉?!"显然，父亲的"激将法"奏效了。一向以腼腆、小胆、羞怯著称，"犹抱琵琶半遮面"的焦锐，突然像吃了"熊心豹子胆"一样，弥天大勇说来就来了。他向家人郑重宣布："明天腊月二十九，说什么我也要到集上卖春联去！"

焦锐讲，以前，只要他从当街拉闲呱的大娘婶子跟前经过，就会感觉到她们在自己背后指指戳戳，说些"这孩子太老实，灶户窝的光棍，不会有什么出息"的话，他当时就想证明给她们看，但始终没有这个勇气。而这次，他要彻底证实一下：自己到底有没有挑战自我、改变自我、战胜自

43

我的勇气，有没有与忸忸怩怩、懦懦弱弱的做派彻底告别的勇气。

为赶好这个年集，他起了个早，先将写好的一大捆春联小心翼翼地用塑料薄膜包好了，轻拿轻放，像对待易碎品一样谨慎。然后，又将木棍、绳子、夹子、凳子、桌子和笔墨纸砚，有条不紊地全部放到他家拉庄稼用的地排车上，迎着鱼肚白的晨曦就拉车上路了。

集市离他家并不远，四五里路的样子。他选定集市南北主干道的西北角向阳的一侧，就开始"安营扎寨"了。他看看周围的卖家，与自己的买卖确实"大相径庭"：有卖锅、卖碗、卖棒槌的，有卖鸡、卖鸭、卖煎饼的。别人卖的都是"物质"产品，而他卖的是老百姓对新春的期盼和祝福，对美好生活的憧憬和向往，该算是"精神食粮"吧。

"这娃写得不错，龙飞凤舞的！""这隶书写得还真有点味道！""看，他还写梅花篆字呢！"听到大家的赞扬，平时内向、不爱说话的他，满脸堆笑地，很自信地迎上去，不停地说"谢谢，谢谢啊！"他发现摊子前的人们都和颜悦色地，朝他点头致意。

"这是谁家的孩子？日后会有出息哩！"一位似曾相识的大叔趴在那人的耳朵上，悄声说出了父亲的"尊姓大名"。他此时油然而生了一种自信心和自豪感，还隐隐约约地有一种光宗耀祖的感觉。

听人夸奖，高兴归高兴，可大半个上午过去了，还是没有卖掉一副红火火的春联。这如何是好呢？他心里思忖着："父亲不是说'勇敢过得去独木桥'吗，勇敢，勇敢，再勇敢！坚持到底！坚持就是胜利！"他暗暗给自己鼓劲加油，说服自己"这次坚决不能败下阵来"。

"兄弟，我给你开开张，你也给我开开张。你先专门给我的糖葫芦写副春联吧！"这时，一位黑脸白牙、满脸长着络腮胡子，长得有点像黑旋风李逵，举着冰糖葫芦捆的大汉，和和气气地对焦锐说。

"大哥，我这里还真……"焦锐刚要"实话实说"，说没有专门写糖葫芦的春联。这位大哥立即摆摆手，打断他说："兄弟，你临时凑合两句就行，一句夸我，一句夸你，不就成了？"

这时，围观的人群越来越多，都盯着焦锐，好似看西洋景似的。他觉得浑身不自在，本来就是硬着头皮，貌似镇定和自信，但三九严寒的天，身上麻嗖嗖的，心在打鼓、颤抖和发怵。这时候，就听见有人喊："小子，来两句，看看你肚里装的是真墨水，还是假墨水？"

经过这番挑逗，他男子汉、大丈夫的气概，瞬间倒是被点燃和唤醒了。他先是拍了拍胸膛，握着笔管的右手使劲一攥，然后"刷刷刷"，三下五除二，在地排车支起的方桌上写起来，一副春联一蹴而就："糖蘸葫芦千里红，墨舞春光万年长"。等春联墨干之后，他立马就捧送给了眼前这位卖糖葫芦的大哥。

这时候，焦锐卖春联的摊子前，突然就响起了一阵热烈的掌声和赞叹声。"还真甭说，这小子还真有两下子！"

"我给你钱。"说着，"糖葫芦"大哥就将手伸进了腰包里。

"不，不，不，这是我免费送你的，祝大哥好运！"焦锐猛地拉住了大哥掏钱的手。

"那好吧，我就不客气了，也祝兄弟好运！"这位大哥说着就把春联用塑料夹子夹住，挂在他插满冰糖葫芦的草捆子上，然后朝他"嘿嘿"一笑，便挤入了密密匝匝、车水马龙的人山人海里去了。

焦锐远远地望着这位大哥高举着的冰糖葫芦捆子，望着那一排排、一串串晶莹剔透的红，和呼啦啦飞扬的春联的红，在阳光下灼灼地闪光、灿灿地生辉，他心里别提多高兴了。他似乎觉得，自己刚才的机智、勇气和自信，来源于这位大哥的好心鼓励和帮助！

刚到正晌，那位大哥便来向焦锐报捷了，说多亏你的春联写得好，还不到"千里红"，"十里红"就卖没了。而焦锐的春联也呼啦啦地，一股脑地，销售一空了。

此时，只有焦锐心里清楚：自助者神助！这都是自信和勇气在帮自己的忙呀！从此之后，他像变了个人似的，无论干什么事，都风风火火、雷厉风行了。

"感恩的心，感谢有你，伴我一生，让我有勇气做我自己！"采访结束时，焦锐引用《感恩的心》这首歌中的歌词，由衷地感恩、感谢父亲的教诲。

家训夹议

把那层窗户纸捅破

人与人的性格特点具有明显的差异性，有些人大胆豪放、自信冲天，有的更是"仰天大笑出门去，我辈岂是蓬蒿人"，"会当凌绝顶，一览众山小"，"自信人生二百年，会当水击三千里"。自古能成就大事者，大都是这种类型的人。有些人则常常表现出柔弱、害羞、恐惧，做事缺乏应有的自信。这种性格特点的人，往往因怯场而使自己的才华发挥不出来，或因信心不足做出误判，错过难得的机遇。

每个人都有着自己的优势和强项，每个人的潜力都是巨大的。一个没有自信的人，不是没有自信的资本，而是缺乏自信的挖掘。自信在哪里？就在起脚的第一步里，迈出了这一步你便会突然发现：哦，原来，我还行！噢，我很棒！

20 世纪 60 年代，一个混血男孩出生在美国夏威夷的檀香山。他的父亲是肯尼亚人，母亲来自美国的一个中产家庭。男孩长大后就读于夏威夷的一所私立精英小学，因为肤色问题的困扰，他在班上寡言少语，每当老师提问时，他的双腿就开始不停地颤抖，说话也变得吞吞吐吐。老师无奈地告诉男孩的妈妈，这个孩子连自己都不相信，将来不会有什么出息了。

男孩的母亲并不认同老师的观点。她为男孩找了一份差事——课余时间在街区里挨家挨户订报纸。在母亲的鼓励下，男孩勇敢地迈出了第一步。他敲开了全部邻居家的门，努力与他们沟通，征订报纸出人预料地顺利，几个邻居成了他的订户。有了"第一桶金"的经历，男孩从此说话不再结巴，也从一个街区走到另一个街区，自信地敲开一家又一家的大门，订单也与日俱增，也享受到了第一次成功的喜悦。这个混血男孩，就是长大后成为美国总统的奥巴马。这正是，自卑在，自信就缺。成效来，怯懦就走。

　　作为父母，对缺乏自信的孩子，打不是办法、骂不是办法，顺其自然更不是办法，最好的办法是让孩子独立自主地去做他自己能做的事情。孩子的自信，是在一次次成功的行动中累积起来的。必要时，还要"赶鸭子上架"，赋予某个最能体现他（她）自信力的任务，逼他（她）迈出第一步，大不了"扶上马，送一程"，尽早捅破那层横在自卑与自信间的"窗户纸"。

No.10　爸爸的话

攒钱不如攒能耐，靠谁不如靠自己，人走到哪里都要凭本事吃饭。

——路俊贵

路俊贵（1932—1998），河北省景县人。他日复一日，年复一年，风里雨里耕耘着脚下那片土地，是当地十里八乡有名的种田高手，人称"种田大王"。为填饱肚子，他年轻时闯过关东，贩过马匹，当过泥瓦匠，为照顾双亲他选择了留守故土。他为人善良、实诚、较真，谁家有个大事小情的都离不开他的帮助；他担任生产队粮库保管员，面对饥荒他不占公家一点便宜，哪怕一粒米、一颗豆。他一生要强上进，不服输、不惜力，持家有道，教子有方，受人敬重。

家训故事

路秀伟①小时候特别贪玩，一放学就和邻家小伙伴们疯耍野跑，自制弹弓和火柴枪，模仿电影里面的镜头，闹游戏，捉迷藏，搅得四邻不宁，为此没少受责罚。由于用心不够，他学习成绩总是上不去，看着考大学没希望，高中二年级他就辍学了。看着儿子失落迷茫、无助无奈的样子，路俊贵轻轻地安慰说："既然不上学了，那就学门手艺吧，将来好有口饭吃。"接着，又拍拍儿子的后背，语气略显沉重地说："攒钱不如攒能耐，靠谁不如靠自己，人走到哪里都要凭本事吃饭！"于是，路俊贵绞尽脑汁、挖空心思为儿子选出路、找门子。在饱含希望和期待中，路秀伟远赴天津、内蒙古拜师学艺，从木工到篆刻，几年下来小有长进。20岁那年，路秀伟响应国家号召参军入伍，在军营里磨炼意志，锤炼筋骨，恶补文化，以优异的成绩考入军校，成为后勤战线的一名军官。现如今他脱下戎装换上警服再出发，用他的话说变换的是角色，不变的是初心，凭着自己的信念和能力，忠诚地履行着庄严而神圣的职责。

说起已去世20多年的父亲，路秀伟动情地说："父亲这句朴实的话，让我受用一生，珍爱一生。谢谢他！"是啊，路俊贵这位淳朴的老农，虽然自己没有什么文化，却深知文化的重要，因而他不遗余力、倾尽所能地供孩子读书。他一生养育5个子女，在那段靠挣工分吃饭的岁月里，两个排在前面的女儿早早地挑起了家庭的重担，他把所有希望都寄托在后面3个儿子身上，对他们要求严苛，从不娇惯，硬逼着他们学文化、练手艺、长能耐，他认准的事绝不回头。他常对子女说："人要有本事，得争口气，要活出个样子来给自己看。"在他的策划指点、督导严管下，3个儿子都磨砺成才：两个儿子成为部队军官，一个儿子成为京城的木器工艺师。

① 路秀伟，路俊贵之子，毕业于解放军军事经济学院，任职于部队后勤系统多个岗位，转业后在山东省济南监狱工作。

家训夹议

"李广难封"为哪般？

　　李广是西汉著名的抗匈将领，被称为"飞将军"。孝文帝时，李广经常随君出行，时或冲锋陷阵、突破关隘、格杀猛兽。因而文帝说："可惜啊！你没有遇上好时机，假如你赶上高皇帝（汉高祖刘邦）的时代，那么封为万户侯，还在话下吗！"

　　孝景帝时，李广跟随太尉周亚夫攻打吴、楚叛军，一举夺取帅旗，在昌邑城下立功扬名。任上谷太守，每天和匈奴交战，典属国公孙昆邪流着泪对皇上说："李广的才气，天下没有能比得上的。但他自恃有本领，经常和敌人交锋，很担心他牺牲在战场上。"于是，皇上就把他调到上郡担任太守。一次李广带领一百名骑兵去追击三个箭术高超的匈奴人，离开大军几十里后与几千人的匈奴部队遭遇，他放胆在离匈奴军不到二里的地方停下来，下马解鞍休息。匈奴人担心有伏兵，乘夜撤退，李广化劫为安。

　　李广一生与匈奴作战七十余次。然而，令人百思不得其解的是，他的堂弟、儿子都被先后封侯，而他望眼欲穿，终不得所愿。他曾困惑不平地对人说："自汉朝出击匈奴以来，我没有一次不参与，可是各部队校尉以下的人，才能不够中等，就有几十人因出击匈奴的军功取得侯爵，而我李广不比他们落后，却没有因些微小的功劳而得到封地，是什么原因呢？难道是我的生相不该封侯吗？还是命里注定的呢？"于是，"李广难封"成了历史之问，也成了历史之憾，连太史公司马迁都为他鸣不平。

　　实际上，左右李广功名的不是什么生相与命运，也不是朝廷的恩怨情仇，而是他的本领。李广是一位靠杰出本领和超人勇气杀敌立功的战将，但仅凭自己的冲杀是杀不了多少敌人、立不下旷世之功的。汉朝对有功战将施封有严格而明确的标准，光有参战的次数而没达到斩敌的指标是不能封侯的。

后起之秀卫青、霍去病等率军攻击匈奴，经常是深入匈奴境内几百里、上千里的大兵团奔袭作战，常常以摧枯拉朽之势大量围歼敌军，斩杀捕获敌王敌将，这是惯于面对面拼杀的李广所比不了的。孝武帝时，李广率军从雁门出击匈奴，汉军被匈奴打败，李广被活捉，所幸脱身逃回。朝廷派大将军卫青和骠骑将军霍去病大举出兵攻打匈奴，李广几次主动请缨，皇帝最后才勉强答应，任他为前将军，私下却嘱咐卫青不要让李广正面与单于交战。作战中，李广先是对卫青把他调离正面，让他实施迂回攻击很是不满，后又带部队迷失了道路，错过了合围单于的机会。面对问责的压力，心力交瘁的李广选择了自杀，人生以悲壮的一幕收场。

李广凭本领过人而建功显名，让人敬仰；又因本领缺陷而抱憾终生，令人惋惜。李广的悲剧不在于封没封侯，而在于对自己的本领缺乏客观全面的认识，淆把骁勇当善战，误把苦战当功劳，错把名气当资本。

自古至今，靠献媚取巧而腾达者有之，靠运气侥幸而成功者有之，靠"滥竽充数"来混饭吃者有之，但最长久、最可靠的还是自己的本领，凭自己的本事吃饭有尊严、又踏实。历史是一面镜子，古人是最好的教材。从李广身上可以看到，人即便有一定的本事也不能一劳永逸，还是那句常说的话：要有本领恐慌。李广倘若有了本领恐慌，就不会故步自封；你我一旦有了本领恐慌，多数不会被时代所弃。

李白《月下独酌》有曰："月既不解饮，影徒随我身。暂伴月将影，行乐须及春。"这是"诗仙"兼"酒仙"的情怀，也折射了他的消极心绪。清醒而理性的人们，还是别忘汉乐府"少壮不努力，老大徒伤悲"的诗句，"暂伴月将影"，术学"须及春"！

No.11

爸爸的话

千金在手，不如一技傍身。

——谷玉忠

　　谷玉忠（1955—　），山东省烟台市芝罘区人，从小学习成绩优异，尤善数学，每次考试基本都是满分。可惜高中时赶上了动乱的年代，家中条件又很一般，虽然老师多次去做工作，但作为有三个弟弟一个妹妹的家中长子，还是无奈地选择了辍学。就业后，很快自学了木工、预算、制图等多门技术，成为远近闻名的技术能手。退休后，开办了木船制造工厂，专门制造渔业上使用的木制舢板船。现在的他依然喜欢钻研技术，经他改进的船型，行驶平稳，速度快还节省燃油，成为烟台市海洋与渔业局唯一指定的木船制造与维修点。他对技术的钻研，也深深影响到了他的下一代。

家训故事

1999 年，在这 20 世纪的最后一年里发生了众多大事，而对谷晓①个人来讲，天大的事就是参加高考。成绩还算不错的他，给自己定的目标是冲击北大、清华，争取人大，保底山大。然而，

① 谷晓，谷玉忠之子，毕业于山东大学，曾在东方电子集团有限公司工作 10 年，现任烟台东阳新能源有限公司执行董事，活跃在电气自动化、光伏发电行业。

连做梦也没想到，命运和他开了个玩笑。不知什么原因，数学第一卷 0 分，单科成绩 74 分，总成绩仅超过本科线 50 分。别说北大、清华了，985 的学校都报不上。谷晓在精神上经历了重大打击，身体上也出现了问题。在高中同学开始相约各种聚会各种旅游时，他却陷入了是否复读的纠结中。一天晚上，谷晓正因为胃痛和复读的事情在床上辗转反侧时，父亲来到了他的房间。看着他说："我知道你想报名牌大学，想学法律或经济。可是你还记得，你高中文理分科的时候，我就要求你学理科吗？有句话送给你，千金在手不如一技傍身。我没有你的条件，高中都没有上完。但我一直钻研技术，无论走到哪里，我都能凭自己的本事安身立命。你这个成绩是不理想，但在我看来是命运最好的安排。你可以踏踏实实地选一个好的理工专业去学习。我仔细查过了，你应该可以报山东工业大学的电气工程专业。社会在飞速发展，但无论发展到什么程度，真正的技术人才都是社会必需的。"说完，父亲把一本厚厚的、写满了标注的高考志愿填报指南，轻轻地放在了他的床头。

虽然有所不甘，谷晓还是听从父亲的建议，填报并如愿读上了山东工业大学的电气工程及其自动化专业。第二年，他又收获到了惊喜，意外地达成了高考时设定的目标：山东大学、山东工业大学、山东医科大学，于当年 7 月合并成了新山东大学，他终于成了山东大学学子。自此，他心底最后一丝不甘也烟消云散了，全心全意地投入到学习中，最后以优秀毕业生和优秀学生干部的身份从山东大学毕业。

毕业以后，谷晓经过了工程服务岗位、销售岗位、技术支持岗位、管理岗位的历练，最后离开国企开始创业。他无论在哪个岗位，都靠自己的本领和投入赢得了领导和同事的认可与赞许。做工程服务时，他是整个公司第一个完成跨产品线调试的；做销售时，他经常不用技术人员的支持，独立完成销售和讲标；做技术支持时，他完成的方案优化率是同期最高的；在管理岗位时，他经常和研发人员探讨技术细节。到了自己创业时，每一个新产品，每一项新技术，每一个新方案，他都会自己钻研。因为他始终记得父亲那句话：千金在手，不如一技傍身。

谷晓说："如今我的孩子也快上中学了，我会把父亲的话传给她。因为，无论时代如何变迁，实业兴国、科技强国是始终不会变的。有一门技术傍身，也就有了安身立命的资本。"

家训夹议

加长您的"长"

谷晓的父亲谷玉忠师傅，是有一技之长的技术能手。退休后，开办的木船制造厂，专门出品渔业上使用的木制舢板船，经他改进的船型，行驶平稳，速度快还节省燃油，成为烟台市海洋与渔业局唯一指定的木船制造与维修点。很显然，他的"长"比别人长几分。

培养孩子的一技之长，大人们不能光有"望子成龙"的好愿望，也不能只看孩子眼前的兴趣，还要看看孩子有没有可以加长的潜力。有潜力的"长"，就下气力去培养；没有潜力的"长"，权当陶冶情操、拓展素质的内容，可一般性地去学一学，千万别寄予厚望。

人可以靠一技之长吃饭，但不能因为有了一技之长就沾沾自喜，还必须不断地修炼提高，想方设法加长自己的那个"长"，从平凡到不平凡往往就在加长的那一段里。

　　人靠一技之长吃饭，也要看看自己身上的哪个"长"更长些，更具竞争的优势，好的发展、好的人生往往基于好的道路选择。阿加莎·克里斯蒂是世界推理小说三大宗师之一。她的辉煌成就，始于 17 岁那年的忍痛割爱。克里斯蒂从小就喜欢音乐，成为一名出色的钢琴演奏家曾是她唯一的梦想。她从 7 岁开始跟奥地利著名的钢琴老师学钢琴，转眼 17 岁了，技艺有了很大进步，但遗憾的是一上场就会出现慌乱。面对她"如果我再刻苦些，将来会不会成为一名出色的钢琴演奏家"的问话，老师坦率地说："你确实缺少一些在公众面前表演的才华。不管你付出怎样的努力，你也只能是个钢琴演奏者，永远不会成为一名钢琴演奏家。"老师的坦诚让她明确了自己的缺点，她很快做出决定：要做就做最好的，不能成为钢琴家，那就努力成为其他领域中最出色的人。她不顾妈妈的阻拦，毅然地放弃苦练十年的钢琴，走上了文学创作道路。从此，世界上少了一个钢琴演奏者，却多了一位天才推理小说家。

爸爸的话

No.12

路要靠自己走，不要指望父母帮点什么。

——刘志强

刘志强（1929—　），安徽省寿县人，1949年参加革命，在穿上军装、坐上火车准备奔赴抗美援朝前线途中，行至合肥被安排参加安徽省干部学校培训，成为一名地方干部，结业被分配到寿县县委宣传部工作。后来他到县水泥厂锻炼，一年后调到县银行，一生在银行系统工作，曾任县建设银行行长。他出生在私塾家庭，有文化有见识，具有"古板"与浪漫、"专制"与开明、"冷漠"与柔情等双重性格，与妻子的爱情故事传为佳话，四个孩子两个随父姓两个随母姓彰显了他的"前卫"，对孩子要求严格，至今气质像个老干部而行装朴素得像个老农。

家训故事

刘苏明[①]的父亲刘志强是个老革命，对自身、对孩子要求极其严格。刘苏明记得，父亲当县建行行长时，单位有一辆公车他从来不用，他每次都是骑着公家配的"飞鸽"牌自行车下乡。一次他骑自行车从乡下回家，孩子们见了竞相要骑，他发现后马上制止并罚孩子们的站，说这是他办公用的车，别人没资格骑。建行盖宿舍楼，父亲让职工先挑，当轮到自己时已经没房可选了。他一家六口，长期住在一间半的小房子里，孩子大了实在住不开，组织上考虑来考虑去，在院里找了一块空地为他家盖了几间简易的平房。

① 刘苏明，刘志强之子，在部队曾任排长、参谋、副连长、连长、教导队队长、后勤处副处长、营长，陆军学院学员队队长、副大队长、大队长；自主择业后，曾任德州跃华学校常务副校长。

刘苏明媳妇生孩子，回老家坐月子，想让父亲下班时从单位带儿张旧报纸用，他却对儿媳说"公家的旧报纸也不能私用"，让儿媳很是尴尬。刘苏明回家带的烟酒，父亲每次都要问是从哪里弄来的，当听儿子说是自己买的就很高兴，当听说是别人送的就板起脸来训导他一番。

刘苏明参军入伍，父亲对他说："路要靠自己走，不要指望父母帮点什么。到部队干不好，就不要来见我。"刘苏明心里憋着一股气，暗暗下决心：不入党、不提干，我就不见父亲！果然，刘苏明在部队四年都没回家，回家时他已入了党，成了一名军官。

当时，正值改革开放之初，银行搞无息贷款，拉关系找父亲办贷款的人很多。刘苏明回家时，父亲的第一句话就是："你的同学战友来找你玩可以，但不能提贷款的事，更不准以此为个人的前途铺路。"所以，没有一个敢托刘苏明的。

有一年，刘苏明从老家陪父亲到少林寺游玩，途中经过刘苏明所在的部队营区，他想邀请父亲到部队看看，也认识一下部队领导。父亲说："你好好干就行了，部队我就不去了。"刘苏明心里明白，父亲既怕给儿子添麻烦，也怕儿子让他去部队疏通关系。

2001年，在正团位置上干了多年的刘苏明，选择了转业。当时，地方安置部门根据他的经历和能力，为他物色了一个有职有权的位置，同时一所综合性的全日制私立学校也争着要他。是选择转业安置还是选择自主择业，这是人生的重大选择，也是重大转折。慎重起见，同时也是出于对父亲的尊重，他征求父亲的意见。父亲对他说，路要靠自己走，不要指望父母帮点什么，只要觉得对得起自己、对得起社会就行。有父亲这句话，刘苏明便大胆地选择了自主择业。

家训夹议

没有拐棍才能走远

过去流行一种说法："学好数理化，不如有个好爸爸。"刘苏明有个当行长的好爸爸，但刘苏明不想靠爸爸，因为他觉得爸爸"靠不住"，他得靠自己去闯荡，凭本事去"打天下"。他高中毕业没有考上大学，就想当兵到部队这个大熔炉里去锻炼，到军营这个广阔天地里去有所作为。父亲不愿意让他当兵，而是希望他复读继续考大学，将来做个文化人。父亲这样考虑不是不喜欢军人，而是担心儿子把当兵作为就业的跳板，在老一辈的荫护下生活一辈子，不会有什么出息，因为单位有几个退伍兵表现并不好。父子俩的想法不一致，但也想到了一块，交汇到了一个点上，那就是：路得靠自己去走，拄着拐棍是走不快、行不远的。多年后，父亲常常引以为傲的是，他在部队有一个有主见有作为的好儿子；刘苏明常常引以为豪的是，他有一位采取"不干涉政策"的开明父亲。

自然界有许多有趣的现象：雄性幼狮成年后会被无情地赶出家门，小鸟会飞后会被断然地推出山崖上的鸟窝……实际上，动物们大多比人类还重亲情，但为了子女们的未来，它们不得不如此"绝情"。毕竟，物竞天择，适者生存。动物们要在竞争惨烈、杀机四伏的自然界生存下来，就必须有自适的本领与能力。从电视画面上可以看出，动物们一旦遇到天敌，往往谁也顾不了谁，谁也救不了谁，只有靠自己去逃命、去求生。从这种意义上讲，动物们比人类更懂得"放手"的意义。

人是有惰性的。许多孩子从小受到大人的宠爱，长大了仍然对父母存有很大的依赖性，习惯于拄着父母这个拐棍走路。有的找工作靠父母，买车买房找父母，遇到棘手问题找父母，甚至谈对象、找媳妇都要让父母操心张罗，而没作为、没出息的恰恰就是这帮人。在人生的路上，父母的加持，从眼前看、短期看往往是个有利的条件，可能会使自己少走弯路甚至省去了几年、十几年奋斗的辛苦；但从长远来看，虽然赢得了起步，却失去了持续竞争的能力。从古今中外那些成就一番事业的人士来看，哪个不是源自个人的自主奋斗？又有哪个是靠父母挽扶着冲出来的？相反，寒门子弟占了其中的绝大多数。中国人最讲亲情，最爱孩子，这没什么错。然而，最亲不过"撤拐棍"，最爱不过路让孩子自己去走！

No.13　爸爸的话

懂得别人感受，学会自己奋斗。

——刘玉楠

　　刘玉楠（1933—2017），山东省淄博市临淄区人，出生在书香家庭，受父亲影响写得一手好字，逢年过节，街坊邻居们都喜欢找他帮忙写对联，他总是有求必应。他当过兵，转业后曾在益都县委、临淄区商业局、供销社等单位工作，但无论在哪个单位，他都爱岗敬业，严谨认真，正直为人，友善处世，颇受人尊敬。在孩子们心目中，他既是慈父又是严父，子女们都非常敬重他，做任何事都不敢有丝毫马虎和懈怠。

家训故事

　　春节是阖家团聚的日子。每逢春节来临，那些在外工作、学习的"游子"，都会带着思乡思亲之情，急盼着回到家乡，回到父母身旁，放鞭炮、吃饺子、拜大年，享受亲情，享受欢乐。刘鹏[①]记得，当时他在基层单位任主官，部队虽然离家只有 30 多公里，但由于战备值班等原因，他已连续三年没有回家过年了。那一年"小年"过后，父母就一天天数着盼着儿子回家过年。腊月二十七，刘鹏拨通了家里的电话，母亲接的，听到母亲在电话的那头大声喊父亲，说道："是儿子来电话了，快来接。"母亲紧接着问道："孩子，今年回来过年吗？"他还没来得及回答，就听到父亲熟悉的声音了："儿子，部队值班忙，你离家近，先叫道远的回家过年吧，我和你妈都挺好，你放心吧。"他想解释点什么，但话还没说出口，又听到父亲说道："你要多替他人想想，懂得别人的感受。"听到此话，他没再说下去，只答道："我知道了。"

　　实际上，父亲很想叫刘鹏回家过年，因为刘鹏的奶奶年龄大了，身体也不好，总盼望一家人团聚在一起过个大年。刘鹏曾听母亲讲过，有一年他没回家过年，父亲一个人一天几次到小区门口看看，希望能看到儿子回来，每次孤身而回，他一个人躲到房间抹眼泪。即便是这样，父亲还是常说：在基层工作很辛苦，难得假期休息，还是让外地的回去，他们的家离得远，要学会懂得别人感受！

　　刘鹏长期在军校工作，结识了不少部队领导，自己的同学、战友在军区机关或部队任职的也不少。家乡的许多人听说刘鹏在外人脉广，就千方

①刘鹏，刘玉楠之子，国家恢复高考后录取的第一批军校大学生，毕业后在部队任排长，后调回学校任教员、副队长、队长、副大队长、大队长、教研室主任；系国防教育学教授，国家国防教育专家库首批专家，军队院校招生军事科目命题专家，山东省少年军校总教官，山东师范大学等十几所高校兼职教授，出版教材、专著 40 余部，被表彰为"全国优秀少年工作者"。

百计地和他家里套近乎，孩子当兵、调动、考学、选士官、入党，等等，都想让他帮忙。每到这时，父亲都是和颜悦色地向人家解释，毕恭毕敬地向人家道歉，说对不住啦，部队有部队的规矩，刘鹏也没有这个能耐搞特殊，这事那事找他办，他会很作难，请求亲戚朋友们多理解他的感受，多体谅他的难处，还是让孩子们在部队好好干，学会自己奋斗。这样对谁都好！刘鹏听说后很是感动，感激父亲给他"减负"，同时也更加明白了父亲对他的期待和要求是什么。

家训夹议

有一种温暖叫体谅

有这样一位在外地工作的女儿，每次给家中年迈的父母打电话，总是振铃几下后便挂掉，几秒后再重新拨打。她说，电话铃突然响起特别是叫个不停，会让父母急着去接电话，慌乱之中容易出现磕绊；电话铃响几下后挂断，过几秒再打，父母有了心理准备，也停下了手中的事，接起电话来就会比较从容，也就不会出现意外。这是女儿对年迈父母的体谅，好用心，好温馨！

有这样一位领导，非常敬业，经常加班加点工作，但他休息日和业余时间没有特殊情况，从不到办公室去，也不到下属单位转，有事在家里个别处理。他说："我一到办公室加班，身边的一些人就会陪我来加班；我一到下属单位，这个单位的人都会陪着，我是个单身汉怎么都行，而许多人父母年迈有病，有的孩子还小，我无故剥夺他们陪父母、陪爱人、陪孩子的时间，多残忍啊！"这是领导对部属的体谅，好有人情味，好温暖！

体谅他人，是做人的一种美德。然而，自私与功利让它在当今这个社会变成了一种"稀缺产品"。即便在许多人的家里，家庭成员之间也常常缺少体谅。有这样一位退休干部，儿子在外地工作、成家，有了孙子后他和老伴前去帮着带孩子。然而，他不适应那里的环境，吃不好睡不着，去了两个月体重下降了十几斤，实在难以坚持。他向儿子"请假"，要求回家住段时间，儿子先是"不准"，后来勉强"准假"几天，并接着给他订返回的车票。后来，他身体虚得难以为继了，儿子才放过他。说起儿子，他总是苦涩地摇摇头，颇感心凉。

解铃还须系铃人，"心凉"还须"体谅"治。作为儿女，不能只考虑自己的需要，还要看看父母的能力和意愿；对父母的爱，也不能仅用物质条件去衡量，还要多考虑一下他们的感受。有理解、有体谅才是真爱，顺心、顺意才是真孝。当然，作为父母也应体谅孩子，像刘玉楠老人那样，不给孩子添乱添堵，当好孩子的"保护神"；不给孩子增加额外负担，有些事自己能解决的就不找孩子，让孩子安心工作，少为家事分心劳神。

体谅之中有心肠、有柔情，有胸怀、有尊重，也有智慧。家庭成员之间需要相互体谅，社会生活同样离不开体谅二字。孟子曰："爱人者，人恒爱之；敬人者，人恒敬之。"人与人之间，多一分体谅就多一分温暖，就多一分敬意、多一分信任。善于尊重别人的人，别人才会尊重你；善于体谅别人的人，别人才会体谅你。总让人心里拔凉拔凉的人，到一定时候别人也会让他心里拔凉拔凉的。

No.14

爸爸的话

不要叫苦叫累，那只能说明你没用，想办法解决才是硬道理！

——张永新

张永新（1958—　），山东省沂水县人，1977年参加高考，1979年毕业，在教育岗位工作14年，曾获得临沂地区优秀教师等荣誉。后因工作需要，离开教育岗位，到乡镇武装部任职，在农村工作中多次受到乡镇、县、市表彰。为人正直善良，待人真诚恭和，做事谦虚低调。不论何时何地，认识他的人总给出"宽以待人，严于律己"的评价。

家训故事

张艳①的父亲今年 62 岁，是恢复高考后的第一届大学生，大学录取通知书收到前已经有人给父母做媒，那时的父亲是 20 岁小伙，母亲 18 岁是村花一朵，村里人都夸他们郎才女貌。同样在上大学前就已经订婚的，还有父亲的 5

① 张艳，张永新之女，1983 年出生，2001 年考入潍坊医学院，2005 年开始在沂水县人民医院从事护理工作，2013 年因工作需要调入沂水广播电视台，从事记者、播音工作至今。

位同窗，学成归来后，只有父亲一人不忘初心，与母亲携手到老。张艳在自己的婚姻中没有感觉到什么叫"七年之痒"，也没有觉得婆媳关系有多么难处，她感恩这是丈夫谦让和包容的结果，也是公婆那一声声"好孩子"把她的心融化得像水一样。当然夫妻间有时也会吵闹，父亲知道后，总会说她："夫妻间要相敬如宾，要有对待客人一样的礼貌。夫妻间分什么对错，争什么输赢，多一些谦让才好。"

认识父亲的人大多会用"儒雅"一词来形容他，高高瘦瘦的他衣着总是那么朴素又得体。父亲 20 世纪 80 年代初参加工作，从事教育 14 年，曾获得"地区优秀教师""县级先进工作者"等多项荣誉，培养出来的学生也是遍布各地。每逢春节总会有人来看望父亲，他们回忆着在那个物质相对匮乏的年代，父亲教育关心他们的点点滴滴。将腹痛的学生背去医院；炖大锅菜给学生改善伙食；自费带学生们出去旅游，开阔眼界；雨夜拿自家的床单钉在破损的学生宿舍窗户上挡雨等故事，她从没听父亲提起过，然而父亲的学生们却记得那样清晰。

1993 年，父亲转行去了乡镇政府工作，一报到就接到棘手的任务。那时候群众要缴纳"三提五统"，一些群众难免会有情绪，领导安排父亲去了一个老大难村做工作。了解情况后，父亲直接背上铺盖卷住进了村大队院里。在新的岗位上，父亲改变了他人以往做群众工作就要动粗的作风，用他那春风般语重心长的方式跟乡亲们唠家常，谈政策，将群众的心结打开，将动不动就要闹事的"钉子户"变成了拥护政策的带头人，将老大难村变成了模范村。

工作了 30 多年的父亲退休了。退休那天，他约了几位好友喝了一气儿。接他回家的路上，微醺的父亲说了很多："刚参加工作时，一个月的工资才二三十块钱，如今都发好几千了，得感恩这个社会啊！人总是要退休的，但是不能悲伤。当回头想想这些年，在工作岗位上尽心尽力，没有偷奸耍滑；同事都成了朋友，没有跟谁结下梁子；当人们说起这个人时，大家都说他是个好人，这样的人生就算可以了……"

父亲退休了，而张艳的工作才刚刚开始。作为一名护士，她每天与生老病死打交道，精神的高度紧张，身体的超负荷运转，还有那情绪多样的病人家属，这些都让她疲惫不堪。来颅脑外科的病人，急重症居多，抢救一位病人就会消耗大量的体力。抢救成功是应该的，一旦抢救失败，不但自己郁闷不已还得承受来自病人家属的压力。当她拖着一身疲惫回家，抱怨工作辛苦，抱怨家属难缠时，父亲总是会说："不要叫苦叫累，那只能说明你没用，想办法解决才是硬道理！"父亲没有表现出心疼，反而笑话女儿没用，她委屈得哭了。可是，很奇怪，从那以后，每次在工作中遇到困难时，她总会想起父亲说过的那句话。这句话让她越来越坚强，遇事越来越冷静。

张艳说："也许父亲跟女儿没有太多的交流，但是他说出的每一句话都影响着我。当我在生活中遇到挫折时，父亲会笑着说：'人生百味，什么味道都要尝到，这才是精彩的人生嘛！'当我在工作中感到迷茫时，父亲的话就是灯塔：'人的价值体现并不在于你挣了多少钱，坐到多高的位置上，而在于你做了多少有意义的事。'当我手捧奖章时，父亲会意味深长地告诉我：'荣誉代表的是过去，当你拿到奖章的这一刻，一切都归零了，你只能零点起步，并且还要负重前行。'"

是啊，张艳受父亲的影响是多方面的，甚至连上坟的事也得到"真传"："等你以后嫁人了，作为人妻应该在冬年寒节，就是冬至、过年、寒食、七月十五等这些需要祭拜先人的日子，提醒你的丈夫，要回老家上坟。你们年轻人可能对这些传统不太懂，你将来的丈夫也不一定懂，但是作为妻子，你得提前准备好祭品，鸡鱼肉酒，饺子馍馍，准备好香纸，让他回家上坟。这是做妻子的分内事，公公婆婆也会觉得你贤惠。"张艳结婚十年来，每到冬年寒节，总会想起父亲说的这句话，每次催着丈夫回老家上坟，丈夫总说她比自己还着急。

家训夹议

重解决，轻解释

改革、转型、调整，深化、重构、再塑，量变、质变、跃变，这些字眼构成了时代的风景线、社会的最强音。"新桃换旧符"必然带来新挑战，接纳和适应必然伴随着"阵痛"。前进的过程注定是新旧问题交织、各种矛盾突发多发的过程。什么政群矛盾、上下矛盾、医患矛盾、家庭矛盾、族群矛盾、供需矛盾、业主物业矛盾，等等，时不时爆发，成为和谐社会的不和谐音符、稳定社会的不稳定因素。面对矛盾，许多人缺乏理智和理性，不惜撕破脸皮，闹得鸡犬不宁，乌烟瘴气，有的甚至诉诸武力，闹出人命，有的惹出群体性事件，影响极其恶劣。如何化解矛盾，建立起融洽关系，成了一个事关全局的大问题。

矛盾如何化解？许多人遇事把功夫用在了嘴上，不是委屈不堪地抱怨，就是喋喋不休地解释，诉苦一大串，理由一大堆，主观客观说得头头是道，责任推得一干二净。绕来绕去，就是不想在如何解决问题上用心发力。

常言说，一个巴掌拍不响。出现矛盾总有其缘由，无理取闹的毕竟少之又少，别人找你、抱怨你甚至与你闹，解释是需要的，沟通是不可缺少的，但引发矛盾的实际问题不会因为你说过了就消失掉了。还是毛泽东同志说得好，"扫帚不到，灰尘照例不会自己跑掉"。问题不解决，"靠嘴"有可能一时糊弄过去，看似矛盾化解了，而一旦反弹重发，性质会更加严重。这或许是小事酿大事、"小懒"乱大谋的根子所在。

有些人一遇事就习惯在嘴上起劲。实际上，许多事解释多了往往会适得其反，有时磨破嘴皮、说干唾沫，不如办成一件小事、解决一个具体问题，毕竟行动最能体现出诚心与善意。

医患矛盾是最常见的矛盾，也是最棘手的矛盾，张艳为此也曾叫苦不堪过，但父亲的话让她懂得了化解矛盾的着力点在哪里，方式方法在哪里。曾经有人问她：在你的眼中病人是什么？她的回答出人意料："在我的眼中，病人是我的孩子。都说久病床前无孝子，可是没有任何父母忍心放弃自己的孩子，医务人员对生命的尊重也是如此。"她正直、善良、宽容，她坚信心灵美才是永恒的美，她将小善养成习惯，将大善做到极致，与大山里的贫困孤儿结成对子，学习和生活中给予母亲般的照顾。人有了爱心、善心，办法总比困难多，还有什么冰结融化不了呢？

No.15 爸爸的话

即便没有路，你也要走出来！

——张正书

张正书（1932—1996），湖南省沅江市人，从5岁开始，读私塾读了10年，后因家境贫困，又是家中长子，只得辍学任私塾先生。1951年抗美援朝时，报名参加了志愿军，刚随部队开到鸭绿江边，又被人快马加鞭追了回来，原因是革命干部家庭的出身被误认为没落地主。中途转回后，断断续续担任街道扫盲班和西福学区中心学校教师。1957年他被打成右派，先后下放到沅江市南大膳镇牛洲村、六合村牧牛。20世纪80年代初，平反后出身更正为革命干部家庭。去世后，女儿把他的诗投给《中国现代作家》，阴差阳错，他成了中国现代作家协会会员，有诗作入选国家正式出版的文集。

家训故事

张正书是位草根诗人，写过很多古风和格律诗。现在，张意中①能背诵的父亲的诗，有《七律·感怀》三首：

一

义愤援朝解倒悬，流光弹指逝如川。
从戎未令龙泉快，伏枥徒惭马齿添。
甘老林泉虽旧愿，枉攻经史愧前贤。
丈夫意志消磨尽，耻向他人话昔年。

二

辞别高堂背井游，徘徊闹市去还留。
许身报国投班笔，息影归农托亮锄。
学稼自嘲田舍志，耕耘谁谓稻粱谋。
生平不着邯郸枕，一任山风吹白头。

三

恰似绿桐尾上焦，曾经劫火梦魂飘。
依人鄙效歌弹铗，糊口羞从吕弄箫。
半辈风尘欣自洁，十年动乱困频遭。
鲋鱼不望西江水，升斗凭谁为我劳。

① 张意中，张正书之女，出生于湖南省，后来放弃教师岗位，先后旅居山东东平和济南。系山东省作家协会会员、山东省青年作家协会理事、中华诗词学会会员、中华当代文学学会会员、中国诗词家协会会员。现任中华诗词联盟机构理事、中华当代文学学会常务理事、诗词世界杂志社理事会理事、蔡文姬历史与文化研究中心特约研究员、签约作家、东原诗社社长、水浒诗院副院长、《水浒诗刊》编辑部主任。先后在全国几十家报刊发表诗文2000余篇（首），作品入选各种文本，获各种奖项40余次，出版诗歌集、小说集、散文集、杂文评论集，先后获得"中华诗词特级著作家""中国旅游散文实力作家""德艺双馨优秀作家"、首届"百名优秀诗词家"等荣誉。

2019年父亲节，张意中诵读着父亲的诗，回想着人世的沧桑变化，禁不住泪流满面，随即吟哦了一首《七绝·感念天堂里的父亲》：

计年有数二十三，父去天堂子女寒。
欲孝还娇亲不在，今朝有酒少甜甘。

张意中喃喃自语："只可惜，我的这首诗，邮不到天堂，从前经常用诗给我写信的父亲，再也收不到并给我回信了。不，我记错了！就在我丈夫遭车祸去世后，在我举目无亲、走投无路，只想以死结束生命的日子里，在昏天黑地的冥冥之中的梦里，我意外地听到天堂里的父亲的叮咛和嘱托‘女儿，一切都在意料之中，即便没有路，你也要走出来！走出来！'"

"即便没有路，你也要走出来！"这句话，曾经也是张意中写信向父亲诉苦时，父亲来信吼她劝她最多的一句话！当年，她从潇湘嫁到齐鲁，受过的苦日子，真是一言难尽。她找了个所谓知音而又没有父母的山东穷小子。她 18 岁的时候，就被他在报刊上发现了，19 岁的她几乎天天收到他的"爱情诗"。她 21 岁时，母亲长途跋涉亲自到山东考察过他的家庭，回去后坚决反对！可那个穷小子，把父亲"忽悠"了，父亲看重、爱惜他的才华。她 22 岁时，父亲脑子一热，就答应女儿跟他结婚。刚结婚的头两年，连年大旱，颗粒无收，靠政府救济度日。1993 年底，他丢下妻儿上济南《山东国防报》当编辑去了。这下，做饭都成了问题。村里吃水是用地排车拉着个大铁桶到邻村买水，这活她根本干不了，况且儿子才 3 岁多一点。于是，她便买了个能装 10 公斤水的塑料桶，用自行车驮着儿子到县武装部接水。村里的人总是看她不顺眼，说穷小子娶了个懒媳妇。当时，她给儿子买了一本《看图识字》和一本小人书，儿子拿出去显摆，却被人家撕走两页，儿子哭着回来，叫她领着他讨要回来。撕书姑娘的奶奶却讽刺说："连饭都没吃的，还有钱买书呢！不知死活，你穷烧吧！"边说，边把那两页纸撕成碎片，撒在她的脸上。她气不过，回家就给父亲写信诉苦："爸，村上的人，与我格格不入！我要离开这个鬼地方！"父亲来信写道："孩子，路是你自己选择的，即便没有路，你也要走出来！毕竟，良心自在人胸中，真情自在平实中；以心换心，方得人心，我相信，入乡随俗，你会得到村里信任和理解的……"

1994 年 6 月的一天夜里，突如其来的大暴雨，把可怜的娘儿俩浇成了落汤鸡。真是屋漏偏遭连夜雨，床上方的屋顶啪啪地往下掉泥水。更可怕的是电灯泡，遭雨淋连电爆炸了。她摸黑用塑料布盖在八仙桌上，抱着儿子硬是蹲在大桌子底下过了一夜。第二天外面不下雨了，可屋子里还在滴滴答答下。她便把睡着的儿子放到大立柜里，自己重新蹲到八仙桌下，用膝盖当书桌给父亲写信："爸，这次我真的不想再过这样的苦日子了，我想找个百万富翁，哪怕堕落红尘也行……"父亲来信又吼她："即便没有路，你也要走出来！要坚强，不能堕落！"

"即便没有路，你也要走出来！"此情此景，张意中仿佛听到了父亲在吼她。于是，她写了一首诗《屋漏的日子》，邮给了父亲——

闪电惊颤我发呆的眼睛，雷声震撼我酸楚的心脏。
拍手欢笑的时光闪过了，热爱狂放的心怦怦跳荡。
扔掉大雨中的烦恼忧愁，九小时的暴虐令我欣赏。
水缸接满了可爱的雨珠，冲刷尽母子缺水的惆怅。
九小时后的滴答如琴弦，屋漏的日子走成了阳光。

父亲从她的诗中读出了女儿面对困难的乐观主义和阳光心态，接着她也从父亲的回信中读出了温暖："女儿，一切都在意料之中，看到你的转变，爸爸非常高兴。茫茫九派流湘鲁，滟滟一线穿南北。现在，咱老家的茅草房正漏着雨呢，我把咱家所有空着的坛坛罐罐全拿出来了，干吗？我也像远方的女儿一样，接雨听歌。听，咱家的雨水正在滴滴答答地唱着歌呢！对，就要这样，即便没有路，你也要走出来！心里有阳光，雨天也自在。"

张意中真的要感谢父亲这充满诗情画意的来信！是父亲的一封封家书，更是这句刻骨铭心的"家训"，让她读出了一个普通而伟大的父亲的心声，让她在异常苦闷而沉寂的日子里，始终感受到一轮至高无上的太阳照耀着她，激励着她，最终让她在挫折和苦难中变得开朗、明亮而坚强。

读着父亲的信一路走来，张意中为自己的坚忍不拔而欣慰；读着这句"即便没有路，你也要走出来"，她从失去丈夫的痛苦中，坚强地挺了过来，走出了一条光明的路！她一边含泪整理丈夫生前与她共同创作的旧书稿，一边又重拾父亲的词韵遗风，现在已经整理出《两肩绿荫》《两耳听风》《两手绘彩》《两脚乡土》《北飞燕子的词园》等五卷诗文集，等待出版。更欣慰的是，优秀的儿子从她辛苦忙碌的背影里，分明感受到妈妈骨子里的坚强，不负重托，努力拼搏，当兵第二年就考上了解放军理工大学！如今，他已经顺利毕业，这更加激励着她好好活下去，活出品位来。她还独自给儿子操办了婚事，一切皆大欢喜，她对儿子儿媳的未来和前途充满希望。

至此，张意中仿佛又听到了父亲从天堂的传话："孩子没了爸，不能再没有妈！即便没有路，你也要走出来！"现在，她可以郑重地向天堂里的父亲说一声："衷心谢谢您，爸爸，女儿正走在您指引的光明大道上！"

家训夹议

有诗，就有远方

诗人告诉我们："生活不止眼前的苟且，还有诗和远方的田野。"张正书老人告诉我们："心里有阳光，雨天也自在。"我们不禁要说：心中有诗意，就会有远方。

人在前进的路上，不可能始终都是丽日坦途，有风有雨才是常态，荆棘丛生才是常情。面对挫折，面对磨难，面对种种压力，内心灰暗、诗意不在，就只能在眼前打转转、绕圈圈，纠结来纠结去，不可能看到美好的远方和未来。心中没有诗的时候，那是在苟且；心中想起诗的时候，才在远方。人有诗心、诗意，才能超越现实、超越自我，内心也就少了焦虑和浮躁，少了迷茫与彷徨。人的境遇无论如何残酷无力，只要始终保持一颗充满诗意的心境，就不会迷失自己，就不会消衰沉沦，就不会失去前行的勇气与力量，"即便没有路，也能走出来"。

人固然要活得现实一些，但也要有一定的诗性，拥有诗一般的浪漫情怀。以诗心伴日常，生活处处有诗情画意；胸有清泉，眼前尽是绿水青山。人要懂得从眼前的生活中发现美，就像在严寒中欣赏冰雪的绮丽，在寒冬中静听春的脚步，从苍老中看到老成，从"没谱"中看到神奇，从错过中看到无巧不成书的美……"现在，咱老家的茅草房正漏着雨呢，我把咱家所有空着的坛坛罐罐全拿出来了，干吗？我也像远方的女儿一样，接雨听歌。听，咱家的雨水正在滴滴答答地唱着歌呢！"张正书老人用美学的视角去诠释生活的困顿，这是多么的超然，多么的浪漫。因为他知道，生活中不光有可怕的地震、洪水，有令人生厌的雾霾、沙尘暴，还有温暖的阳光、柔软的沙滩、凉爽的绿荫、清澈的泉水；他坚信，眼前的一切终会过去，未来有很多美好的东西值得去期待，"即便没有路，也能走出来"。

　　不知是谁说的，诗是内心不老不死的雅望。人生在世不应该沉湎于追求物质生活的满足，还要充满美好的想象，渴望高品位的生活，追求精神世界的充盈。诗人荷尔德林说："人生充满劳绩，但还是应该有诗意的栖居。"诗，绝不是诗人独有；诗心，绝不是年轻人独具；诗意，绝不是春风得意者的专享。人不能生活在诗里，但不能没有诗性的生活。

No.16 爸爸的话

无志山压头，有志人搬山。

——王有乾

王有乾（1953— ），山东省临沂市河东区人，从小由于兄弟姐妹多，没上几天学。先后担任村小队副队长、保管员。他是十里八乡出了名的实在人，村里不管谁家的红白事，都乐意找他帮忙，认为什么事交给他就放心。他指导编写了《王氏族谱》，是王十二湖村人自1367年从南京迁至现居地以来的第一部家谱，此谱的出版对告慰祖先、昭示后人、传承家风，具有里程碑意义。

家训故事

王金川①的家位于沂蒙山腹地，贫穷曾是它的代名词，多少年来小推车和地瓜煎饼是临沂的"标配"。从他记事起，父老乡亲因为被饿怕了，只考虑吃饭问题，对孩子的教育不重视，兄弟姐妹多、家境不好的，基本都不让上学。父亲却是"另类"，他认为再穷再苦必须让孩子上学，只有上学才能长知识、长志气，人有了知识和志气就没有干不好的事，就没有过不去的沟和坎。

① 王金川，王有乾之子，毕业于国防科学技术大学，先后担任排长、副连长、连长、副营长、参谋、干事、助理员和科长等职务，转业后被安置到临沂市人力资源和社会保障局。现为中国散文家协会会员、中国民俗摄影家协会会员、临沂市作家协会会员、临沂市摄影家协会会员，先后发表文章（图片）2000余篇（幅），其中120余篇（幅）获全国奖。

从王金川记事起，父亲给他的印象一直是高大挺拔的，似乎从来不知道什么叫困难，是一个充满斗志的勇士。对于一个没有任何手艺的地地道道农民来说，只依靠几亩薄地供三个孩子一起读书，不知要有多大的意志和决心。

上高中二年级时的一个周六下午，王金川回家拿一个星期的干粮和学费，当时家里穷得真是揭不开锅。吃晚饭时，当听说他要交60元学费时，母亲顺嘴说："现在青黄不接的，昨天到亲戚家喝喜酒，给了20元钱还是借的，哪里还有钱呀！"正在吃饭的父亲猛抬起头说："无志山压头，有志人搬山。只要我们有志气，现在困难些怕什么，总有一天会好的！"

当时由于家庭条件实在太差，为了三个孩子上学，父亲四处借学费是很正常的事，能借的亲朋好友全被借遍了，一些亲朋好友已经害怕他家借钱，怕借了还不上。有的直接说，孩子也不太聪明，上学也学不好，不如让老大老二下学，帮忙干农活，或者找地方打工，还能缓解一下家庭困难。父亲听到这话，斩钉截铁地说："就是砸锅卖铁，也要供孩子上学，不上学能有什么出路！"后来听说父亲为了他这次学费，又到亲朋好友那里借钱，碰了一鼻子灰。

第二天父亲早早起床，简单吃了几口煎饼，用自行车驮着两袋子大蒜头，到集市上卖，一共卖了 65 元钱，算是解决了王金川的学费。后来他才知道，父亲卖的是留作蒜种的蒜头，这可关系到来年一家人的收入，关系到一家三个学生的学费，关系到父亲不再去低三下四地为孩子四处借学费呀！

王金川的弟弟一直学习比较好，在市最好的高中就读，当时全家对他考大学都抱有非常大的期望。结果，高考成绩一出来，与预想的差距挺大。弟弟当时压力非常大，不知所措，想复读吧，怕再考不好花冤枉钱还丢人，不复读吧前途渺茫，自己一时拿不定主意。在征求父亲意见时，父亲直接说："无志山压头，有志人搬山，好好学肯定能考上。"父亲劝说弟弟，人的一生不可能一帆风顺，遇到沟沟坎坎是很正常的事，但只要有坚强的意志，坚持住了，就一定能成功。弟弟在父亲的帮助下，放下思想包袱，进行了复读。他第二年高考成绩非常好，被南方一所重点大学录取，并在上学期间，当了学生干部、入了党，还被学校选派到国外学习，收获多、成长快。他毕业当年参加选调生考试，考取了如意的工作岗位。

王金川的姐姐人勤快、脑子活，天生就是做生意的料，大学毕业后，没有找固定工作，而是自己做起了生意，想在商海实现自己的人生价值。一开始她靠自己的冲劲和胆识，生意做得可以，赚了一些钱。随着市场不断扩展，在管理方面出现了漏洞，一单比较大的生意严重亏损，自己多年的奋斗打了水漂，还欠下了几十万的债务。当时把姐姐全家打击得抬不起头，吃饭都困难。姐姐哭泣着向父亲诉说，她已经撑不住了。父亲说："无志山压头，有志人搬山。只要自己不被自己打倒，哪有挺不过的难，哪有干不好的事，关键人要有志气。"在父亲的劝说下，姐姐对生意进行了重新梳理，折算了家当，调整了思路，以求东山再起。尽管姐姐已没有本钱，起步非常艰难，经历了一波三折，但在父亲的激励下，还是重新站了起来，并且发展迅猛。

王金川感慨地说："一个好父亲等于 100 个老师。"在父亲的教导和影响下，他姊妹三个不管遇到什么困难和挫折，都斗志昂扬地朝着自己的目标迈进，都成为人生的赢家。

家训夹议

愚公智叟两相济

在中国共产党第七次全国代表大会闭幕会上，毛泽东作了名为《愚公移山》的著名演讲，号召全党发扬愚公移山精神，推翻帝国主义、封建主义两座大山。毛泽东推崇的愚公，来源于战国时期思想家列子创作的一个寓言小品文。文章生动叙述了愚公不畏艰难，坚持不懈，挖山不止，最终感动天帝而将山挪走的故事，并通过讽刺智叟这个"老头子"的胆小怯懦，进一步彰显了愚公的勇敢与伟大。从王有乾这位"老沂蒙"身上，让人看到了现实中的愚公精神。

人无志不立，而立志当立愚公志，敢于征服人生路上的每一座山。这山，说到底就是横在人们面前的一个又一个的困难。然而，征服这山那山，或说克服这困难那困难，路径有多条，究竟是像愚公那样，不管多么艰难，不管需要多么久远，一门心思把它搬走好呢，还是寻找迂回路线绕过去好呢？或是抄近路翻越过去好呢，还是打隧道穿过去好呢？这要具体问题具体分析。就拿那个令人"生厌"的智叟来说吧，他提醒愚公"以残年余力，曾不能毁山之一毛，其如土石何？"似乎也没有什么错，嘲笑愚公"汝之不惠"似乎也有一定道理。君不见，最终把太行、王屋二山移走的并不是那位倔强的愚公，却是受其感动而派遣大力神帮忙背走山的天帝。

过去有许多热辣的、牛气冲天的口号，张扬的都是那种战天斗地的志气，颇有鼓动性，但也容易让人们的头脑发热、思想脱离实际。要知道，人的主观能动作用是有限的，是受客观条件制约的。过去说"有条件要上，没有条件创造条件也要上"，有些条件经过主观努力是能够创造的，而有些条件是根本无法创造的，至少是一时难以创造出来的。像"人有多大胆，地有多大产"，结果是嘴里"跑火车"、嘴边"挂气球"，胃里"空空如也"，遭大殃的还是老百姓。这就是说，无论做什么事情光有精神和斗志是不行的，还要有科学的态度和方法，既不能超出实际能力和实现可能，也不能不讲究效费比；既要崇尚愚公移山之志，也不能把智叟的务实之思简单视为胆小怯懦。确立人生的志向或某件事情的愿景，应把愚公的执着之"愚"与智叟的灵活之"智"有机地结合起来，这样才能确保心中的宏图既能实现得了，又能实现得好。

No.17

爸爸的话

人活着就要有股过日子的劲儿。

——谢宝海

　　谢宝海（1935—　　），山东省泰安市岱岳区人。他是个值得信任和托付的人，干活不惜气力，从不肯偷半点懒、耍半点滑头；他是个很律己的人，生性耿直，朴实善良，踏实稳重，富有正义感，为人处事总是一碗水端平，从不厚此薄彼，从不占小便宜；他是个有数有度的人，办任何事情都有自己的把握和原则；他是个有远见的人，自己不识字，却深知文化的重要，什么困难也动摇不了他供孩子们读书的决心。他的5个子女都接受了中高等教育，成为国家的栋梁之材。

家训故事

谢中坤①的祖父1950年就因病去世了，家里没有了顶梁柱，繁重的农活靠谁来干？那时的农村可不像现在，农民都是"面朝黄土背朝天"，靠土里刨食过日子，庄稼长不好，农家就要饿肚子，所以，家里的农活总得有人干，总

①谢中坤，谢宝海之子，毕业于山东师范大学教育系，山东大学近现代史专业研究生；入伍从军后，历任教员、干事、指导员、教导员、大军区级机关秘书、秘书处处长、办公室副主任、主任、副局长、局长等职。

不能让裹着"三寸金莲"的奶奶耕耬锄耪吧！没办法，父亲十几岁就挑起了家庭的重担，像大人们一样整天在毒日下辛勤地劳作，什么农活都得干，年少的父亲经常累得腿痛胳膊酸，晚上躺下就不想起来，可第二天还得继续拖着酸痛疲惫的身体上坡干活，父亲很快就把田地耕作得有模有样，成为过日子的一把好手。年老时的父亲说起往事，说他按着犁把耕田的时候，有人就笑他："刚有犁把高就开始耕田、耙地了，成小庄稼把式了！"

父亲虽年少当家主事，但老成持重，长辈们都很放心放手。他走南闯北做小生意，使全家老小心里有了定盘星，四里八乡的人也都喜欢与他一起劳动、一起外出做事。由于孩子多劳力少，要解决一家人的温饱，还要供孩子们上学，父亲的辛勤劳作始终没有停止过，即使经常累得腰疼起不了床，还时常害牙疼，也不敢耽误下地干活。谢中坤的姐姐说过一个情节，让谢中坤至今想来都涕泪涟涟。记得20世纪80年代末的时候，靠田地养活一家人越来越困难，随着打工潮的兴起，父亲便也想出去闯一闯，最后决定打起背包到山西去挖煤，路经济南的时候，顺道去看看在济南打工的女儿（谢中坤的姐姐）。姐姐后来给谢中坤说，送父亲临别远赴山西时，看到父亲佝偻的背影愈走愈远，想到父亲这么大年龄再去受这样的苦，不禁掉下了心痛的泪。姐姐说，当时她想到朱自清写的《背影》中的父亲，想到之前她还心里埋怨父亲挣钱少，是多么不懂事啊！

谢中坤说，父亲胆子大，不信邪不怕鬼。父亲17岁时，已是大家庭顶梁柱的他，步行跑到百里外的大汶口集去买驴子。这一去三天不见人影，可把一大家子人急坏了，全家都聚到奶奶家商讨对策，担忧他的安全，他毕竟还是十几岁的孩子。正在大家都焦急万分的时候，父亲赶着驴子回来了。原来父亲为了买到上好成色的驴子，一直蹲在集市上，反复比较询问，最终选到了几匹健壮能出力的好驴子。后来，因大家庭人口越来越多，父亲兄弟几个分了家，父亲自愿到村最北端池塘边建了四间茅草房，当时周围没有一家住户，因为旁边就是坟墓，经常有野兽出没，人们白天都不敢去，别说去住了。搬过去后，家里养的鸡经常被黄鼠狼叼走，父亲半夜拿起棍子去墓地里驱赶，丝毫不畏惧。他们那个地方土质肥沃，当地都称他们村是"银台头"，素来盛产蔬菜，现在已是远近闻名的姜葱蒜"三辣"生产基地。父亲常年种菜，夏收菜卖到附近集市，秋收菜如芫荽、葱、姜等，就储存到地窖里，待到冬天到岭后（指翻过山的济南仲宫、柳埠一带）卖个好价钱。谢中坤记得父亲每次去岭后，都是骑老式的大金鹿自行车，车后座上和车前面，都要带上蔬菜，光如何捆绑结实就是一门技术活，而且蔬菜足足有二百斤重，还要翻山越岭，没有一股子力量和巧劲是干不来的。他每天天不亮就启程，当天赶到岭后当天卖出去，还要连夜赶回来，可谓披星戴月，辛苦可想而知。有一次，父亲和四叔从岭后回来，半夜走到长城岭泰安济南交界的山路，远远看到几个人影站在路边。四叔问父亲："别是碰到劫道的吧？"父亲说："我们做正经买卖，不怕，往前走我们的。"靠近人影后，果然是几个彪形大汉，上前来盘问。父亲毫无惧色，从容作答。他们看到父亲是老实本分的庄稼人，就没有再为难。

父亲比常人吃了更多的苦，受了更多的累，流了更多的汗。20世纪70年代末80年代初，农村生产力还不十分发达，能盖几间屋就是农村人天大的事，谁家新起了四间瓦房，四邻八乡就会啧啧称赞上很长时间，谁就是过得好有本事的人，谁家的儿子就好娶媳妇。谢中坤觉得最能体现父亲过日子硬气的，就是父亲一口气盖了八间大瓦房。父亲有股不服输的精神，他说："人活着就要有股过日子的劲，就是要一个劲儿地往前过，过就要过过人家，过不起来咋行？"眼看着大哥二哥到了娶媳妇的年纪，大家都在盯着他们家。父亲说干就干，自己打土坯，到处筹材料，为盖屋的事不知操了多少心！那时盖屋可不像现在这样简单，就是不起眼的小钉子都得自己盘算着，把物料一样样细细计算着，再到城里来回跑着购料，料备齐了，还要掂对着找匠人商量，找小工帮工，起屋的时候，还要做好了饭菜，好好照应着，因那时盖屋请人帮工都不收钱，好菜好饭就得跟上，好话要说在前头。这一连串的事下来，好汉也累垮了。就这样，父亲硬是一口气盖了 8 间房子，也赢得了村人的交口称赞。

父亲 80 多岁了，身体还算硬朗，关键是他老人家还是像年轻时一样，精神头十足，总是信心满满，只要谢中坤回家去看望他，就反复说他的至理名言："孩子，要好好干，人活着就要有股过日子的劲儿，就是要一个劲儿地往前过，过就要过过人家，过不起来咋行？你干工作也要像过日子一样，干就干个好样的！"多年来，在父亲这句话的影响下，谢中坤始终以做一个有责任、有担当的军人为追求，努力培养自己独立、自信、敢作敢当的军人气质，不负党和军队的培养教育。

家训夹议

心盛·心胜

听谢中坤讲述父亲过日子的故事，我（路秀儒）不由想起了同是老农民、同是过日子带劲的父亲，还想起了一个词：心盛。父亲去世前那几年，我每次回家，母亲和姐姐都抱怨父亲：快 70 岁的人了，身体还有病，过日子还是那么心盛！一天到晚不知累，仍像年轻时那么要强，那么卖力，在村里不把自家那些地种到最好，就不算完！

心盛，百度上解释，一层意思是"心切"，另一层意思是情绪高。过日子心盛，就是始终保持一种激情，一种斗志，一种拼劲，一种奋发向上的劲头。美好生活从哪里来？歌里讲，要靠劳动来创造。而这劳动、这创造的动力，最重要的是源于心，来于心盛。"人活一口气，树活一层皮，佛争一炷香。"气决定人的生死，也决定人的立世品位和生活质量。心盛的人，气才足、场才旺，从他们身上看不到懈怠，看不到停歇，更看不到萎靡和自弃，看到的就是一个"志在千里"的"奔"字。这样的人，日子一定会往好处过，日子一定会越过越好，而不是越过越枯绌、越出溜，一年不如一年，一天不如一天。

"人活着就要有股过日子的劲儿"，说到底就是过日子、干工作要有一种心盛的精气神。谢中坤家的老屋历经快 40 年了，年轮记载着时代变迁，更记载着父亲那不寻常的盖屋经历，每块土墼、砖瓦都倾注着父亲的心血，也折射出父亲过日子那非同寻常的心盛劲儿。他每次回老家，都要围着老屋，这里看看，那里瞧瞧，触景生情，感恩父亲，感悟隐藏其间的人生"秘诀"。

人生之路什么时候都难言平坦，大沟小坎会经常遇到，大江大河有时想绕也绕不过去。时光催人奋进，有时也消磨人的斗志；富足让人兴悦，有时也萎化人的进取。无论是穷日子还是富日子，无论是过日子还是干工作，无论是年少时还是年长期，都会有挑战与冲击的煎熬，那颗或坚强或脆弱的心都会掀起波澜，有高潮冲天之时，也有低潮落寂之刻。其实，人要始终保持心盛，挺难！

人要做到心盛，特别要保持心盛如初，肯定不能寄希望于"打鸡血"、靠外力刺激。心的敌人，最终还要用心的武器去战胜。心盛，说到底还必须谋求一种心胜，即自己战胜自己的内心。著名学者金一南在他的著作《心胜》中说："心胜则兴，心败则衰。"对一个政党、一个国家、一个民族来讲是这样，对一个家庭来讲也不例外。人过日子，是过自己的日子；人生，是自己的人生，最重要的是自己要战胜自己，而不是战胜别人。一个人，面对坎坷、困难和挫折，不畏惧、不气馁，甚至越挫越勇，在内心的较量和搏斗中正能量占上风了，也就赢得心胜了；心胜了，心盛也就容易持续和长久了。

No.18

爸爸的话

不向命运低头的人，命运也会
怵他七分。

——姜立娥

姜立娥（1943—　），山东省夏津县人。虽然没有什么丰功伟绩，但在家人心目中他是伟大、无私的；虽然没上过几年学，不能讲出"大道理"，但他的一言一行都成为孩子们前行的明灯。他当生产队长20多年，把工作当成自己家的事对待，甚至比自家的事还认真，为了大集体的工作曾得罪过不少人，和人家争吵过甚至打过架，但从未因自家的事与人红过脸。他身板硬朗，没生过大病，从未打过吊瓶、住过院，这与他终生与土地为伴、作息规律、身勤手不闲有很大关系。

家训故事

姜金哲①小时候家里生活十分贫困，父亲为了给家里挣点零花钱，曾徒步用两轮拉车到聊城一带拉芦苇，用来编席卖钱。一趟来回300多公里，一车芦苇上千斤，一走七八天，那时的路也不可能好走，直到现在他也搞不清父亲是用何等的毅力把芦苇拉回家来的。父亲就是这样一个刚毅、不服输的人，听邻居叔叔大伯们讲，1958年时，刚满15岁的父亲就首批当上了胶带式独轮手推车"驾驶员"，那是当时生产队最先进的运输工具，他感到非常自豪，虽然年纪小、个头矮，但干起农活来没有几个能超过他的，人们因此就给他起了个绰号叫"金刚钻"。

> ①姜金哲，姜立娥之子，在部队曾任排长、副连长、正连职车管助理员、副营职营房助理员，转业后在山东省海阳市公安局工作。

祖祖辈辈生活在农村，一辈子与土地打交道的父亲，总是不甘于生活的清贫，不甘于世世代代的平庸。家里日子虽然过得紧巴，但父亲不落时尚，不时追点"新潮"。姜金哲记得1985年村里刚用上电，一个邻居在德州地委工作，父亲就委托他在德州买了一台北京牌黑白电视机，一到晚上父亲就把电视机放到院子里播放，很多邻居就自带凳子不约而同地到他家来看电视，父亲那个高兴劲儿就别提了。他也记得，家里的收音机、大金鹿牌自行车在村里都是买得比较早的，这是父亲感到挺自豪的事。

父亲常在姜金哲面前念叨："我没文化，出门两眼黑，连坐个公交车都要打听，你可不能再这样了，只要你想读书，我就供你读，只有读好了书才有奔头，才不拽一辈子牛尾巴（土语指的是在农村务农），才能脱离贫穷。"姜金哲高中毕业没有考上大学，父亲鼓励他说："不向命运低头的人，命运也会怵他七分。人不管什么时候，都不能服输。"这一年，姜金哲带着父亲的"命运观"参军入伍，在部队勤学苦练，第二年就以优异的成绩考上了济南陆军学院，光荣地成为一名解放军军官。

在父亲的言传身教下，姜金哲兄弟三个都在各自的岗位上干出了一番事业。大哥在家务农，很好地继承了父亲的优点。2005年天津德瑞特种业有限公司与他们村签订了育种合作协议，在村里建起了200亩黄瓜育种基地，大哥一开始在这家公司打工，很快公司经理就发现了他的诸多优点，将他精心培养成技术管理人员，第二年就将村的基地交给他打理，直到现在大哥还在很好地经营着这个基地。据公司的人讲，大哥经营的这个基地在他们公司十多个基地里名列前茅，哥哥的收入也相当可观。小弟高中毕业后参军入伍，在部队学习了口腔镶牙技术，由于医术精湛，在部队晋升了三级士官，期满退役后，自己在海阳市开了一个口腔诊所，生意蒸蒸日上。

家训夹议

敢跟命运掰手腕

时常听到一些家庭"出身"不够好、自身条件又不占优势的年轻人叹息：一生下来就"输在了起跑线上"。言外之意，命不好！许多不得志的人也常常叹息：命八尺，难求一丈！言外之意，不是自己不努力，而是命里没有。言语之间，既有自解自慰的托词，更有认输认命的无奈。

人与人有时是没法比。有的人生在富人家，有的人过在达人家，人生之路走起来要省劲儿得多，机遇也总是垂青这些人。有的人天资聪明，有的人情商出众，有的人相貌占优，人生之路走起来要顺畅得多，幸运的事降临到这些人身上的概率也高许多。但是，人与人没必要比，各有各的优势，各有各的路子，各有各的活法，通过各自的努力，可以创造各自不同的人生精彩。每个人的命运最终还是掌握在自己手里，即便磕磕绊绊、跌跌撞撞，只要不认输，人生就注定不会输。不是吗，咱条件不好，路走起来费点劲，有时坎坷多一些，那咱无非就是多吃点苦、多遭点罪，有什么大不了？有些愿望实现不了，咱就另谋他路，何必"一棵树上吊死"？不吃父母的"硬饭"，不吃人家的"软饭"，而是凭自己的奋斗吃点"粗茶淡饭"，吃起来照样香甜，想起来更加自豪。

命运有时挺调皮，总爱与人开玩笑，如果它逗逗你，你也逗逗它，相互之间就会相安无事，说不准还会成为心心相印的"朋友"。

命运有时像个判官，动不动出个题目考考你，如果你不急不躁，沉着应考，考出个好成绩，它也会给你个笑脸，并好好地犒劳你一番。

命运更是位善良的长者，不会总是把苦头留给你，不会总让风雨光顾你，不会总是欠着你一个人，如果你耐心地往前走，那片甘蔗林很可能很快就出现在你的眼前，那雨后的彩虹也会更加耀眼。

当然，命运发起脾气来既无情又凶狠。不过，它面对强者也有畏惧，也会退缩；只要敢于跟它掰手腕，它也会手软。许多情况下它就是个纸老虎，但就看你敢不敢挥起拳头。

No.19

爸爸的话

出身无法选择，但命运可以选择。

——杨奉友

杨奉友（1963— ），山东省梁山县人，1984年高中毕业，在县广播站当过通讯员，并在《大众日报》上登过稿子。1991年进省城济南做小买卖，先是开快餐店，后摆摊卖报纸至今。

家训故事

　　经作家有令峻老师的引荐，我（孙岩）和本书作者路秀儒前去采访一位个体小商贩。我们驱车来到有作家所在的宿舍大院，他热情地带我俩走了一段路，然后穿过马路，在一个高架桥下见到了杨奉友老师（老师是济南人互相之间的尊称）。介绍我们认识后，有作家因为有事先行离开了。

　　眼前的杨奉友个子不高，胖乎乎的，身着一件蓝底白边的短袖 T 恤衫，衣服上有点灰尘。我俩问了杨奉友一些问题，杨奉友都爽快地一一回答了。杨奉友的家乡在山东省梁山县，他离开家乡来济南已经 29 年了。为了养家糊口，解决温饱，杨奉友先是开快餐店，后来又转行卖报纸。前些年报纸还是挺好卖的，当时他雇人摆了 4 个报摊，同时卖水和饮料。他说他喜欢看报纸，能从报纸中了解许多新鲜事物。如今，纸媒销售欠佳，只剩下一个摊位了，但每个月的收入也可以，自给自足，比上不足，比下有余。

　　杨奉友说儿子杨凯①很优秀。在省实验高中念书时，他特别喜欢看足球比赛。德国世界杯时，下午还要考试，中午放学回来也要看一会儿头一天的比赛，但从未耽误学习。杨奉友说，他从不强制孩子学习，给孩子创造自愿学习的环境。孩子愿意干的事，只要是有益的，就给予支持，不强行制止。儿子爱看足球，从看球开始喜欢上学英语。当时他花 100 多元钱为儿子买了复读机。他卖报纸要早起，儿子也跟着早起，拿着书本背前一天学的英语，吃完饭再预习当天的。因为学习好，老师喜欢他，同学们也喜欢他。儿子劳逸结合，累了就会适当放松一下。儿子喜欢踢足球，有一次把家属院的窗户玻璃砸碎了，老师就把杨奉友请到学校去了。谈到这里，杨奉友不无感慨地说，他特别感谢两位老师，一位是历城三中的英语老师杨昌华，在他的辅导下儿子的英语成绩从未掉下 140 分（满分 150

① 杨凯，杨奉友之子，1990 年出生，毕业于山东师范大学生物专业，现为中科院神经研究所生物专业的硕博连读研究生。

分），满分居多；高考时儿子的英语考了 148 分；考研时，英语考了 140 多分。虽然大学学的不是英语专业，但自学考过了八级。再一位是省实验高中的语文老师王岱，他能及时指出他和孩子的缺点。王老师对孩子说："你爸是个做小买卖的，你只能靠自己，你能考上大学你爸爸能供得起就很了不起了。"

为了孩子学习方便，杨奉友在学校附近租房子住，儿子高考考了 600 多分。发挥不理想，没有考出好成绩，儿子说考研时再给爸爸带来惊喜。山师大毕业后，正逢中科院硕博连读面向全国招生，于是儿子报考并顺利考取。读完博士，为了有更好的发展，儿子继续读博士后。这期间，杨奉友身体查出病来，是脑血栓。儿子的学费全靠奖学金。

杨奉友说，儿子上大学时，在班里当班长，依然喜欢踢足球。念大二时就入了党，他对儿子期望很高。他经常告诫孩子，做人要诚实，再就是别满足。有时孩子也跟他唱对台戏，羡慕别人出身好。他劝儿子不要攀比，出身没法选择，但命运可以选择。他常跟儿子说，哪有什么神童，勤能补拙，天道酬勤。要与思路开阔、努力向上的人交往，不要与故步自封的人交往。他这个当父亲的，一切都为了儿子的前途着想，总想着给孩子创造一个稳定的学习环境。当年想去新疆干买卖，但考虑到新疆教育条件不如这里，就没有去，在这里摆摊一干就快 30 年了。杨奉友说，孩子上初中时周围环境很重要，接触什么样的孩子很重要。

杨奉友说，他虽是个摆摊的，但没有满足的那一天。每天 4 点起床去领报纸，在桥下摆摊售卖，无论酷暑严寒，没有一天不出摊的。孩子经常拿着课本帮着看地摊，有时在地摊的车子上写作业。他的努力带动激励着孩子，儿子刻苦努力，读博士后期间到日本去讲学。他希望孩子将来有更好的前途。

杨奉友说，出身不能改变，但可以用力地活出自己的人生。

家训夹议

每位劳动者都值得尊重

　　杨奉友虽然是个摆地摊卖报纸的小商贩，可能发不了什么大财，但是现实生活中总有一些不起眼的工作需要有人去承担。也许有些人瞧不起他的工作，但中国有千千万万像他这样的人，每天默默地艰难地守候着不起眼的工作，每天为他人带去一份小小的温馨。杨奉友谈话思路开阔，言语不俗，尤其谈起教育儿子来头头是道。他每天卖报纸、看报纸，不断地从报纸中吸取营养，在精神上他是富有的，在教育儿子上是成功的，他的儿子就是他最宝贵的财富。人们常说寒门出孝子，其实古往今来成功人士多出于寒门，越经历过苦难磨难的人越珍惜光阴，珍惜每一次付出得来的成果。关于物质方面，杨奉友说，奢侈并不是什么好事，当一个人温饱解决了，就应该追求精神上的富有。一个精神上贫乏的人，哪怕他财富再多，内心也是空虚乏味的。

　　杨奉友虽然出身贫寒，来到大城市后遇到许多困难，但他从未向生活低头。他早出晚归，为生计而奔波，靠自己的双手筑就自己的小天地，并且从不怠慢花钱买他报纸的人。杨奉友的儿子杨凯，虽然没有出生在一个富裕、体面的家庭，但父亲是他人生的榜样，是他精神上的坚强后盾，他靠自己的努力与命运抗争，在学业上取得了骄人成绩。他们也是最值得尊重的人。

No.20 爸爸的话

哪个田阙口都有一碗干虾子。

——张先明

张先明（1929—2016），安徽省舒城县人，八九岁时给大户人家当放牛娃混口饭吃，随后依次换主当过长工、二锹把子和大师傅，租房结婚生子不久，妻亡子折；继而放过鸭子、当过护林员、喂过猪、当过脚夫，后来再婚生子，生活相对稳定直到终老。一生没上过一天学，一生没有属于自己的一间房，一生在自己手上没留过一分钱的款，甚至没有一件像样的衣服。抑或是走的路太长太弯太曲折，以至于他自己都不知道出生在哪里，一生驻停过多少村落，甚至也说不清楚一辈子到底干过多少种生计行当。

家训故事

张德强[1]说起父亲，感受最深的就是一个字：苦。20 世纪 20 年代出生的他们那一代，苦可能是共同的代名词，但可能父亲的苦，应该是一个典型代表。其实，在张德强与父亲人生轨迹相交时，父亲经历的更多的还是体肤之苦。

[1] 张德强，张先明之子，在部队当过参谋、秘书、团政委，转业后任安徽省六安市工商联副主席。

在外人眼里，父亲是个十分蛮干之人，在生产队挣工分的年代，只要给工分的活，无论多脏多重他从不缺席，即使身体不适甚至发高烧也不退场，以至于 50 多岁就开始吐血生病。在亲人眼里，父亲是个相当可怜之人，一生吃了常人吃不了的苦，遭了常人忍不了的罪，舍不得吃，舍不得穿，人生付出远大于人生回报。

父亲粗手大脚，一到冬天手脚上都要裂开许多又大又深的口子。然而，就是那双既粗又厚且笨重的手，却有两项绝技：一是能用纺车将棉花纺成又细又匀的纱，这个是他们村里没有哪个男人能做到的；二是能用稻草和麻绳打出又平又紧的草鞋。童年的冬夜，总是有吱吱呀呀的纺车声或嘣嘣嗒嗒的打草鞋声伴着张德强入梦。

父亲目不识丁，讲不出什么深道大论，在大众场合总是三缄其口，不发表任何自己的观点，既像是自知别人不会在意他说与没说，又好似是他听不懂别人在说什么，但在茶余饭后的闲聊和看夜时的牛棚里，有他在就有笑声一片。

父亲料事可预，一辈子思想简单，在人多田少的家乡，只会种个庄稼。但是，人家门前空地讲究个排场，而他家门前边边角角都被他种上了各种各样的树，尤其果树颇多；人家菜地有边有形，他家菜地边、田埂上见缝插针种的都是大豆、南瓜和葫芦等。

父亲简单平凡，从不知道他有什么深谋远虑，也没听说有什么宏图大志，一生的辛劳只为温饱。但在张德强到了能打工的年纪还在一路求学时，他不但不反对，反而极力支持，每个冬天的早上，他都要坚持陪张德强走过那段"孤路"才肯回去干活。

面对困难，甚至束手无策时，父亲总是说："哪个田阙口都有一碗干虾子。"在江淮大地上，每到四五月份也就是梅雨季节时的雨水特别丰沛。张德强位于江淮之间的家乡属于丘陵地形，地势高低不平，稻田与沟河交错分布。梅雨季节，沟河水满，稻田与沟泉之间通过田阙口连成引排水体系，加上地势的自然落差，雨季里流水潺潺不断。很多鱼虾喜欢逆水而上，遇到不可逾越的田阙坎时就会停下来，水势变小后就形成了鱼虾上不来、下不去的状态，那时也是农家捉鱼逮虾的大好时机。

父亲说"每个田阙口都有一碗干虾子"这句话，张德强一开始总觉得那是父亲在逃避做父亲的责任，后来才渐渐明白了其中的寓意：只要勤劳不懒惰，生存就有用不完的资源；绝望之处有希望，只要思想不滑坡，办法总比困难多。换言之，就是只要勤劳坚守并满怀希望，人生处处有机会。这句话，何不折射了父亲艰辛的一生？当然，也成了张德强人生当中，始终保持豁达与乐观、自强不息、遇挫不馁的动力之源。

家训夹议

看得见的是运气，看不见的是努力

在万科售楼处当过两年售楼职员的卢女士，在 24 个月的售楼生涯中，拿到了 7 个月的销售冠军。2016 年，卢女士到美国发展，在洛杉矶的一处偏僻之地开了一家房产中介所。地段差，人流量小，中国人也少，但短短 4 个月之后，周边的竞争老手惊讶地发现，许多老客户已经跑到卢女士的中介所去了。面对别人的疑问，卢女士觉得原因很简单：她比别人更拼命。"我从 17 岁就习惯了早晨 5 点起床，除了生病，这个习惯没有改变过。在万科卖楼时，别人一天打 50 个电话，我打 150 个；别人一天接待 20 个客户，我接待 60 个。我总认为，一定有人比我更努力，如果我稍作休息，就可能被甩得连别人的影子都看不到。"

现实中，人们总是羡慕谁谁运气如何如何的好、机遇总是垂青谁谁，嫉妒谁谁有"后台"、有"大树"，怨恨谁谁"夺走"了本该属于自己的位置，也会自嘲"命八尺难求一丈"。但是，这里面我们看到的许多都是表象，凭借的也多是自己的猜测，并不完全知道其中的来龙去脉，也不清楚人家到底为此付出了多大的努力。实际上，就像平常所说的"天上不会掉馅饼"，大多数人的成功是靠个人默默地努力得来的，守"株"是待不来"兔"的。别总盯着别人得到了什么，要想想人家付出了多少艰辛努力。当然，有努力不一定能够实现既定目标，但没有努力一定是不能够实现既定目标的。

有耕耘，就会有收获；有付出，就会有回报。学者胡适曾说过："没有一点努力是会白白丢了的。在我们看不见、想不到的时候，在我们看不见、想不到的方向，你瞧！你种下的种子早已生根发叶、开花结果了。"就像读书，读"有用"的书固然有用处，但读"无用"的书用处或许更大，总是在不经意间见到效用，往往一生受用、享用一生。

当今这世上没有难死人、困死人的地方，只有吓死人、懒死人的地方，只要肯努力，出路总比困难多。人与其叫苦连天，怨天恨地，等这靠那，不如闭上嘴巴、扑下身子实干。只要肯努力，你有多强的"金刚钻"就能干好多大的"瓷器活"，你流下多少汗水就能浇灌出多少花朵。也许你没有聪明人的巧招，但总能拿出踏实人的笨招；也许你不能挣大钱，但总能挣到小钱；也许你成不了富翁，但总能衣食无忧、迈进小康；也许你没有成功者的荣光，但总有奋斗者的自豪与自尊。况且，一旦你进入了"努力"的节奏，就不愁进入不了"努力"的上行轨道，就不怕人生不见起色。

时光不能倒流，人生不能重来，要珍惜不可虚度，要上进不可敷衍，要最大化地体现和实现人生的价值，让自己心中无悔，让后人脸上有光，让社会多块砖瓦。有多大力气就使出多大力气，有多大本事就使出多大本事，有多少光就发出多少亮，这才是本色人生。

No.21

爸爸的话

做永远向上的人。

——陈天辅

陈天辅（1925—2012），山西省阳高县人。他的父亲是职业裁缝，1900年迁至张家口市，常年以缝纫业为生，农忙时回老家种地，有时也会雇用几名农夫帮着操持田亩。他跟随父亲学技从业，与父亲一起维持着一家人的生计。新中国成立后，公私合营，自家的缝纫小铺并入张家口市东风被服厂，他在厂里做过业务员，也当过科长，把一生年华献给了这个与自家历史连在一起的厂子。

家训故事

1969 年元月，陈明①被分配到青海石油管理局机械修理厂工作。在家短暂休整后，在腊月二十九日，他踏上了西去的列车，到青海省冷湖镇（青海石油管理局所在地）报到。临离开家时，父亲嘱咐他，到工作地点后要保重好自己的身体，吃饱、穿暖，好好工作就可以了，无论遇到什么艰难困苦都不要怕，要做永远向上的人。随后脱下了自己仅有的一件羊羔皮大衣披在陈明的身上，这件大衣一直陪伴陈明度过严寒的青海高原生活。

① 陈明，陈天辅之子，出生于张家口市，中学毕业后考入石油工业部承德石油学校，学习机械制造专业，毕业后分配到青海石油管理局工作，之后转战华北油田，是一名副其实的新中国培养的第一代石油工作者。现退休在家，做一些力所能及的社会公益工作。

陈明工作过的青海石油管理局驻地——青海省冷湖镇，位于柴达木盆地西北边缘，海拔 2750 米。那里常年没有绿色植物，地表全部都是黑色的裸石子。当风刮起时，天昏地暗，飞沙走石，黄沙漫天。大风停止后，屋内桌面、床铺落下薄薄的一层沙粒。夏、冬季没有雨雪，干燥是这里的主要特征。在石油未开发时，这里没有人迹、鸟兽，是无人区。

在这里长大的石油人的孩子没有见过牛、羊、马及驴等大牲口，当他们随父母走出柴达木盆地，见到这些大牲口称之为"大猫""大狗"，把地里的庄稼称之为"花"和"大草"。这便是他们生产生活的环境，天下石油工人大多生活在如此恶劣的自然环境中，与天斗、与地斗，为祖国寻找、开发油田。

陈明到达青海后，被分配到机修厂食堂当炊事员。冷湖机修厂的一个食堂里有 14 个炊事员，其中本科生 3 人、中专生 3 人，有学历的职工人数占一半，都做着与专业无关的工作，厂内大量的脏、乱、差的岗位充斥着专业学校毕业的大、中专毕业生。名曰："接受工人阶级再教育，改造知识分子。"虽然在这里工作政治待遇不好，但当炊事员至少能吃饱饭，于是他便满足了。虽然不能改变客观现状，但他能接受现实，调适自己的心态，期待着新时代的到来。

与此同时，他牢记父亲的教导，没有放松对自己的要求，坚信天生我材必有用，不被眼前遮望眼。一方面抽时间多读书，用知识武装头脑；一方面爱惜自己的身体，不放松身体锻炼，他每天按时起床，从不睡懒觉，坚持跑步、做操、打篮球。他除了按时保质保量地完成生产任务外，加班加点在所不辞。他利用业余时间备课，对青年工人进行技术培训，也升华了自己的精神境界。强健的身体、坚定的政治方向，使他能够胜任 100 万吨油田里的繁重工作。他为祖国石油工业工作的 40 年里，父亲的嘱咐时刻在耳边回荡，他实现了毕业时的誓言。

1970 年，陈明第一次回张家口休假，父亲见到他很欣慰，过去的方脸变成了圆脸，恶劣的青海高原生活没有摧垮他的身体，反而使他更加健壮，精神也更加饱满。后来，在学校校长的关怀举荐下，陈明调出了柴达木盆地。阳光总在风雨后，绚丽的石油之花，他曾为之播种、耕耘，也为之欣慰、自豪。

现在，陈明在家安享晚年。回想起当年到青海报到前夕父亲的嘱咐，他感慨万千。父亲告诉他，要老老实实做人，不要花里胡哨，时刻要向他人学习，勤恳工作，做永远向上的人。父亲的话，是那样直白、简单、普通，没有一点当时震天价响的"革命口号"，就像一杯白开水，没有任何添加和包装，但终生受用！

家训夹议

人还是要有一点牛脾气

做永远向上的人，虽是人生的起码追求，却也是个常说常新的人生话题。因为，一个人一阵子向上并不难，难的是一辈子向上不动摇、不懈怠、不停歇；顺风顺水的时候向上并不难，难的是逆境中、落魄时仍保持着向上的精气神；走在平凡的人生路段时向上并不难，难的是功成名就后能戒骄戒躁，保持着向上的冲劲和力量。不是吗，现实中，困难面前选择了退缩与放弃的，挫折面前选择了自暴自弃、破罐子破摔的，成绩面前变得裹足不前、贪图安逸的，成功面前变得忘乎所以、失去自我的，等等，大有人在；有的人压根无欲无求，浑浑噩噩，啃老吃本，虚度着人生，甚至颓废堕落，成为"废族"。所以，做永远向上的人，其实是一个很高的要求，对每个人来说都是振聋发聩的警句箴言。

人来到世上，由于受个人天赋、教育程度、环境条件、机遇运气等方面的限制，不可能人人都做到有大的作为，有光鲜的表现，但至少要有向上的人生追求。一个人只要始终有那股向上的韧劲，一生即使平淡平凡，浑身也散发着正能量，这样的人生同样是成功的人生，有益于社会的人生，同样让人敬重。

有人讲过这样一次"遇见"：他与几位朋友去乌兰察布，车过张家口，天气变恶劣，不一会儿雷电交加，骤雨伴着冰雹如飞弹倾泻。公路上所有的车子不敢再行驶。一个接一个的霹雳在他们的车顶、车窗边炸裂。他隔窗盯着道旁的草场，羊挤在了一起，马也凑到了一块，唯有一二十头牛仍然站在原地低头吃草。这就是牛的定力，不因天气骤变而惊慌，不因环境恶劣而退缩，再苦再累都改变不了它们的个性。这一点，其他动物不能比，人也比不了。难怪六畜中尊牛为首，即便家有骏马，只要是拉重活、走险路，一定要牛驾辕。

提起牛，人们既有对老黄牛的赞誉与推崇，也有对牛脾气的微词和无奈，经常有人把"牛脾气"的标签贴在那些性格固执倔强的人身上。其实，牛脾气之中不光有令人生厌生畏的"倔基因"，还有令人可敬可爱的把持和坚守，那种"一根筋"的追求之中升腾着宝贵的、向上的力量，而这恰恰是人生最需要的。"好好学习，天天向上。"人不可学牛的固执，但要学牛的执着，有向上的定力。

No.22

爸爸的话

好上创。

——田秀臣

田秀臣（1932—2016），山东省沂南县人，6岁参加村儿童团，8岁担任儿童团长，站岗、巡逻、放哨，穿过鬼子封锁线给部队送鸡毛信，数次死里逃生，被根据地评为"模范儿童团长"。新中国成立后，他抱病奋战在沂蒙山区治山治水一线，长期担任村贫协主任，晚年仍积极参加村里的公益活动。1969、1978、1981年，在国际形势紧张、边境战争即将爆发之时，慷慨地把3个儿子都送出参军报国。

家训故事

在田兆广①童年时，父亲田秀臣领他到地里干活、赶集上店时，每当看到穿着讲究、戴手表、骑自行车的"公家人员"，父亲总会用羡慕、仰视的眼神看着人家，不失时机地对他进行随机教育，让他"好上创"，长大后也吃"国库粮"，当"公家人"。

① 田兆广，田秀臣之子，毕业于南京政治学院新闻系。在部队长期做新闻宣传工作，从军30年发表新闻、通讯、报告文学、言论千余篇，作品曾在全军、全国获奖，5次蝉联原济南军区"优秀新闻工作者"称号。现任山东国际孙子兵法研究交流中心副主任兼学术委员会副主任。

田兆广的一个远房大伯是南下干部，在上海一家工厂当党委书记，官职相当于县长级别。有一次，这位大伯回乡省亲，在村里引起不小轰动。那晚吃饭，看儿子手里端着清淡得照人影、没有几个米粒的黑瓷碗，父亲用无奈的眼神望着田兆广，不断地唉声叹气，一顿饭没说一句话。直到吃完饭离开饭桌时，才深深地看了他一眼，说："孩子，争口气，好上创，将来也像大伯那样。"在父亲看来，要吃上饱饭、好饭，能穿上新衣，过上体面生活，让人看得起，不用一辈子窝在小山沟里吃苦受累，就得"好上创"。而在田兆广幼小的心灵里，只有"好上创"，才能过上小伙伴常说的"楼上楼下，电灯电话"的生活。

田兆广小时候，父亲因修堤建水库患下关节炎干不了重活，母亲患气管炎整天病恹恹的，大哥二哥上学，十七八岁的大姐、十一二岁的二姐成了队里、家里的整劳力，因挣不到工分，又交不上口粮钱，每到队里分小麦、玉米、地瓜时，全家7口人只能按3口人的定量分。家贫受人欺，人前矮三分。

田兆广记得，大概是1970年腊月二十五，那年是大哥当兵的第一年，母亲觉得快过年了，舅家、姨家都去看过姥姥，他们家也得去送年，可家徒四壁，只有墙上挂着的那条村里分给军属的半斤多重的咸白鲢鱼，母亲就带着这条鱼去了姥姥家。从地里拾柴火回来的大姐，看到家里冷锅冷灶，听到富有的邻居家正在做豆腐、炸丸子的忙年声，想想再有几天就过年了，自己一个十八九岁的大姑娘，一年到头在生产队里当牛做马地被人使唤，下地干活，还挨骂受训，快过年了，穿的是露脚趾头的单鞋、破衣服，饿着肚子顶风踏雪漫山遍野地去拾柴火，委屈不已，泪如雨下，一头扑到床上号啕大哭："我怎么这么苦的命啊，生在这么一个穷家，快叫我死了算了，别让我受罪了……"

大姐大哭的时候，父亲坐在四面透风的堂屋里一个小马扎上，低头不语。在大姐哭声渐弱时，父亲忽然起身找出了那根平时刹车子、捆麻袋用的很粗很长的大麻绳子，把绳子的一头扔到屋梁上，打上一个活结口往上一拽，把另一头绳子也打上一个活结口。这些做完后，父亲搬来一张小凳子，双脚踩到凳子上，把打上活结口的绳子套在脖子上的同时，一脚踢开凳子。这一连串动作，父亲做得非常熟练，一切都来得那么迅速、突然。

当时家里除了在床上大哭的大姐，就是田兆广和二哥，比他大 6 岁的二哥见状，正在剁猪食的他放下手里的菜刀，嗷地大哭一声拉起弟弟就跑到胡同里大叫："救命啊，快来救救俺大大啊，俺大大上吊了……"喊到第三声时，胡同北头走来了全村长得最矮、时年已 30 多岁，但打墙砌屋样样都会，农村人称为"能工巧匠"的田庆堂。田庆堂穿着一双钉了木头、走起路来咯嗒咯嗒直响的草鞋，急忙推门进来，一抬腿蹬掉草鞋，赤脚直奔堂屋，将父亲救下来。

被田庆堂救过来的父亲，两个眼珠子通红突出，满脸青紫，过了半个多小时才慢慢恢复正常。他清醒后眼里滚出串串泪水，对着田庆堂泣不成声地说："庆堂，你救我干什么？老婆骂我，孩子怪我，这家，还有什么盼头！干脆让我死了算了，一了百了……"

几岁的田兆广，过早地看到了他这个年纪不该看到的一幕，而且，上吊的人是他亲爱的父亲！那受到的惊吓，那无助的惨叫，那绝望的心情，自此让他心里有了抹不去的阴影，形成了去不掉的心理障碍。至今一说谁上吊，他脑海里就会马上出现那一幕，浑身打哆嗦。

田兆广后来回忆起这一幕，才真切地意识到，"好上创"那是父亲今生的唯一念想，而当残酷的现实让他觉得"好上创"只是一个虚无缥缈的梦想时，支撑他活下去的那颗稻草也就没有了。不过，在地狱门口走过一遭的父亲，仍时时不忘他的"好上创"，多少次父子分别，"好上创"都是父亲的告别话。田兆广每一次听到这三个字，每当想起当年那惊恐凄惨的一幕，就会热血偾张，拼了命地往"好上创"。

家训夹议

人生盛景全在"创"

青岛澳柯玛冰柜曾有一句家喻户晓的广告语："没有最好，只有更好。"实际上，广告做得好，不如"好上创"这三个字表达得好。

在田秀臣老人眼里，"好上创"，就是要走正路、干正事，做一个能养家糊口的有用人；就是要向高处学、往高处走，做一个给家族带来荣耀的出息人；就是要不吃老本、不自满，做一个不懈进取的贤明人。用在做事上，就是要精益求精，好上加好。他一而再、再而三地要求子女们"好上创"，致力追求的就是一个"好"字，不过他最看重的还是那个"创"字。

1980年6月，16岁的田兆广高中毕业，参加高考因几分之差名落孙山。听到落榜消息后，他一蹶不振，闷头睡了十几天的觉。那些日子，望子成龙的父亲一反常态，不仅没有打骂他，反而不断地安慰他："世上不只是上大学一条道，天无绝人之路，只要好上干，当个农民照样也能吃上饭！"在生产队干了几个月的活后，田兆广决定弃农经商，挣钱养家。

尽管那时党的十一届三中全会已经召开，但沂蒙山区还没有分田到户，"市场经济""多种经营"还没有推开，他贩卖苹果是在偷偷摸摸中进行的。从2元钱的本钱起家，到1981年9月当兵前，手中已有300多元收入的他，生意越做越大，从沿街叫卖、集上摆摊卖苹果，逐步拉长生意链，扩展到了水果批发等生意上。得知实情的父亲不断给他打气、鼓励："咱家祖上就有做生意的传统，你爷爷卖过酱油、香油、食醋，兴许你有这方面的天赋。好上干！"

1981 年秋天，田兆广又弃商从军，对此父亲全力支持。在送儿子去乡武装部集结的路上，给他讲了村里谁谁当兵、谁谁闯关东出息了、创好了，谁谁不正干，"葫芦头创（撞）家臣（雀），创（撞）净了毛，光溜溜地回来了"。父亲的用意他当然明白，是让他这只放飞的鸟儿展翅翱翔，创得羽毛丰满，别创净了毛。田兆广没有让父亲失望，在部队无论走到哪里，都是铆着劲儿地往"好上创"，创出了一片新天地。

"好"，应是做人做事的底色，是最起码的要求，一个人只要中规中矩，就不怕做不好；而要出类拔萃，实现所谓的"最好""更好"，那可不是一件轻松的事情。没有一种闯劲，没有一种创力，这"好"那"好"，充其量是一种海市蜃楼式的"虚好"。人生无坦途，登攀无成路，前行全靠闯，盛景全在创。"好上创"这句寓意深刻、富有哲理的话，其意义就在于：不仅督导人们求"好"，更重要的是给人们指明了"奔好"之路。

No.23

爸爸的话

鸟往云霄飞，人往高处奔。

——吕永广

　　吕永广（1948—　），山东省海阳市人，从医50多年，曾任海阳市中医院院长。他立志学医，专心钻研，对医术精益求精；他重医术，更重医德，对病人富有同情心，不仅耐心细心热心治病，而且对困难病人常常以微薄之力给予救济。他进取精神强，不安于现状，看问题总是站在高处远望，思维与眼光常让高学历、高智商的晚辈们叹服。他的人生信条是：鸟往云霄飞，人往高处奔。

家训故事

吕永广 4 岁时父亲因病去世，家庭贫困，长大后决心学医治病，救人济世。自立志那天起，他就开始苦心钻研，从不懈怠，不到 20 岁，便开始给乡亲们治病。从村医生到工厂医生，又在 1980 年创建海阳二轻医院，至后来任海阳市中医院院长，一步步走在追求梦想的路上，不停地为梦而努力，因梦而登攀，因梦而创造奇迹，在汗水与泪水的浇灌下，绽放出医学之花。他尤其在中西医结合治疗心血管病、脑血管病、冠心病、顽固性头痛等疾病方面，展现了特色和功力。任院长后，不忘初心，致力登高，为打造一流的人才队伍、一流的医疗设备、一流的医学医术，从全国高等医学院引进大批人才，购进海阳第一台 CT 医疗设备，与山东大学附属医院、青岛大学附属医院，以及北京、上海等地医院，建立联合协作机制，聘请这些医院的专家学者定期到医院会诊就医，治愈了大量重病难病患者。在他的影响下，从事医疗工作的二女婿姜洪洋，医术上有了初步成就，曾荣获山东省高层次优秀中医人才、烟台市青年科技进步奖和烟台市名中医药专家等称号。

吕永广退休后，发挥余热，自己开了门诊，对家庭困难的患者，只收用药的本钱，确实无力支付的病人，给予免费治疗。有一年，他把所有欠费患者的欠账单全部撕掉，并对家人说："这些都是农村困难病号，能为他们治好病是我最大的心愿，从此所有的欠账都没有了。"

吕永广一生致力追求的思想高境界、人格高品位、医术高水平、事业高成就，生动诠释了人往高处奔的含义，对子女要求也是这样。2001 年 6 月，军区要调吕华①的丈夫许文振到财务部工作。此时，许文振刚调集团军机关不

① 吕华，吕永广之女，现就职于济南市卫生监督所。

到两年时间，历练不够，顾虑重重，害怕不能胜任大军区机关的工作，心中很是矛盾，并且一度想放弃这个机会。吕永广知道后，坚决支持女婿到军区工作，并深情地说："文振，鸟往云霄飞，人往高处奔，没有什么可

怕的，只要肯付出汗水和心血，就能干好一切，就能胜任一切，就能走向人生的高处，赶快去报到吧！"岳父的这番话始终鼓舞着文振，激励着文振，给他无穷的鞭策和奋进的力量。文振也始终辛勤耕耘着，向高处攀登着，故而也不断收获着。

家训夹议

舞台有多大，心就有多大

中央电视台曾播放过一个广告，广告词这样说道："每个人心中都有一个自己的舞台，心有多大，舞台就有多大！"意思是说，每个人的内心世界是不同的，看待事物的角度与方法也就不同。一个人心胸越宽广、视线越开阔、思维越拓展，他施展才华的空间就越大，发展前行的格局就越大，取得的成就也就越大。然而，这不过是一种逆向思维，重在励志，从正向思维的角度来看，从存在决定意识的辩证关系来看，更应该调过来说：舞台有多大，心就有多大。

人的眼界、思维、魄力，往往受到客观条件的限制，不同的站位点、不同的环境之下，常常有不同的心境、不同的心志、不同的心思。"欲穷千里目"，当须"更上一层楼"，唯有"会当凌绝顶"，方有"一览众山小"。

给点阳光就灿烂，给个舞台就出彩。人生，有舞台，才有历练的条件，才有展示的机会；有大舞台，才可能有大作为。粟裕是具有卓越军事才能的将领，具有担当大任的能力。解放战争时期，毛泽东高度信任和器重他，华东战场最高领导陈毅甘愿退至幕后，把最高军事指挥权交给他，为他提供了一个运筹帷幄的大舞台。站在更高位置、拥有更大自主权的粟裕，视野更加开阔，思维更加活跃，总是胸怀战略全局，前瞻性地提出建议、创造性地做出决策，把自己的军事指挥才华发挥到了极致。

人有天然的惰性，许多人往往满足于安身立命，停留于小富即安，既缺乏"往上走"的动力，也缺乏"往上奔"的信心，还常以"高处不胜寒"来自解。其实，这里面最缺的主要不是雄心，而是斗志。人往高处奔，不是动摇和否定安心本职、默默奉献的人生价值，而是不要放弃借助更大的舞台实现人生更高价值的机会。人往高处奔，也不一定是人非要走到更高的社会位置，登上更大的社会舞台，更多的是心要往高处奔，在更高处找到安放心灵的位置，让人的思维在更大的舞台上驰骋，用一颗不断进取的心去追求更好更高，即便"一箪食，一瓢水，在陋巷"，照样会有精彩非凡的人生。

No.24　爸爸的话

船行不等客。

——刁义军

　　刁义军（1966— ），山东省青岛市即墨区人。除了具有中国农民特有的勤劳朴实、与人为善的传统品格外，他还有着看问题独具视角和说做一致的鲜明个性。他从上小学开始，一直品学兼优，且非常喜欢数学，尤其钟爱珠算。本来有着进城吃国家"商品粮"的条件，可人生的一场变故让他还是留在了乡村，但他始终无怨无悔。只不过，他习惯于凝望远方，习惯于用诸如"船行不等客""钱财如粪土，仁义值千金""路不行不到，事不为不成""人误地一时，地误人一年"等俗语家谚自勉自励和教导孩子，在"广阔天地，大有作为"的农村，过得挺充实，活得挺灿烂。

家训故事

1984 年 7 月，刁义军高中毕业，面临着似锦的前程。因为高考在即，他是有实力考上大学的，那时只要考取，毕业后就会由国家统一分配工作。同时，他也是有条件直接端上"铁饭碗"的，因为他的父亲当时是当地农村信用社的主任，那个年代子女是可以"接班"的。但天有不测风云，就在这个关键当口上，他的父亲因病突然去世，家里的顶梁柱轰然坍塌，整个家庭陷入极度的痛苦和迷茫之中。家里的重担一下子压在他尚显稚嫩的肩膀上，作为家里唯一的男子汉，他无法忍心离开这个破碎的家去追求自己的人生，而必须承担起服侍母亲和照顾众多姊妹的担子，便毅然放弃了考大学和"接班"的机会。一直到今天，当人们说起他昔日的选择，他只是微微笑了笑说："当你面对应该面对的时候，一切都是最好的安排。"

刁义军出生在那个极其淳朴的年代，人们的思想是没有经过任何修饰的，但不管做什么事却都讲究有板有眼、有时有刻。儿时，刁雅莉①随着父亲刁义军来到田间地头春耕，惊喜地看着一畦畦整齐的地垄伸向远方。播种时，顽皮的她故意把种子的间隔距离拉开，甚至假装撒种却实际并没有把种子下到地里去。父亲看到后，只是说了一句"'船行不等客'，春天误了农时，秋冬找不到粮食吃"。整个过程，没有批评，没有埋怨，也没什么华丽的说教。但现在看，的确是春争日、夏争时，人误地一天，地误人一年。

① 刁雅莉，刁义军之女，现任青岛明亮手足外科医院财务主管。

刁雅莉和妹妹上中学时都是住校的，她对父亲习惯于"打提前量"的特点，再熟悉不过了。每次回家临返回学校时，父亲说得最多的一句话就是"船行不等客"，总是让她们提前一点动身。所以，长久以来便知道凡事"急来抱佛脚"是肯定不行的，在日常工作生活中不仅始终做到守时，而且也知道了惜时、用时，甚至是"护时"。

2015 年夏天，父母从老家到城里帮刁雅莉带孩子。一天，吃过晚饭后，父母在陪伴孩子，刁雅莉和丈夫坐在沙发上看电视。这时，坐在一旁的丈夫问了她一句："考会计职称的事，准备得怎么样了？"她随口应了一句："现在既要带孩子，单位的事情又多，这次就不想考了，以后再说吧！"谁曾想，话刚说完就被恰巧准备到门口抽烟的父亲听到了。父亲清了清嗓子说："孩子，现在我和你妈可以帮忙带孩子，你还年轻，脑子好用，这么好的机会可别错过。要知道'船行不等客'！"

"船行不等客"，也称作"开船不等岸上人"，意思就是说时间不等人，时机不容错过。刁雅莉老家就在海边，对"船行不等客"有着更为直接的体验。

"船行不等客"，当这句熟悉的话语再次回荡在刁雅莉的耳畔时，她真正感受到了什么叫震撼与亲切。今天想来，如果当时没有父亲这句近乎"口头禅"的"船行不等客"，那么她所有的成功与收获是会大打折扣的。当妹妹刁雅楠准备选择一条极具挑战性的人生职业道路时，不管是报名还是面试、体检，父亲都用一句"船行不等客"给予了精神上的支持与激励，从而让她如愿坐上了那班幸运的人生之船。

家训夹议

学会做时间的主人

世界上最宝贵的大概就是时间了。第二次世界大战初期，被德军逼到敦刻尔克小镇的几十万英法军队，在狭小的地段、有限的时间内，争分夺秒地把主要兵力撤到了对岸的英伦，保住了日后战胜法西斯德国的信心和力量。抗日战争时期，以毛泽东为首的中国共产党人运用持久战的战略，以时间来换取敌我力量的消长，终于迎来了中国近代史上的第一次完全胜利。丘吉尔和毛泽东，他们都是高明的战略家，又都是在战争中运用时间的高手。

排球运动有个战术、技术名词，叫"打时间差"，就是队员进攻时，利用对方拦网队员起跳时间的误差，达到突破对方拦网目的的一种打法。这是竞技体育中对时间的精妙运用，会用时间的人就能战胜对手。

当下有个很时髦的提法，叫"时间窗口"，说的就是这一时间段内，可以对事件或事物进行处理或者反应。"窗口时间"，或说"窗口期"，说白了就是做某件事情的最佳时间段，错过了"窗口"也就失去了机会，抓住了"时间窗口"，也就抓住了稍纵即逝的机遇。

凡事都有定期，天下万物都有定时。生有时，死有时，人活在有限的时间里，从某种意义上讲，时间就是人生。人与人的差别，不是活得长短，而是把人生的时间运用得怎样。有的人常常被时间控制，被时间牵着鼻子走，被动地应付时间、消耗时间，甚至虚度时间、浪费时间，人生的价值就大打了折扣；而那些把时间作为财富、作为资源进行"投资"利用的人，珍惜的是时间，挖掘的是时间，妙用的是时间，他们抓住"时间窗口"，打好"时间差"，因而获取了时间的最高收益，拥有了一个无悔的人生。时下有一种流行的说法，人不能加大生命的长度，但可以增加生命的厚度。这厚度的增加靠什么，就靠对有限时间的充分开发和利用。

当今时代，在前后两个相同时段的"量"上，如果可以"等量齐观"，那么，在前后两个相同时段的"质"上，则是不可能"同日而语"的，今天的时间绝对不是明天意义上的时间，今天的"旧船票"绝对登不上明日的"客船"。"船行不等客"，今天说来，就是时代的大船，终究是会把那些磨磨蹭蹭、慢慢腾腾，仍停留在旧时段的人甩在岸边的。一个有作为的人，总会有自知之明、自控之能、自力之行。一个有时间感的人，总会追逐时间、预测时间、把握时间、驾驭时间，做一个主宰时间的智者。

No.25

爸爸的话

人勤地不懒，人能也不闲。

——吴广恒

吴广恒（1950— ），山东省临邑县人，中共党员，一位朴实、踏实、真实的鲁北农民。他一生坚守着故土，当过村里的生产队长。土地和庄稼是他的生命，勤劳是他的信仰，正直是他的天性，心暖是他的"体征"。近70年的风雨将他原本健硕的身体侵蚀得斑斑驳驳，时光像一把刻刀在他身上留下了满满的沧桑，但衰老的只是他的肉身，不变的是他那颗顾念亲情乡情的初心。

家训故事

吴长远①说起父亲，总是带着敬佩，带着自豪，带着感激。他说，年轻时的父亲过日子是一把好手，里挡外开，样样拾得起放得下。记忆里的父亲一天到晚似乎没有闲着的时候，每天天刚蒙蒙亮，父亲即已下炕打扫院落，不仅将院内收拾得利利索索，院门外也被打扫得干干净净，路过家门口的邻居们没有不夸的。收拾完这些，父亲开始拿过扁担挑着水筲去前街的甜水井旁挑水，每天总要挑个三趟四趟，直到家里一大一小两只水瓮灌满为止。

①吴长远，吴广恒之子，毕业于山东师范大学中文系，现供职于山东省计划生育协会，曾获"德州市人民满意公务员"等 50 多项荣誉，累计创作发表作品 100 余万字，《河堤上那座孤坟》获凤凰网"樱桃奖"一等奖，出版乡土散文集《老家》。

赶上农忙季节，父亲起得很早，料理完家里的活计，来不及稍微喘息就赶忙扛起农具下地干活去了，留下母亲在家里烧火做饭照顾孩子。

父亲干农活的样子很是潇洒。无论是拿锹翻地还是赶着牲口扶着犁耕地，无论是拿着锄头间苗锄草还是背着喷雾器打药，无论是给庄稼施肥还是拾掇棉花，无论是将割倒的庄稼装车还是扛起晒好的粮食入仓，每一个动作都干净利落，哪怕汗流浃背、呼呼带喘也不会变形走样。那时的父亲常常拿块"羊肚子"毛巾搭在脖子上，不时拿过来擦把脸上的汗接着又埋头去干，干着活的功夫时常对跟在屁股后面的吴长远他们说上几句，"人勤地不懒，人能也不闲""人误地一时，地误人一年""不怕慢就怕站，站一站二里半"……父亲天长日久的以身示范，不仅教会了孩子们地里的活儿，也教给了他们很多过日子乃至在社会上"混"的道理。

1999 年吴长远参加工作，上岗前来家看望双亲。父亲望着这个有出息、让他自豪的儿子，觉得有许多话要说，但又觉得说什么都是多余的，毕竟孩子长大了，见识比自己多多了。不过，欲言又止、欲止又言的父亲还是对儿子说了那句他经常说的话："人勤地不懒，人能也不闲。孩子，咱是庄户人家出身，无论走到哪，咱都要做一个勤快正直的人。"

吴长远到单位没几天，分管领导便召集他们几个年轻人开会。那个会开得很短，领导说话开门见山，言简意赅，上来就抓住了吴长远的心："抬腿能跑、提笔能写、张嘴能说，是一个机关工作者的基本功……"至于怎么才能做到这"三能"，领导没说。这时，他忽然想起了勤劳的父亲，想起了父亲经常给他念叨的那句话："人勤地不懒，人能也不闲。"他当时激动得想喊出来，看看领导，又看看同事，他默默地把领导的话和父亲的话像钉子一样钉在了心里。

岁月的长河悄无声息地流淌。很多的人和事都被时间的列车甩得愈来愈远，印象渐渐模糊，有些终至于无，唯独当年领导说过的话和父亲的叮咛时常在耳畔响起，清晰而又响亮，在人生的征程中成为他"三更灯火"的起床号、跃马驰骋的冲锋号！

谁能想到，当初那个看似不起眼的"小会"，竟是对吴长远初入社会的启蒙、职业生涯的指引，进而影响了他的整个人生。

家训夹议

世上无笨人，只有懒人

吴长远是个实诚孩子，他爱认"死理"。他"一根筋"地朝着当年那位领导指出的"三能"方向、沿着父亲提出的"人勤地不懒，人能也不闲"的路径，马不停蹄地往前奔，奔着奔着，竟奔出了一片新天地。

站在岁月的长河边，吴长远还能依稀看到自己当年的倒影在河面上悠悠地飘荡：

每天天刚蒙蒙亮就起床，他快速洗漱，然后蹬着自行车在大街上像风一样往单位赶。

无论严寒酷暑，不管刮风下雨，他总是第一个赶到单位；到了单位便开始抹桌子、扫地、拖地，将办公室每个人的办公桌都抹得干干净净，紧接着两手左右开弓，各拎三个暖瓶去热水房打水，然后摆到各个办公桌前。

遇到出发任务，领导一喊就走，从不磨磨唧唧，生怕影响集体出行的时间。

当别人都下班回家的时候，他还在单位挑灯夜战，学习前辈写过的材料，撰写领导布置的公文讲话，写了一遍又一遍，一篇又一篇，案头的材料堆成了山。

当领导和同事们讨论问题的时候，他静静地听、认真地记，悉心揣摩他们分析问题的思路和方法。

分管领导看着他的进步和表现，欣慰地说："你已经上路了！"可是他知道自己离着他提的要求还差得远呢，还需要努力，努力，再努力！

从此，就像一根上紧了弦的发条一样连轴转，又如一颗卫星沿着"抬腿能跑，提笔能写，张嘴能说"的轨道不停地运转。

一次，市委突然决定召开他们单位业务领域的会议，而且要连开两个不同层次、不同范围的大会，涉及四位市领导的讲话和单位领导的一个报告，给他们准备的时间只有三天，负责材料的只有他自己。

五个大材料，三天时间，一个人，压力山大！但上级的决定就是命令，纵有天大的困难，也要想方设法完成。

快马加鞭地干！没黑没白地干！他整整在办公室熬了三天三夜，困得实在撑不住了就在沙发上眯一会儿，眯一会儿便强迫自己睁开眼，用凉水洗把脸接着干！为了提神，咖啡喝了一杯又一杯，香烟抽了一包又一包。吃饭要么让同事捎，要么就泡方便面。

第四天，大会如期举行，他再也没有精力和力气去参加会议，躺在沙发上沉沉地睡去。等他醒来已是第二天上午，而醒来的时候是在家里。怎么回的家他一无所知，原来是几个同事把他抬回来的。

上班后，一个同事告诉他："你当时睡得太死了，怎么叫都叫不醒。领导开完会回来看到你睡成这个样子都掉泪了，让我们几个把你送回去，从抬你出门上车到家里床上，你始终没睁睁眼……"

他就像一个冲锋的战士，始终保持着冲锋的姿态。

他付出了很多，牺牲了很多，亏欠了很多，也收获了很多：在单位评先树优中连年名列前茅，市级、省级、国家级的荣誉纷至沓来，荣誉证书装了满满两大箱子，入学、提升，由市级机关调至省级机关，由一个"跑堂"的变成单位绝对主力、部门领导，再变成省级机关的抢手人才……这似乎让吴长远有了歇口气的资本与理由，但他的态度依然那么明确和响亮：我，还得继续前行！

常言说，勤能补拙。一些先天条件、后天因素不占优的人，只要勤奋努力，照样会变成有作为的能人。被人认为"天资愚钝"的曾国藩，最后却成为影响晚清走势的重臣，足以说明这一点。

世上那些所谓不够聪明，而通过勤奋变得聪明的人值得人们敬佩；那些像吴长远那样本来就聪明，而又"聪"不自满、"明"不言止的人，更让人们敬佩他们的聪明。

No.26 爸爸的话

实干是真本事，实在是大智慧。

——张明亮

张明亮（1940— ），山东省郓城县人，普通农民。他没有入党，但积极要求进步，坚定拥护和无比感恩共产党。他虽然仅有初小文化程度，却心胸大、眼界宽，乐于助人，几十年为村民义务写春联、做公益。他身居乡村却心系天下，世界风云、国家发展、百姓忧乐，都格外关注，央视《新闻联播》和《海峡两岸》几乎每期必看，时常还思考评论一番。不喝酒、不抽烟、不打牌，干起活来不惜力。他爱管"闲事"，遇到不走正道的人，碰到不讲理的事儿，他常常站出来管一管。

家训故事

张振江①的爷爷在新中国成立前就加入了中国共产党，负责组织领导乡村的群众工作，奶奶早年去世，父亲在三兄弟中排行最小，父亲的大哥参加抗美援朝，二哥参加解放军到了东南沿海部队，都难以顾得上家。自20世纪60年代以来的这些日子，父亲的两位兄长和自家三个家庭20多口人的事务，几十亩土地的耕种，都是父亲挑头干，经年累月，毫不惜力，使清贫的农家院子里始终显露着生机。不要说三个家庭几十亩地春种秋收，不要说三个家庭十几个孩子抚养教育，就说天天都面临的吃水挑水这件事吧，实在是一件天天重复又格外繁重的任务。那个年代没有自来水，吃水全靠一条扁担、两只水桶，到离家挺远的村头那口深井里挑水。当时，父辈三家的孩子，要么刚上学读书，要么年幼挑不动水桶。于是，往三家水缸里挑水送水的事情，全由父亲"承包"了。他天不亮就起床，挑水时去得最早，返回得最晚，直到把三家的水缸都挑满了，才能喘口气。种地收割也是这样，那时的农活全靠锹挖肩扛，他起早贪黑总有干不完的活，但由于父亲人实在，活实干，从来不误农时，落得十里八乡都敬重他。

20世纪70年代中后期，张振江在上高中，父母合计半天，怎么样打拼，也难以让一家老小填饱肚子，父亲便下决心去东北的海拉尔亲戚那里，干重体力活挣钱去。去东北的火车上，没有座位，父亲站了20多个钟头。从初春到仲秋，在那里的土窑上，和泥、砌砖、烧窑，天冷时担心泥土结冰，干活连轴转；天热了，为防蚊虫叮咬，在上风口烧上湿柴，迎着

① 张振江，张明亮之子，高级记者，毕业于国防大学联合战役指挥员班。曾任原济南军区政治部宣传部宣传处处长、新闻电教室主任；前卫报社副社长兼《基层建设》杂志主编、前卫报社社长；宣传部部长。获中国新闻奖一等奖、中宣部"五个一工程奖"，中国人民解放军政治理论创新成果一等奖、新闻一等奖。出版著作、主编图书教材十余部，采访推出若干在全军、全国有影响的重大典型，入选第三批全国新闻出版战线领军人才。

浓烟劳作，一天 18 个钟头的工作量。父亲凭着那种不吃不喝也要把活干完的实在劲，大半年下来挣了 500 元钱，着实让穷家也好过了一阵子。

实干、实在，是中华民族的传统美德，也是父亲一直的坚守。为了盖几间房屋，父亲拉着板车去百里外的梁山拉沙石，千斤重量一天拉回家。为了销售地里种的西瓜，父亲从家里拉到 10 公里外的安兴集，一天往返 3 趟，50 多公里的行程硬靠人拉脚量。去济宁为生产队拉煤炭，往返一趟需 7 天时间，筋疲力尽仍咬牙坚持。他天不亮就早起拾粪，3 天挣过 90 个工分，相当于一个劳动力 9 天的工作量。大干小困难，小干大困难，不干最困难。那个年月，不管多么勤劳也难以改变贫穷面貌，但不勤劳注定日子过不下去。

"实干是真本事，实在是大智慧。"父亲是这样说的，是这样做的，也是经常这样教育子女的。父亲已是 80 岁的老人，实干的心气、实在的初心，依然不改，还在深深地影响着张振江兄弟姐妹。

在张振江人生的征途上，一些名言警句，给了他很大的鼓舞激励，成为他战胜困难、干事创业的精神动力。然而，让他铭记在心、永远难忘，多年来躬行实践的还是父亲那句话："实干是真本事，实在是大智慧。"20 世纪 80 年代初，张振江高中毕业后参军入伍，近 40 年的光景，多次岗位变化，9 次提拔，特别是经过重大军事行动的历练，经过大军区机关的实践和考验，经过国防大学的学习进修，取得了新的进步，获得了全国全军和军区级的一些奖励荣誉。他时常想：像他这样从农村入伍，从基层一步步走出来的军人，在复杂的社会环境和人际关系面前，在高学历和聪明人扎堆的"圈子里"工作生活，只有凭实干、靠实在，才能站住脚，才能有一定发展。越往前走他越觉得，当年父亲告诉他的"实干实在"的肺腑之言，可以成为他为人处事的"定海神针"。后来的日子里，也印证了这句话可以作为人生旅途中的"杀手锏"。张振江感慨，父亲的话，就像是陈年未启的酒，就像是熬到火候的粥，太养人了！

家训夹议

实在人的"一二一"

生活中少不了有关实在人的话题。有的人说实在人吃亏，有的人说实在人吃不了大亏，有的人夸谁谁真实在，有的人叹某某太实在，有的人自诩实诚，有的人自怨实心眼子。人们说实在人好也好，说实在人不好也罢，总而言之，在众人眼里，实在人不算什么精明人。对实在人怎么看？这里，不妨为他们画个像。

实在人：一是一、二是二。实在人看事、对事，都是"小葱拌豆腐"，一青二白，清晰明了得很，而不是云山雾罩、含糊不清、模棱两可，让人去"悟"。其实，他们看问题比谁都客观、都透彻，他们对是与非、对与错、好与差、明与暗、曲与直、远与近、功与过、得与失，等等，心里锃明瓦亮，做事泾渭分明，他们都是有头脑、有洞察力的明白人。

实在人：有一说一。实在人说话从来都是实来实去、干来干去、直来直去，有什么说什么，不愿意拐弯抹角，不喜欢兜圈子，不习惯说半句留半句，不想带水分加佐料，更不会撒谎忽悠人。如此这般，自己通透、轻松，别人也明白、踏实。张振江常常体会到，在高手如云、聪明人扎堆的机关，耍小聪明，用小计谋，是混不久的。从近年来一些虚头巴脑、假话连篇、栽大跟头的人身上，也反向印证了实干实在的珍贵。因为，说一句假话，用三句实话都难以弥补，用一次心计，多年的"人设"崩塌。

实在人：说一不二。实在人最讲诚信，"一言既出，驷马难追"是他们为人处事的真实写照。实在人最重行动，说话算数，掷地有声，不耍嘴皮子，不哗众取宠，不说一套做一套。张振江搞新闻干的是"虚事"，但做得很实。参加国防施工，他与战友们冒着生命危险钻山洞、运石料，受到表彰奖励；投身军事演习报道，他与记者们在炮火硝烟中抵近采访拍摄，有时一年深入基层200多天，屡获大奖；牵头组织数千名官兵展开影视拍摄，一个"实"字贯始终，获得中宣部"五个一工程"奖；任职机关领导，人交心，事托底，说实话，重真情，营造了良好的氛围环境，带出了一批优秀人才。

实在人：做一得二。历史上，那些投机钻营、偷奸取巧者，往往得在前失在后，得一失二，甚至得一时失一生，如汉朝的王莽、清朝的和坤。他们不可谓不聪明，但这种聪明充其量是"小聪明"。总体上看，实在人得人信任，受人敬重，许多人当初或许不被看好，但关键时刻往往会受到重用。这些人大智若愚，他们或许一时做二得一，而从人生全程看终是做一得一二、做一得三四。看看历史上那些实在实干的人，哪个没赢得生前身后名，哪个没在一定程度上彰显人生价值！张振江承认，他得益于一个"实"：向上汇报工作，他成绩问题一起说；与战友交往，他掏心见胆；有时办错了的事，他就大大方方承担责任。这样一来，心坦然，人肃然，众相然，气蔚然，一举多得自然而然。

实干、实在，不是木讷，不是偏执，也不是看不清事理。这里面有人品、有方法、有胸怀，是看透世事后依然砥砺前行的坚守，是时代变迁中那种不动声色的睿智。

No.27

爸爸的话

不管干什么，只要干熟了，就能干好。

——纪宜撰

纪宜撰（1926—2009），山东省胶州市人，出生书香门第，父亲是晚清秀才；少时父母早亡，14岁赴青岛打工，新中国成立后在青岛纤维板厂工作；35岁回乡，历任村党支部副书记、公社农业工作组成员、村党支部书记、镇工办主任。他勤奋好学，儒雅谦和，为人正直，宽厚仁慈，生活简朴，尽职公正，照顾邻里，众口皆碑。

家训故事

纪循菊[①]出生在 20 世纪 50 年代末，因家里无人照看，在不到 6 岁时家里就把她送到村里小学上学。她的小学时代是在"文革"中度过的。纪循菊从小就很聪明，整个小学和初中期间，老师讲的东西基本上当堂就能掌握，考试成绩一直遥遥领先。在同学和老师心目中，她就是个"小神童"。

① 纪循菊，纪宜撰之女，现任山东省五金研究所所长，兼任山东省五金与衡器行业协会会长。二级教授，享受国务院政府特殊津贴，被评为山东省有突出贡献的中青年专家。获得全国轻工行业劳动模范、山东省富民兴鲁劳动奖章等荣誉称号。

她有幸赶上初中毕业通过考试升入高中。随着教学的正规化、学习科目的增多和课程难度的加大，单单凭课堂上老师的讲解很难全面掌握知识。习惯了课堂听听、课后玩玩的纪循菊，并没有把这太当回事，可随之而来的考试给了她一个下马威。

父亲拿到她的考试卷，看到试卷上出现的错误，并没有责骂她，而是给她讲起了卖油翁的故事：康肃公陈尧咨善于射箭，自称"当世无双"。一次，他在家里的射箭场练射箭，有个卖油的老翁放下担子，站在那里斜着眼睛看他，很久都没有离开。这老翁看他十箭中了八九成，但只是微微点头。陈尧咨问卖油翁："你也懂得射箭吗？我的箭法不是很高超吗？"卖油翁说："没有别的奥妙，不过是手法熟练罢了。"陈尧咨听后气愤地说："你怎么敢轻视我射箭的本领！"老翁说："凭我倒油的经验，就可以懂得这个道理。"于是拿出一个葫芦放在地上，把一枚铜钱盖在葫芦口上，慢慢地用油勺舀油注入葫芦里，油从钱孔注入而钱却没有湿。于是说："我也没有别的奥妙，只不过是手熟练罢了。"陈尧咨笑着将他送走了。

故事讲完了，父亲语重心长地对纪循菊说："不管干什么，只要干熟了，就能干好。你多学多练，就能学习好。"

正可谓一语惊醒梦中人，纪循菊牢记父亲的这句话，无论是在以后的学习还是工作中，始终坚持勤学苦练，借此取得一次又一次成功。自己做了母亲后，还不止一次地给孩子讲这个故事，特别是孩子在学习、工作上遇到困难时，她总会以身说法，用自己的经历和外公这句话引导孩子。在妈妈的鼓励下，儿子克服了在英国读博士期间导师突然去世的打击，完成了学业；回国后找到了自己中意的工作，并取得了初步成就。

家训夹议

从"熟"到"道"须"烧脑"

汪曾祺在小说《三姊妹出嫁》中，这样描写大女儿"许"的那个皮匠：他是个手脚很快的人。走起路来腿快，绱起鞋来手快。只见他把锥子在头发里"光"两下，一锥子扎过鞋帮鞋底，两根用猪鬃引着的蜡线对穿过去，噌，噌，两把就绱好了一针。流利合拍，均匀紧凑。他绱鞋的时候，常有人歪着头看。绱鞋，本来没有看头，但是这个皮匠绱鞋就能吸引人。大概什么事做得很精熟，就很美了。因为手快，他一天能比别的皮匠多绱好几双鞋。不但快，绱得也好。针脚细密，楦得也到家，穿在脚上，不易走样。因此，他生意很好。都说"熟能生巧"，没想到在汪曾祺眼里还有"熟能生美"。这便印证了纪宜撰老人那句话："不管干什么，只要干熟了，就能干好。"

说到这里，又想起庖丁解牛的故事。《庄子·养生主》载：庖丁为文惠君解牛，手之所触，肩之所倚，足之所履，膝之所踦，砉然响然，奏刀騞然，莫不中音。合于《桑林》之舞，乃中《经首》之会。文惠君曰："嘻，善哉！技盖至此乎！"庖丁释刀对曰："臣之所好者道也，进乎技矣。"庖丁的意思是说，他所爱好的是事物的规律，已经超越一般技术了。也就是说，庖丁解牛并不满足于熟练掌握和运用宰牛技术，而是热衷于"熟"中悟"道"，追求一种更高的境界。文惠君听完庖丁的详细阐述，赞曰："善哉！吾闻庖丁之言，得养生焉。"连接解牛与养生的，恰恰是它们之间共有的内在规律！

人们常说的"熟能生巧"，这个"巧"，接近庄子所说的"道"，但还没有达到"道"的境界。从"熟"到"巧"再到"道"，还需要一个探索、感悟、升华的过程。卖油翁说自己倒油"没有别的奥妙"，因而也觉得康肃公陈尧咨射箭也"没有别的奥妙"，未免小看了人家。他并不知道，光"手熟"不深度动脑，射箭是达不到"当世无双"这种境界的，更是难以再攀新高的。人与人的差距，既在"熟"的程度上，更在"巧"与"道"的领悟上。常言说，师傅领进门，修行好坏在个人。这修行的好坏，既有刻苦练的差异，更有动脑悟的差别。只有肯动脑筋、深动脑筋的人，才能获取"巧"、把握"道"，才会成为高人一筹的"熟手"，做事情才能出类拔萃。纪循菊在工作、学习中不仅致力于求"熟"，更重要的是善于思"巧"、悟"道"，因而总有不凡的见识、不俗的表现。

成功总是不负勤奋的人，但更垂青既勤奋又有头脑的人！

爸爸的话

No.28

做啥工作都要胆大心细，一丝不苟。

——吴洪甫

吴洪甫（1941—　　），河北省广宗县人，1959年12月入伍，1965年2月退役，退役前为空军导弹地空二营指挥连标图员。1962年9月9日，一架敌制U—2高空侦察机由平潭岛上空窜入江西省南昌上塘上空，吴洪甫迅速准确地把U—2飞机的航迹标在标图板上传给指挥员，三枚导弹直冲云霄，敌机被击落。吴洪甫由中士被提前晋升为上士。1963年11月1日，又一架U—2高空侦察机窜入江西省上饶上空，吴洪甫迅速准确地把U—2飞机的航迹标在标图板上传给指挥员，指挥员下令发射三枚导弹将敌机击落，并生俘飞行员。吴洪甫被记一等功。1964年7月23日，导弹地空二营全体官兵受到毛泽东、周恩来、朱德等中央首长的亲切接见并合影。吴洪甫退役后，村里的人问他在部队干什么，他总是说自己是炊事员，做饭的。他把立功证书压到箱底，严守国家机密和军事机密37年。他担任过多年村民兵连长、团支部书记、治保会副主任，认真工作，成绩突出。光荣地参加了国庆70周年观礼，乘上受阅老兵专车接受了习近平等党和国家领导人的检阅。

家训故事

自 1962 年 9 月 9 日二营打下第一架 U—2 飞机之后，美蒋方面挨了当头一棒，有半年多时间没有派飞机到大陆上空侦察。但到了 1963 年 3 月 28 日，美蒋方面又耐不住寂寞，派"黑猫中队"队长杨世驹驾驶一架 U—2 飞机，从南朝鲜（现称韩国）群山基地起飞，直扑大西北，经包头、乌苏木一线，侦察甘肃鼎新、居延海以南地区。空军首长们研究了敌情，指示设伏在居延海以南的地空导弹四营，抓住战机，把再次入侵的敌机打下来。但是敌机在鼎新上空转了个倒八字，在没有进入四营导弹的有效射程之内，就溜掉了。官兵们很是遗憾。

二营营长岳振华看到这个情况，召集营首长和技术人员进行研判。大家分析，敌机如此警觉，很可能是安装了对付萨姆—2 导弹的预警装置，它一进入萨姆—2 导弹制导雷达的搜索范围就可能报警。我们必须针锋相对，研究出一种在尽量短的时间内，在导弹有效射程范围内进行快速击落敌机的战法。

事实正如二营指战员研判的那样，在第一架 U—2 飞机被击落之后，美蒋方面分析中国大陆空军已有了萨姆—2 地空导弹。为了对付萨姆—2 地空导弹的雷达系统，科技发达的美方组织资深电子专家，研制了半年，制造出了一种"第 12 系统"预警装置。这种装置安装在飞机上，萨姆—2 制导雷达一开天线捕捉目标，就会立即报警，飞行员听到报警声会马上机动转飞，逃避导弹的打击。

营长岳振华和技术人员经过迅速研究，认为击落敌机的区域都集中在 38 公里至 35 公里这段上。在这个范围内发射导弹，不管 U—2 飞机飞行员如何压坡转弯、机动逃脱，都躲不过有效杀伤区。只要及时准确地发射导弹，一定能够击毁目标。为此，岳振华提出，发现敌机后时间要短，瞄准要准，跟踪动作要快。一般情况下，过去 8 分钟要做完的动作，必须缩短在 8 秒内完成。

听了营连首长下达的训练任务，吴洪甫感到肩上的担子更重了。他根据上级的要求加上自己的理解，上机反复演练，不知练了多少次，连吃饭时做梦时都在演练计算。他给自己设了一个更高的目标，营里提出的是 8 秒内锁定目标，开天线，捕捉目标，然后发射导弹，他能不能把时间再缩短一些，7 秒行不行？6 秒行不行？

营长岳振华亲自组织全营合练，把需要改进的射击指挥程序和战斗操作动作一个一个确定下来，边练边改，边改边练。训练中，上级还派我军的飞机来，多次飞过二营阵地上空，进行实战演练。经过上百个架次的训练，全员终于达到一开天线，就能在显示器上垂直水平标准中将第一发导弹发射出去。练兵千日，用兵一时。全营官兵苦练歼机技术，信心大增，就等敌机来了。

空军司令员刘亚楼听了营长岳振华的汇报，给这个战法起了个名字，叫作"近快战法"。这个"近快战法"，到了 1978 年获全军科技进步一等奖。

1963 年 10 月 24 日，二营接到了紧急向江西上饶地区机动设伏的命令。

11 月 1 日 7 时 04 分，原南京军区空军给上饶集群指挥所发来了通报：今天有 U—2 飞机飞出来活动。

7 时 25 分，一架 U—2 飞机飞到温州东南 250 公里处，高度升为 17000 米时，改变航向，朝温州方向飞去。之后爬高到 20500 米，改变航向，向大陆飞蹿。8 时整，U—2 飞机从龙游、汤溪之间飞过，径直向大西北方向飞去。空军首长听了汇报，判断敌机再过五六个小时，很可能还要飞回来，于是向各营部队下达了抓紧进行战斗准备，打回窜敌机的命令。

13 时，集群指挥所的参谋报告：U—2 飞机经湖北的老河口向武汉方向回窜。根据航线判断，U—2 飞机很可能沿着以往的老航线：兰州、西安、老河口、武汉、九江，从上饶至衢州一带返航，飞入上饶集群火网的可能性很明显，捕捉战机的时候到了。

14 时 11 分，U—2 飞机通过景德镇后，调整方向，对准上饶飞行。敌机目标越来越近。近方作战参谋向营长岳振华报告：距离 35（公里），（航路）捷径5（公里）！

指挥车上的四名操纵员，各自按照指挥部的目标指示，锁定着U—2飞机的方位、距离和高低角。但是，也就在U—2飞机进入导弹的有效射程后，显示器上的目标亮点突然不见了。吴洪甫说，当时他精神高度紧张，脑子里别的什么也没想，也来不及想，不允许想。什么打胜了立功，打败了受处分，都没想。要请示首长来不及了，再不报数据，敌机可能很快就要溜掉了，战机瞬间也就失去了。在那短短的一两秒时间里，我判断U—2飞机虽然在显示屏上消失，但它肯定还在导弹的有效射程之内。于是胆子一壮，冲口就报道："幺九（19公里的简称）！"又报道："可以命中一发！"

站在吴洪甫身后的营长岳振华立即下令："发射！"

引导技师将目标信号引导到显示器中心。

岳振华又下令："开天线！"

引导技师迅速按下发射按钮，"轰！轰！轰！"三发导弹喷吐着火舌，向20000米高空的U—2飞机射去。在导弹发射两秒后，才打开雷达天线。第一发导弹与U—2飞机擦肩而过，战斗部没有起爆。第二发导弹在与U—2飞机目标遭遇时，战斗部起爆，击中目标。

黑色的敌机开始往下掉。官兵们顿时欢呼起来："打中了！打中了！又干掉了他一架！"

岳营长下了车，拍着吴洪甫的肩膀说："小吴，你个吴大胆，让导弹长了眼睛了！"进了指挥所，空军副司令员成钧招呼吴洪甫和战士们："来来，坐到这边来！详细说说你们是怎么打下U—2来的。"

打下了第二架U—2飞机，空军首长指示，一定要把飞机残骸全部找到，而且要特别注意搜寻飞机上的预警装置。官兵们经反复搜寻，终于找到了一个方形的小盒子，经技术人员检验就是预警装置。被俘的飞行员叶长棣供述，那个方形小盒子就是"第12系统"预警装置。他飞到二营阵地的上空后，预警装置曾报了警，但他想扭动方向逃跑时已经来不及了。看来，岳振华他们的判断是正确的。

1965年2月，吴洪甫和老兵们临退伍时，他没有因自己鼻子受伤向部队申请评定残废特级。老营长岳振华给他们提出了"两个不能"的要求：退伍后，一是不能泄漏导弹部队的军事机密，二是不能向地方政府提特殊的要求。

1976年，他忍着大妹妹在唐山大地震中遇难的巨大悲痛，带领本村30多名民工参加唐山大地震抢险救灾挖河工程施工三个月。即使在儿子受伤、父母亲瘫痪在床、妻子股骨头坏死病倒在床、日常生活举步维艰时，他也牢记老营长岳振华给他们提出的"两个不能"的要求，守口如瓶，从不向家人和其他人讲当年的战斗经历，也没有向政府提任何要求。

几十年后，儿子吴近东[①]在建筑行业当建筑监理工程师。工程质量是百年大计，吴洪甫想起打U—2的体会，便嘱咐近东说："做啥工作都要胆大心细，一丝不苟。心细，就是要严肃认真；胆大，就是要敢于负责。二者缺一不可。"细，是吴洪甫在部队当标图员多年形成的习惯；胆，是吴洪甫在实战中磨出来、逼出来的。近东在工作中没让父亲失望。

①吴近东，吴洪甫之子，从小就有一个当诗人的梦想，上初中时成绩排在年级前十名，还在《儿童文学》上发表过诗歌。为还家里欠下的债，16岁初中毕业执意去建筑工地打工，一边打工一边自学。1990年考上邯郸建筑专业学校，1993年考上西安建筑学院，半工半读的生活过了6年。2001年考取建筑工程师资格证书。

"酒香不怕巷子深"，这个或许不够恰当的比喻，用在吴洪甫身上或许最合适。令这位"最美老兵"始料未及的是，一向淡泊名利的他，40多年后获得了一系列荣誉：

2011年7月，吴洪甫被广宗县文明办评为"广宗好人"。

2012年4月17日，广宗县件只乡党委聘请吴洪甫为爱国主义教育宣传员。

2012年8月，吴洪甫被河北省邢台市精神文明建设委员会评为"邢台十大好人"荣誉称号。

2018年11月，吴洪甫被中共中央宣传部、国家退役军人事务部评为"最美退役军人"。11月10日，颁奖典礼在北京人民大会堂举行，这是吴洪甫自1964年7月23日和二营全体官兵在人民大会堂接受毛主席、周总理、朱德委员长接见54年后，第二次来到人民大会堂，受到了时任中共中央政治局委员、国务院副总理孙春兰的接见。

中央电视台举行颁奖典礼之后，退役军人事务部组织最美退役军人在北京分别举行了事迹报告会。吴洪甫朴实真诚的报告受到听众们的热情欢迎和好评。

2018 年 11 月 18 日，吴洪甫在河北省精神文明建设委员会组织评选的"时代新人·河北好人"活动中，光荣入选"河北好人榜"。

2019 年 1 月，吴洪甫被河北省委、省政府、省军区授予"河北省优秀退役军人"称号，参加了河北省委省政府省军区举行的优秀退役军人和退役军人管理服务工作先进单位先进个人表彰大会。

2019 年 5 月，吴洪甫家庭在中华全国妇女联合会组织的寻找"最美家庭"活动中，被推选为 2019 年度全国"最美家庭"。

家训夹议

"差不多"？差多了！

《差不多先生传》，是胡适先生创作的一篇传记题材寓言，讽刺了当时旧中国社会那些处事不认真的人。鲁迅也曾经说过："中国四万万的民众害着一种毛病。病源就是那个马马虎虎，就是那随它怎么都行的不认真态度。"那个年代，从处事不认真到处世不认真，许许多多的人就在"差不多"的"浑沌"里度过一生。

时代在发展，国人在进步，"差不多"的毛病似乎改了许多，但也时有"发作"与"作孽"：楼倒、桥塌、路陷的现象屡有报道，因防范措施落实不到位而酿成惨祸的间有发生，许多无辜的生命就这样不明不白地成了"差不多"的牺牲品。

与一些国人"差不多"形成鲜明对照的是，德国人拒绝"差不多"，即便在 1944 年的冬天，在盟军完成对德国的合围，德国法西斯政权此时已经名存实亡的情况下，德国民众也不曾改变。当时正值严寒，人们没有足够的食物和棉衣御寒，就连取暖也成为遥不可及的梦想，因为大量的煤炭都运送到战场上去了。幸运的是，德国境内有着漫山遍野的树林，只要将它们砍下来，就能保证取暖。然而，德国民众并没有这么做，尽管当时的德国已经处于崩溃边缘，法纪松弛，政府机构形同虚设，根本没有人管这些事情。

无奈之下，德国政府只好下令，允许民众自己上山砍柴伐木来取暖过冬。即使这样，人们也没有一窝蜂地冲进树林里乱砍滥伐，而是先由林业部门的人将枯死的和不成材的树木做上标记，大家再按照标记进行砍伐。

在当时那种情况下，即使砍错了树木，也不会受到法律的追究。警察和军队都已经上前线了，根本没有人会去操心林子里的几棵树。但是德国人都在树林中仔细地寻找有标记的树木，甚至不惜为此浪费一两天的时间。最终，大家没有毁掉一棵没有标记的树，哪怕它就在自己的家门口，哪怕自己面临冻死的危险。

德国人有了这种一丝不苟的处事态度，做起事来就很严谨，建造和制造出来的东西就很受用和耐用，很少有质量问题，更不会有"豆腐渣工程"，天灾人祸也少之又少。战后，德国人对战争严肃认真的反思，加上有口皆碑的"德国制造"，很快赢得了世人的广泛认同与尊重。

差之毫厘，谬之千里。天下之事必作于细，而基于严。严肃、严格、严谨、严密，才会有精品、有上品，也才会得到别人的信任与青睐。"差不多"是人生的大敌、事业的大敌，与"差不多"做斗争，致力于消灭"差不多"，应是一个人、一个群体乃至一个国家，提升境界、超越自我、实现卓越必须完成的课程。

No.29

爸爸的话

急火难烧透，慢火熬高汤。

——解军业

解军业（1962— ），山东省青岛市即墨区人，安守本分、遇事沉稳，是他一生不变的"色彩"。在20世纪80年代初期的贫瘠乡村，具有高中文凭也算是一个"文化人"。当时他在学校就读时并没有明显的弱科，尤其作文颇见功力。他向往着外面的世界，想着通过高考来改变自己的命运。1980年高考落榜后，他又想到了携笔从戎。就在他准备报名体检的时候，他看到了父亲为了家中生计而高负荷地透支着虚弱的身子，看到了母亲那无助而又无以言状的泪水，看到了幼小的弟妹们打着补丁的衣着，他突然意识到自己作为长子的"梁柱"作用和责任，于是便把所有梦想都怀揣了起来，安心地待在了乡村，待在了亲人的身旁，由此便成了一位地地道道的农民。

家训故事

胶东老家有习俗，大年初一都要出门给长辈、亲戚朋友拜年。2008年大年初一一大早，解务涛①的几位"发小"相约来到他家，给他的父母拜年。本来就很亲切的小伙伴，此时在节日里欢聚一堂，别提有多高兴。大家有说有笑，聊起了往昔说起了当下。今年大家有了新话题，因为他们毕业了、工作了，从校园正式步入社会了。有的在企业，有的在政府机关，还有的参军了。当所有人都在描绘着外面世界的精彩时，一位在乡镇政府工作的同学情绪低落，眼圈泛红地说："你们都在城里，并且都有了一个好前景，就剩我一个人还在老家，惨淡前行……"这时，正在给他们添茶水、拿干果的父亲听到了，随之说了一句："孩子，你们还年轻，别心急，急火难烧透，慢火熬高汤。"大家一听，便接着父亲这句话纷纷劝说起来。

① 解务涛，解军业之子，毕业于山东技师学院，现任青岛镕辉交通装备有限公司法人、总经理。

父亲在家务农，尽管多是说些乡村土话，但在其言谈之时经常冒出一些精彩的语句，诸如"斧头虽小，但再大的树也不经砍""碎麻拧成绳，能提千斤重""凡事不怕慢，就怕闲和站"，等等。"急火难烧透，慢火熬高汤"这句话，父亲就多次对他说过。这些每每挂在嘴边上的谚语、警句，给人力量和启迪，让解务涛终身获益。这天父亲这么轻轻一点拨，不仅扫去了这位同学脸上的愁云，也在大家中间产生了强烈共鸣。后来大家说起来，都觉得受到了一次印象深刻、非常难得的人生教育。

以前在胶东农村，几乎家家户户都是主要靠吃地瓜或地瓜干充饥的。人们都熟知，当在煮地瓜或煮地瓜干的时候，除了需要大火外，还需要一段时间的细火，尤其是当把火停下来以后不可就此把锅掀开，否则即便之前的火再猛再急也会出现"夹生"现象。所以，在灭火以后，还要耐心地"焐"上一时半刻的。给老人和病人熬高汤也是这样，先用急火把汤浇开，尔后改用文火慢慢去煮，高营养就是靠慢工夫从材质中慢慢熬出来的。

父亲"急火难烧透，慢火熬高汤"的话，一直提醒着解务涛，无论做任何事情，都要脚踏实地，一步一个脚印地去做，切不可这山望着那山高。尤其在踏入社会、开始工作和创业的初期，他深深懂得人生之路没有什么捷径可走，凡事欲速则不达，一定不能急功近利、好高骛远，而要耐着性子、耐得住寂寞，只要认准目标，就要以百分之百的态度来对待、来坚持、来投入，因而在事业上走得很沉稳、很扎实。他利用手头有限的资金，从小本生意做起，通过艰苦创业，不懈努力，在事业上小有成就。

随着阅历的增长，解务涛体会到，"急火难烧透，慢火熬高汤"这句话，其实与"贵有恒，何须三更起五更眠；最无益，只怕一日曝十日寒"是一个理儿。尽管土气了一些，但会警醒与鞭策着自己在未来的事业与人生追求中向着无限的美好走下去。

家训夹议

该慢的要慢下来

当今时代是一个快节奏的时代，快餐、快递、快销充斥大街小巷、大院小区；鸡出笼的时间在缩短，猪出栏的时间在缩短，蔬菜出畦的时间在缩短；火车在提速，网络在提速，开发在提速，创新在提速，执行在提速；闪贷、闪婚、闪离……慢，则是"老牛拉破车"，成了落伍的代名词。在这种"快场"的烘烤与催化之下，人们变得越来越嫌慢怕慢，甚至变得浮躁不堪，今天埋下种子恨不得明天就能见到果子。于是，领导走马上任急于出政绩，经商人员急于发大财，文人墨客急于出大部头……其结果是思维被"冲动""表象""概略""速效"所绑架，想问题、做决策变得越来越草率，急功近利成为一种思维惯性和"时尚"。

快中有机遇，快中有效益，商场上需要快应，赛场上需要快打，战场上需要快攻，但不是什么时候都是快字当先、快快益善。快，势必要压缩一些思考的程序、减少一些推进的步骤、省去一些关联的环节，缩短正常的活动流程，而这些"程序""步骤""环节""流程"少了、短了，都可能会影响到做事的质量与效果。从思维角度来讲，一个高质量的分析判断并不是"眉头一皱，计上心来"的，而是需要周密思索的，这其中有一个发掘情况的过程，有一个沉淀思绪的过程，有一个集思广益的过程，还有一个厚积薄发的过程——只要时间允许，这些过程是不能省略的，在特定情形下，积淀的过程越长，思维的质量可能会更高。

"伟大是熬出来的"。人终其一生，"快"是有选择、分时刻的，"慢"才是常态。那些老练的人，风浪面前总能沉得住气，经过一番深思熟虑后再做应对，因而总是措置裕如；那些稳重的人，无论前方的"海市蜃楼"多么诱人，总能"笑看风云淡，坐看云起时"，耐得住寂寞，不被浮云遮望眼，不被急功近利拽着走，总是脚踏实地、一步一个脚印地默默前行，因而总能笑到最后。

"慢功出细活"，精品来自细心打磨。无论做任何事情，只要时间允许就要精雕细刻，耐心推敲，细心完善，精益求精，"凑合"心理、"差不多"心态之下出不了精品。同时，还要善于沉淀，可以有意识地停一停、放一放，听一听、想一想，给自己留些深入思考的时间，给自己制造些进一步想象的空间，完善与突破或许就在这期间。

No.30

爸爸的话

桃三杏四梨五年想吃核桃等九年。

——解品刚

解品刚（1955— ），山东省沂水县人，是个和蔼可亲、老实憨厚的庄稼汉。他小时候放过羊，最大的梦想是当兵扛枪，但因种种原因未能如愿；从小品学兼优，特殊年代与大学失之交臂。他待人实诚，走南闯北，靠着木工手艺养活一家，给人干活不仅舍得卖力，而且就连吃饭也总替主家着想，宁愿自己少吃饿肚子。他乐善好施，总是不遗余力帮别人，农忙时左邻右舍农具坏了送到他家，他二话不说放下手头活，经常要忙到深夜，家里成了个维修铺，并且既搭工又赔料；困难时期，对前来讨饭的人，他总是尊重有加，即使自家缺吃少喝也从不让人空手而归。

家训故事

1998 年，解孝来①中专毕业后，父亲四处托人在省城为他找了份保安工作，他也格外珍惜这个岗位，很快被提拔为保安队长，提拔又加薪。邻居们听说后都羡慕不已。

① 解孝来，解品刚之子，毕业于南昌陆军学院，曾服役于原济南军区第 20 集团军某部、临沂军分区、原济南军区青岛第二疗养院、海军青岛第二疗养院、海军青岛特勤疗养中心。历任战士、班长、学员、排长、指导员、干事、副科长、协理员、宣传科科长等职。先后荣立二等功 1 次，三等功 3 次。

"我要当兵去！"一次回家，解孝来把个人想法跟家人说了，父母听后都不太乐意，亲友们也纷纷"敲破锣"。"出去闯荡闯荡，长长见识也是个好事，既然他想去就让他去吧！"父亲一连几天闷闷不乐，虽然平时话语不多，但有绝对的话语权。就这样，解孝来当兵去了部队。

"你入伍后，你爸爸就像变了个人，一个种地的农民，竟然关心起国家政治了，与中央电视台'叫上了板'，哪怕不吃饭也要准时看《新闻联播》和军事报道，虽然在电视里从没看见过你的人影，但看看部队里的那些事，俺们心里就踏实。"母亲在电话里告诉他，受父亲影响，她也渐渐喜欢看军事新闻了。

入伍后，严格的军事训练，紧张的军营生活，让解孝来一度打起"退堂鼓"。新兵连的生活是在河南省确山县民族英雄杨靖宇将军故乡度过的。那年冬天冷得出奇，宿舍里没有暖气、空调等取暖设备，虽然晚上睡觉戴着大棉帽，但还是感觉头皮冷得要命。每天顶着凛冽刺骨的寒风站军姿、练队列、爬战术……

但是，解孝来还是坚持下来了。这里面最起作用的，还是父亲雷打不动的每周一封信，雷打不动的诸如"桃三杏四梨五年，想吃核桃等九年"之类的话。那时家里没有电话，书信是与家人交流的唯一方式。他家住得偏僻，父亲害怕不能及时收到解孝来的信，特意到邮局订阅了一份报纸，这样每天就可以在第一时间收到信了。解孝来明白，父亲一再强调这句话是在告诉他：人生要结出硕果，必须一步一个脚印地往前走，一步一个台阶地往上爬，既不能停顿，也不能急于求成；只要肯努力，工夫用到家，一定会有大的收获。

于是，他自我加压，每天天不亮就起床跑 5 公里，加强锻炼和学习，很快被任命为副班长。然而，正当他对军营生活充满百倍信心，新兵连训练过半时，或许是高强度的训练，或许是老天有意考验他，身体素质一向很好的解孝来双腿肿了，走路一瘸一拐，钻心的疼。因为影响到连队的训练成绩，像他这种情况的几个人很快成为"不受欢迎的人"，连队的公差勤务便成了他们的"专利"，到炊事班帮厨他成了"常客"。这种"待遇"，对他的自尊心打击很大，难道就这样碌碌无为地度过新兵生活？

屋漏偏逢连阴雨。这时，偏偏双手又冻裂开一道道口子，肿得像个大馒头，他心情懊丧到了极点。即便这样也没有磨掉他的意志，因为有父亲雷打不动的来信。

一次，连队组织战术低姿匍匐前进考核，连队干部怕拖后腿，称几个"伤兵"可以免考。

"报告，我想参加考核！"这时不知哪里来的勇气，他自告奋勇向连队干部请缨，新兵班长狠狠地瞪了他几眼。

"好，既然想参加考核，给你个机会。"新兵排长吴树华肯定的语气给了他信心。

"预备——开始。"在低矮的铁丝网下，听到口令后，他拼命向前匍匐前进，由于腿和双手受"重伤"，浑身使不上劲，特别是双手碰到冰雪未融的地面，冻疮立刻裂开了血口，鲜血顺着手指往下流淌，钻心的疼，对此他全然不顾。快到终点时，换侧姿匍匐前进，右脚鞋子脱落，他穿着袜子用力蹬地面，顽强地前进……

"好样的，解孝来！"战友们情不自禁地为他鼓掌助威，吴排长朝他伸出了大拇指。

心中有信念，脚下有力量。正是父亲这些朴实的道理，承载着一个有志青年的成长密码，给了解孝来扎根军营的信心和刻苦训练的动力。在家信的影响激励下，他连年被评为"优秀士兵"，并成长为一名正营职军官；

同时，还积极发挥新闻写作特长，先后在《解放军报》《中国青年报》等新闻媒体发表各类稿件 1000 余篇，不少作品在全军还获了奖。

家训夹议

造"神"运动何时休！

一百多年前，一个名叫江希张的小孩，一夜之间红遍大江南北。原来，这位被康有为誉为"民国第一神童"的江希张，才思过人，机敏超人，有着非同凡响之处。他 9 岁时就撰成一套《四书白话解说》丛书，将儒家经典以通俗白话的方式向大众宣讲，一经出版，大受追捧，印行数百万套，一时轰动海内外。

江希张 1907 年 3 月 27 日出生于山东省历城县江家庄（今属济南市历城区董家镇），父亲江钟秀，苦读 20 余年，成为当地小有名气的文人，著有《孙孟图歌》《兴学创闻》等通俗读物；母亲王崇孟，幼年读过几年私塾，还曾考入山东女子师范学校。江希张两岁时，母亲教做识字游戏，意外发现他记忆力超强，理解力也不错。从此，父母二人都一道教儿子认字，在启蒙教育方面下足了功夫。江希张也没辜负父母的厚望，3 岁时就能识 800 多个汉字、背 100 多首唐诗，到 4 岁时已经熟练地吟诗作对，所作诗文的意境并不比一般成人差。

江钟秀坚持给儿子灌输孔孟道学，同时也注重培养其对道、佛等宗教文化的兴趣。江希张 7 岁那年，江钟秀更是突发奇想地指导儿子编写了一套《四书白话解说》丛书，将其视作他"边学边著"的超前教育理念的一个重要成果。可是，江希张虽然号称"神童"，但毕竟是个孩子，还没有形成独立思考的能力，是难以凭一己之力去完成这样一部"大作"的。于是，江钟秀便请人一道和儿子共同完成了这套丛书的编写工作。据江希张本人多年后回忆，《四书白话解说》丛书中，只有一半是他自己写的，另一半内容及整个丛书的编成都是好几个成年人共同完成的；但全书署名只有一个，即"九岁童子江希张"。

　　然而，进入少年时代的江希张，渐渐厌倦了"神童"的头衔，对父辈一直强加灌输的儒家思想逐渐产生了排斥心理。眼看着，一个异常聪慧的孩子就要掉进"早慧早夭"或"早慧早废"的宿命。而就在这时，有主见的江希张自己救了自己。1927年春，年方20的江希张抱着科技救国的理想，毅然决然地踏上了远赴法国勤工俭学的征途。他读的是巴黎大学的化学专业，由于勤奋刻苦加之天资聪颖，学习成绩颇为优异。学成回国后，他便着手完成多年夙愿——重写《四书白话解说》。原来，有了见识和学问的江希张发现，自己幼时参与编写的那套丛书观点幼稚，有诸多不足，且有歪曲误读的内容掺杂在里边，便决意重写一部，以正视听。新书《四书新编》一经出版，再次引起轰动，两年内竟重印14次之多，29路军还将袖珍本发至全军将士，人手一册，做战士普及文化之用。后来，江希张还是发挥自己学习之长，成了新中国化工界和轻工业界享有盛誉的高级专家。

　　在许许多多大人的眼里，自己的孩子个个有副"神童"派或具有"神童"潜质。于是乎，启蒙教育的时间越来越早，起点越来越高，学量也越来越大，把几岁能背多少首唐诗、会多少个外语单词、有多少种专长、夺得什么"大奖"，等等，作为培养的目标，作为炫耀的资本，期望把自己的孩子一夜之间培养成真正的"神童"。这种违背自然规律的拔苗助长，不仅扼杀了孩子的学习兴趣，而且也阻碍甚至破坏了孩子的智力发展，还可能毁了孩子一生。

　　在培养孩子上，保持一颗平常心，把孩子当平常孩子来看，才是最重要的。许多人拼钱加拼命培养孩子，觉得孩子会越培养越聪明，越早培养越聪明，说到底是在孩子培养上犯了"三症"：焦虑症，急功近利症，一厢情愿症。"桃三杏四梨五年，想吃核桃等九年。"解品刚这句来自农家的话，值得那些"望子成龙""望女成凤"的家长深思。

No.31

爸爸的话

每天进步一点点。

——孙玉辉

孙玉辉（1954—　　），山东省潍坊市经济开发区张氏街道友谊村人。1972年初中毕业后，干过瓦工，驾驶村里的拖拉机跑过运输，当过村里的会计，在村企业上过班。1987年承包村里的造纸厂，2002年造纸厂改制后成为主要股东，公司年产值达到6万吨、5亿元，上缴利税过千万。2011年任村党支部书记、村长，现兼任街道办副主任。在他的带领下，友谊村被表彰为"全国无邪教先进村""潍坊市文明村"，党支部被表彰为"全省干事创业好班子""潍坊市先进党组织"。本人被潍坊市表彰为"优秀社会主义建设者""优秀党务工作者""优秀企业家"，当选为区人大代表，被村民誉为"老板书记"。

家训故事

友谊村是地处潍坊市区北部典型的城中村，曾是多年的先进单位，但前些年遇到了前所未有的矛盾和问题，村经济发展缓慢，群众意见很大，上访不断。2010 年村里出现了严重不稳定的现象，2011 年换届选举配备的班子上任 100 天就干不下去了，村里陷入一种瘫痪状态。一些村干部找到做企业的孙玉辉，请求他回村当书记，收拾烂摊子；区领导先后三次找他谈话、区委书记亲自出面，动员他回村当书记，带领村民共同致富。

2011 年 8 月 20 日，孙玉辉当上了友谊村的党支部书记，建起了 5 人的领导班子。57 岁的"老板书记"孙玉辉拿出当年个人创业的干劲，不要一分工资，全身心地投入到村里的建设和治理之中。他和"一班人"把村里所有的矛盾梳理出来，并确定设立党群干群交流日，集中进行讨论。在此基础上，利用一个月的时间做出了村 10 年发展规划和 5 年奋斗目标，并提交村民大会表决，受到村民们的充分肯定和拥护。村里根据长远规划和阶段目标，细化了每年要解决的问题、实现的目标，制作成表让村民签字，初次的认同率就达到 90% 以上。"每天进步一点点"，孙玉辉用这种"发展观"来统一"一班人"的思想，要求大家既要有时不我待的精神，还要有耐心、恒心；既要让群众看到大目标，又能感受到点点发展与变化。孙玉辉还注重用这种"发展观"引导村民不要急于求成，要坚定信心，只要每天在进步，困扰村里发展的矛盾问题就一定能解决。

2013 年 11 月，友谊村实行村集体资产股份制改革，实现了产权变股权、村民变股东，进一步增强了村级发展的动力。为了调动村民支持和参与"两委"工作的积极性，村里从 2015 年开始实行千分制考核，从遵纪守法、文明建设、参加集体活动等 8 个方面进行答分考评，年底以家为单位、以人均分数多少排出名次，张榜公布，并与经济收入挂钩，但只奖不罚，从而推动乡村治理进入了能动发展的新境界。对此，省委组织部领导专门来村进行考察。

"每天进步一点点"，经过 8 年 3000 多天的努力，友谊村发生了显著变化。2018 年集体纯收入达到 1300 万元，集体资产达到 4 个亿，老年人的年人均保障收入达到 1.5 万元，65 岁以上老人免费入住老年公寓。2018 年 10 月，"书香世家"项目建成交付，全村 1143 名村民人均又免费分得 30 平方米的安置房。村里每年至少组织 4 次文艺演出活动，每年组织村民运动会，春节灯展每家展出一个灯并写上一家人的梦想，村民们欢天喜地，踊跃参加。

在孙玉辉的带领下，友谊村正在围绕"一个重点、三个产业、四个保障"筹划实施新的建设。我们采访前夕，两个新建幼儿园、一个电商生活超市投入使用。老有所养、少有所教、闲有所乐、人有所为、劳有所得、梦有所依的梦想成为现实，友谊村人的幸福指数不断提高。"每天进步一点点"，友谊村的建设与发展永远在路上！

说起父亲孙玉辉，孙太刚①说，自从他学校毕业进了公司，父亲就向他传输"每天进步一点点"的思想，自己也见证了一个从几十人的小纸厂到 500 多人纸业公司的发展历程。孙太刚每天都在研究问题、解决问题，不断向同行学习，不断追求新的高度。自己从普通职员到公司老总，是父亲一天天、一点点教出来、带出来的，也是自己一天天、一点点悟出来、积累出来、成长起来的。

①孙太刚，孙玉辉之子，毕业于潍坊税务学校，现任潍坊友谊纸业股份有限公司总经理、法人。1999 年入该公司后，先后做过采购、销售等工作，当过生产主管、销售主管。

家训夹议

有进步，就有未来

1980 年 9 月，走出中学校门、跨入军校校门的我，很快就迷恋上了《解放军报》《前卫报》军事理论专版上的一些文章。记得当时《解放军报》"学军事"专版（后改为"军事论坛"）逢周五出版。报纸一到，我就逐篇地看，后来嫌这不过瘾，干脆就抄了起来，并且是一个专版一字不漏地抄，休息日全搭上了。军校三年下来，竟抄了好几大本子。抄的时间长了，就尝试着写。1992 年，自己写的小东西竟然在《学报》上变成了铅字；1993 年 8 月 26 日，总算如愿以偿地在《解放军报》"学军事"版发表了一篇文章。自此便一发而不可收，十几年下来，在各类报刊发表了数百篇题材不同、长短不一的文章。现在回想起军校三年的生活，觉得受益最大的还是对"学军事"专版文章"一字不漏地抄"；而后来每当想起在学习上少了那种劲头就深感懊悔和不安，并常常以此来激励自己。

以上文字，是我（路秀儒）1999 年 4 月出版自己的第一部书《当代军事思辨录》时，写在"后记"里的一段话。这段话记录了我写作初期的一些足迹。但不能回避的是，在写作过程中，自己也有过急躁情绪。特别是自己的"豆腐块"见诸报刊后，就开始"膨胀"起来，看到军校学术处长在《军事学术》刊登的几千字的大文章，自己羡慕得要命，盘算着自己什么时候写出那样的大东西来。后来，自己竟然琢磨着写"大块头"，但就是写不出来，这时又开始怀疑自己的天赋了，一度挺苦恼。后来，还是无奈放弃了这种不现实的"理想"和"天真"，重新开始学写小东西，并注重知识的不断积累，写东西的功利性也不那么强了。慢慢、渐渐，由小到大、由少到多，由写杂谈到写论文，由写稿子到写书，进而才有了今天的诸多收获。这段经历告诉我，干什么都不能急于求成，也不能气馁自卑，只要天天有积累、有进步，就会有成功的可能。

每个人都希望干出一番事业、取得一番成就，并且都希望快出成果、多出成果，有些人甚至恨不得一夜暴富、一夜走红、一夜成为大腕，岂知理想很丰满，现实很骨感，往往期望越大失望越大。每个人都不会随随便便成功，更不会一蹴而就，即使头脑再聪慧、起点再高的人，都有一个日积月累的过程。量变引起质变，质变基于量变，量到临界点才会产生质的飞跃。保持耐心、恒心去一点点积累，终究会迎来惊喜，就像那乌龟，爬得再慢也会到达比赛的终点。人与人的差别很大，环境与条件也各有不同，不可能人人都会干出惊天动地的事，不可能个个都能取得骄人的人生业绩，但只要不停歇地努力，只要不停歇地进步，就一定会有不俗而无悔的未来。

　　"不积跬步，无以至千里。不积小流，无以成江海。"或许我们求不来"千里"的前程，也成不了"江海"的"气候"，就像那乌龟，再有恒心和耐力也赛不过不停飞奔的兔子，也有到达不了的远方，但我们完全可以离"远方"近一些、再近一些。

No.32

爸爸的话

不起眼的事热爱做，你就会成为专家；不热爱的事耐心做，你就会成为赢家。

——姜立昌

姜立昌（1952—　），山东省夏津县人，侦察兵出身，曾从士兵直接提升为副连长，一直干到师侦察科科长。后转战公安战线，当局长保平安，成绩斐然；退休之后又"修文"，建影视基地，拍电视连续剧，著述也不断。用别人的话说，他个子不高，胸襟广；文凭不高，学识广；"背景"不高，气场广。心明、脑活、手巧、沉稳，是他的"名片"。

家训故事

2000 年 2 月，在北京后勤指挥学院学习的姜伟①就要结业了。他专修的是战勤参谋业务，本以为组织上会将他调到后勤部门任职，谁曾想，人还没有到单位报到，让他到司令部炮兵科当参谋的通知已经传到了他耳朵里。似乎不用解释什么，这里正缺人手，姜伟的老本行就是炮兵指挥。看来，这是领导早就"预谋"好的啊！

①姜伟，姜立昌之子，在部队曾任班长、排长、副连长、参谋、科长、团参谋长、副团长。

炮兵科，人员老、条件差，业务单一，实属"弱势"部门、"冷门"科，能有什么出息啊！当时，他心里拔凉拔凉的。夜晚，与战友聚会，诉苦衷、道忧肠，实有不甘！"发脾气是本能，释脾气才是本事。"突然间，昏昏沉沉的脑海中飘飘隐隐地闪现出这句不知谁说过的话。是啊，事已至此，木已成舟，发牢骚还有什么用呢？

报到后，姜伟熟悉了办公室的一切，其实就是三张桌子，两间办公室，一台 586 电脑和一台针式打印机。清楚办公程序后不久，科长中培学习、一名参谋集训、一名参谋病假，科里剩他一人，姜伟成为名副其实的"大内总管"。盯着"光秃"的房间，看着"无聊"的文件，敲着时刻都会"沉睡"的键盘，畅想"昏暗无望"的明天，心里的阵阵凉风侵袭而来！

精明而又博学的姜立昌，早已发现了儿子的状态，但他一直"引而不发"。姜伟想，可能时机还不成熟吧！果然，一日，姜立昌把姜伟叫到身旁，询问近期工作情况。"不起眼的事热爱做，你就会成为专家；不热爱的事耐心做，你就会成为赢家。"父亲一遍一遍地说着、解释着，儿子一点一点地听着、理解着！

姜伟终于明白了！能耐，就是既有能力又能忍耐，没有能力的人做不了事，没能忍耐的人成不了事！种下能力，不一定有结果；种下忍耐，常常会有意外收获。什么是忍耐？热爱的工作要用心干，不热爱的工作也要逼着自己"热爱"干!

随着这份精神，姜伟由一名年少轻狂的炮兵参谋，当上了精通专业的炮兵科长；由一名指挥协调单一兵种作为支援力量的炮兵科长，调任到综合部门负责多兵种联合作战的作训科长；由一名懵懵懂懂的小参谋，成长为精通火力综合运用和作战指挥的参谋长。"赢家"，真的属于了姜伟!

家训夹议

给自己找一个理由去热爱

逢年过节发信息、饭局酒桌致祝词，人们往往不由自主地祝福大家"万事如意"。但谁都清楚，这不过是一种吉言祥语，是一种无法实现的愿景。人生之事十有八九不如意，而这不如意之中常常就包括自己的学业和工作。上大学本想学一个喜爱的专业，可现实偏偏把你领到一个不感兴趣的世界里去；找工作本想干点儿自己喜欢的事，但总是不遂人愿，最后稀里糊涂地干起了让你提不起精神的活来。唉! 人啊，有时挺无奈的。

工作是谋生的平台，也是实现人生价值的舞台，是不到一定时候无法远离的。人与工作为伍，工作就是一块儿回光板，你投去微笑，它就会给你折射回笑脸；你投去温度，它就会给你折射回温暖。既然对当下的工作你别无选择，与其无聊地应付、抑或痛苦地面对，不如想办法去热爱它，去拥抱它。

人有与生俱来的兴趣，更有后天培养的爱好。热爱一份工作往往没有理由，而对自己不热爱的工作就必须找到一个理由去热爱。就像被父母包办的婚姻，当初并没有爱情，但许多没有爱情的婚姻最后又产生了爱情，这里面的"玄机"就在于，发现对方的真，包容对方的短，欣赏对方的美，享受对方的情。一句话，为爱情找到了一个理由。人与工作同样能日久生情，同样能找到"热恋"的理由，以至进入到一个"相看两不厌，只有敬亭山"的情境。带着一颗随缘的心，去接纳和致力你的工作吧；带着一颗感恩的心，去发现和享受工作的快乐吧；带着一颗浪漫的心，去"把工作写成一首诗"吧！乐之愈烈，爱之愈深，投之愈切，精之愈湛。那么，那个"赢家"就注定属于你了！

No.33

爸爸的话

人既要善"长跑"，又要能"短跑"。

——许之臣

许之臣（1935—2018），山东省冠县人，当村干部40余年，心里始终装的是集体、是村民、是党员的身份，县里乡里部署任务，他丝毫不打折扣，每次都是坚决带头落实；他意志坚强，看准的事不畏艰难，无论遇到多大的坎，都勇往直前；他待人真诚和善，对困难家庭极力想办法帮助，用自己的微薄之力给人以温暖；他勤劳俭朴，精打细算，治家严格，子女都学有所成。

家训故事

1984 年，许文振①考入冠县一中。正当他准备带着家里给他凑的 500 元学费上学时，一个村民患上了重病急需用钱，父亲毫不犹豫地把这 500 元钱送到了病人家里。没有了学费，许文振急得哭了一天。家里人很无奈，也很"知趣"，都知道父亲就是这么一个有善心的人，母亲只好东拼西借去凑钱。

① 许文振，许之臣之子，曾在部队师（旅）、集团军、大军区财务部门任助理员、副处长、处长。现转业到山东省财政厅工作。

在许文振眼里，父亲面对村里的矛盾纠纷，不管是家庭内部的，村民之间的，还是涉及外村外乡的，他都是跑断腿磨破嘴，尽一切努力去调解、去化解。有一次两家村民因纠纷夜里打架，父亲听到后，立即跑过去"劝架"。有一人被打伤，他抱着伤者将他送到县医院，第二天回到家，全身都沾满了血迹。后经他多次调解，两家终于和好如初。对村里一些势力强的恶人，父亲从来没有害怕过，也从来没有忍让过，敢于站出来与他们斗争。因村里的事，他得罪了不少人。对此，家人总为他担惊受怕，他却说："人既要善'长跑'，又要能'短跑'。善'长跑'，就是对认准的理、看透的事要像长跑一样有恒心、有韧劲，咬牙坚持下去就会有成果；能'短跑'，就是关键时刻还要站出来，像百米冲刺一样，能冲上去，能冲得好。"

父亲是一名老党员，自入党的几十年来，他严格自律，从来不搞特殊，从没有占过公家一分钱的光，有时反倒用家里的钱干公事。家里孩子多，日常生活开销多，加之盖房修屋，家里借了不少的钱，直到 1993 年才还清。但是，凡需要村民尽义务的事，父亲总是走在前头，无条件落实。国家农业税制取消之前，每年上交公粮、提留款和五项乡镇统筹款时，父亲都是第一个交上去。家里没有钱，即使借钱贷款也要抢先交上，为村民们做出了表率。

许文振一路走来，感恩各级组织的培养，感恩战友们的帮助，当然也感恩父母的启蒙教育。对父亲"既要善长跑，又要能短跑"的形象比喻，他至今记忆犹新，也感受至深。他想，人生当中只要是向善向美向好的，就要持之以恒，终生追求；平时该坚持的坚持住了，正能量积聚多了，"翅膀"练硬了，关键时刻冲上去、显身手，就不在话下了。正所谓锲而不舍，金石可镂。同样，关键时刻能冲上去、冲得好，"人生长跑"的成绩也会进入更高的档次。

家训夹议

做那个笑到最后的人

20 世纪二三十年代，在新生的根据地，弱小的中国工农红军与庞大的国民党军队，进行了激烈残酷的搏斗厮杀。最后，陷入绝境的红军被迫离开赖以生存的根据地，进行了实为战略大转移的长征。走在二万五千里长征路上的共产党人及其领导的衣衫褴褛的武装队伍，以不屈不挠的恒心和韧劲，爬雪山、过草地，毅然决然地往前走着；又以四渡赤水、抢渡金沙江、强渡大渡河、突破腊子口等，那样精彩而又神奇的一个又一个的"百米冲刺"，冲垮了围追堵截的各路敌军，冲出了层层环绕的包围圈。在这场关系到中华民族前途命运的大较量中，笑到了最后。

抗日战争中，面对穷凶极恶、妄图灭亡中国的日本侵略者，毛泽东和中国军民又用持久战的战略顽强地抗击着敌人，创造性地陷敌于人民战争的汪洋大海之中；与此同时，用一个又一个"百米冲刺"那样的漂亮出击，打得敌人魂飞魄散。在这场关系到中华民族生死存亡的大搏斗中，笑到了最后。

漫漫人生路，何尝不是一个人的长征；人生路上的艰险苦难，何尝不像国家遭遇的一次次磨难，何尝不是一次次心与灵的熬煎。人生的路，有时说漫长，有时说短暂，感觉长也罢短也罢都是茫茫一世间。人生的一时说明不了太多，毕竟一时不是一世，一时的闪光代表不了一世的光鲜。凡事一时容易一世难。人无跑马拉松那样的恒心和韧劲，到头来注定不会有"三军过后尽开颜"的终善。正如老百姓常讲的，年轻时有福不算福，老来有福才是福。不过话又说回来，固然一时不是一世，但一世有赖于无数个一时，一时之失，可能带来一世之恨；一时之得，可能升华一世之光。"既要善长跑，又要能短跑"，是一种比喻，更是一种人生悟得。说来说去，人终其一生，既要有负重前行的沉稳，还要有"灵光闪现一瞬间"的激昂。芸芸众生中笑到最后的，大抵就是这些人。

No.34

爸爸的话

晴天垫好道，雨天不踩泥。

——刘兆凤

刘兆凤（1938—1988），山东省夏津县人，祖上几代省吃俭用，辛勤劳作，连攒带借，置办了二三十亩田地，本想让后人免于饥寒，谁料在土改时被定为地主成分，生活更加不易。每天他必须早起去扫大街，还不能耽误下地干活。他短短50年的人生经历，听来令人不胜唏嘘。他6岁生天花，与死神擦肩而过，17岁推过炭，22岁闯关东，多次在寒风刺骨的冬天光着脚在带有冰碴的水里挖河，十冬腊月在"农业学大寨"运动中身穿单衣在地里深挖三尺半翻地，啃凉饼子，喝井水；为了多收些粮食，起五更，睡半夜，农村人能受的罪全受了，没受的罪也受了。家里有点儿好东西，他也是先让母亲和孩子们吃，除了干活再没有能提得起享受的事。

家训故事

刘学坡①的父亲刘兆凤自幼没赶上好日子，上完初小（小学二三年级）便因家中缺乏劳力而辍学，10多岁就开始下地干农活当整劳力使，承担起沉重的养家担子。可想而知，那么小的年纪天天和犁耙锨镢打交道，是多么枯燥难耐，可他硬是挺了过来。新中国成立之初，为了养家糊口多挣工分，他17岁便和村里的人一起步行到德州推炭。每天晚上吃过晚饭，推上独轮车从村子里出发，走上整整一宿，天亮到德州运河边上航运局排队，装上炭以后才能去吃点儿早点。所谓早点，不是现在的油条豆浆肉夹馍，而是从家带来的凉窝头、大萝卜和咸菜，再用几个人合伙花三分钱买一壶的白开水就着吃。吃完推着满车的炭回到家，又是月当头。一天一宿260里地，推着四百斤煤炭，估计战争年代急行军也就这样吧。记得有一次，刘学坡突发兴致去远足，空手走了20里路，脚上竟然磨了两个泡，好几天不敢走路，现在想想真不知父亲他们当年得受多大的罪。

三年困难时期，刘学坡听父亲讲，人们为了生存，把能吃的东西全吃了，榆树叶子都被吃光了，有棉仁饼吃便是享福了。再后来，生活实在困难，父亲便同村里的几个年龄相当的年轻人去闯关东了。路上几经周折，到了哈尔滨，找到的活是在松花江北的太阳岛（那时不叫太阳岛）上修工事，半年后他们拿到了工资，第一件事是在一家小照相馆内四个人照了一张合影，这是他第一次照相，也是他一辈子在世上留的唯一的一张照片。刘学坡去哈尔滨上大学后，专门去了太阳岛，在太阳山前照的照片拿回来被父亲看到，他那久病的眼中忽然一亮，指着太阳山说，这就是他们当年搬的石头，修的工事，好想再去看看。可这一愿望到死也没达成，他因多年劳累成病，已经下不了炕了。每每想及此事，刘学坡心中无限感慨，谁

①刘学坡，刘兆凤之子，毕业于东北林业大学，曾从事木材贸易，现供职于一家保险公司做行政工作。业余时间，爱好读文史佳作，喜写诗文随笔。

能想到，名满天下的太阳岛上竟有父亲的劳动成果。

父亲虽然仅上过小学，水平不高，可会写信。刘学坡上学后，认识的字逐渐比他多了。他每次写信，都让刘学坡当参谋。那时候，写信都是给在外地的爷爷写。第一句父亲从来不商量，先写上"父亲大人，见字如面，家中俱好，勿念"。这句文绉绉的话是家族的一个爷爷教的，他奉若圭臬，每次必用，下面才说要说的话。也不知他老人家什么时候练的，字写得很工整，像他的性格一样，倔强耿直。

刘学坡上初中时，农村开始实行分田到户责任制，父亲的勤劳习惯发挥到了极致，每天很早起来到地里干活，到天黑看不见了才回家，他种的庄稼总是比邻居的好。刘学坡每次跟他下地干农活，他总是手把手教，利用一切机会把自己的种地经验传授于刘学坡，想让儿子做一个像他一样合格的农民，可惜儿子不是那块料，辜负了他老人家的期望。不仅如此，他还教刘学坡做人的道理。他虽说不出"宜未雨而绸缪，毋临渴而掘井"那样文质彬彬的话，但他常告诉刘学坡"晴天垫好道，雨天不踩泥"这样近似白话的道理。

他一生耻于求人，再难再苦也要自己去扛自己去受，虽然家是地主成分，刘学坡却从未听他说过一句怨言，始终像一头黄牛一样，该怎么干活就怎么干活。常说"自己有才算有，靠别人是指望不上的"。

多年的辛勤劳作导致他的身体过早地生病了，而且一病不起。他生病后，老是抱有幻想，以为自己能扛过去，怕花钱总是吃最便宜的药，以致后来下不来炕。每当人们去看他，他总说没事，还艰难地堆出笑容，怕让人担心。到后来，他知道自己不行了便拒绝治疗，总说多活半年六个月有什么用，不能干活还白浪费钱。在刘学坡上大学的第二年秋天他去世了，临走前还让弟弟从地里掰棒子来看看长得怎么样。

在刘学坡眼里，父亲一生虽说未做出什么惊天动地的事业，可他作为中国千千万万农民中的一员，往小里说，他用自己的辛勤努力为家族生存贡献了一切；往大里说，他用自己的辛勤努力为社会发展贡献了一份力量。国家和民族不应该忘记他们这一代默默奉献毕生的农民，没有他们的辛勤付出，就不会有现在畅通的沟渠；没有他们的辛勤付出，不会有平整的田地；没有他们的辛勤付出，不会有现在的幸福生活。他始终认为，这群只知干活不知享受的农民，才是中华民族的脊梁。

家训夹议

未雨绸缪有未来

一封华为海思总裁何庭波给全体员工的"备胎转正"的信，让中国人振奋了，让世人惊呆了。信中写道："多年前，还是云淡风轻的季节，公司做出了极限生存的假设，预计有一天，所有的先进芯片和技术将不可获得，华为仍将持续为客户服务。为了这个以为永远不会发生的假设，数千海思儿女，走上了科技史上最为悲壮的长征，为公司的生存打造'备胎'。""所有我们曾经打造的备胎，一夜之间全部转'正'。"华为创始人任正非接受媒体采访时表示："如果真出现供应不上的情况，我们没有困难。因为所有的高端芯片我们都可以制造。"近来的事态显示，华为对前进道路上的一道道屏障早有预判，早有准备。不仅仅是芯片，多年来，华为在引用别人操作系统的同时，一直在悄悄地、紧锣密鼓地研发自己的操作系统，并且很快就可面市。天量的研发投入和不断取得的技术突破，是支撑华为应对美国禁令的重要武器。谁也没有料到，华为的"备胎计划"竟如此全面！

华为的未雨绸缪，让美国猝不及防，也让世界看到了华为的智慧、自信、大气和从容。这恰应了刘兆凤老人的那句话："晴天垫好道，雨天不踩泥。"

无论一个人，还是一个国家，有前瞻、前谋、前置，就能抢得先机、求得先胜，就能够在变幻莫测的复杂局势中，在竞争残酷的跋涉前行中，始终保持定力，始终保持主动，始终立于不败之地。《孙子兵法·形篇》曰："故善战者立于不败之地，而不失敌之败也。是故胜兵先胜而后求战，败兵先战而后求胜。"说的就是以先谋、先备求"先胜"，即未交手就预有先手，未交战就胜券在握，而不是走到哪算到哪。这种"先胜"，在军事上当求，而政治上也不例外；战场上当求，商场上亦然，生活中也不能或缺。后面有"放下前瞻，立地'成仙'"的说法，与此说看似矛盾，实为问题的两个方面。实际上，"前瞻"与"当下"是密不可分、互为依托的两个"视窗"，而对两者分寸的把握，才是智者与庸者的分水岭。

No.35

爸爸的话

别人能做的事，你不一定能做。

——褚廷运

褚廷运（1952—　　），山东省蓬莱市人，曾在部队服役5年，退伍后回村务农，在黄土地上默默地耕耘，平凡之中彰显着人生的价值。他是一个做事认真、严谨细致、自律严格的本分人，从事大队保管工作20年，不谋私利，无一差错。他是一个心地善良、任劳任怨的热心人，在村里从事调解工作十年间，跑断了腿、磨破了嘴，常常是顾不上家里的事，顾不上吃饭和休息，有时忙到半夜才回家，有时为了解决因赡养费引起的争端，自己先垫付上，也时常被人误解，但无论多苦多累、受多少委屈，他都没有厌烦情绪，而是为一个个家庭的和睦感到高兴，村里谁家出现矛盾，都愿意找他聊聊。在他的努力下，村里变得更加和谐，家庭纠纷明显减少。他是一个宽以待人、严以持家、敬老爱幼的厚道人，孝敬父母，友善亲朋，一直精心照顾着鳏居体弱的兄长。

家训故事

俗话说："铁打的营盘，流水的兵。"随着当兵年数的增长，褚维松①原来的战友逐渐转业到地方工作，有的成为处级干部，有的当起老板，他们坐在一起谈论的话题，也由原来部队的

① 褚维松，褚廷运之子，高中毕业后参军入伍，后考入军校，逐步成长为一名正团职军官。先后任作战部队排长、训练机构教员、军区机关参谋。现为济南军区善后办正团职参谋。

"一二一"转为如何在地方发展，如何在商海挣钱，如何享受生活，而成为"热搜词"的不再是训练、演习、正规化，取而代之的是豪宅、名车、收入、人脉、旅游、养生，等等。褚维松看看自己住的公寓房，掂掂自己拿的固定工资，想想自己受限的发展前程，思思对家庭的亏欠，心中不由得产生了几分失落感，还发出了"人挪活，树挪死"的感慨。

2015 年回家时，褚维松在与父亲的交流中流露出这种情绪，委婉地提出想转业到地方再开辟一片天地。父亲看在眼里，急在心里，连续几天茶不思饭不想。一天早上，父亲提出让褚维松陪他在村头走走，他们边走边聊，聊褚维松当兵前和当兵后的一些有趣经历，聊他取得成绩受到奖励、得到晋升时父母的喜悦，聊四村八乡对他家的羡慕，不知不觉走到了种植蓝莓的几块地。父亲停住了脚步，长长地叹了口气，语重心长地说："这地换了多少茬主人，但有几个是成功的呢？不要看别人种地都赚钱，那是人家有专长，别人能做的事，你不一定能做。"褚维松沉默了，他也知道这地换了很多回主人，来的时候信心满满，但笑着走的寥寥无几。父亲接着话题继续说道："儿子，你长大了，自个儿的路自个儿走，你无论做出什么选择，爸爸都会支持，但你要记住不能盲目跟风，不要站在这山看那山高，要有恒心，有毅力，要做适合自己的。"褚维松默默地点着头。

褚维松回到部队的几天，反复咀嚼着父亲的话，最后放弃了转业到地方工作的念头。在部队深化改革的大背景下，他听从组织安排，转入善后工作战线，踏踏实实、扎扎实实地做着自己的工作，各方面都有了新的收

获。说起今后的路，他表示无论是在部队继续干，还是转业到地方工作，一是服从改革需要，一是做最适合自己的。

家训夹议

穿最适合自己脚的那双鞋

十几年前，某大院发生一起命案，凶手是某单位一名颇为"内秀"的领导干部。此人本是机关一名业务能力很棒的技术干部，但当他看到行政干部比技术干部"吃香"、发展前途又好的时候，就再三地找领导要求改行做行政工作，最后如愿以偿地下到机关一个直属单位当主任。这个主任的职位不算高，但位置挺重要，麻雀虽小五脏俱全，对从没做过行政工作的他来说，是一个全新的课题，因此干起来很吃力。然而，吃力归吃力，压力归压力，他并没有就此打住，而是把目光盯上了机关的处长位置，因为现任处长就是从他这个位置上提上去的。别人能，我为什么不争取？但他也知道，在大机关当处长，那得有几把"刷子"：得有组织能力，得会写材料，得懂参谋业务，而这些都是他的软肋。于是，他在吃力地干本职工作的同时，还刻苦地学那些"处长必备"。可越学越泄气，越学越自卑，最后竟精神崩溃，神经错乱，并迁怒组织和他人，做出疯狂杀人之举。人们今天说起来都为他惋惜，如果当初他不改到行政岗位，在技术岗位上调个高职不成问题，各种待遇要远远高于可期的行政位置。

人都有自己的理想，都有追求美好东西的权利，但人的经历、学识、能力、特长有很大的差异，有时候，适合别人的，不一定适合自己；适合自己的，也不一定适合别人。就像有人所说的，人生之中，最好的不一定是最合适的，最合适的才是最好的；生命之中，最美丽的不一定适合自己，适合自己的一定是最美丽的。

现实中有许多人，看到别人炒股发财了，他也跟着去炒股，结果赔了个底朝天，毁了家庭，毁了自己；看到别人辞职下海经商，他也辞职"玩水"，但因没有经商头脑，钱没挣到，本也没了，"玩水"变成了"玩火"；看到别人在大城市发展，他也往大城市里钻，进是进去了，但生活得相当艰难，直喊幸福指数断崖式下降，悔不该当初头脑发热。

"骏马能历险，犁田不如牛；坚车能载重，渡河不如舟。舍长以就短，智者难为谋；生才贵适用，慎勿多苛求。"一个人无论干什么工作、做什么事情，一定不能跟风、赶时髦，不能见好就争，不能这山望着那山高，而是要有自己的分析、有自己的判断、有自己的主见，掂掂自己有多大"分量"，看看自己有没有揽"瓷器活"的那个"金刚钻"，想想自己的性格能否融入那个环境条件，算算自己的得大还是失大，进而做出最适合自己的选择。常言说，鞋合不合适，只有脚知道；人合不合适，只有心知道。只有找准自己的位置，"穿最适合自己脚的鞋"，人生之路才能走顺、走远，走出精彩，走出味道，那也就是最好的人生。

No.36

爸爸的话

人做事哪有不走弯路的，知错知改就好。

——朱云东

朱云东（1958— ），山东省夏津县人，一位勤劳朴实、头脑活泛的现代农民。他在从事农村农业生产的过程中，经营过小商品批发、村镇县三级公交客车运输。他心灵手巧，精通木工、电工、汽车修理，善于商品营销推广。他重于品行、长于修养，举止有范、礼遇他人，心地善良、乐于助人，严于律己、宽以待人，厚待亲朋、孝顺老人，为人处事从不斤斤计较。现在威海市文登区汤泊温泉度假有限公司工程部从事后勤维护工作。

家训故事

这是朱秀丽[1]应邀发给作者的一份回忆父亲的电子邮件（节选）：

[1]朱秀丽，朱云东之女，先后毕业于烟台建文专修学院、滨州医学院中医专业，进修于山东省中医院，并取得临床医师、医学药检师等资格证书，现在烟台市农科院中医皮肤科担任主治医生。

儿子上中学了，每天都会有朗读的作业发在班级的群里边。有一天我在做家务，听见儿子在朗读朱自清先生的《背影》，读得很真切，仿佛我眼中又出现了那个胖胖的在满地捡橘子的背影，突然一阵酸涩涌上来，我也好久没有关心过我的父亲了。

记忆里的父亲是会开各种车的农村人。我小的时候，村里的年轻人很少有会骑摩托车的，父亲走亲戚、干农活都是骑摩托车。后来家里又换过三轮车，他依旧是村里比较早的拥有三轮车的人。父亲是一个穿衣服特爱整洁的人，即使是下地干农活儿穿旧衣服，也必是穿得整整齐齐、干干净净。那个时候我是很爱跟着父亲出门的，心里充满了自豪。

父亲对爷爷毕恭毕敬，有时什么事情做得不好，便会受到爷爷的训斥，受罚的时候必须是立正站好，态度端正，不准反驳。每次吃饭的时候，父亲会让我给爷爷、奶奶盛饭，要随时留意是不是大人需要添点儿粥什么的，那时候爷爷也总是自豪地把空碗递给我，满意地接过我添过饭的碗。父亲总是把最好的饭留给爷爷奶奶，其次给我们，自己吃差的。直到现在我都是抢着干家务，把好吃的留给别人。

父亲告诉我干什么都要磊落。我上中学之前家里是开商店的，吃的用的什么都有，但是从来不上锁，现在想想太便利了。父亲说："咱家店里的东西，你想吃嘛，想用嘛，都可以，但是必须得经过大人同意，更不能随便动家里的钱。""在外边不是自己的东西不要乱动，更不能偷拿。"我一直受用至今，"物虽小，勿私藏，苟私藏，亲心伤"。

父亲总是很热心，我上大学的期间，各乡镇开始让私人承包公交线路。父亲便与堂哥合伙凑了点儿钱跑公交车，路线是从附近几个村里到县城。有人经常找父亲来回捎东西，父亲总是很热心，有的时候还要辗转好几处才能买到，也没有厌烦过。有时候遇到生活很困难的老人，也会经常不收人家的钱。我说起这事，父亲总会不在意地说，三块五块的，多这几块钱也富不了，少了也穷不了。后来随着私家车的增多，公交路线偏长，不是太景气，便转让了。

2005 年，父亲因脑出血住院，昏迷了四天，是姑姑一直在照顾，等我去医院探望的时候，父亲已经苏醒。当望着病床上的父亲，我第一次感觉到了他的无力与弱小。记得县医院的医护水平也很一般，有一个护士估计是新来的，给父亲扎了两针没扎上，虽然作为同行我是理解的，但是对于如此没有难度的进针操作都掌握不好，我也是有点快发火儿了。看着护士有点泛红的脸，父亲倒是很乐观，还笑着说："没事儿闺女，别紧张，慢慢扎，一针不行两针，两针不行三针，我的手就交给你，当练手了。"话语里没有任何的嘲讽。小护士倒是成功地给父亲扎上了，如释重负，说了声谢谢，不好意思地走了。这一幕始终印在我的脑海里，在如今医患关系紧张的年代，医务人员多么需要一份这样的宽容。不管是站在患者女儿的角度还是医务人员的角度，我都感到欣慰。

但在一些事情的看法上我与父亲是有分歧的，并引起了一些不愉快。比如，我觉得父亲没把弟弟教育好，不是说弟弟去做坏事，而是在为人处世方面存在许多不足，并且做事不切实际，好高骛远，又不愿付出行动。倒是母亲经常唠叨，没起任何作用，但是没见父亲有过认真、严肃地批评他。这样的结果是，弟弟网上炒股、炒黄金赔了钱，欠了亲戚、银行一堆债。说起这事，父亲总说，人做事哪有不走弯路的，知错知改就好。而我老觉得，那是父亲为弟弟也是为自己开脱。

因为这些原因，加上经常为了帮弟弟还钱，我的生活也有些困难，也因为弟弟的不作为，家庭关系变得不像以前那么和谐，我有些不愿意和他交流，也不愿意打电话给父亲，只有上班的时候拼命工作，才能忘了这些烦恼。

姑姑一家对我们一直都是帮助很多，经济条件并不是很宽裕的姑夫，总是慷慨相助，让父亲渡过难关，生活也有了新的希望。我虽是众人眼里的乖乖女，但感觉自己做得差远了，不是说经济上我付出的多少，而是没有为这个家真正的用心过，除了说不出来的埋怨。现在想想，父亲的话并不是没有一点道理。

现如今父亲已经年过花甲，也已经弯了腰、驼了背，依然在努力工作，在为债务奔波。我也应该重新关心一下父亲了，毕竟生我养我的恩情是远远多于这些不愉快的。

家训夹议

包容父母的不完美

在撰写这本书联系和采访的过程中深切感受到，"父爱如山"并不是虚言，"泪水湿襟"也不是文人的矫情。不过也有发现，一些朋友对父亲还是带有一种复杂的、微妙的情感，有感恩，有责怪，有怨恨，也有"无语"。这是在写"母亲"那本书时没有遇到过的。他们既感激父亲，又对父亲颇有微词，话语之间流露出种种苦涩不堪；也有的记住的是"伤痛"，散发的是对父亲的种种不满；甚至有的对父亲耿耿于怀，无法原谅父亲的"错误"与"罪过"。对"为父亲立言"，有的闪烁其词，回避不答；有的则直言相说：罢了！

有这样一位朋友，他在微信中这样回复我（路秀儒）：你给我说后我反复考虑，实在没有什么可说的。老父亲老老实实一辈子，当了一辈子老师，家里的事从来不管不问。对孩子也不太关心，说一件事，我上小学报名是自己去的，他那时就在那学校教学，从来不问，记得报名的人太多，挤不进去，我现找了个邻居大哥报名的。到老了更加自私自利，天天买保健品，工资都不够用，还借钱买，我姊妹4人，反复做工作，从来不听，给洗脑了！我母亲生病，老头听卖保健品的给老母亲乱吃，导致病情加重，搞得全家不得安宁。这样的人的确不受人敬重，不是我不想写，确实写不出来。我考学离家后，快40年了，交流也不多，也不记得什么时候有过什么重要的话语，现在我经常回家，主要是照顾老母亲，老头关心的是我买了多少药。不好意思，一家有一家的特点，让你见笑。

发自内心感谢这位朋友的直率，这掏心窝子的一席话让我着实心疼他，也心疼他那进入耄耋之年的老父亲。我宁愿相信，这是他的气话；也更坚信，多少年后他会有"新版本"的诉说。

这里，我最想说的就是要理解那个年代的父母。那时，大多数家庭的生活条件都很差，孩子又多，还有赡养老人的任务，父母特别是父亲为养家糊口而奔波，压力大、路子少，心情烦躁、脾气暴躁是难免的。过去，对孩子都是"放养""散养"，大人特别是父亲大都不大管孩子，大的带小的是那个年代的一道"风景"，饿不死冻不死就算不错了，哪像现在的人带孩子这么"上心"。如果用当代人的眼光看，那个年代的父母都不大称职，而话又说回来，那时候谁家会有如今这个条件？

没有不疼爱孩子的父母，只是疼爱的方式方法不同而已。在家庭中，父亲与母亲一般扮演着不同的角色，母亲更注重细节，更带有温情，遇事也往往是"唱红脸"，因而常常让子女感受到温暖，享受到亲情；而父亲，往往刚多柔少，缺少细微之处的爱抚，遇事也往往"唱黑脸"，态度生硬、手段粗暴，爱孩子却常常让孩子受到伤害，甚至爱之愈深伤之愈深。于是乎，许多父子、父女成了冤家。但是，怨归怨，恨归恨，人生受益的还是自己。所以，父母的爱终会融化掉儿女心头那些怨那些恨的，只是有早有晚。

无论哪个年代的父母，毕竟大都是普通人，他们的文化、见识、思考问题的能力，还有境界，可能远远赶不上你，他们不可能是一个完美的人，一个完全脱离了"低级趣味"的人，肯定有这样那样的缺点和不足，儿女绝不能用一个过高的标准去审视他们、要求他们。他们的思想观念可能迂腐些，他们可能有些自私自利，他们可能读不懂你，但不等于不爱你，不等于不值得你去爱他们。

爱父母，天经地义，没有理由。爱父母，应该像朱秀丽那样多反思自己，学会记住父母的好、挖掘父母的好、放大父母的好，同时又要学会忘却父母的"过"。爱父母，不光是给钱给物，为他们养老送终，更重要的是给予他们应有的、发自内心的敬重，而没有对他们不完美的包容，注定是敬重不起来的，那爱也就大打了折扣。

No.37 爸爸的话

跟头还得自己跌过。

——杨家山

杨家山（1964—2015），山东省东平县人，生前供职于县人民武装部，任民兵武器装备仓库主任，曾被借调省军区某报社任主任编辑。20世纪80年代初开始新闻写作和业余文学创作，曾创建野风文学社并担任首任社长，陆续发表文学、新闻稿数千篇（首），10多次获省级以上奖项，有诗文入选《启封集》等多部专集。系中国炎黄文化研究会特邀作家、山东省作家协会会员、省青年作家协会常务理事等，并兼任《中国视点》《华商》《观念》《新时代》和《作家报》《齐鲁文学报》等报刊特邀编委或特约记者。

家训故事

杨方义[1]回忆说，小时候他经常在母亲跟前撒娇耍赖，但在父亲跟前可不敢。好像一直都是母亲在管他，母亲只有管不了他的时候，才把父亲搬出来教训他。他是省实验中学的走读生，不住校，不像县城的学校那样一个月才放一天假，实验中学双休日和节假日都是正常放假。高三了，他还是每天老早的睡觉，双休日照样在外面玩。母亲说："你怎么不多看点书？整天松松垮垮！能考上清华北大吗？"他说他对学习一没压力二没动力。母亲好像急了，向父亲告状。父亲板着脸说了一句："到时候跌了跟头，自己受着！"

杨方义[1]，杨家山之子，小学时数学获得过全国奥林匹克竞赛一等奖，作文也在《小溪流》《齐鲁少年报》等报刊获过奖。初中和高中获得过生物、物理、化学等奥林匹克竞赛奖。被评为济南市阳光少年和聪明智慧星。小学到高中年年被评为"三好学生"和优秀班干部。2008年底从大学应征入伍，现为某部副连长，当排长时所带的排荣立集体三等功。

杨方义上大学那会儿父亲开始嚷嚷自己老了。有年暑假回家，晚上杨方义和父亲就着刚离土的毛豆喝啤酒。杯子懒得用，撬开瓶盖直接喝，毛豆没施肥，空豆荚不少，花椒也放多了，父子俩边挑边吃乐此不疲。父亲突然说了一句："我活了半辈子也才活明白一半，可这跟头还得你自己跌过啊。"类似的话父亲以前也说过，不知为什么，这次杨方义记得特别清楚，这个时候父亲的头发刚刚半白。

杨方义听父母说，小时候他很皮，能跑了就翻箱倒柜上桌爬灶的。父亲白天上班不着家，母亲家里地里都是活，半放养的他倒也没真磕碰着。不到两岁的时候，他见着煤炉烧水，水壶壶嘴冒白汽，还呜咽作响，就想去探个究竟。哪承想刚伸手，便被父亲一把抓住，父亲放下书，没把他拽开，反而把他的手送到壶口。手被蒸汽熏了一下，他吃痛大哭。母亲闻声而来，见他手上起泡，骂得父亲不敢出声。许久父亲才说："跟头还得自己跌过，才能会走路。吃小痛免得受大伤。"他还真的老实了很多，见着冒气的、发声的都躲得远远的。

　　上学那会儿父亲在省城济南工作，杨方义小学算借读又转过学，个子也不高还瘦瘦巴巴，总招人欺负。父亲听他回家后的诉苦，也没安慰，就说吃点儿小苦受点儿小委屈没啥，谁还没走路让人绊倒在坑里过。于是他知道了被欺负时得自己想办法。碰巧转学来一个身强力壮的同学，俩人没两天交上了朋友，狐假虎威也没人再敢招惹他。他学习成绩一直很好，特别是考了个好高中，就开始忘乎所以，上课看小说睡大觉、下课抄作业玩游戏。一直到高考，他还觉得自己考个清华北大没问题。高考成绩出来后，父亲和他都沉默了很多天，父亲对他说："跟头还得自己跌过，跌倒了才能学会爬起来。"母亲说："复读一年吧！"他对母亲说："我不复读，只要有大学要我，我会好好地上，我会报考清华的研究生，圆你的梦！"

　　杨方义上了不到半年大学，就踏上了军旅之路。学生没当好，兵要当出个样。刚到新兵连，班长挑兵，一车人陆陆续续被带走，最后就剩下他杵在一边。过了好一会儿，几个老兵中间走过来一人，满脸无奈地说："我就是你的新兵班长，你个小瘦猴有一百斤没？"他说："我还真没一百斤。"班长问他当兵来干吗，他说保卫祖国。班长说："你先多吃点儿饭扛动枪再说吧。"那个时候他体格差，训练别说跑 5000 米，考核要求 3000 米，他跑个 1000 米，双腿打颤喘气胸口都疼。怎么办？咬牙再练。他对自己说，跟头要跌，不能疼就爬不起来不走了，要继续跑下去。别人最慢一个月跑合格了，他用了一个半月才能跑完 3000 米，班长还是表扬了他，说他虽然没合格，但是态度很端正。当兵第一年，他入了党，还拿了个优秀士兵的表彰。当兵第二年，他考上了军中清华（解放军理工大学）。

　　2015 年 1 月 29 日晚父亲遭遇车祸再也没有醒过来。母亲茶饭不思，几天间头发白得叫杨方义心痛不已，他搂着母亲说："妈，在人前我不敢哭，在您面前我更不敢哭，我也没心思给您做饭，咱娘俩现在放声痛哭一场，时间一个小时，哭完后出去买点儿东西吃，为了我您必须坚强！"

　　如今杨方义成了家，从军也十载有一。军旅生涯磕磕绊绊，职务也不高，他敢说保卫祖国未曾失职，但于家庭却未能称职。现在，他人在大漠，离边疆也不过百公里。有一次他带车外出训练，车陷沙坑费力脱出，见碧空晴朗别有感触，跟头还得自己跌，陷坑还得自己过，守千里大漠，无半处狼烟，看万家灯火，有一室温馨。

家训夹议

疼痛才是最好的老师

以史为鉴可以知兴衰，以人为鉴可以知是非。别人在前边跌了跟头、掉进沟里，后边的人按说应当小心些、躲着点儿，而事实上并不尽然。现实中，后边的人往往不太把前边人的遭遇当回事，甚至还嘲笑人家"笨"，结果自己又犯了前边人同样的错误，并且跌得更重，摔得更惨。看看历史上那些恋权弄权、让皇帝生畏的大臣们，几个有好下场的？然而，后来者似乎并不为意，常常是"前赴后继"，乐此不疲。人为什么容易蹈他人的覆辙？原因很简单，就是疼痛没有发生在自己的身上。所谓"感同身受"，不过是一种形象"说道"，别人跌得再疼、伤得再惨，也不可能直接地、实时地、不走样地传导到自己身上的。那秦王朝的丞相李斯，直到走出牢房，和他的次子一起被押解赴刑时，才开始留恋过去的平民生活。他回头对他的次子说："我想与你再牵着黄狗，一起出上蔡城东门去逐猎野兔，难道还可能吗？"于是父子相对而哭，随后三族同遭诛灭。

《特别关注》2019 年第 5 期《侃点》栏目里有这样一句话："讲一万句不如你自己摔一跤，眼泪教你做人，后悔帮你成长。——疼痛才是最好的老师。"谁都希望工作、生活顺风顺水，谁都不愿意在人生路上跌大大小小的跟头，但一个跟头往往就是一笔宝贵的财富；人不经风雨长不大，不跌跟头难成熟。不跌小跟头，往往就会跌大跟头。作为大人，不要怕孩子摔跤，不要总是放不开手，喋喋不休地嘱咐这嘱咐那，事事料理得周全到位。再说，大人说的话孩子未必能够听进去，大人设计的路线孩子未必去走。扶上马未必要送一程，让孩子经历点儿风雨，经受点儿挫折，感受些疼痛，孩子才容易长记性，才会把大人的提醒当回事，才能从中悟出是非曲直，从中磨砺出意志品质。这正是，百闻不如一见，百见不如一历。那些在社会上、工作中经不起事的孩子，多是在父母的保护下没经过事"磨"的孩子。

从某种意义上讲，大人就是要对孩子"狠"一些。必要时，抑或无奈时，大人不妨有意地"使点坏"，设个小"绊子"、挖个小"坑坑"，让孩子不轻不重地摔一下，从而醒醒脑子，换个明白；有时，明知孩子走下去会吃亏，大人还是要任其走几步，让孩子撞个"南墙"再回头。世上没有"狠"坏的孩子，只有娇坏的孩子。

当然，跌跟头是要交"学费"的，有些跟头跌下去代价是十分昂贵的，有的跟头甚至是很难爬起来或没机会爬起来的。所以，对大跟头还是要防着点儿，不跌为好。但要不跌大跟头，就需要跌些小跟头；跌过几个小跟头，走起路来就会沉稳许多，就有防范跌大跟头的能力。

No.38

爸爸的话

"卡"一脚，再"立"起来，一样"打腰"。

——纪明田

纪明田（1952—   ），山东省海阳市人，曾任市邮电局电信科科长、副局长，电信公司副总经理，网通公司副总经理、高级工程师。他一生以"技术"见长。当兵时，由于技术好，提干成了通信军官；转业后，由于技术好，提升成了企业领导人；论业务，有无线专业，样样精湛；论家电，查调焊接修，样样精通；论做饭，煎炒烹炸炖，样样精巧。

家训故事

"怎么搞的，这么点小事都做不好？"

"你的专业知识都学到哪里去了？"

"干不好，就别干了，把客户都弄跑了！"………

一声声的责骂，一阵阵的埋怨，震耳欲聋，羞愧难当！她恨不得找个"地缝"钻进去，以前的"悟灵劲"都跑哪去了！

1998年8月，纪海燕[①]从山东省邮电学院毕业后，被分配到海阳市邮电局计费中心工作。作为一个满腹墨水、朝气蓬勃的花季女孩，她一心想在工作岗位上放飞自我，尽展才华，撸起袖子，奋勇向前，也为人生留下一丝丝甜美的记忆。

[①]纪海燕，纪明田之女，长期在电信系统从事技术工作，几经不同岗位历练，现任中国联通烟台公司海阳市分公司市场营销中心主管。

然而，一天，突然接到某公司一个电话通知，要取消与邮电局业务联系和一切合作协议。

"啊……"晴天霹雳，轰得她是惊慌失措，六神无主。领导也是满脸疑云，一筹莫展。经查，是因该公司的通信费计费出现严重差错所致。

计费中心刚刚成立不久，初涉"营业受理系统"。白天，纪海燕与厂家密切配合，录入工单、准备资料；晚上，与同事通宵加班，测试系统、调度设备。由于工作连轴转，人员不停歇，既要手工分拣，又要系统检索，一张工单需要使用三个不同的业务处理系统进行采集录入，重压之下她出现精神恍惚，导致严重工作"事故"发生，单位"丢失"了一个大客户。

事情发生后，纪海燕身心疲惫，犹如霜打的茄子，一蹶不振。

父亲纪明田看到她垂头丧气、精神萎靡的样子，没有当面询问，而是通过单位领导和同事，了解了事情的经过。回家后，与女儿细细详谈。过程中，并没有出现责备的举动，也没有听到埋怨的话语。她小声地问父亲："爸，我给你丢人了，你怎么不生气？"

父亲业务能力强，工作精益求精，因政绩显著多次受到表彰奖励，曾被海阳县委、县政府记大功一次，被海阳市委市政府授予"海阳核电功勋"荣誉称号。但他为人低调，不喜欢张扬，没有"官架子"，从不搞"居高临下"。在海燕眼里，父亲是严厉的，也是温柔的。他话不多，但总是直击"要害"；理不"深"，但总是充满力量；言很"土"，但总是那么温暖心窝。他轻轻地对女儿说，自己的问题自己解决，不要推卸责任，要勇于承担；振奋起来，不要怕，用老辈的话说，"卡"②一脚，再"立"起来，一样"打腰"。

② "卡"，就是摔；"打腰"，指有出息。

纪海燕明白了，一切有出息的人，一切生活幸福的人，都是摔倒了自己爬起来的人。有些事必须是自己来做，必须是自己爬起来。摔倒了靠别人扶起来，就永远失去了走路的能力；摔倒了索性不起来，就得永远趴在地上；因为害怕摔跤，而害怕走路、害怕做事的人，一生都会被囚在"牢笼"中。

纪海燕一路走来，父亲用行动和他那地道的"土"语，一直默默地影响着她。

家训夹议

遇挫当如褚时健

做这篇采访的时候，恰逢素有"烟草大王""中国橙王"之称的褚时健去世。褚时健是位双面人物，更有传奇人生，曾作为红塔集团有限公司和玉溪红塔烟草有限公司董事长，创造了中国烟草的奇迹。62 岁时，被授予"全国优秀企业家"荣誉称号。66 岁时，被评为中国十大改革风云人物。71 岁时，因重大经济问题被判处无期徒刑，后减刑为有期徒刑 17 年。74 岁时，保外就医开荒种橙子。84 岁时，"褚橙"销往全国各地，年利润超 3000 万元。90 岁时，任云南褚氏果业股份有限公司董事长。

褚时健何以让国人"恨"不起来？不是缘于"逝者为大"，也并非评价观在特定人物身上人为发生了畸变，而是褚时健身上闪现的那种不向命运低头、不放弃梦想追求的"硬汉"精神，打动并最终征服了人们。从他身上，人们不仅看到了他的情商，也看到了他的"逆商"——爬起来的速度比摔倒的速度更快。这种精神，折射了一种时代特征，标示了一种时代价值，反映了一种时代心声，是当今走在伟大复兴路上的中国人，最需要的一种时代精神。

"卡"一脚，再"立"起来，一样"打腰"。纪明田这句教育女儿的话，对女儿纪海燕来讲很受用，而从褚时健身上折射回来，更透出它的哲睿，更显出它的张力和分量。这句"土话"，与曼德拉的那句"生命中最伟大的时刻不在于永不坠落，而是在于坠落之后总能再度升起"的"洋话"不谋而合，成为褚时健跌宕起伏人生的生动注脚。

人未必都能像褚时健那样经历大起大落，但遭遇挫折时一定要有褚时健那样的心志。也就是说，未必能有褚时健跌到低谷时的那种反弹力，但一定要有褚时健那种反弹性——越挫越勇，越挫越智。

No.39

爸爸的话

毛主席的文章写得真好！

——吴成楷

　　吴成楷（1914—1967），山东省惠民县人。他在父亲56岁时出生，自幼便受到精心培养，家中虽然并不富裕，但书一直读到乡村师范。他喜欢读书，他的古文功底很好，家中曾有很多线装书。父亲以前为朋友经营一家杂货铺，大概受其影响，他没有去当老师，而是经商卖洋布。他骑着自行车到二百五六十里路外的济南批发各种洋布，再载回来在乡下赶集卖，当时生意不错，但长年累月的超负荷劳顿，加之身体状况一直不佳，没有几年便病倒了。他人如其名，是个刚直要强之人，病时正当盛年，内心承受着极大的痛苦和无奈。他对孩子管教极严，要求清晨即起，洒扫庭除，扫地必须可边到沿，不留任何死角，处处注意培养认真精神。他参加过淮海战役时的担架队。

家训故事

吴名岗[①]回忆，父亲对他管教严苛，难免让人产生逆反心理，当时他对父亲的看法不是很好，可以说他是父亲的"逆子"。但父亲还是影响了他的一生，尤其是父亲在读过《毛泽东著作选读》（乙种本）的一些文章之后对他说："毛主席的文章写得真好！"那种由衷的赞叹让他印象深刻，一个几乎常年躺在病床上，和外界接触甚少，又对现实不满的乡村农民，一个旧时代的知识分子，能对毛主席的文章发自内心的赞美，让他这个初中生很是震惊！

① 吴名岗，吴成楷之子，1969 年入伍，1971 年 10 月在原北京军区《战友报》发表评论《高唱国际歌，团结向前进》，1975 年退伍。1980 年为民办教师，1981 年 1 月在《山东教育》发表《按认识规律教学"读写例话"》。后到乡镇工作，在石庙镇人大副主席任上退休。现为山东孙子研究会理事，专家委员会成员。

父亲喜欢读书。吴名岗小时候家里有很多线装书，有全套的《纲鉴》，绣像的《聊斋志异》，有白居易、杜甫、李白的诗集和《康熙字典》。至今他还保留父亲全套的《四书五经》，还有一套雍正年间长洲刻印的《唐诗和解》。有很多不知名的线装书在他们兄弟拿不起书钱时，被当作破烂以三分钱一斤卖掉了。父亲是个有知识的人，他的《聊斋》讲得很好。吴名岗六七岁时父亲给他和哥哥讲《画皮》，那记忆至今难忘，后来自己能读懂《聊斋》了，更体会到了父亲讲述得准确和生动。

1964 年秋天，《毛泽东著作选读》（乙种本）出版发行，这本书为在全国掀起学习毛主席著作的高潮，起到了推动作用。在吴名岗即将小学毕业时，曾两次向父亲请求不再升学，因为家中实在是太困难，哥哥正读高中，父亲有病，姐姐是家中唯一的劳力，他实在不忍心让父母和姐姐来供他读书，但两次都被父亲严厉拒绝了。其后他以并列第一名的成绩考入惠民县第五中学。大概是在 1965 年的春天，父亲和他说了"毛主席的文章写得真好"的话，使他既吃惊又高兴。

父亲赞扬"毛主席的文章写得真好"，不仅让吴名岗感动，更让他看到了好的文章给别人的鼓舞和力量。那些年，他主要学习了毛主席的哲学著作《实践论》和《矛盾论》，毛主席总结的实践—认识—再实践—再认识的认识规律，让他终身受用。这也成了促使他写好文章的动力，虽然只有初中二年级的学历，且一直生活在乡村，虽然主要精力不得不为解决衣食而劳作，但没能阻止他读书学习，没能耽误他研究学问。2010 年军事科学出版社出版了他的《孙武生平考论》。他发表了一百多篇论文，有多篇被"国家哲学社会科学学术期刊数据库"收录。他还把自己的所悟所得融进工作，当民办教师一个多月，就写出了教学论文《按认识规律教学"读写例话"》，并因此在 7 年后被转为公办教师。

家训夹议

一刻也不能没有理论思维

《论持久战》是一代战略大师、理论思维大师毛泽东根据我党我军的历史经验，并总结抗日战争 10 个月的经验，于 1938 年 5 月 26 日至 6 月 3 日在延安抗日战争研究会上的演讲稿，这是继《中国革命战争的战略问题》之后发表的又一部光辉的军事理论著作。《论持久战》是在全国上下和党内外弥漫着失败主义情绪的情况下产生的，是马列主义普遍真理同中国抗日战争具体实践相结合的产物，书里明确指出："抗日战争是持久战，最后胜利是中国的。"

今天重温《论持久战》这部光辉著作所阐述的军事思想，以及其分析问题、认识问题的立场、观点和方法，犹感无穷的魅力和强大的生命力，是从理论高度深刻认识和科学把握当前复杂国际关系的"金钥匙"。

恩格斯在《自然辩证法》中指出："一个民族想要站在科学的最高

峰，一刻也不能没有理论思维。"毛泽东同志通过《实践论：论认识和实践的关系——知和行的关系》告诉人们：认识的真正任务在于经过感觉而达于思维，到达于逐步了解客观事物的内部矛盾，了解它的规律性，了解这一过程和那一过程间的内部联系，即到达于论理的认识。

　　无论自然现象还是社会现象，都是十分复杂、纷繁多变的。我们要想认识其本质并找出一些规律性的东西，就一定要在浩瀚的实际表象中去伪存真、由繁入简、由表及里、由此及彼地进行理论思维和概括。如果说，一个没有理论思维的民族，肯定是一个没有希望的民族；那么，一个没有理论思维的人，注定是一个没有发展潜力和后劲、难有大作为的人。从现实看，许多人还是习惯于或者说偏重于以日常工作生活实践经验为依据的经验思维。这种思维虽然也能达到对事物一般性的认识，用起来尽管也能见到成效，但它无力考察事物发展的深刻内容和复杂本质之间的联系，具有明显的局限性。这也是导致一些人认识肤浅、思维决策长期在低层次徘徊的重要原因。而一些人看问题失之偏颇，政治性、全局性、前瞻性差，归根结底也是考虑问题缺乏应有的理论高度，常常自觉不自觉地陷于具体事物，纠缠于现实利益。实践证明，人们的认识要达到对事物深层本质和普遍规律的掌握，只靠经验思维是远远不够的。

　　理论思维，"务虚"而不是虚事，重"理"而不仅仅是理论工作者和身居高层的那些"讲理者"的专属。站在新的时代起点上，我们丝毫不能轻视宝贵的经验，但必须走出狭隘的经验束缚，注重用理论思维方法、借助科学的理论思维成果分析问题、谋划发展、指导实践，做一个有头脑的人。

爸爸的话

No.40

男人一生差不多都是在各种挑战中度过，关键在于哪些时候接受挑战，哪些时候应该避开。

——高建中

高建中（1934— ），天津市武清区人，离休干部。他出生于一个普通农民家庭，由于外公是私塾先生，从小跟着外公附读于各种"家塾""私塾"和"小学"，饱读诗书，写得一手好字，便成了那时名副其实的"文化人"。1949—1951年任内蒙古商都县五区民政助理、县政府办公室秘书；1951—1960年任县中学团委书记，张家口日报社记者、编辑；1960—1994年任商都县粮食局局长、商业局局长。系当代书法家，系内蒙古自治区书法家协会会员，河北省老年书画家协会会员。出版《高建中书法作品集》《五体千字文》等图书。

家训故事

西谚曰：每一位父亲都曾经或永远是儿子心目中的英雄。高伯羽①说，父亲作为"文化人"，在他成长的那个年代、那个文化相对落后的塞外小城，一直是他心目中了不起的英雄。甚至他在读小学和中学时，会把父亲的许多教诲奉为圭臬。比如，他的初中语文老师，

① 高伯羽，高建中之子，毕业于中国人民大学哲学系，获哲学硕士学位。历任内蒙古科技大学、河北北方学院教授，深圳大学、北京印刷学院、张家口学院客座教授，文旅部文化管理学会副秘书长。现任河北省国学学会副会长，张家口市国学研究会会长。

是父亲的老朋友和老部下，对父亲的文化水平崇拜有加，用今天的话说算是父亲的"粉丝"。她的一次不经意的评论，甚至深刻影响了高伯羽日后的职业选择和人生轨迹。那是1977年，恢复高考的那一年，她说："你和你父亲一样文化水平高，你应该读文科，肯定能考上！"这句话对他的鞭策和鼓励简直难以言表。果然，第二年，也就是1978年，他以当年全县唯一的文科应届毕业生考上大学，从此走上了一条完全不同的人生道路。而这句话里最激励他的竟然是"你和你父亲一样！"这对他是多么大的激励啊！

1949年春夏，老家天津武清发大水，村里7户人家结伴逃荒到坝上格化司台乡（今属内蒙古自治区）。安顿下来后，各家各户都委托父亲给老家人写信报平安。父亲就到区政府借笔墨纸砚，摊开来一封封地写家信。这么小的孩子，出口成章，家书立就，对当时普遍没有多少文化的区政府干部们来说，简直就是奇迹，纷纷围观。这一消息很快惊动了区长和县长，没几天，县长骑着一匹马，牵着一匹马（给爸爸准备的），在区长陪同下直接来到爷爷家里，说："这孩子我们要了，我们需要这样的文化人。"就这样，15岁的父亲参加了工作，今天成为硕果仅存的"离休老干部"。

"男人一生差不多都是在各种挑战中度过，关键在于哪些时候接受挑

战，哪些时候应该避开。"父亲说这段话的时候，是在高伯羽上大学后第一个寒假假期里。当时父亲任县粮食局局长，粮食局刚刚新建了一批家属房，部分职工整天为分房闹得不可开交。由于职工多、房源少，矛盾在所难免。鉴于分房条件是民主议决的，对部分不够条件却聚众闹事，强行抢占住房，甚至对父亲进行人身威胁的人，父亲认为这是需要面对的挑战，作为单位一把手，必须坚持原则，挺身而出，敢于担当。父亲一向吃苦在前、享受在后，历来是把利益让给别人，可谓"站得正、行得直"，因而也无所畏惧。父亲在妥善应对完这次危机之后，对高伯羽说出了上面这句话。

高伯羽听出了父亲这句话的寓意和沧桑感。他想，父亲说这些话的时候，主要强调的是男人应该勇于接受不可逃避的挑战。至于在什么情况下应该尽量避开挑战，那恰恰是领导艺术的体现。大多情况下把矛盾化解于尚未构成挑战之前，或许也是"避开"的一种办法。挑战无处不在，逃避所有的挑战注定是懦夫，必将一事无成；但接受一切挑战又显得鲁莽，而且，终将有力不从心的时候。所谓智者，可能就是在面对各种各样的挑战时，知道什么时候该接受，什么时候该规避。

父亲的这段话像智慧的箴言，让高伯羽刻骨铭心，受益很大。每当遇到困难、困境、挑战甚至危机的时候，他常常很自然地想起父亲的这句话，并以这句话为准则做出判断和抉择，不可逃避的挑战勇敢面对，无谓的挑战则尽量避开，集中精力做好应做的事。

家训夹议

放弃是思维的智慧选项

人们历来崇尚直面挑战，赞美顽强坚守。但我们同样应该高看放弃，因为放弃作为一种理性选择，虽是一种无奈之举，但更充满着勇气和大智慧。

第二次世界大战初期，由冯·伦斯德元帅指挥的侵苏德军南方面集团军，直扑基辅，企图在第聂伯河畔歼灭在乌克兰的苏联西南方面军主力。1941 年 7 月 19 日，希特勒又命令中央集团军由古德里安指挥的最有战斗力的第二装甲集群南下，在乌克兰与南方面集团军第一装甲集群会合，基辅会战迫在眉睫。苏军总参谋长朱可夫向斯大林建议：为了集中力量，拉平战线，必须放弃基辅，把西南方面军主力撤到第聂伯河东岸。斯大林听后恼羞成怒，大骂"胡说八道"。朱可夫针锋相对，愤然辞职。至 8 月底，德军围歼基辅地区苏军的战略意图已暴露无遗。在这种不利形势下，苏军理应立即撤退，免遭被围。然而斯大林仍然舍不得放弃，顽固地命令西南方面军不惜一切代价坚守阵地，还源源不断地将大批部队从各地调到基辅战地，送入虎口。9 月 17 日，当苏军统帅部醒悟过来同意撤退时，为时已晚。基辅会战，苏军最强大的西南方面军被彻底歼灭，除近百万红军将士阵亡外，66.5 万人成了俘虏。当然，惨重的代价，也让斯大林从此开始改正自己的错误，陆续重用朱可夫等新一代指挥员。

林语堂先生说过："明智的放弃胜过盲目的执着。"无论个人还是群体，在实现自己的人生目标和价值追求的过程中，都会遇到各种挑战，该积极面对的一定不能退缩、当逃兵，该冲上去的一定要冲上去，该坚守的一定要坚守住；但是，当确认坚持难以继续、目标无法实现、坚守毫无价值时，主动放弃也是一种不错的选择。因为，放弃意味着前进方向或路线的及时调整，意味着新出路的探索选择，有时也意味着悬崖边上的戛然而止。硬撑与逞能，该放弃时不放弃，将置自己于更大的被动境地，遭受进一步的、更重的损失，也堵死了自己的退路。正确的态度是：让放弃变成明智，不能让坚持变成固执。这也应了一句话：握不住的沙，干脆扬了它。

放弃有时是最好的解脱，有时是需要做出牺牲的，但为了全局而"丢车保帅"，既是必需的，也是非常值得的。常言说，不舍不得，小舍小得，大舍大得。做事要拿得起、放得下，所谓"提起千斤重，放下二两轻"，不为眼前需求所惑，不为局部情况所扰，不为个人得失所诱，在更高的起点上做出科学的判断和果断的选择，做到有所为有所不为。

放弃往往是暂时的，退或许是为了更好地进。第一次国内革命战争时期，我党在深刻总结武装斗争经验特别是重大教训的基础上，选择了放弃进攻大城市的战略，而这种放弃带来的则是"农村包围城市"，最终夺占城市。工作和人生也是这样。许多时候，为了更多更好的获取，为了实现长远的目标追求，我们不妨勇敢地先放弃一下。

No.41

爸爸的话

有理正算，无理倒算。

——王俊斌

　　王俊斌（1933—　　），山东省济南市章丘区人。其父生前担任村长，是附近十里庄八里村赫赫有名的能人，曾率人出山海关贩卖马匹，胆识和能力出众超群。父亲去世时他才9岁，母亲依照父亲的遗愿想方设法供他读书，给他装了一肚子"四书五经"。他继承了父亲的心胸和气魄，一生敢想敢干敢闯，年少时下过煤井吃过苦，青年时先后到辽宁、淄博闯荡，后从外地调回老家县城，在章丘服装公司工作。服装公司曾在北京最繁华的四大商场设置办事处，销售服装，父亲退休后被"返聘"任驻京办事处总负责人，创造了当时令人羡慕的辉煌。他一生勤劳，一生奋斗，一生乐观自信，并"功成名就"，至今被当地传颂和赞扬。

家训故事

王永忠[①]祖父重视教育的思想深深影响了父亲，父亲笃信唯有教育，才能改变一个人的命运，才能更好地实现人生价值。1982 年，王永忠刚上小学五年级，父亲就把他转到县城师资最好的小学读书。第二年王永忠小学毕业，以高分（其中语文成绩章丘第二名）考入章丘重点中学章丘四中初中部。但

①王永忠，王俊斌之子，章丘电大中文教师，副高职称。主攻古典文学、现当代文学研究，潜心于地域文化和原生态文化研究，在莫言研究、毛泽东书法研究等方面取得成果，发表文学作品和研究类作品 200 余万字，系 2012 年全国散文排行榜获得者，作品被《散文选刊》《海外文摘》、"搜狐"等媒体转载。

1986 年考高中时，他因偏科没有升入本校高中部。虽然总分并不算低，均超过其他高中分数线，但当时志愿报考制度有缺陷，不让报其他学校。复读，不甘心；上高中，没有资格，真是进退两难。这是他人生第一次受挫，他深感丢人，觉得无地自容，不愿见老师、同学和熟悉的人。当时，父亲对他说："有理正算，无理倒算。你语文成绩名列前茅，这本身就了不起。你总分完全可以进其他高中学校。咱想办法，坚决不复读。"

父亲四处找人，好不容易让王永忠进了章丘十九中，尽管他的分数超过了该校的录取分数线。父亲的话让王永忠受到激励，信心大增。他知耻后进，一路前行，高考最终选择了强项中文。毕业后，凭借自己的悟性加勤奋，在文学方面取得了不俗的成就。

"有理正算，无理倒算"，父亲不止一次说过这句话。对此，王永忠的理解是，人在顺境时，要乘势而上，尽力求得工作和生活上的最大能量、最多成就。人在逆境，面对挑战、麻烦、被动乃至挫折时，要保持乐观自信，从不利的境况中寻找希望星火和有利元素，争取变被动为主动，实现"逆袭"与"反转"；即使面对某种失败，改变不了现实，扭转不了厄运，也要从坏事中寻找正能量，逐步摆脱负能量的缠绕，实现"新生"。

父亲这句话，是从他自己起伏跌宕的人生经历中悟出来的。父亲先后

担任救护队队长、供销科负责人、经营科负责人、公司副职等职务，是单位不可取代的"救火队长"，有困难的地方就有他的身影。他成功过，是章丘20世纪80年代第一批领取"提成"的单位人，曾于1985年一次性购买两台"北京牌"彩电。但也受过挫折，比如别人偷了东西，"栽赃"在他身上，当时他说"如果调查真是我偷的，我愿坐牢"，并真的让母亲准备被褥，做好了含冤蹲监狱的准备。最后真相大白，父亲是清白的。父亲当时说了一句"有理正算，无理倒算"，他说：人有时在厄运，要把心放宽，别钻死牛角，一旦想不开，后果无法挽救。要相信自己，先停顿停顿，着急上火没用，有时，"以静制动""倒算"一下，事情反而能"正"过来。

1980年，父亲正式办理退休手续，接着被返聘工作8年。章丘服装公司在北京最繁华的四大商场设置办事处，销售服装，父亲到北京任这四个销售点的总负责人。这8年也是他大展宏图的黄金8年。章丘服装厂的产品能在首都销售，并且很红火，现在看来是不可思议的事，父亲功不可没，王永忠至今记得父亲夙夜在公的情景。父亲的工作能力强，"提成"收入自然超过一般人，为此遭到嫉妒。最后一次领"提成"工资时，厂里的财务负责人刁难他，父亲可以吃苦，但不是吃气的人，他说："我没白没黑工作的时候，你见过吗？"1988年夏，他正式离开单位回家。那一晚，他还是说了一句"有理正算，无理倒算"，他说："我本身收入多，遭到妒忌很正常，说明我们还行，没有一个妒忌傻瓜的，这'提成'咱不要了，让他们欠咱的，咱不欠他们的。"3000元"提成"至今也没要，父亲说起来很自豪，别人也更加敬重他。

家训夹议

跳出"零和思维"

"零和"是博弈论的一个概念，美国数学家约翰·诺伊曼和经济学家奥斯卡·摩根斯顿将博弈分为"零和博弈"和"非零和博弈"。"零和博弈"通常被称为"零和游戏"，是一种"非赢即输"的游戏：游戏过程中双方有输有赢，一方收益必然意味着另一方支付，一方收益多少，另一方就支付多少。之所以称为"零和"，是因为将胜负双方的"收益"与"支付"相加，全部收益之和等于零。"零和游戏"既是一种游戏，同时又是一种"非赢即输"的认识观念和思维模式。

"零和思维"是建立在错误哲学基础上的思维，是一种鼓吹冲突、反对合作的思维。那些持"零和思维"的人，心中只有一块属于自己的奶酪，只怕别人动它，不想也不认同通过合作把这块奶酪做大做好，大家共同受益。这是一种典型的利己主义，但最终受害的还是自己。当前，一些国家单边主义和保护主义抬头，逆全球化潮流而动，频频挑起国际经贸摩擦，甚至不惜打贸易战，追根溯源都是"零和思维"在作怪。在国际关系中，中国主张和睦相处、互利共赢，共同发展，顺应了历史潮流，也赢得了世界上绝大多数国家的支持与尊重。事实证明，世界要进步，经济要发展，"零和思维"要不得。

其实，"零和思维"在一个人的工作和生活中也是时常闪现的，类似非黑即白、非此即彼、非对即错、非利即害的理念，常常左右着人们。尤其现在的一些年轻人，吃点苦就觉得吃了多大的亏，遇到点挫折就觉得天快塌下来了，受到点委屈就怨天尤人，看到别人得点好就眼红，等等。这些人，被眼前的、有形的得失遮望眼，被负面的情绪缠绕羁绊，看不到其中的正面元素，感受不到其中的正能量。如此这般，怎会有好的结局？

哲学家尼采曾说过："受苦的人，没有悲观的权力。一个受苦的人，如果悲观了，就没有了面对现实的勇气，没有了与苦难抗争的力量，结果他将受到更大的苦。"如果我们总是用"零和思维"看待苦难、对待苦难，就会被苦难压垮；如果用"倒算"看待苦难、对待苦难，苦难就会成为砥砺人生的可贵历练，就会变为逆袭前行的重要引擎，就会激出创新突破的思想火花。人有苦难的历程，也许才会有日后的辉煌。人要学会感谢生活，感谢顺境也感谢逆境，感谢成功也感谢失利，感谢善者也感谢恶人，感谢种种恩赐也感谢某些不公，在感谢中变得成熟与坚强，在感谢中变得智慧与大气，在感谢中赢得成功与突破。

战场上谋胜在"算"，《孙子兵法》有言："夫未战而庙算胜者，得算多也；未战而庙算不胜者，得算少也。"人生中不败也在"算"，按照"有理正算，无理倒算"的"算法"，经常"算一算"，"零和思维"就会"图穷匕手见"；越"算"，人生就越有"胜算"。

No.42 爸爸的话

只管用力忙工作，别为家事去分心。

——李朝本

李朝本（1942— ），安徽省寿县人，高小毕业，18岁参加工作，一生耕耘在粮食战线，曾任区粮站质检员、保管员，乡粮管员。工作认真负责，严把质量关口，多次被评为县粮食系统先进个人。他心地善良，待人热诚，为人实在，尊重别人，自己省吃俭用也要招待好客人、接济好别人，话不多但很有威望。作为家中长子，他和妻子承担起孝敬父母、照顾弟弟妹妹的责任，刚参加工作就把身患疾病的父亲带在身边照料，父亲去世时年仅19岁的他自己做棺材，用几碗稀饭请人帮忙下葬；结婚后，把妻子从工作所在地迁往村里，专心赡养母亲、料理家务。他对孩子要求严格，注重言传身教，声不高但很有威严。他多才多艺，热爱生活，会拉二胡，写一手好字，做一手好菜，赢得一个好名声。

家训故事

李德平①姊妹六个，家里家外有许多需要操心的事，特别是随着父亲年龄增大、身体欠佳，作为长子的李德平在家中的分量越来越重。但是，父亲对他从来都是报喜不报忧、添乐不添堵，自己生病住院或家里遇到什么困难，都是父亲带着身边的家人默默地扛着。弟弟妹妹结婚这样的人生大事，父亲事先一个都不让告诉他；亲人离世，也不让人给他打个招呼；家乡亲朋有人要到部队找李德平办事，他都是变着法地挡着。这里面没有别的原因，就是怕李德平为家里的事分心，为家乡的事作难，影响部队的工作。有一次，李德平责怪父亲说，不能什么都事先瞒着他，儿子特别是长子的责任该尽的他要尽到。父亲却说："部队工作忙、担子重，你只管用力忙工作，别为家事去分心。要说孝，干好工作才是最大的孝。"

①李德平，李朝本之子，陆军学院毕业后留校工作，历任学员大队参谋、干部处干事、学员队副教导员、干部科科长，后任驻山东大学选培办主任、预备役师副政委。

多年前，李德平的二弟想竞选村长。那时，外部的环境和风气不怎么好，村干部的权力也很大，竞争相当激烈。于是，弟弟想到了哥哥，想让哥哥借他的"人脉"帮帮他。知子莫如父，父亲知道儿子的心思，断然阻止二弟参加竞选。一来，不想让二弟因权犯事；二来，不想让李德平为此事分心违规。后来说起此事，李德平和弟弟都很敬佩父亲，感激父亲的大爱。

父亲一生工作勤奋扎实，政治上要求进步，曾三次写申请书要求入党，但因妻子家"成分不好"，40多岁时才如愿以偿。父亲对毛主席有着深厚的感情，几十年来，他最大的一个愿望就是让李德平陪着他去北京，看天安门，看升国旗，瞻仰毛主席遗体。但由于担心耽误李德平的公事，一直都把这一想法埋在心底。李德平退休后，父亲第一时间向他表达了这个心愿。父亲快走不动了，才向他提出这个要求，李德平心中有愧，赶紧联络妹妹，一起陪父亲了却他多年的夙愿。那天，李德平和妹妹架着父亲走进毛主席纪念堂，蹒跚着来到毛主席遗体瞻仰位置。见到无限崇敬的毛主席，父亲激动得热泪盈眶，不知怎么表达对一代伟人的敬意。在李德平的提示下，父亲连连向毛主席遗体鞠躬，并且久久不愿离去。从那之后，每每与家人、乡邻回忆起这一刻来，父亲仍沉浸在亲眼见到毛主席的自豪与幸福之中。这也常让李德平眼里噙满泪花。

家训夹议

重要的是知道哪头轻哪头重

当年，孙权派兵偷袭荆州，又杀了蜀汉大将关羽，的确做过了头，令人愤恨难当，对蜀国来讲"是可忍，孰不可忍！"要知道，那关羽可是蜀主刘备的结拜兄弟，蜀汉的开国元勋，地可夺，人不可杀。刘备为此痛心顿首，大动肝火，亲自率兵伐吴，为关羽报仇，也在情理之中。那么，为什么诸葛亮、赵云等人极力反对，执意阻拦呢？说心里话，他们不是不痛惜关羽，也不是不恨东吴绝情，而是知道维护孙刘联盟与给关羽报仇这两者，对蜀汉大业来讲谁重谁轻。相比之下，气昏了头的刘备，无法分清利害，犯了战略上的急躁症、幼稚病。当然，他不采取点行动，也无法安抚那些"关粉"，也无法向世人交代。然而，刘备纵有多少苦水也得往下咽，他别无选择。因为，挑起吴蜀之争，正是曹魏集团导演和期盼的。要说后来的三家归一，这便是一个转折点。经此一事，便显刘备的硬伤，更见诸葛亮的智商。

李朝本老人，文化水平不高，阅历见识不丰，身份地位不"崇"，对许多世事他讲不出多少所以然来，但在他的思维里或说潜意识里，他知道谁轻谁重，知道谁该服从谁，谁该优先谁，谁该全力保、谁该忍痛弃。他脑子里有"自古忠孝难两全"的概念，所以，"忠"为重，"孝"

为轻，"忠"是最好的"孝"，"孝"要服从"忠"，成为他的人生哲学和教子逻辑。他的智商肯定赶不上诸葛亮，但他在孰轻孰重问题上的见识具有诸葛亮的智慧。

古人讲，两利相权取其重，两害相权取其轻。古往今来那些著名的权谋家，那些成功的权谋术，胜就胜在"谋"上，而高就高在"权"上。这"权"，核心的不是权力，而是权衡：权衡利弊，权衡得失，权衡重轻。世间的事多是错综复杂，利害交织，很少是小葱拌豆腐，一眼便能分出青白的。一事之下，要做出精准判断，做出精确选择，往往不是一件容易的事情，特别是有时会充满着种种诱惑，面对着义与利、得与失的纠结，让人难以割舍，难做决断；有时会在若明若暗的情形下，不得不"概略瞄准"。所以，一个人把握自己，掌控自己，有时的确是挺难的。然而，只要有"权"的意识，大体分清了哪头轻哪头重，即使有误差也不会出现"跑靶"，做起事来就不会失大格，丢大丑，翻大船。而要做到这一点，往往并不难。

No.43 爸爸的话

大人心怀敞亮，孩子前程明亮。

——李大香

李大香（1938—2007），山东省夏津县人，普通农民，共产党员，早年逃荒下东北，回乡后先后担任村小队副队长、队长、大队民兵连长、治保主任。他是立村以来任职时间最长的民兵连长，卸任后受乡亲们委托，又担任"红白理事会"的内柜，负责烟酒糖茶等物品的保管和发放。李大香为人真诚实在、谦虚低调、热心助人，且有智有谋，肯下力吃苦，有韧劲不服输，有眼光敢担当，在亲朋好友中口碑颇好。

家训故事

在他们那个不足 400 人的小村里，李义福①是新中国成立后第一个在部队提干的军官，弟弟李义国是 1977 年恢复高考后第一个被正式录取的大学生。这在 20 世纪 80 年代，祖祖辈辈"面朝黄土背朝天"的农村家庭，应该说是"祖宗坟上冒了青烟"，令人羡慕不已。乡亲们茶余饭后闲聊时，总是像取经淘宝似的问他父亲："你的两个孩子这么有出息呀，你有啥高招？"父亲的回答也总是直截了当："大人心怀敞亮，孩子前程明亮。"

① 李义福，李大香之子，毕业于解放军艺术学院文学系，先后担任电影放映员、新闻报道员、专职新闻干事、政治协理员、政治处主任等职务，后转业地方工作，现任《山东品牌》杂志社主编。先后发表新闻和纪实稿件千余篇，其中 50 多篇获得各种奖励，出版《时光背影》《绿色风景》《怀念晓博》《一生守望》《红十字方阵》《小韩庄》等书籍。

当年在鲁西北农村，"养儿防老"的思想在人们头脑里还是根深蒂固的。1981 年李义福高考落榜，决定回校复读，以备再战。而到了当年 11 月份，一年一度的征兵工作开始了。由于受当民兵连长父亲的熏陶和影响，李义福打小就怀揣着当兵的梦想。所以，他决定弃学从军，并得到父亲的鼎力支持，母亲只是觉得他当时不满 18 岁，还是个孩子有些舍不得，也倒是没有阻拦，可已上了年纪的奶奶好说歹说就是"不松口"。奶奶跟他父亲说："孩子养大了，当兵一走，要是留下回不来，以后谁给你俩养老呀？早时候，我从东北把你带回老家就是防老。你们还是给孩子娶个媳妇安个家，守在身边安稳。"可父亲心里明白：让孩子出去闯一闯，见见世面，奔个好前程比什么都重要，把孩子拴在家里能有多大出息啊？于是，父亲瞒着奶奶给他报了名。直到李义福穿上新军装，戴上大红花向奶奶告别时，奶奶还是满心的不情愿。她拉着李义福的手，老泪纵横地说："福啊，出去见见世面就回来呀，听奶奶的话！"他也流着泪向奶奶不停地点头。在原沈阳军区空军当兵的第五个年头，李义福由义务兵转为志愿兵，由农村户口变成了"非农业"。闻此消息，父母整日欢天喜地的，有一种扬眉吐气的感觉；而奶奶却愁眉苦脸了好长一段时间。

两年后，弟弟李义国参加高考，被哈尔滨市的一所大学录取。这个时候，奶奶已经去世，极力阻拦弟弟上大学的换成了三舅。一天，三舅急火火地赶到李义福家，恳切地对他父母讲："老大参军留在部队回不来了，这个小的可不能再放跑他啦。为了年纪大了有个照应，你们可不能犯傻呀！"中午父母留三舅在家吃饭，几杯小酒下肚，心里一热乎，三舅竟然泪水涟涟地哭了起来，边抽泣边嘟囔："你们俩现在不听我的劝，到老了没人管的时候肯定会后悔的。"然后又转过脸对母亲说："你是我的亲妹妹，疼得着，我也是为你俩想得远呀！"母亲听着并没表态，而父亲心有"定盘星"，他想亮堂的事，谁劝也不管用。父亲拉着三舅的手，用感谢的口吻坚定地说："三哥啊，这事您就不用操心啦，我心里敞亮着呢。"由于父亲的坚持，弟弟如愿以偿地圆了大学梦。

1991 年，李义福从沈阳空军部队调到原济南军区联勤部队，训练学习之余撰写新闻稿件，因成绩突出被破格提干。后来，在团职岗位上转业，并落户省城，担任一家杂志社的主编。弟弟大学毕业后，被分配到济南一家大型企业，开始涉足国内刚刚兴起的期货行业，很快成为山东业内的领军人物，先是担任山东证券鲁证期货公司济南营业部经理，后"跳槽"到了厦门瑞达期货公司，当上了"江北大区"的总经理。

李义福回想哥俩都"学有所成，小有成就"的经历，还真是应了父亲的那句话："大人心怀敞亮，孩子前程明亮。"他们打心眼里感谢、感恩、感激双亲的初心和意愿。

天有不测风云，人有旦夕祸福。2006 年的年底，父亲在一次检查中竟然查出肝癌晚期，面对这突如其来的打击，一家人痛苦万分。为了使父亲得到最好的治疗，哥俩把父亲接到济南，找到权威的医院和专家进行诊治，但最终还是没能挽回他老人家的生命。

父亲走了，身后却有一笔丰厚的精神遗产。为了留下一个永远活着的父亲，李义福决定为父亲树碑立传，潜心写就、出版了《一生守望——我的父亲李大香的普通生活》，以此纪念亲爱的父亲。

家训夹议

"红绿灯"与"河边的栏杆"

在中国式家庭中，许多父母大事小情都想为子女做主，总觉得子女还小、见得世面还少，处理事情还稚嫩，需要父母帮着拿主意。然而现实中，不少父母在"都是为你好"的动机或名义下，做了许多误子害子的蠢事，有些父母也因此落下了终生的埋怨。

父母帮子女无可厚非，对子女的人生大事适时谈谈自己的意见也在情理之中，但不能逞能，不能武断，不能偏执，更不能出于自私自利。有句话说得好："别把你的眼光当作全世界。"作为父母，即便有文化、有阅历、有地位，也要承认这样的现实、勇于面对这样的现实：子女渐渐长大了、成熟了，自己慢慢变老了、被人赶超了，在知识更新上、在眼界视野上、在思维观念上可能已远不及风华正茂的子女，自己对子女的前途大事可能想管也管不到点子上。帮不上忙倒也无妨，但决不能瞎操心、乱做主、帮倒忙，甚至自信过头、固执己见，让子女左右为难，或伤及亲情。许多事，至少在儿女身上不要落埋怨。作为人父人母，对子女的责任当然要尽到，中肯的意见也要第一时间传递到，但只能是参谋角色下的"建议"，而不是指挥官角色上的"命令"。路到底该怎么走，还是让子女自己拿主意。我们敬佩李大香老人的心怀敞亮，他敞亮就敞亮在总是站在大处思考问题，站在儿子们的角度思考问题，先子后己，力排"众议"，鼎力支持儿子们自主做出的人生选择。

在子女的人生之路上，作为父母或其他长辈，不要试图或执意设什么"卡"，逼迫孩子"变道"或"转向"，而充其量做个助其前行的"红绿灯"。所谓"红绿灯"，就是在子女前行的道路上，力所能及地帮其清清"路"、排排"障"，指引和加力孩子顺"绿灯"畅行；一旦子女走累了或走到人生的十字路口，就及时亮亮"红灯"，提醒他们慢下来、停下来，好有个喘息、"加油"、思考的工夫，短暂的休整之后再起程。至于是"直行"，或是"拐弯"，或是"调头"，仍由"驾车人"自定。为长者，当你们"红绿灯"的作用发挥到了，责任也就尽到了。"儿孙自有儿孙福"，剩下的事就顺其自然吧！

哲学家尼采的名著《查拉图斯特拉如是说》中有一段话："我是河边的栏杆，谁能扶我，便扶我吧！我不是你们的拐杖。"或许，大人们做个"河边的栏杆"更合适。

No.44

爸爸的话

世上自古两大难，三篇文章两根弦。

——阮庆河

阮庆河（1945— ），山东省枣庄市人，早年曾在第二炮兵某部有过8年军旅生涯，担任过班长。退伍后回原籍务农，人虽退伍，但心系军营，军人形象时时凸显，家训教子多以"国家有难，匹夫有责""提高警惕，保家卫国"等为信条；他多才多艺，闲暇爱好比较广泛，音乐、书法、美术等都有涉猎，还会电工、木工，等等，唯独远离庖厨，常令老伴为憾。他虽然年事已高，颐养天年之际时时仍有"廉颇老矣，尚能饭否"的志向，革命军人的"若有战，召必回"的决心和热情不减当年。

家训故事

阮春峰[1]记得有次和一个学生聊天，谈及学业，他说最头疼的就是语文课，大抵的原因不外乎时下流行的"一怕文言文，二怕周树人"。说者无心，听者有意，貌似这个话题古来有之，听完觉得会心一笑。

[1]阮春峰，阮庆河之子，毕业于山东医科大学（现山东大学）。系山东省历史学会会员，山东孙子研究会会员。现任费森尤斯卡比华瑞制药有限公司高级大区经理。用他的话说，生在鲁南，活在济南，一路走来，得益两三知己，虽然世事难料，但谋五斗米外亦求六六大顺；常梦想于七八个星天外，红泥小炉，泼墨煮茶，诗酒趁年华，纵世事变迁，百转千回，但亦求万家灯火，国泰民安！

阮春峰上高中那会儿，好多同学也是厌学语文课，尤其是作文，主要是写作文需要的是创造性思维，和其他学科的性质有所区别，如果缺乏观察生活的习惯或者足够的文史知识，写起来则比较费劲，每次写作文都是抓耳挠腮，尴尬无比。阮春峰记得有一天，父亲突然少有的关心起他的学习，也是提到这个问题，先是和他说了一通大道理，他也好像根本没有听进去，直到后来，父亲说了一句："世上自古两大难，三篇文章两根弦（二胡）！写文章自古就不易，你也别着急，一口吃不了个胖子，从现在开始，先慢慢做起来，关键你得坚持下来，慢慢把这事变成兴趣就好办了。"他记得好像突然被那句很有同理心的话打动了，开始慢慢摸索，慢慢积累，直到后来的作文成绩一直能进入班级前几名。

父亲是个乐观的人，他对生活中的很多东西都保持着强烈的好奇和兴趣。父亲喜欢二胡，这事貌似从阮春峰一记事就有印象，闲暇时总是看到他不是在那保养二胡，就是在那看着乐谱咿咿呀呀地练习着。农村很少有专业的演出，他除了和几个有共同爱好的朋友偶尔聚在一起交流外，还经常去四邻八乡的红白喜事上看人家的乐队演出；来到济南也是经常去大学或者公园找那些音乐发烧友学习，经常忘记回来吃饭，乐此不疲，那劲头现在的小伙子也很难赶得上。

阮春峰有次问父亲，文章难写我多少能理解，因为除了需要的创造性思维外，还要顾及方方面面的利益和想法，而且写文章是和其他学科不一样的，没有标准的答案，也没有标准的路径，这就是所谓的"文无第一，武无第二"的意思吧，考验的就是一个人日积月累的东西，单纯的训练是很难做到的，比如几乎所有的作家都不是大学教出来的！而二胡是个乐器，有标准的乐谱，有什么难学的？

父亲却很意味深长地和他讲："二胡是乐器不假，但是你注意到了吗，它没有按键，也没有孔眼，是很难一下子找到对应的音符的，完全需要手指的感觉和耳朵的分辨，它的音符不是对应的一个点，而是一段弦，而且二胡的琴弦只有两根，它需要在最少的琴弦上拉出同样多的音符，这就需要更精细的操作才能演绎出来！这俗话说的两大难，都是难在说是有标准，其实没有标准；说是没有标准，其实还是很容易能分出高下的，关键就是你得用心学，勤奋练！同样的曲调，你的指头往上一点可能味道完全变了，文章不也是吗，人家能写出入木三分的，你要是不用心，可能一分也做不到！"

细细想来，世事之难，一如琴书，很多事，从普通做到优秀，你需要的是勤奋，从优秀到卓越，可能还得加上用心。"每天进步一点点"，阮春峰以此作为微信昵称，既有很强的画面感，又有很深的寓意，也承载着"父亲的哲学"。多年来，阮春峰"医事""文事"并进，曾在《医药经济报》主笔"战争与竞争"专栏，在《齐鲁晚报》《济南日报》《济南时报》《中国红十字报》等屡屡发表文章，在各种论坛上见字发声，努力实践着"父亲的哲学"，可谓收获满满。

家训夹议

成长，并快乐着

说起写文章，我（路秀儒）就联想到自己。在将近40年的时间里，我一直与文字打交道，也可以说一直与文字为伴，写"公文"也写"私文"，写文章也改文章。在职时，工作似乎一直在忙，无论是当参谋人员还是做头头脑脑，写"公文"、改"公文"的任务压根就没轻松过，但再忙、再重也没耽误干"私活"，一年下来报刊会发几十篇稿子，年把的工夫还会鼓捣出部专著来。许多人劝我，工作那么忙、那么累，头发掉得都没几根了，工作之余不好好休息，干吗还要找累受！我说，我喜欢！退休后，"公文"没的写了，"私文"写得更带劲了，有人劝我，该好好享受生活了，写了一辈子东西，还没写够啊？我说，我喜欢呀！这些年，书出了一本又一本，写书不易，出版发行更闹心，有时还要贴上脸皮贴上本钱，家人劝我，耗心费力又砸钱，还欠了一屁股人情债，何苦呢？我还是说，我喜欢！

写东西，我的动机可没那么高大，当然也没那么功利，一言以蔽之：快乐。

写"公文"要考虑时代背景、单位实际等许多因素，于是，写点"私文"便成了抒发己意的不二选择。在媒体上发声，把憋在心里的话"广而告之"地说出来，那第一位的感觉就是，痛快！

在这个屏阅读、浅阅读、秒阅读，纸质读物不太受待见的时代，一篇文章、一本书能引起别人的关注，有人能从头到尾看上一遍，有人能把读后的感觉说给你听，甚至主动地给你写评论、作宣传，那是特大的享受，说明你这文章没白写，你这书没白出，你的"思想"作用到了人，值！

有喜欢的书读，有中意的题目写，那是与智者对话，那是与真理交流，那是与文明共舞，那是与时代交友，那是在给自己身后留痕，所以总觉得是那么得充实，那么得享受。人有本领恐慌、前途恐慌、温饱恐慌、人缘恐慌，等等，这些恐慌我都没有，只有无书可读、无东西可写的恐慌。没有书可读，没有东西可写的日子里，总是空落落的，焦虑得很。

有快乐的事干，就不失落。人生总不会顺风顺水，得意的时候写点东西、有点成果会更得意，失意的时候写点东西、有一个纾解的出口，就不会感到太失意。司马光离开相位，却成就了不朽的《资治通鉴》。其实，我这个凡人的许多质量好一点的著述，几乎都是在工作不顺的时候写就的。写作，似乎有一种抚慰心灵的作用。所以，人生旅途中我曾失意过，但不曾失落过。

做事，有两点缺一不可，一是对人有益，二是对己有乐。有乐子就充实、就幸福、就健康，对己有乐，对人也有会益；有乐子的事就愿意做，做起来也会有激情、有创造力，也会持久，用心也甚。世上再难的事，做起来快乐就不难。拉二胡如此，写文章如此，其他亦然。

"衣带渐宽终不悔，为伊消得人憔悴。"没得说，我会继续努力的！

No.45

爸爸的话

出去走走，才能看清自己的将来。

——李广青

李广青（1955—　），山东省济南市长清区人，出身于农民家庭。作为家中长子，他早年放弃参军的梦想，17岁就参加招工成为一名煤矿工人，为父母分担家庭重任。曾经做过多年煤矿保卫工作的他，平时不苟言笑，脸上始终保持"严肃"；做事雷厉风行，从不拖泥带水，言必出行必果；勤恳做事、老实做人，贯穿了他的前半生。他教育儿子非常严厉，要求也非常严格，但"严厉"和"严格"中还透着丝丝温情与智慧。

家训故事

李树坡①在小学和初中期间，学习成绩一直名列前茅，并且以优异的成绩考入高中后，仍保持了好的发展势头。然而，到了高一下半学期，因迷上了乒乓球和足球，他的学习成绩出现了断崖式下降，期末考试成绩直接降到了中游水平。

①李树坡，李广青之子，高中毕业考入军校，历任原济南军区某训练团教员、军区机关参谋，现在山东省委党校工作。

面对孩子学习成绩下滑，李广青看在眼里急在心里，琢磨着必须以适当的形式刺激一下儿子，让他重新获得学习的动力，否则，很有可能"一蹶不振"。于是，李广青决定利用暑假参加煤矿工人疗养的机会，带李树坡到青岛见见世面、长长见识，或许能激发他好好学习的斗志。但是，倔强的李树坡并不买账，还指望着利用暑假和同学一起把乒乓球技艺往上提一节呢！爸爸说："这样吧！咱们杀盘象棋。我赢了，你就跟我去疗养；你赢了，就留在家里过暑假。还有，让你一个车和炮。"不知道父亲还会下棋的李树坡欣然迎战，结果"不幸落败"，很不情愿地答应了父亲。父亲语重心长地说："走出家门，就会有所收获。出去走走，才能看清自己的将来。相信你不会为这趟青岛之行而后悔的。"

果然，青岛之行让李树坡眼界大开，让他这个无忧无虑的"井底之蛙"看到了不一样的天地，不一样的场景，不一样的活法。李树坡第一次感觉到了外面世界的博大与精彩，眼球与心脏都经受了前所未有的冲击波。惊叹与羡慕之余，他暗自下决心好好学习，立志出去闯一闯，开创属于自己的美好未来。回到学校后，他心无旁骛，埋头苦读，成绩很快就追了上来，最终通过高考被军校录取，有了理想的人生开局。

家训夹议

一分游玩，一分收获

明代地理学家、旅行家、文学家徐霞客，一生游历四方，足迹遍及今21个省、市、自治区，"达人所之未达，探人所之未知"，所到之处，探幽寻秘，最后集30年跋山涉水之得，撰成60多万字的地理名著《徐霞客游记》，被称为"千古奇人"。

唐代大诗人李白"一生好入名山游"，仅庐山就去了3次，最长一次住了半年，把这座"奇秀甲天下"的名山游了个"底朝天"，写下了《望庐山瀑布水二首》《赠王判官时余归隐庐山屏风叠》等历史名篇，留下了"飞流直下三千尺，疑是银河落九天"等美句绝句。

宋代大文学家苏轼，当年因"乌台诗案"被贬谪黄州。朋友们纷纷远避，他"深自闭塞，扁舟草履，放浪山水间，与樵渔杂处"，孤独让他与无言的山水对话，与远逝的古人交流，在古战场黄州赤壁写下了千古杰作《念奴娇·赤壁怀古》和前、后《赤壁赋》，苏东坡的人生也进入了一个新的境界。

读万卷书，不如行万里路。外面的世界很精彩，远方的风景很别致，无论是自然景观还是人文历史景观，都会让人有不一样的感觉，不一样的收获。一个人见得多了，自然就心胸豁达、视野宽广、站位高远。所谓"触景生情"，说到底就是一个人的所见所闻，会影响和改变他对很多事情的看法和态度。如果人长期处在一个环境、一个区域里，就如同被囚禁在笼子里的鸟，也如被捂住眼睛转圈拉磨的驴，观念就会僵化，思维就会守成，是不会有新知新思、新感觉的。长此以往，人要么会对外面的世界误读误解，要么对外面的精彩不屑不睬。

人生就是一次充满未知的"旅行"，而一次次"游山玩水"的旅行，又常让人感受到人生的韵律，领悟出人生的真谛。旅行在乎的是沿途的风景，在乎的是看风景的心情，享受的是每一刻的感觉，还有日后对过往的回味。这种心态，何不是人生最需要、最珍贵的？"不识庐山真面目，自缘身在此山中""会当凌绝顶，一览众山小""无限风光在险峰"，旅行如此，人生何不这样？旅行的目的很单纯，那就是尽享大自然和人文的大餐，而其意义和价值并不单一；旅行无疑是一种生活消费，但同时也是人生的一种伴随投入和"资本"积累。游山玩水，不仅仅是人的一种乐享。

一分游玩，一分收获。人生"乐行"须及时，能"出走"时别客气，该"出走"时别迟疑，还是打起行装快出发，风风火火逛九州吧！

No.46

爸爸的话

起家之难，难于针挑土；败家
之易，易于水推沙。

——王佑军

王佑军（1924—2004），湖北省浠水县人，一生深居大别山中，刚正不阿，纯朴善良，乐于助人，勤劳苦干，任劳任怨，历经无数苦难，用瘦弱而高大的身躯撑起一个家，自信"善有福报、厚道少祸、勤能致富、耕读传家"。他虽不识一字，但因天生聪明、过耳不忘，从小对说书先生所讲的故事，如《岳飞传》《三国演义》《杨家将》《封神榜》等耳熟能详。在劳作之余，他经常不厌其烦、津津乐道地给子女讲说这些传奇故事，让孩子们从小就懂得"精忠报国、疾恶如仇、慈悲仁义、志在四方"等励志怀仁之道。

家训故事

王宇法[①]家原是大山深处一大户人家，曾祖父是百里闻名的乡土名医，一生救人无数，也置办了近百亩田地和不少当铺。但因祖父嗜赌如命，将田地等家产输光，家中一贫如洗。直至父亲日复一日，日出而耕，日落而息，并常常在风高月夜之时，肩担干柴到数十里山外去卖，换点零钱艰难度日。"过山车"样的家境和生活的艰辛，常让父亲感叹："起家之难，难于针挑土；败家之易，易于水推沙。"

其实，父亲出生时，家中已成败落之势。祖父好赌，田地一亩一亩如云一样飘走。奶奶成天以泪洗面，眼看家产即将败光，无可奈何花落去，伤心岂阻水东流，干脆与祖父分家，另起炉灶，分得一亩田地，祖父又将仅剩下的3亩田地输得精光，自此便成了名副其实的乞丐。祖父的身体日渐衰去，已无法从事劳作。此时姑姑刚满一岁，常常因无米下锅，饿得直哭。一年的夏天，一对30岁左右的讨饭夫妻从黄石市阳新县过来借宿，他们将讨来的米煮成可见锅底的稀饭给姑姑，姑姑慢慢地停止了哭声。也算是穷缘，这对夫妻征得祖父祖母的同意，将姑姑带到阳新县，也就成了他们的女儿。

走投无路时，年仅12岁的父亲便挑起了家中的重担，当童工，到30里路外蕲春县挑瓷器，一天挣几个铜板，买点油盐和米回家，也不能解决温饱，家中老小饿得全是皮包骨头，野菜充饥已成为最后选择，父亲回家还得带着年仅7岁的叔叔在月光下寻找草根和野菜。

随着父亲长大成人，担柴担瓷器换得的铜板越来越多，家中基本上能勉强解决一日三餐小饱问题，但衣着仍旧破烂不堪，几乎是一年四季穿草

[①] 王宇法，王佑军之子，曾任某集团军防空旅副团职军官，现转业到郑州市公安局工作。军旅诗人、作家，河南省诗歌创作研究会会员，中国通俗文艺研究会理事，中国萧军研究会华语红色诗歌促进会副会长，北京蔡诗华兄妹四诗人创研会副会长。近年有二百余篇诗作在省、国家重点网站及各种刊物发表，多次获得全国性诗歌大奖。

鞋，冬天寒风侵袭，痛得真刹心窝。没有其他办法，父亲只能睡半夜、起三更，砍柴、卖柴，换点铜板。

新中国成立后，家里分到了几亩田地，日子渐有好转。王宇法从记事起，就听哥哥姐姐常说起父亲起家的艰辛。有一回，姐姐跟父亲一起，三更起床，挑柴到 30 里路外的县城去卖。返回时，姐姐因饥饿想吃一个 4 分钱的包子，父亲只是笑笑说，忍忍就到家了，结果父女二人硬是饿着肚子又走了 30 多里路才吃上饭。父亲从口中去省，用汗水去挣，一分一分地积累，撑起这个七口之家，是多么不易啊！

穷人的孩子早成熟，王宇法很小就知道为父母分忧，5 岁时，踩着板凳靠在灶沿上为一家人做饭做菜。放学后，割草喂猪喂牛是常干的活，他总觉得如果干得少了，便对不起每顿饭。

王宇法也时常听到父亲讲起曾祖父勤俭持家的艰难。曾祖父年轻时，家中很穷，但他深知知识能改变命运的道理，利用一切可利用的时间学习中医。因无钱买油，便将松树节点着，当灯看书；月亮升起时，便坐在后山一块石板上，借着月光攻读。功夫不负有心人，随着医学理论和实践知识的积累，几十里路外的县城人都来请他看病，通过一生的点滴积攒，终成山里的一大户。

起家难，败家易，父亲毕生深记。在极其艰难的日子里，父亲对祖父也偶有埋怨，长叹道：败家时真如山洪暴发般扫荡沙滩，顷刻间呼呼啦啦分崩离析了！他吸取上辈的教训，只认一个理：要想不败家，必须行大道，怀仁义，律家律己。父亲教导子女不做任何与国和家、与道和义相悖的事。二哥曾说起，一次他去邻村看人家打麻将，父亲得知后并没有打他，只是慢慢地给他谈起祖父败家之事，说先前祖父也是看看人家打麻将，久而久之，经不住诱惑，便参与其中，并开始赌博，由下小注到下大注，最后把家产赌光，凄惨一生！自此，二哥与类似不良嗜好再不沾边。在父亲的严格教管下，王宇法兄弟姐妹 5 人及其后辈，无一人有抽烟打牌之爱好。这在他人看来，似乎与世俗格格不入。

父亲万分珍惜粮食，吃饭时，桌上桌下碗内无一粒剩饭，即使不小心将饭菜掉在地上，也要拾起来吃掉。父亲的一举一动影响了子孙，至今王宇法对饭菜的感情尤为深重！

父亲要求儿女做事要独立。王宇法 7 岁时，父亲拿来 2 米长、大碗口粗的树木，并给一斧一凿，限他两天内挖成一个长形小猪槽，只简单用手比画两下，便说："我相信我儿会做好。"因受到鼓励，王宇法绞尽脑汁，回忆出木工来家里做家具时用墨画线的情景，便学着木工的样子，在树木上画出一长方形框框，再用凿子一点一点凿，一干便是数小时。父亲很心疼他，但还是咬着牙由他去干，两天下来，他只休息五六个小时。完工验收时，父亲心痛地摸着他满是血泡的小手说："儿啊，小猪槽做得好啊！你小小年纪跟着父亲受苦了！"后又语重心长地说："起家就像你凿小猪槽一样，一点一点地凿啊！"在父亲的影响下，王宇法非常能吃苦，也格外节俭，因为他从更深层理解了"起家好似针挑土"的含义。

家训夹议

饱暖之后思什么？

明朝皇帝朱由校心灵手巧，对制造木器有极其浓厚的兴趣，凡刀锯斧凿、丹青髹漆之类的木匠活，他都能亲自操作。他手造的漆器、床、梳匣等，均装饰五彩，精致绝伦，亲手制作的娱乐工具也颇为精巧。他用大缸盛满水，水画盖上圆桶，在缸下钻孔，通于桶底形成水喷，再放置许多小木球于喷水处，启闭灌输，水打木球，木球盘旋，久而不息，朱由校与妃嫔在一起观赏喝彩。他做的木制花园，人可以在里面走路，鸟可以唱歌，水能流动。

朱由校对木匠的兴趣超过一切，甚至于万人瞩目的权力。无论是建造宫殿还是制作器具，朱由校都精益求精，要求严格，每制作一件作品后，先是欣喜，后又不满意，弃之，再做，乐此不疲。

沉迷于木工活的朱由校，创造了新的执政"最差纪录"。在位期间，魏忠贤与客氏专权，制造了"乙丑诏狱""丙寅诏狱"等冤狱，残酷迫害企图改良明朝政治的东林党人。国内各种矛盾激化，山东、陕西等地发生起义；后金乘机攻陷沈阳、辽阳，辽东陷于重重危机。朱由校在位 7 年身亡，终年 23 岁，成为明朝历史上最奇葩的皇帝之一。

当然，明朝最为奇葩的皇帝还数朱翊钧。他在位 48 年，前期由内阁首辅张居正主持政务，执政后荒于政事，倦于朝政，宦官乱政，后期竟然 28 年不上朝，国家运转几乎停摆，死后仅 24 年明朝即灭亡。

中国有句老话："饱暖思淫欲，饥寒起盗心。"意思是说，人生活富裕之后，往往会产生淫荡放纵的欲望；穷困无奈的时候，容易产生偷盗的念头。这是人性的一种客观反映，也是人的劣根性所在。从至高至尊的皇帝到庶民百姓、芸芸众生，身上都有着这种"基因"或说"癌细胞"。所不同的是，有人成功地抑制了它的生长与蔓延，有人却为它提供了"土壤"与"水肥"。实际上，人一生修炼的核心与功效，最主要的是体现在与人性之恶作斗争上，体现在战胜自己、超越自己、升华自己上。人任性而为，无抑无堵，"性恶"就容易压倒"性善"，就会走向歧途，走向人生的反面，到头来让人性之恶更恶，让人性还原出兽性。

随着物质条件的高度发达，让传统意义上的饱暖几乎不成问题，而饱暖之后思什么倒成了一个突出问题。当今中国社会，因吸毒、赌博、违法集资、婚外情等而倾家荡产、家破人亡、诱发犯罪的，大有人在。这些人，饱暖之后忘乎所以，失去自我，不再安贫乐道、安分守己，结果种淫得淫，种恶得恶，甚至饱暖又重新成了问题。

富裕起来、手中有了"闲钱"的人们，饱暖之后应该思什么？这是人性之问，也是当代中国社会的时代之问，需要个人、家庭、社会作出明确回答。这当中，至少应"三思"。

饱暖应该思进取。生活的动力、活力、张力，全来自进取意识。失去了进取的生活，将会变成一潭死水；失去了进取的人，无异于行尸走肉。祖祖辈辈受小农思想影响的人们，必须着力破除小富即安的心理，知足不满足，把生活的兴奋点、着力点放在追求事业新高度、精神新境界、人生新突破上，不断向着更高的目标迈进，而不是放在享受物质生活上。

饱暖应该思饥寒。起家犹如针挑土，败家犹如水推沙。当今美好的生活来之不易，而要失去这种美好生活又十分容易。今天是富翁，明天是"负翁"；今天讨人债，明天人讨债；今天座上宾，明天阶下囚，并不仅仅是小说里的虚构故事。共患难易，同富贵难。腰包刚刚鼓起来的人们，尤其不要"胀饱"，不要"烧包"，而要持有一颗感恩的心，感恩家庭、感恩他人、感恩社会；懂得珍惜，珍惜过去的付出，珍惜今天的所得，珍惜未来的可期，饱时常思饿时饥，暖时常想寒时冷，常变的是生活，不变的是初心。

饱暖应该思行止。人富有了，对大多数人来讲，就有了创造美好生活的条件，但客观上也为有些人提供了干坏事、做恶事的条件与动力。人一旦放纵自己，就可能坠入万丈深渊。开车越是路况好、跑得快的时候，越要看红绿灯；人生越是条件好、行得顺的时候，越要思行止，该走的尽管放心走，不该走的坚决避而远之，不容迟疑，没有侥幸！

No.47

爸爸的话

教书育人责任大啊！教不好学生不但误人子弟，而且坑害国家。

——吴宗文

吴宗文（1906—1998），山东省平邑县人，从小饱读诗书、满腹经纶，开办私塾学堂30余年，晚年时常利用各种机会引经据典教育后人。他自幼酷爱书法，免费为乡邻店铺题字，撰写楹联、碑文等，每年进入腊月就开始为邻居写对联，对众多慕名求字者总是不厌其烦。他还经常受邀主持办理四邻八乡的红白喜事，调解邻里纠纷，在当地享有很高威望。

家训故事

吴殿臣①的父亲吴宗文是一位老私塾，在 20 世纪教育大发展的 30 年代开办学堂。他治学严谨，要求严格，了解掌握学生的学习和思想状况，循循善诱，平易近人，注重思想品德培养，教育他们孝敬父母、报效国家，堂堂正正做人。他所教的学生品学兼优，大多走上了革命道路，有的新中国成立后还走上了省部级领导岗位，为民族的解放事业、新中国的建立和发展做出了积极贡献。

> ①吴殿臣，吴宗文之子，山东省平邑县平邑街道退休教师，长期从事一线教学工作，先后担任班主任、教导主任、校长，多次被县级以上评为优秀教师、优秀教育工作者。

受父亲的影响，从部队退伍的吴殿臣子承父业，当接到聘任教师的通知后，第一时间向家人报喜。父亲吴宗文语重心长地说：教师是人类灵魂的工程师，个人的进步、国家的兴盛，都离不开教育。教书育人责任大啊！教不好学生不但误人子弟，而且坑害国家。

吴殿臣从事教学工作后，时刻牢记父亲的教诲，把全部精力投入到教育事业，坚持以教学为中心、以育人为宗旨，甘于奉献，呕心沥血，努力钻研教学。认真分析学生现状，及时了解学生的学习心态和学习动向，精心设计教学过程，改进教学方法，探索教学规律，认真备好每一堂课，深受学生喜爱。当校长期间，他常讲：振兴民族的希望在教育，振兴教育的希望在教师！狠抓师德师风建设，努力提高教学质量，把教师的进步作为自己最大的幸福，带出了好学校、好教师。有个师范院校毕业不久的教师由于任教时间短，教学经验欠缺，吴殿臣就不厌其烦地给他讲课做示范、课后传经验，在他的言传身教下，这个老师进步很快，不久就当了班主任，带出了先进班，还被县里表彰为优秀老师。

父亲的话不仅影响了吴殿臣一生，而且其他后人也很受用，后代中有 3 人工作在教育战线，在各自岗位上都做出了自己应有的贡献。

家训夹议

碧月丹心写未来

"传道、授业、解惑",是古人对从教者的定位与要求。"人类灵魂的工程师",是现代人对为师者的美誉与期盼。教师是天底下最为特殊的职业,今日的师德就是明天的国民素质。教育家陶行知说:"在教师手里操着幼年人的命运,便操着民族和人类的命运。"作为教书育人的园丁,教师的内心应该是最阳光的,没有阴暗的老师才能带出没有阴影的学生;教师的内心应该是最洁净的,没有尘起的老师才能带出没有尘落的学生;教师的内心应该是最专注的,没有杂念的老师才能带出没有杂质的学生;教师的内心应该是最无私的,没有功利化的老师才能带出没有世俗化的学生。一句话,怎样的老师造就怎样的学生。

校园,是在一张没有负担的"白纸"上,涂写"又新又美图画"的地方,理应是一方净土。但是,市场化、世俗化甚至庸俗化的东西并没有望"净"生畏、见"净"思退,而是穿过栅栏、翻过围墙甚至堂而皇之地走进校门,悄悄地、不停地往那张"白纸"上渗透、涂抹。于是乎,个别"人类灵魂的工程师"做出了一些与其身份和美誉不太相称的事,自己的内心一步步受到侵蚀,学生们的心灵也慢慢受到污染。令人啼笑皆非的是,有的学生在学校该学的东西没学好,不该学的东西反倒学会了。试想,让如此这般造就的"栋梁之才"去支撑共和国的大厦,人们能放心得下吗?这样的"园丁",难道内心深处不羞愧吗?

一种选择意味着一种责任,意味着一种付出,意味着一种操守。既然选择了军人,就不能怕苦怕死,而要一往无前;既然选择了医生,就不能怕脏怕累,而要救死扶伤;既然选择了科研,就不能怕困难怕失败,而要勇敢登攀。同样,既然选择了教师,就不能怕清贫怕寂寞,不能有匪夷之想，不能贪图蝇头之利，而要甘当人梯、甘做绿叶，"捧着一颗心，不带一根草"，把学生们送往理想的彼岸作为人生最大的追求，把桃李满园春作为人生最大的幸福。

新的时代，国家对教育的投入越来越大，教师的各方面待遇也在不断提高，尊师重教渐成社会风尚。不负家长的期盼，不负国家的重托，不负学生的未来，不负"人民教师"的称号，当是为师者的底线思维。

No.48

爸爸的话

人不能忘本，要学会珍惜平凡单调甚至有些厌倦的工作。

——路俊民

路俊民（1943—　），河北省景县人，17岁背井离乡闯关东，在水库养过鱼，在铜矿当过矿工、技术工、班长、区长、安全员。他继承了父母老实本分的基因，无论走到哪里都是勤勤恳恳、扎扎实实，诚心诚意待人，用心用力做事，多次被评为先进工作者、安全生产标兵，非常自豪地成为一名中共党员，一生虽平凡但不失光彩，日子虽清淡但十分充实。他重视家风家教，注重言传身教，子女们个个勤奋上进，为人处事低调谦逊，凭自己的本事吃饭，日子过得踏实幸福。

家训故事

路秀军[①]说，父亲一生中最焦虑最上火的是找工作，最高兴最知足的是有一个能谋生、能实现自身价值的岗位。他先是年轻时为自己东跑西奔找工作，后来孩子们大了又为孩子们的就业操心费力，领教了人间的艰辛冷暖，也从中享受到了快乐和满足。

> [①]路秀军，路俊民之子，毕业于吉林通化钢铁厂技工学校，当过炼钢工人、班长、机长、工段长，多次被评为公司劳动模范。

父亲17岁那年，正赶上三年困难时期，村里的年轻人都出去谋生了，两个大爷先后去了东北。父亲先到了天津两个姑姑家探路子，后又从天津奔着家族的人来到沈阳，在沈阳没有找到活干，又奔着大爷去了辽宁抚顺。在抚顺跑了一整天，都没找到用工单位，黑天回到大爷所在粮食加工厂大门已关，两人只好回到车站蹲坐了一夜。后来听说清源、新宾招工，并且管吃管住，父亲和大爷乘火车、倒汽车到了新宾县，准备去夹河北水库。当天晚上计划住在车站，那天是正月十五，天十分寒冷，招工人员怕冻坏大家，就把他们安排到老百姓家里借宿。在水库，父亲不怕吃苦，得到厂部领导好评，后被安排到大连水产学习班学养鱼和管理水库技术。

父亲觉得在水库工作不是长久之策，就跟随一工友步行90公里路前去吉林通化市找新的工作，大爷后来也离开水库到了朝阳林场。结果，父亲被招到六道江铜矿做了力工，挖地基、抬石头、挑砖块、盖厂房。两年后，转到通化二窑铜矿坑口下井工作，先当搬运工，后负责打眼放炮。长期的井下工作让父亲落下胃病，后来矿上照顾，让他转入井上工作。1972年，母亲带着他们姊妹三个到铜矿落户。那时父亲的月工资63元，一家5口人生活，加上赡养老家年迈的父母，生活十分困难。为了多挣点工资，父亲又申请从井上转入井下工作。1989年3月，父亲为了让弟弟有个稳定的工作，提前办理了退休，让弟弟接了班。

父亲退休后仍不闲着，出去打工做薄铁活，在家种地、养猪。二十几年来，一直这样快乐地忙活着。

1983 年，路秀军高中毕业后为了找个工作，直接报考了技工学校，毕业后分配到通钢第二炼钢厂，成了一名炼钢工人。对此，父亲非常高兴，非常满足。他对路秀军说："人不能忘本，要学会珍惜平凡单调甚至有些厌倦的工作，努力当一名优秀的炼钢工人。"路秀军在工厂常常想起父亲说的话，诚实做人，踏实做事，虚心向别人学习技术，通过自己的勤奋努力，先后当了班长、机长、工段长，也入了党，还多次被评为劳模。

家训夹议

把平凡的事做不平凡

做这篇采访的时候，正值 2019 年的"五一"国际劳动节，让人对路俊民、路秀军这样的普通劳动者更生敬意。他们也许是平凡的，但同样也是伟大的，他们用无数个平凡的工作瞬间，汇聚成了不平凡的信念与追求。正是一个个普通人、平凡人的辛勤付出，才成就了我们今天的非凡事业，他们是当之无愧的中国脊梁，是值得世人敬重的人。

平凡的岗位，蕴藏着不平凡的潜能，可以成为演绎非凡人生的舞台。张秉贵，这位当年北京百货大楼的售货员，在平凡的岗位上练就了令人称奇的"一抓准""一口清"技艺和"一团火"的服务精神，成为新中国商业战线上的一面旗帜，一道亮丽的风景线。在他生前，许多外地顾客慕名而来，就是为了目睹他那令人称奇的技艺和"一团火"精神。张秉贵被誉为"燕京第九景"，这既是首都人民群众对他售货艺术的莫大美誉，也是人民群众的骄傲。这种把平凡的工作做到了家、变成了艺术，做到了极致、产生了美感，谁能说不是非凡的？

把平凡的事做得不凡，是一种高境界；把平凡的事做得非凡，是一种更高的境界。人不要抱怨英雄无用武之地，不要这山望着那山高，不要嫌弃平凡的工作乃至平凡的自我，每个平凡的生命都可以发出不平凡的光芒。海尔集团张瑞敏说过："把每一件简单的事做好就是不简单，把每一件平凡的事做好就是不平凡。"西方哲人也有言："大的灵魂，常寓于平凡的躯体。"如果你活得很平庸，不是因为你有一个平凡的身世与身份，而是因为你有一颗平庸的心。那些不甘平庸的人，无论在哪个位置，无论担当什么角色，都可能把平凡演化为不凡，把不凡升华为非凡。

　　当然，或由于学识，或由于机遇，或由于需要，更多的人一生会在平凡的岗位上做着平凡的事，不可能人人去创造非凡，也不可能一生一世做到非凡。对大多数人来说，平凡诚可贵，平凡足可喜，平凡亦坦然，而在平凡的人生路上能偶尔闪点火花，关键时刻有不凡的举动，那就更令人欣慰了！